Gerd Mietzel

Wege in die Entwicklungspsychologie

Gerd Mietzel

Wege in die Entwicklungspsychologie

Band 1:
Kindheit und Jugend

3. Auflage

BELTZ
PsychologieVerlagsUnion

Anschrift des Autors:

Prof. Dr. Gerd Mietzel
Gerhard-Mercator-Universität
Fachbereich 2 – Entwicklungspsychologie
47048 Duisburg
e-mail: Mietzel@unidui.uni-duisburg.de

1. Auflage 1989, Psychologie Verlags Union, München
2., korrigierte Auflage 1995, Psychologie Verlags Union, Weinheim
3. Auflage 1997, Psychologie Verlags Union, Weinheim

Umschlaggestaltung: Dieter Vollendorf, München
Druck und Bindung: Druckhaus Beltz, Hemsbach
Printed in Germany
Gedruckt auf säurefreiem Papier

ISBN 3-621-27272-0

Vorwort zur zweiten Auflage

Im Vorwort zur ersten Auflage dieser *Wege in die Entwicklungspsychologie* wurden Interessenten vom Autor eingeladen, sich von ihm durch eine „Ausstellung" führen zu lassen, in der Beiträge vieler Fachdisziplinen zur psychologischen Entwicklung des Menschen dargestellt werden. Die positive Resonanz auf diese Einladung im deutschen und holländischen Sprachraum ist sicherlich als Bestätigung dafür zu werten, daß die *Wege ...* mit ihrer Themenauswahl und ihrer Darstellungsart Zustimmung bei psychologisch interessierten Lesern gefunden haben. Die Neuauflage gibt die Gelegenheit, einige Fehler der ersten Auflage zu beseitigen. Ganz besonders bedanke ich mich bei Herrn Reiner Hamacher, Rheinhausen-Friemersheim, für zahlreiche wertvolle Verbesserungsvorschläge.

Inzwischen sind die *Wege in die Entwicklungspsychologie* durch einen zweiten Band ergänzt worden, der Zugang zu dem Bereich der Erwachsenenpsychologie bis hin zum Lebensende gewährt (*Wege in die Entwicklungspsychologie. Erwachsenenalter und Lebensende.* München: Quintessenz). Die beiden vorliegenden Bände sind u. a. nach folgenden Gesichtspunkten gestaltet worden:

1. Im Text werden vergleichsweise selten Autoren aufgeführt, weil die Nennung zahlreicher Namen im Rahmen einer ersten Orientierung erfahrungsgemäß eher verwirrend als informativ wirkt. Es wird ferner darauf verzichtet, Fachbegriffe zu verwenden. Wo dies unumgänglich erscheint, werden sie erst gebraucht, nachdem sie erläutert worden sind. Nur in Ausnahmefällen finden sich Tabellen und graphische Darstellungen im Text.
2. Ebenso wie jede wissenschaftliche Untersuchung mit einer Frage beginnt, die im günstigen Fall zu einer Antwort führt, werden viele Abschnitte der *Wege in die Entwicklungspsychologie* durch Fragen eröffnet, die das Interesse für das jeweils angesprochene Teilgebiet der Entwicklungspsychologie wecken und zum eigenen Mitdenken anregen sollen. Wenn man einem Leser nur Antworten bzw. wissenschaftliche Erkenntnisse mitteilt, erschwert man sein Bemühen nach Verständnis erheblich. Deshalb wird in der nachfolgenden Textgestaltung darauf geachtet, daß der Leser stets weiß, auf welche Frage(n) mitgeteilte Forschungsergebnisse Bezug nehmen.
3. Das Faszinierende an der wissenschaftlichen Psychologie ist der Forschungsgegenstand Mensch. Der direkte Bezug zum Menschen sollte stets berücksichtigt bleiben, wenn man über Erkennnisse dieser Wissenschaft informiert. In diesem Buch wird deshalb immer wieder über Bedingungen und Ereignisse berichtet, die auf einzelne Menschen gewirkt und deren Entwicklung beeinflußt haben könnten. Entsprechende Informationen finden sich vor allem in den Info-Kästchen, denen der Leser auf seinen Wegen in sämtlichen Kapiteln begegnet. Es liegt dieser Darstellungsform die Hoffnung zugrunde, daß die Faszination, die von der Beobachtung handelnder Menschen ausgeht, auch durch die Schilderung von Einzelschicksalen, einge-

bettet in deren wissenschaftlichen Zusammenhang, zu wecken ist.

4. Der Leser wird wiederholt erfahren, daß sich die zeitgenössische Entwicklungspsychologie mit vielen Fragen beschäftigt, die sich Menschen bereits seit mehr als hundert, manchmal schon seit mehr als tausend Jahren stellen. Allerdings ist gleichzeitig darauf geachtet worden, daß innerhalb jedes ausgewählten Themenkomplexes stets auch die Antworten gegeben werden, die dem gegenwärtigen entwicklungspsychologischen Erkenntnisstand entsprechen. Durch den historischen Zugang ist vor allem zu verdeutlichen, daß es die wissenschaftlichen Methoden sind, die sich im Laufe der Zeit geändert haben und daß die Antworten auf ein und dieselbe Frage abhängig davon sind, durch welche Methoden das hinterfragte Problem angegangen und untersucht wird.
5. Die *Wege in die Entwicklungspsychologie* führen den Leser in aktuelle Theorien ein, wobei an zahlreichen Beispielen immer wieder aufgezeigt wird, welche Anwendungsmöglichkeiten diese gestatten. Beispiele für theoretische Aussagen sollen dem einzelnen helfen, konkrete alltägliche Situationen besser zu verstehen, um angemessener auf sie reagieren zu können.

Der Autor dankt allen Lesern, die ihm mit Anregungen, Fragen und bewertenden Stellungnahmen zur ersten Auflage der *Wege in die Entwicklungspsychologie* Rückmeldungen gegeben haben. Solche Rückmeldungen sind weiterhin höchst willkommen, weil sie helfen, diese Einführung weiterzuentwickeln.

Duisburg, im Herbst 1994 *Gerd Mietzel*

Vorwort zur ersten Auflage

Das Interesse für die Entwicklung des Menschen läßt sich geschichtlich sehr weit zurückverfolgen. Es ist allerdings nicht mehr als hundert Jahre her, daß die systematische Erforschung entwicklungspsychologischer Prozesse begann. Die „Entwicklungspsychologie", die sich als selbständige Disziplin ihren Platz innerhalb des wissenschaftlichen Arbeitsgebietes Psychologie eroberte, durchlief in ihrer jungen Geschichte selbst eine aufregende Entwicklung.

Das Studium der menschlichen Entwicklung ist heute eine wahrhaft interdisziplinäre Aufgabe geworden, an der sich neben Psychologen u.a. auch Pädagogen, Biologen, Soziologen und Anthropologen beteiligen. Sie alle führen Untersuchungen durch und legen Ergebnisse vor, die in ihrer Vielzahl und Vielfältigkeit kaum noch zu überschauen sind. Es drängt sich der Vergleich einer riesigen internationalen Ausstellung auf, in der Wissenschaftler ihre Arbeiten vorstellen. Was der Besucher – sei er Fachbesucher oder interessierter Laie – benötigt, ist ein Wegweiser, der ihm hilft, seinen Weg durch die „Ausstellung" zu finden.

Das vorliegende Buch möchte seinen Leser durch die „Ausstellung" *Entwicklungspsychologie, Kindes- und Jugendalter,* führen. Es wendet sich an alle, die einen ersten Zugang zur Entwicklungspsychologie suchen oder ihren Kenntnisstand auffrischen möchten.

Durch die „Wege in die Entwicklungspsychologie" wird nicht angestrebt, den Leser enzyklopädisch, d.h. lückenlos und in jeder Hinsicht umfassend über vorliegende Erkenntnisse zu informieren. Jedes Kapitel setzt vielmehr bestimmte Schwerpunkte, d.h. es werden innerhalb der kognitiven, sozial-emotionalen und körperlichen Entwicklung Themen ausgewählt, die in dem jeweiligen Altersbereich nach Meinung des Verfassers besondere Aufmerksamkeit verdienen.

Um den Lesern den Zugang zu diesem Fachgebiet zu erleichtern, sind eine Reihe von Gestaltungsgesichtspunkten berücksichtigt worden, die teilweise bereits in einer früheren Veröffentlichung dieser Reihe *(Wege in die Psychologie, 1987)* Anwendung fanden:

1. Im Text werden vergleichsweise selten Autoren aufgeführt, weil die Nennung zahlreicher Namen im Rahmen einer ersten Orientierung erfahrungsgemäß eher verwirrend als informativ wirkt.[1] Es wird ferner darauf verzichtet, Fachbegriffe zu verwenden. Wo dies unumgänglich erscheint, werden sie erst gebraucht, nachdem sie erläutert worden sind. Nur in Ausnahmefällen finden sich Tabellen und graphische Darstellungen im Text.
2. Ebenso wie jede wissenschaftliche Untersuchung mit einer Frage beginnt, die im günstigen Fall zu einer Antwort führt, werden viele Abschnitte der „Wege in die Entwicklungspsychologie" durch Fragen eröffnet, die das Interesse für das jeweils angesprochene Teilgebiet der Entwicklungspsychologie wecken und zum eigenen Mitdenken anregen sollen. Wenn man ei-

[1] Dem interessierten Leser wird vom Autor (Universität Duisburg, Fachbereich 2, Postfach 10 15 03, 4100 Duisburg 1) gegen Erstattung der Selbstkosten (in Briefmarken DM 4,- kleinere Werte) ein ausführlicher Quellennachweis zugeschickt.

nem Leser nur Antworten bzw. wissenschaftliche Erkenntnisse mitteilt, erschwert man sein Bemühen nach Verständnis erheblich. Deshalb wird in der nachfolgenden Textgestaltung darauf geachtet, daß der Leser stets weiß, auf welche Frage(n) mitgeteilte Forschungsergebnisse Bezug nehmen.

3. Das Faszinierende an der wissenschaftlichen Psychologie ist der Forschungsgegenstand Mensch. Der direkte Bezug zum Menschen sollte stets berücksichtigt bleiben, wenn man über Erkenntnisse dieser Wissenschaft informiert. In diesem Buch wird deshalb immer wieder über Bedingungen und Ereignisse berichtet, die auf einzelne Menschen gewirkt und deren Entwicklung beeinflußt haben könnten. Entsprechende Informationen finden sich vor allem in den Info-Kästchen, denen der Leser auf seinen Wegen in sämtlichen Kapiteln begegnet. Es liegt dieser Darstellungsform die Hoffnung zugrunde, daß die Faszination, die von der Beobachtung handelnder Menschen ausgeht, auch durch die Schilderung von Einzelschicksalen, eingebettet in deren wissenschaftlichen Zusammenhang, zu wecken ist.
4. Der Leser wird wiederholt erfahren, daß sich die zeitgenössische Entwicklungspsychologie mit vielen Fragen beschäftigt, die sich Menschen bereits seit mehr als hundert, manchmal schon seit mehr als tausend Jahren stellen. Allerdings ist gleichzeitig darauf geachtet worden, daß innerhalb jedes ausgewählten Themenkomplexes stets auch die Antworten gegeben werden, die dem gegenwärtigen entwicklungspsychologischen Erkenntnisstand entsprechen. Durch den historischen Zugang ist vor allem zu verdeutlichen, daß es die wissenschaftlichen Methoden sind, die sich im Laufe der Zeit geändert haben und daß die Antworten auf ein und dieselbe Frage abhängig davon sind, durch welche Methoden das hinterfragte Problem angegangen und untersucht wird.
5. Die „Wege in die Entwicklungspsychologie" führen den Leser in aktuelle Theorien ein, wobei an zahlreichen Beispielen immer wieder aufgezeigt wird, welche Anwendungsmöglichkeiten diese gestatten. Beispiele für theoretische Aussagen sollen dem Einzelnen helfen, konkrete alltägliche Situationen besser zu verstehen, um angemessener auf sie reagieren zu können.

Viele Kolleginnen und Kollegen haben geholfen, die „Wege in die Entwicklungspsychologie" in die vorliegende Endfassung zu bringen. Ich bedanke mich bei meinen Mitarbeitern, Frau Dipl.-Psych. Ulrike Geffert und Herrn Dipl.-Psych. Karl-Wilhelm Höffler, für zahlreiche wertvolle Verbesserungsvorschläge in sämtlichen Kapiteln. Ebenso hilfreich waren kritische Anregungen, die ich von Frau Dr. Christa Rüßmann-Stöhr, Bochum, erhielt. Besonders intensiv hat sich Herr Dr. Hans-Peter Musahl, Duisburg, mit dem gesamten Text auseinandergesetzt und mir nicht nur zahlreiche Hinweise auf zu beseitigende Schwächen gegeben; ihm verdanke ich auch unzählige Vorschläge zur Verbesserung der sprachlichen Darstellung. Außerordentlich hilfreich waren auch die kritischen Anmerkungen, die ich von Frau Dipl-Psych. Renate Stingl (PVU, München) erhielt. Frau stud.-päd. Elisabeth Müller hat unermüdlich an der Literaturbeschaffung gearbeitet und last not least verdient Frau stud.-päd. Kathi Buchkrämer Erwähnung dafür, daß sie die „Wege in die Entwicklungspsychologie" noch einmal sorgfältig nach Druckfehlern durchkämmt hat. Bei allen oben Genannten bedanke ich mich sehr, daß sie durch ihre hilfreiche Mitarbeit zu dem Buch in der vorliegenden Form beigetragen haben. Wenn der Leser ein Werk vorfinden sollte, das seine Erwartungen erfüllt, dann ist dies das Werk vieler.

Duisburg, im Herbst 1988 *Gerd Mietzel*

Inhalt

1. Kapitel

Entwicklungspsychologie: Gegenstand und Zielsetzungen

Wenn man sich einmal die Babys in einer Neugeborenenstation betrachtet, dann wird einem auffallen, daß sie sich sowohl im körperlichen Aussehen als auch in ihrem Verhalten mehr oder weniger voneinander unterscheiden. Einige sind z.B. größer, haben eine dunklere Haut, sind schwerer als andere usw. Man wird auch auf Temperamentsunterschiede aufmerksam: während einige Säuglinge heftig schreien oder strampeln, liegen andere ganz still in ihren Betten. Ein Besucher der Neugeborenenstation mag sich unwillkürlich zahlreiche Fragen stellen: Wie sieht die Zukunft dieser Menschen aus? Werden sie die künftigen Anforderungen bewältigen? Welche Reaktionen mögen sie auf den Unterricht zeigen, wenn sie in einem entsprechenden Alter sind? Welches Verhältnis werden sie zu anderen Menschen entwickeln? Werden sie häufig soziale Konflikte auslösen? Werden sie in der Lage sein, stabile Partnerschaftsbeziehungen aufzubauen? Befindet sich unter den Neugeborenen vielleicht ein Mensch, den ein Gericht schwer bestrafen wird und ein anderer, der nach mehreren Jahrzehnten einen Nobelpreis erhalten wird?

Könnten nun entwicklungspsychologische Kenntnisse helfen, Fragen dieser Art zu beantworten? Wenn ein Entwicklungspsychologe die Grenzen respektiert, die durch den aktuellen Erkenntnisstand seines Fachgebietes gesetzt werden, muß er bekennen, daß treffsichere Vorhersagen nicht möglich sind. Allenfalls lassen sich Bedingungen angeben, unter denen bestimmte Entwicklungsverläufe mit größerer Wahrscheinlichkeit als unter anderen zu erwarten sind. So hat sich z.B. zeigen lassen, daß zwischen dem häuslichen Erziehungsstil einerseits und der Entwicklung des Leistungsmotivs, des Selbstwertgefühls und der Ängstlichkeit andererseits Zusammenhänge bestehen. Auf Grund der Kenntnis solcher Beziehungen wäre beispielsweise vorherzusagen, welche Bedingungen für das entsprechende Verhalten förderlich und welche hemmend sind.

Das entwicklungspsychologische Schrifttum teilt dem Leser aber nicht nur klare Zusammenhänge mit. Es kann auch Informationen darstellen, die miteinander nicht ohne weiteres zu vereinbaren sind. Verschiedene Entwicklungspsychologen können offenkundig Zusammenhänge darstellen, die einander widersprechen: Während einige z.B. behaupten, das Aufwachsen eines Neugeborenen bzw. Säuglings unter extrem reizarmen Umweltgegebenheiten, d.h. ohne Anregungen durch Spielsachen und Personen, würde zu erheblichen und später nicht mehr zu beseitigenden Beeinträchtigungen in der Entwicklung des intellektuellen Leistungsverhaltens führen, meinen andere, unter anregungsarmen Bedingungen entstandene negative Entwicklungen wären in nachfolgenden Lebensjahren wieder voll auszugleichen. Während einerseits festgestellt wird, die Grenze für die Entwicklung der intellektuellen Leistungsfähigkeit sei das zweite, vielleicht noch das dritte Lebensjahrzehnt, erfährt ein Leser anderer Werke, daß die Intelligenz bis ins hohe Lebensalter ansteigen kann. Wie läßt sich erklären, daß es innerhalb eines Fachgebietes zu derartig unterschiedlichen Aussagen kommt? Wie sind durch eine Entwicklungspsychologie, in der sich die Fachvertreter in so grundlegender Weise widersprechen, Orientierungen zu vermitteln?

Diese Fragen lassen sich beantworten, nachdem man sich ein wenig damit beschäftigt hat, wie Entwicklungspsychologen zu ihren Erkenntnissen kommen. Sie gehen bei ihren Forschungen – ebenso übrigens wie jeder andere Wissenschaftler – von ganz bestimmten Annahmen aus. Durch diese Annahmen erscheinen einerseits bestimmte Fragen attraktiver und wichtiger als andere. Zum anderen bestimmen die jeweiligen Annahmen auch die methodischen Wege, die zur Beantwortung der wissenschaftlichen Fragestellung beschritten werden. Über einige dieser Annahmen soll im folgenden berichtet werden. Zuvor ist jedoch zu skizzieren, wie Entwicklungspsychologen ihr Aufgabengebiet verstehen. Ausgewählte Forschungsbeiträge sollen einen ersten Einblick in die Arbeitsweise von Entwicklungspsychologen geben.

1.1 Zur Kennzeichnung der Entwicklungspsychologie

Wenn ein Besucher des Museums der Stadt New York die in Abbildung 1.1 wiedergegebene Lithographie von Nathaniel Currier aus dem Jahre 1850 betrachtet, dann wird er zur Auseinandersetzung mit dem Schicksal herausgefordert, das sämtliche Lebewesen dieser Erde zu teilen haben: Sie werden geboren, durchlaufen während ihres individuellen Lebenslaufes Veränderungen, um schließlich zu sterben.

Wenn der Lithograph den dargestellten Lebenslauf mit der Wiege, also nachgeburtlich beginnen läßt, dann entsprach er damit der Auffassung seiner Zeitgenossen. Ein Entwicklungspsychologe der Gegenwart würde darauf verweisen, daß bereits im vorgeburtlichen Zeitraum Ereignisse auftreten, die für das weitere Leben eines Menschen von erheblicher Bedeutung sein können; entsprechend beginnt für ihn die Entwicklung unmittelbar mit der Verschmelzung männlicher und weiblicher Geschlechtszellen, also mit der Empfängnis. Sie endet mit dem Tod des Individuums.

Was meint aber ein Entwicklungspsychologe mit der Feststellung, ihn würden die *Veränderungen* interessieren, die während eines individuellen Lebenslaufes auftreten? Worin unterscheidet sich der Blickpunkt eines Entwicklungspsychologen von dem eines Lernpsychologen, der sich ja ebenfalls mit Veränderungen beschäftigt? Zur Beantwortung dieser Frage muß man sich die drei Schwerpunkte entwicklungspsychologischer Forschung etwas genauer ansehen. Diese sind abzuheben von Erklärungen; sie gehen über Beschreibungen hinaus und können z.B. in Empfehlungen zur Optimierung von Entwicklungsverläufen münden.

1.1.1 Beschreibung von Veränderungen im individuellen Lebenslauf

Ein Mensch befindet sich fortlaufend in einem Prozeß der Änderung. Er bewegt sich ständig, sogar während des Schlafes. Eine Ableitung von Hirnströmen am äußeren Schädel belegt, daß das Gehirn unaufhörlich aktiv ist. Müssen alle möglichen Veränderungen beobachtet, protokolliert und dargestellt werden? Das wäre sicherlich nicht sinnvoll, denn die Fülle der auf diese Weise entstehenden Informationen hätte vermutlich nur Verwirrung zur Folge. Wie jeder Wissenschaftler steht daher auch der Entwicklungspsychologe vor der Aufgabe, Beobachtbares einzugrenzen, zu ordnen und

Abb. 1.1: „Leben einer Frau von der Wiege bis zum Grab"; eine Darstellung aus dem 19. Jahrhundert.

damit überschaubar werden zu lassen. Wie sich ein solches Ziel erreichen läßt, ist am besten an einer konkreten Untersuchungsfrage aufzuzeigen.

Mary Shirley beobachtete 25 Kinder, um Veränderungen ihres motorischen Verhaltens zu protokollieren. Sie versuchte zu klären, wie es einem Menschen während seiner ersten beiden Lebensjahre gelingt, zunehmend Kontrolle über seinen Bewegungsapparat zu gewinnen. Eine Zusammenfassung ihrer Beobachtungsergebnisse zeigt Abbildung 1.2.

Shirley erfüllt die Forderung nach Abgrenzung, Ordnung und Überschaubarkeit, indem sie Veränderungen von Verhalten beschreibt, die jeweils im Abstand von einem Monat auftreten und nach ihrer Interpretation Ausdruck der Motorik sind. Die Übersicht stellt das Ergebnis eines rigorosen Auswahlprozesses dar, denn selbstverständlich lassen sich innerhalb des berücksichtigten Zeitintervalls sehr viel mehr Veränderungen des motorischen Verhaltens beobachten; Shirley läßt sie allerdings – weil sie nicht zu ihrer Frage gehören – unberücksichtigt. Beispielsweise enthält die Abbildung 1.2 nur zweimal Momentaufnahmen aus der Entwicklung des Greifverhaltens. Die Entwicklung dieser motorischen Fertigkeit könnte ohne weiteres sehr viel ausführlicher beschrieben werden; dies hat eine andere Untersuchung ergeben, deren Ergebnisse Abbildung 1.3 wiedergibt. Aber auch diese Beschreibung hat Auswahl-

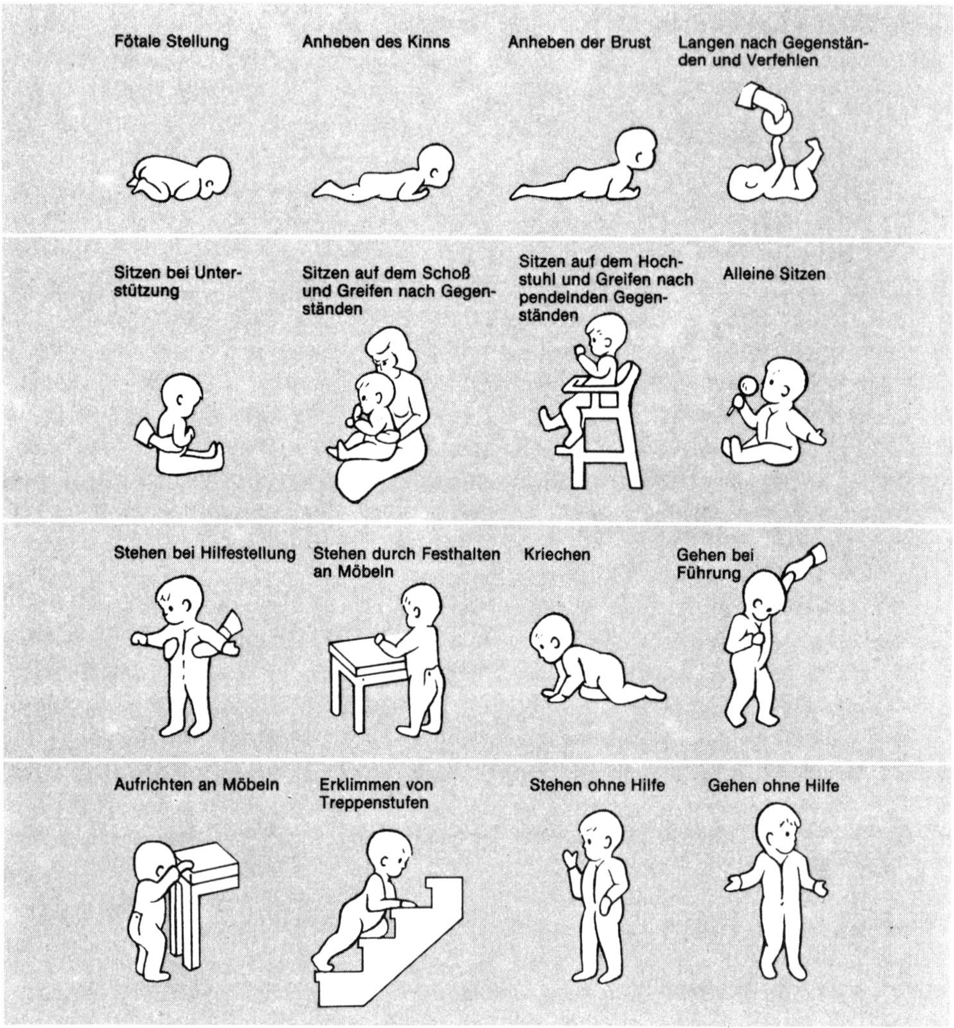

Abb. 1.2: Entwicklung der Motorik während der ersten Lebensmonate

charakter. Es wird z.B. nicht berücksichtigt, daß bereits während der ersten Lebenswoche reflexhaftes Greifen zu beobachten ist (s. hierzu S. 94 ff.).

Mary Shirley war vor allem daran interessiert, Veränderungen im motorischen Bereich nach dem Alter zu ordnen. Es gibt noch weitere Veränderungen in der Entwicklung, die eine enge Beziehung zum Alter aufweisen. Die Verwendung des Lebensalters zur Ordnung beobachteter Daten erscheint den meisten Entwicklungspsychologen zumeist unproblematisch, soweit diese sich auf vorgeburtliche Lebensabschnitte und den Bereich der Kindheit beziehen. Wenn man z.B. den Zeitpunkt der Empfängnis kennt, wird man normalerweise vorhersagen können, wann etwa mit der Geburt des Kindes zu rechnen sein wird. Auch Ereignisse wie das erste soziale Lächeln eines Babys oder der

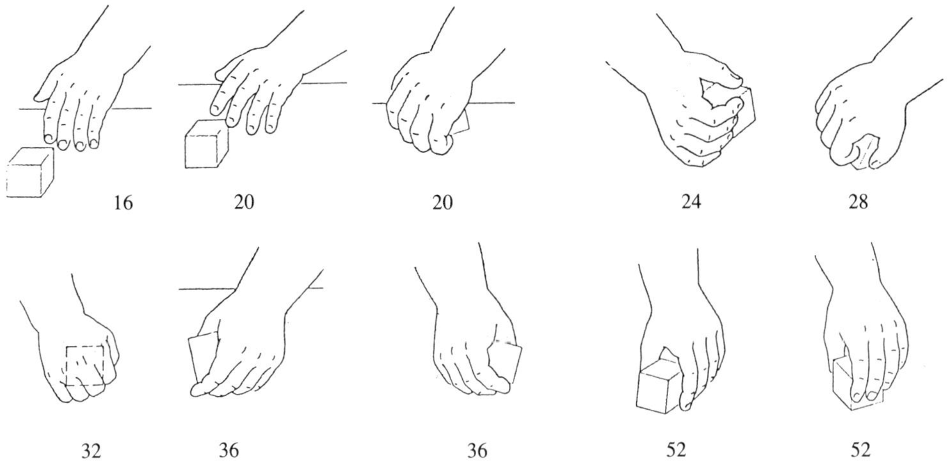

Abb. 1.3: Zehn Stationen in der Entwicklung des Greifverhaltens zwischen der 16. bis 52. Lebenswoche (die Ziffern geben das jeweilige Lebensalter des Kindes in Wochen an)

Zeitpunkt des ersten sinnvoll gesprochenen Wortes treten innerhalb eines enger zu begrenzenden Zeitraumes auf. Vorhersagbar sind auch der auffallende Wachstumsschub mit dem Einsetzen der Pubertät, die erste Regelblutung beim Mädchen (Menarche) usw. Viele Beobachtungen, die an Jugendlichen oder Erwachsenen gesammelt worden sind, lassen sich jedoch nicht ohne weiteres sinnvoll nach dem Lebensalter ordnen. In diesen Entwicklungsabschnitten, so meinen einige Forscher, verliert das Lebensalter zunehmend seine ordnende Funktion, denn nach ihrer Meinung sind moderne Industrienationen auf dem Wege, „altersunabhängige Gesellschaften" zu werden. Deren Angehörige treffen Entscheidungen bezüglich ihres Aussehens, ihrer sozialen Beziehungen, ihrer beruflichen Karriere sowie ihrer Freizeit mehr und mehr unabhängig von ihrem Lebensalter. Da Shirley sich für die Entwicklung motorischen Verhaltens in der Frühen Kindheit interessiert hat, erscheint die Ordnung ihrer Beobachtungsdaten nach dem Alter aber durchaus sinnvoll. Wenn die motorische Entwicklung *aller* Kinder dieser Erde – frühere und heutige Generationen – in der von Shirley beschriebenen Weise verlaufen würde, gäbe es keinen so offensichtlichen Anlaß, die Ebene der Beschreibung zu verlassen und die Frage zu stellen, wovon diese Entwicklung abhängt. Bekanntlich ist eine solche Gleichförmigkeit jedoch nicht gegeben. Einige Kinder entwickeln sich schneller als andere. Mit Hilfe der altersbezogenen Meßskala sind *interindividuelle Unterschiede* (d.h. Unterschiede zwischen verschiedenen Kindern) aufzudecken. Shirley stellte z.B. fest, daß die von ihr beobachteten Kinder im Durchschnitt nach 15 Monaten laufen konnten. Untersuchungen aus jüngerer Zeit haben demgegenüber ergeben, daß die meisten Kinder bereits im Alter von 12, spätestens aber von 13 Monaten ohne fremde Hilfe zu gehen vermögen. Afrikanische Kinder eilen ihren europäischen und amerikanischen Altersgenossen in der motorischen Entwicklung sogar noch mehr voraus (s.S. 109). Solche Unterschiede im Verhalten fordern den Entwicklungspsychologen heraus, die Ebene der Beschreibung zu verlassen und nach Erklärungen für diese offenbar nicht zufälligen, sondern systematischen Unterschiede zu suchen.

Wie läßt sich erklären, daß die von Shirley beobachteten Kinder vergleichsweise spät das Laufen lernten? Bei der Suche nach einer Antwort sollte man den Blick vor allem auf die besondere Stichprobe richten. Diese bestand ja nur aus 25 Teilnehmern. Grundsätzlich gilt, daß ein Untersuchungsergebnis um so wahrscheinlicher mit Fehlern belastet sein kann, je kleiner die jeweilige Stichprobe ist. Dies ist zunächst einmal nur eine mathematisch-statistisch abgesicherte Feststellung; sie hat aber inhaltliche Folgen: Shirley versuchte offenbar nicht, eine *repräsentative Stichprobe* zu gewinnen, d.h. eine solche, in der Kinder unterschiedlicher Herkunft und Wohngegend angemessen vertreten gewesen wären. Vermutlich hatten alle untersuchten Kinder Eltern nordeuropäischer Herkunft, die zum Zeitpunkt der Untersuchung in Minnesota lebten. Der Nachwuchs mexikanischer Einwanderer, den Shirley vor allem im Südwesten der USA angetroffen hätte, gelangte z.B. nicht in ihre Stichprobe. Schwarze Kinder aus dem „Dixieland" Amerikas (also dem Süden der USA) blieben ebenso unberücksichtigt. Dasselbe gilt für den Nachwuchs von Eltern südeuropäischer Abstammung, der z.B. in New York zu finden gewesen wäre. Mit einer Stichprobe, in der die verschiedensten Bevölkerungsgruppen der USA ihrem tatsächlichen Anteil entsprechend vertreten gewesen wären, hätte Shirley wahrscheinlich andere Ergebnisse erzielt.

Neben der Frage nach der Auswahl der untersuchten Kinder ist noch ein weiterer methodischer Gesichtspunkt von Bedeutung: Es soll doch untersucht werden, in welchem Zusammenhang bestimmte psychologisch bedeutsame Veränderungen mit der Zeit bzw. dem Alter stehen. Shirley beobachtete ihre 25 Versuchsteilnehmer während der ersten beiden Lebensjahre. Sie protokollierte die sie interessierenden Veränderungen im Abstand von je einem Monat. Aus ihren Aufzeichnungen leitete sie sodann Aussagen über die Entwicklung der Motorik während der ersten Lebensmonate ab. Man bezeichnet dieses Verfahren als Längsschnittstudie (s.S. 37 f.).

Ein andere methodische Vorgehensweise bestünde darin, ein bestimmtes Verhalten zu definieren (z.B. das Laufen des Kleinkindes ohne Hilfe). Anschließend wählt man verschiedene Altersgruppen von Kindern aus (z.B. die 6, 8 und 10 Monate alten usw.) und zählt für diese Gruppen *zu einem bestimmten* Zeitpunkt aus, wie viele in jeder Altersgruppe das jeweils zu untersuchende Verhalten zeigen. Dieses Verfahren bezeichnet man als Querschnittstudie (s.S. 38 f.). Man kann sich aber auch mehrere Stichproben mit Personen *gleichen* Alters zusammenstellen (oder genauer: mehrere Stichproben immer dann untersuchen, wenn sie gerade ein bestimmtes Alter erreicht haben) und dann beobachten, ob ihre Mitglieder sich bezüglich bestimmter Verhaltensmerkmale voneinander unterscheiden. Ein Beispiel für dieses Vorgehen haben John Nesselroade und seine Kollegen geliefert. Im Jahre 1956 legten diese Entwicklungspsychologen einer Stichprobe von damals 59jährigen, also im Jahre 1897 Geborenen, einen Intelligenztest vor. Sie wiederholten die Testprüfung im Jahre 1963 an einer anderen Stichprobe von 59jährigen, also im Jahre 1904 Geborenen. Beim Vergleich der Ergebnisse zeigte sich, daß die Leistungen der beiden Stichproben 59jähriger unterschiedlich ausgefallen waren. Angehörige des Geburtsjahrgangs 1904 erbrachten im Durchschnitt bessere Leistungen als die sieben Jahre früher Getesteten des Jahrgangs 1897. Solche Unterschiede fordern Erklärungen heraus.

1.1.2 Erklärung von Unterschieden

Auf die Frage, warum sich das motorische Verhalten von Kindern während der ersten 18 Lebensmonate veränderte, antwortete Shirley, das sei das Ergebnis biologischer Reifungsprozesse. Eine wissenschaftliche Erklärung ist immer der Versuch, eine Ursache-Wirkungs-Aussage zu machen. Die „Warum"-Frage fordert eine Beantwortung im Sinne einer „Weil" Aussage. Eine Erklärung läßt sich solange aufrecht erhalten, wie keine Beobachtungen vorliegen, die ihr widersprechen. Die Feststellung, daß Kinder südeuropäischer oder mexikanischer Eltern sich motorisch schneller entwickeln, brauchte Shirleys Reifungs-Erklärung noch nicht zu erschüttern. Warum sollte der Nachwuchs anderer Völkerschaften nicht Gene (s.S. 45 f.) geerbt haben, die beschleunigend auf den Reifungsprozeß wirken? Wie ist mit ihrer Erklärung aber zu vereinbaren, daß schwarze Kinder, die unmittelbar nach ihrer Geburt von einer weißen Familie mit europäischer Tradition adoptiert worden sind, später laufen lernen als junge Schwarze, die bei ihren biologischen Eltern aufgewachsen sind? Solche und weitere Beobachtungen lassen es zweifelhaft werden, daß die motorische Entwicklung ausschließlich mit Reifungsprozessen zu erklären ist. Offenbar muß man zusätzlich Bedingungen berücksichtigen, die in der Umwelt liegen.

Auch John Nesselroade und seine Kollegen sahen sich gezwungen, bei ihrer Erklärungssuche nach Bedingungen außerhalb der Testpersonen Ausschau zu halten. Hatten die Angehörigen des Jahrganges 1897 vielleicht andere Lebensbedingungen vorgefunden als die Mitglieder der Stichprobe, die sieben Jahre später zur Welt gekommen waren? Hatte es möglicherweise innerhalb dieser kurzen Zeitspanne Veränderungen in der Umwelt gegeben, die bei beiden Jahrgängen zu unterschiedlichen Entwicklungen des Leistungsverhaltens geführt haben? Weiterhin kann man fragen, welche Einstellungen zum Kind, welche Erziehungsauffassungen jeweils im Kindes- und Jugendalter der unterschiedlichen Jahrgänge vorherrschten. Man interessiert sich dafür, ob und in welchem Alter die Angehörigen der zu untersuchenden Jahrgänge Kriegszeiten zu durchleben hatten, und man klärt, ob und in welchen Altersabschnitten Phasen wirtschaftlicher Depression oder wirtschaftlichen Wohlstandes die Lebensbedingungen bestimmten. Auch sozio-kulturelle Veränderungen sollten beachtet werden, so z.B., ob und wann sich die Erwartungen an die Rolle des Vaters in der Familie, an die Geschlechtsrollen in einer Gesellschaft usw. verändert haben.

Aber auch wenn Angehörige eines Jahrgangs im gleichen historischen Zeitraum aufgewachsen sind, ergeben sich zwischen ihnen Unterschiede. Das gilt ebenso für Mary Shirleys Kinder, die nicht nur fast zur gleichen Zeit, sondern auch in derselben Stadt aufgewachsen waren. Um diese interindividuellen Unterschiede zu erklären, wird man nach Lebensbedingungen zu suchen haben, die nur bei einzelnen Kindern wirksam gewesen sind.

Dabei sind auch Ereignisse zu berücksichtigen, die zu jedem Zeitpunkt eines individuellen Lebens auftreten können und die nachhaltig Einfluß auf die weitere Entwicklung des betroffenen Menschen nehmen. Solche „kritischen Lebensereignisse", also Ereignisse, die auf den einzelnen einwirken, die seine Lebensbedingungen entscheidend verändern, und von ihm entsprechende Anpassungen fordern, gibt es bereits während der Schwangerschaft. Wenn eine werdende Mutter beispielsweise während der ersten drei Monate nach der Empfängnis an einer Infektion erkrankt, kann das weitreichende Folgen für ihr ungeborenes Kind haben. In ungünstigen Fällen erfolgt das ohnehin kritische Lebensereignis ‚Geburt' unter Bedingungen, die schädigend auf den jungen Organismus wirken und beeinträchtigend auf seine Anpassungsfähigkeit wirken. Im weiteren Lebenslauf treten womöglich Krankheiten auf, man verliert einen nahen Angehörigen, erfährt unüberwindbare schulische Schwierigkeiten, findet keinen Arbeitsplatz, oder jemand gewinnt bei der Lotterie, erhält ein attraktives Stipendium zum Studium oder trifft einen bedeutenden Menschen. Gemeinsam ist solchen Ereignissen, daß sie die weitere Entwicklung eines Menschen entscheidend mitbestimmen. Einige dieser Ereignisse haben nur in bestimmten Lebensabschnitten Bedeutung; andere können in jedem Alter auftreten.

Wenn aber viele Entwicklungspsychologen bereits seit Jahrzehnten nach Beziehungen zwischen vorausgegangenen Bedingungen (innerhalb und außerhalb des Individuums) und nachfolgenden Verhaltensweisen Ausschau halten, müßte sich bis zur Gegenwart doch eine unübersehbare Anzahl von Zusammenhängen oder auch Erklärungen angesammelt haben. Leistet nicht der Entwicklungspsychologe durch sein fortgesetztes Studium und die wachsende Zahl neuer Beobachtungsergebnisse einen Beitrag zu immer mehr Verwirrung? Solche Befürchtungen lassen sich schnell zerstreuen, denn – wie in jeder Wissenschaft – ist man auch in der Entwicklungspsychologie bemüht, sämtliche Beobachtungen und Erklärungen in ein Ordnungssystem zu bringen. Das Ergebnis dieses Organisationsprozesses bezeichnet man als *Theorie*. Eine Theorie umfaßt sämtliche für ein Fachgebiet als bedeutsam erachteten Zusammenhänge sowie deren Beziehungen untereinander. Eine gute Theorie ordnet und erklärt aber nicht nur bereits Beobachtetes, sondern dient auch als Grundlage, um zukünftige Ereignisse vorherzusagen und um Entwicklungen zu „optimieren".

1.1.3 Optimierung von Entwicklungsverläufen

Die Bemühungen zur Aufdeckung von vorausgegangenen Bedingungen und Ereignissen und nachfolgenden Verhaltensweisen, die Suche nach Erklärungen für beobachtete Verhaltensunterschiede war seit den Anfängen entwicklungspsychologischer Forschung keineswegs nur wissenschaftliche Neugier oder Selbstzweck. Viele Entwicklungspsychologen hoffen, daß sie durch ihre Erkenntnisse eine Möglichkeit erhalten, Entwicklungen zu *optimieren*. Das heißt, sie möchten ihre Voraussetzungen verbessern, um auf Entwicklungsverläufe Einfluß zu nehmen, damit diese in eine wünschenswerte Richtung gelenkt werden. Sollte ein Entwicklungspsychologe bei seiner Erklärungssuche z.B. herausfinden, daß bestimmte Bedingungen im Lebenslauf eines Menschen dessen Intelligenzentwicklung fördern, dann könnten sich diese Erkenntnisse in entsprechende Empfehlungen umsetzen lassen. Ein Beispiel, das aufzeigt, wie Beobachtungen zunächst beschrieben, dann erklärt und schließlich zur Grundlage für Empfehlungen werden können, ist im Info-Kästchen 1.1 dargestellt.

Jedes Eingreifen in Entwicklungsprozesse ist mit einer Wertung verbunden. Wenn man z.B. nachgewiesen hat, daß Kinder bereits im Vorschulalter das Lesen erlernen können, stellt sich die Frage nach der Erwünschtheit. Soll man wirklich Leselernprogramme bereits im Vorschulalter einsetzen? Ist es sinnvoll, Drei- oder Vierjährige im Lesen zu unterweisen? Was gewinnen sie dadurch? Oder, um noch ein weiteres Beispiel zu nennen, ist ein Schulanfänger, der sich überwiegend allein beschäftigt und wenig Interesse an Gleichaltrigen hat, „normal"? Ohne gleichzeitige Wertsetzungen lassen sich solche Fragen nicht beantworten. In den medizinischen Wissenschaften bereitet die

Info-Kästchen 1.1:
Warum vermindert sich die Empfindlichkeit des Gehörs mit wachsendem Alter?

Damit ein Ton vom menschlichen Gehör wahrgenommen werden kann, muß er eine gewisse Lautstärke erreichen. Es hat sich wiederholt nachweisen lassen, daß die Empfindlichkeit des Gehörs im Laufe des Lebens allmählich abnimmt. Je älter ein Mensch wird, desto lauter muß ein Ton sein, um noch gehört werden zu können. Demnach besteht ein Zusammenhang zwischen Lebensalter und Empfindlichkeit des Gehörs. Es gibt aber auch interindividuelle Unterschiede bei Angehörigen gleicher Altersgruppen. Grundsätzlich scheinen Frauen ihren männlichen Altersgenossen bezüglich der Empfindlichkeit des Gehörs überlegen zu sein. Einen solchen beschreibenden Befund haben Paul Baltes und seine Mitarbeiter zum Anlaß genommen, nach einer Erklärung für beobachtete Unterschiede zu suchen: Warum nimmt die Empfindlichkeit des Gehörs beim Menschen im Laufe seines Lebens ab und warum werden einige Menschen von dieser Leistungsminderung des Gehörs mehr betroffen als andere? Wirkt Lärm schädigend auf das Gehör? Dann müßten Menschen, die sich während des größten Teils ihres Lebens in einer vergleichsweise lärmarmen Umgebung aufgehalten haben, bessere Gehörleistungen aufweisen als andere, die z.B. längere Zeit an einem geräuschvollen Arbeitsplatz tätig sein mußten. Ebenso ist zu erwarten, daß Menschen, die in einer sehr ruhigen Landschaft leben, auch in einem höheren Lebensalter geringere Gehöreinbußen aufweisen als andere, die in einer lärmenden Großstadt leben. Nachprüfungen haben ergeben, daß beide Vermutungen zutreffen. Bei Angehörigen eines isolierten Stammes, die ihr gesamtes Leben in einer außergewöhnlich ruhigen Umgebung verbracht hatten, zeigten sich mit fortschreitendem Alter praktisch keine Leistungsminderungen ihres Gehörs; auch Geschlechtsunterschiede waren bei ihnen

Abb.1.4: Laute Musik in Diskotheken wirkt schädigend auf das Gehör

nicht zu beobachten. Bemühungen, Schädigungen des Gehörs zu verhindern, werden also durch Kenntnis des dargestellten Zusammenhangs unterstützt. So versucht man z.B., Lärm am Arbeitsplatz durch umfassende Isolationen so gering wie möglich zu halten. Wo diesen Lärmminderungen Grenzen gesetzt werden, empfiehlt man dringend das Tragen von Schallschützern. Lärm, der über 100 Dezibel liegt (das entspricht etwa dem Heulen einer elektrischen Kreissäge) schädigt die feinen Härchen, die im inneren Ohr Schallwellen in Nervenimpulse umwandeln. Bei Rock-Konzerten erreicht die Schallmessung Werte, die in der Nähe von 120 Dezibel liegen. Wer sein Gehör täglich für mehrere Stunden mit Stereo-Kopfhörern „bombardiert", muß mit einem endgültigen Elastizitätsverlust der feinen Sinneshärchen rechnen. Die Beliebtheit lauter Musik unter jungen Menschen wirft deshalb, so stellen Paul Baltes und seine Mitarbeiter schlußfolgernd fest, ein sehr ernstes Problem auf.

Bestimmung von Zuständen, die man als gesund und damit als erwünscht bezeichnet, in vielen Fällen keine Schwierigkeiten. Aber es gibt auch im ärztlichen Bereich Fragen, die erhebliche Probleme aufwerfen. Bestimmte Formen menschlichen Verhaltens, die man vor ca. 100 Jahren als abweichendes, teilweise sogar als kriminelles Sozialverhalten angesehen hat, führt man in der heutigen Psychiatrie auf „Krankheiten" zurück. Wie soll sich ein Mediziner z.B. verhalten, wenn er zu entscheiden hat, ob er das Leben eines sehr alten und todkranken Menschen – und damit möglicherweise dessen Qualen – künstlich verlängern soll?

Vergleichbare Probleme entstehen auch für einen Psychologen, der grundsätzlich bereit ist, optimierend in Entwicklungsverläufe einzugreifen. Die dabei zwangsläufig auftretenden Entscheidungssituationen lösen sehr häufig Wertkonflikte aus. Bei der Beantwortung der Frage, welche Entwicklungen als wünschenswert zu gelten haben und welche nicht, treten jedenfalls erhebliche Auffassungsunterschiede zutage.

1.2 Theorien menschlicher Entwicklung

Wenn man durch eine Linse blickt, erscheinen einige Teile des Gesichtsfeldes scharf, andere verschwommen. In einer ähnlichen Situation ist der Wissenschaftler, wenn er konkrete Verhaltensregeln aus Theorien ableiten will. Theorien erfassen in der Regel nur Ausschnitte und leiten so die Aufmerksamkeit darauf, welche Erklärungsmöglichkeiten in Frage kommen und welche Beziehungen zwischen Ereignissen bestehen, die unter verschiedenen Bedingungen zu beobachten sind. Man kann – um im Bilde zu bleiben – sich beim Betrachten des Menschen jeweils immer nur einer einzigen Linse bedienen. Damit wird man allerdings nur einen Teil der entwicklungspsychologischen Veränderungen beachten und erklären können; andere werden entweder übersehen oder die Erklärungen bleiben „unscharf". Bestimmte Probleme menschlicher Entwicklung lassen sich auf der Grundlage einiger Theorien angemessener als durch andere lösen. Wenn man also Veränderungen des motorischen, sozialen, emotionalen und intellektuellen Verhaltens verschiedener Menschen in allen möglichen Situationen des Alltags erklären will, wird man seine „Linsen" – den jeweiligen Fragestellungen entsprechend – wechseln müssen, denn eine allumfassende Theorie, die sämtlichen Aspekten menschlicher Entwicklung gerecht wird, steht bislang noch nicht zur Verfügung.

Im folgenden sind einige Theorien oder Sichtweisen von Entwicklung darzustellen, denen jeweils ein bestimmtes Bild vom Menschen zugrunde liegt. Jede Sichtweise enthält Annahmen über die Beziehungen des einzelnen zu seiner Umwelt. Es muß aber deutlich werden, daß sich nicht „richtige" von „falschen" Theorien unterscheiden lassen. Jede Sichtweise betont Ausschnitte aus einer sehr komplizierten Gegebenheit. Unzulänglichkeiten der einen lassen sich durch andere ausgleichen. Dadurch ergänzen sich die verschiedenen Betrachtungsweisen.

1.2.1 Die Sichtweise der Reifungstheoretiker

Den Arzt und Psychologen Arnold Gesell (1880-1961) beeindruckte die Tatsache, daß sich Kinder, vor allem während ihrer ersten Lebensjahre, nach einem einheitlichen Grundmuster zu entwickeln scheinen. Er studierte mit außerordentlicher Sorgfalt mehr als tausend Kinder und fand, daß sich bei ihnen motorische Verhaltensweisen wie Greifen, Sitzen, Stehen oder Laufen stets in der gleichen Reihenfolge und in annähernd gleichem Lebensalter zeigten. Zur Erklärung seiner Beobachtungen nahm Gesell den Begriff *Reifung* in Anspruch, den vor ihm bereits Biologen benutzten, die sich mit der Entwicklung von Embryos beschäftigten. Die Reifungsprozesse verwirklichten nach Gesells Überzeugung das, was in den Erbplänen vorgegeben war. Den Einfluß der Umwelt auf das Entwicklungsgeschehen setzte er dagegen sehr gering an: Die Pläne der Natur seien, so lehrte er, nur zu behindern, wenn ein Kind z.B. erheblich unterernährt oder mißhandelt würde. In einer seiner ersten umfangreicheren Veröffentlichungen stellte Gesell seinen Standpunkt folgendermaßen dar: „Die eindrucksvollste Tatsache der frühen Entwicklung ist die unausbleibliche Gewißheit der Reifung, die das Wachstum jedes einzelnen Kindes garantiert. Sie ist eine Kraft, für die wir dankbar sein müssen. Denn ohne sie würde das Kind das Opfer einer schlaffen Hilflosigkeit werden, die ihm von sentimentalen Gemütern manchmal zugeschrieben wird. Sein Geist, seine Seele, seine Persönlichkeit würden rasch der Krankheit, dem Verkommen, der Unterernährung und – schlimmer als das – einer irregeleiteten Erziehung unterliegen. In Wirklichkeit aber ist die angeborene Tendenz zu einer optimalen Entwicklung so fest verwurzelt, daß das Kind sich das Gute aus unserer Erfahrung nimmt".

Für einen Reifungstheoretiker vollzieht sich die menschliche Entwicklung also ähnlich wie bei einer Pflanze. Sie benötigt zwar einen Nährboden und ausreichend Bewässerung; ansonsten entwickelt sich aus einem Samenkorn aber in zeitlich weitgehend festgelegtem Ablauf jene Pflanze, die in ihrem genetischen Bauplan vorgesehen ist.

Mit den Ergebnissen einer sehr bekannt gewordenen Studie versuchte Gesell, die Richtigkeit einer solchen Erklärung zu belegen: Er untersuchte ein eineiiges weibliches Zwillingspaar, das im Alter von 46 Wochen noch keine Treppe ersteigen konnte. Eines der beiden Zwillingsmädchen („T" für „Training") erhielt täglich zehn Minuten die Gelegenheit, sich im Treppensteigen zu üben, während die Schwester („K" für „Kontrolle") hierfür nicht speziell trainiert wurde. Als die Trainierte nach Ablauf von sechs Wochen einen erheblichen Leistungsvorsprung im Vergleich zur untrainierten Schwester erreicht hatte, setzte Gesell die

Übungen für sie ab. Eine Woche später begann dann ein vierzehntägiges Training im Treppensteigen beim anfänglich nicht trainierten Zwillingsmädchen K, das daraufhin die Leistungswerte ihrer Schwester nicht nur bald erreichte, sondern diese sogar noch übertraf. Nachdem schließlich für beide Zwillinge die gezielten Übungen abgesetzt worden waren, glichen sich ihre Leistungen sehr schnell an.

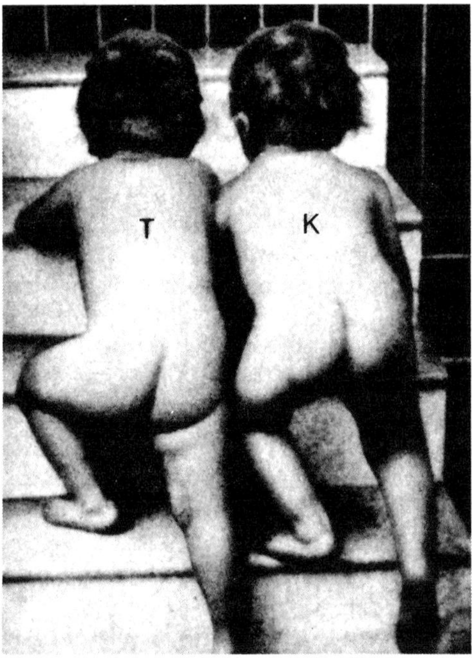

Abb. 1.5: Die Zwillinge T und K im Alter von 47 Wochen beim Treppensteigen

Die Schlußfolgerung, die Gesell und andere Reifungstheoretiker aus solchen Beobachtungen ableiteten, war klar: Der Versuch, mittels zusätzlicher Übungen Entwicklungsverläufe zu beschleunigen, hat wenig Sinn. Der Aufwand übersteigt den Erfolg bei weitem. Deshalb empfahl Gesell Eltern und Lehrern, die Reifungsentwicklung ihrer Kinder sehr sorgfältig zu beobachten und nur „altersangemessene" Anforderungen an sie heranzutragen.

Arnold Gesell war davon überzeugt, mit den Ergebnissen seiner Zwillingsstudie die geringen Einflußmöglichkeiten der Umwelt auf den Entwicklungsverlauf belegt zu haben. Kritiker entdeckten in seiner Methode allerdings sehr bald eine entscheidende Schwäche: Lernte das anfänglich untrainierte Zwillingsmädchen K das Treppensteigen tatsächlich nur deshalb erheblich schneller als die Schwester, weil sie bei Übungsbeginn reifer war? Konnte sie in den vorausgegangenen sechs Wochen nicht auch dadurch ihre Lernvoraussetzungen verbessert haben, daß sie – mit Ausnahme des Treppensteigens – viele Gelegenheiten besaß, ihre Motorik zu üben und entsprechend zu verbessern? Gesells Versuchsteilnehmer befanden sich ja in einem Altersabschnitt, in dem ein normales Kind ständig Erfahrungen mit der eigenen Körperbeherrschung sammelt: es kriecht, es läuft, wenn man es an der Hand führt, es versucht, sich an Möbeln hochzuziehen usw. Könnten dem Zwillingsmädchen K diese Erfahrungen nicht hilfreich gewesen sein, als auch sie endlich durfte, was ihre Schwester schon seit langem tat: Treppensteigen?

Genau genommen hat Gesells Studie lediglich ergeben, daß das Zwillingsmädchen T nach sechswöchiger Trainingszeit im Alter von 52 Wochen 25 Sekunden benötigte, um die oberste Stufe einer Treppe zu erreichen. Ihre Schwester K schaffte die gleiche Aufgabe im Alter von 54 Wochen nach einer Trainingszeit von nur 14 Tagen in zehn Sekunden. Zwilling K war also älter, als mit dem speziellen Training begonnen wurde. Über ihre Reifungsvoraussetzungen ist allerdings nichts bekannt. Besteht danach nicht die Möglichkeit, daß das Verhalten von K mit Reifung überhaupt nichts zu tun hatte, sondern als Ergebnis ihrer *unkontrollierten* Übungen zustandegekommen war? Zahlreiche Psychologen, die sich als Behavioristen bezeichneten und als Zeitgenossen von Gesell sehr einflußreich waren, zögerten nicht, das Verhalten des Zwillingsmädchens K ausschließlich lernpsychologisch zu erklären.

1.2.2 Die Sichtweise der Behavioristen

Behavioristen ließen sich von der Annahme leiten, daß der Schlüssel zum Verständnis individueller Entwicklungsverläufe in der Umwelt zu finden sei. Sie griffen einen Vergleich des englischen Philosophen John Lokke (1632-1704) auf, wonach der „Geist" des Neugeborenen einem leeren Blatt Papier entspricht, das erst noch zu beschreiben ist. John Watson, der Begründer des Behaviorismus (s. Abbildung 1.6), meinte z.B., daß er „zum Aufbau eines menschlichen Wesens" anfänglich nichts weiter benötige als „ein quicklebendiges, sich windendes Stückchen Fleisch, das in der Lage ist, ein paar einfache Reaktionen von sich zu geben, wie z.B. die Bewegungen von Händen und Armen und Fingern und Zehen, das schreit und lächelt und das mit seiner Kehle bestimmte Töne macht. ... Eltern finden dieses Rohmaterial vor und fangen an, es in einer Weise zu gestalten, die ihnen passend erscheint." Tempo und Verlauf der weiteren Entwicklung hingen von den Erfahrungen ab, die von der Umwelt anzuregen und eventuell zu kontrollieren seien. Watson forderte zum intensiven Studium des Lernens auf, das schließlich die menschliche Entwicklung in jede gewünschte Richtung lenken könne. Er stellte sich vor, daß Vertreter einer zukünftigen, weit fortgeschrittenen Lernpsychologie in die Lage kämen, folgende Aufforderung zu verwirklichen: „Gebt mir ein Dutzend Kinder und eine Welt, in der ich sie aufziehen kann. Ich garantiere dann, daß ich jedes zu dem mache, was ich möchte: Arzt, Rechtsanwalt, Künstler, Unternehmer oder auch Bettler und Dieb."

Abb. 1.6: John Broadus Watson (1878-1950)

Für Behavioristen verschwimmt der Unterschied zwischen Lern- und Entwicklungspsychologie. In dem Maße, wie ein Kind neue Verhaltensweisen lernt, zeigt es Veränderungen. Ein Erwachsener unterscheidet sich in seinem Verhalten lediglich darin von einem Kind, daß er über eine längere Lerngeschichte verfügt. Grundsätzlich waren Behavioristen davon überzeugt, daß die von ihnen beschriebenen Lerngesetze für alle Altersstufen gültig sind. Das Alter eines Menschen hat im Gegensatz zur Auffassung des Reifungstheoretikers für einen Behavioristen keinen Informations- oder Erklärungswert, von Interesse ist nur seine jeweilige Lerngeschichte.

Für den Behavioristen klassischer Prägung lernen Lebewesen – Mensch und Tier gleichermaßen – unter bestimmten Bedingungen Reize und Reaktionen zu verbinden. Verhaltensweisen treten häufiger auf, nachdem sie „verstärkt" worden sind. Oder – in unbehavioristischer Ausdrucksweise – wenn sie einen erwünschten Effekt ausgelöst haben. Demgegenüber nimmt die Auftretenswahrscheinlichkeit einer Verhaltensweise ab, wenn sie entweder konsequent nicht mehr verstärkt wird oder wenn ihr eine „Bestrafung" folgt, d.h. (wiederum außerhalb behavioristischer Sprachregelung), wenn Lernende erfahren haben, daß eine zuvor belohnte Verhaltensweise nunmehr ohne Wirkung bleibt oder eine unangenehme (z.B. Schmerz-)Konsequenz hat.

Für den streng behavioristischen Lernpsychologen ist es unbedeutend, ob ein Lernender seine Rückmeldungen von seinen Mitmenschen erhält. Verstärkungen und Bestrafungen ließen sich grundsätzlich auch von Automaten verabreichen. Ist der Einfluß von Eltern, Lehrern und Gleichaltrigen aber tatsächlich so unerheblich für die Entwicklung eines Kindes? Sind Personen noch nicht einmal erforderlich, um Belohnungen und Bestrafungen zu verteilen? Als Albert Bandura, anfänglich stark vom behavioristischen Denken geprägt, Jugendliche untersuchte, die mit dem Gesetz in Konflikt geraten waren, fiel ihm etwas auf, was seine wissenschaftliche Neugier erregte: Die Eltern zeigten in ihrem Alltag häufig aggressives Verhalten. Wirkten sie damit womöglich als „Vorbilder?" – Bandura würde von „Verhaltens-Modellen" sprechen. Hatten die Kinder die Aggressionen von Vater und Mutter möglicherweise durch Beobachtung gelernt und in anderen Situationen einfach nachgeahmt? Ende der fünfziger Jahre versuchte Bandura solche Fragen in einer Reihe von Studien zu klären, die heute bereits als klassisch gelten; das in Info-Kästchen 1.4 auf Seite 32 f. beschriebene Experiment entstammt dieser Serie.

Bandura wurde durch seine Beiträge zu einem bedeutsamen Vertreter der *Sozialen Lerntheorie*. Sie geht davon aus, daß Menschen nicht nur lernen, wenn ihre eigenen Verhaltensweisen verstärkt oder bestraft werden. Das Wissen, wie man sich in einer Situation verhält, ist auch dadurch zu erwerben, daß man andere beobachtet und dabei aufmerksam protokolliert, welche Konsequenzen deren Verhalten jeweils nach sich zieht.

1.2.3 Die Sichtweise kognitiver Entwicklungspsychologen

Noch bis in die fünfziger Jahre hinein hielten sich viele Psychologen strikt an die Mahnung Watsons, sich in der wissenschaftlichen Arbeit nur mit solchen Funktionen und Prozessen zu beschäftigen, die der direkten Beobachtung zugänglich sind. Inzwischen beschäftigten sich Ingenieure mit der Entwicklung von Maschinen, die Informationen aufzunehmen, zu verarbeiten und zu speichern vermochten; man sprach schließlich sogar von „künstlicher Intelligenz". Sicherlich haben diese Fortschritte in den technischen Bereichen mit dazu beigetragen, daß selbst Behavioristen bereit waren, Prozesse *im* Menschen in Anspruch zu nehmen, die nicht direkt zu beobachten, sondern allenfalls unter Verwendung einer komplizierten Technik zu erfassen oder auch nur zu erschließen waren. Ein Beispiel stellt der *kognitive Behaviorismus* dar, dessen prominentester Vertreter Albert Bandura bereits erwähnt worden ist.

Etwa in der Zeit, als Bandura seine ersten Untersuchungen zum Beobachtungslernen durchführte, erfuhren amerikanische Psychologen erstmalig etwas von Jean Piaget, der sich den behavioristischen Strömungen von Anfang an entzogen hatte. Während man in den USA der Frage nachgegangen war, wie vermeintlich passive Lebewesen durch Umweltkräfte geformt werden, studierte Piaget, wie Kinder verschiedenen Alters aktiv Probleme lösen und logische Schlußfolgerungen ziehen. Er wurde damit zum Begründer der kognitiven Entwick-

Abb. 1.7: Jean Piaget (1896-1980)

lungspsychologie, die sich um die Klärung der Frage bemühte, wie Kinder und Jugendliche Wissen und Verständnis erwerben.

Das Kind, so hat Piaget gelehrt, ist nicht einem Stück Papier vergleichbar, das passiv erduldet, wie es von seiner Umwelt beschrieben wird. Das Kind muß vielmehr als ein aktives Wesen gesehen werden. Was Piaget damit meint, läßt sich leicht durch einen kleinen Versuch veranschaulichen. Man zeigt Kindergartenkindern einen Glaskrug, den man mit einer Flüssigkeit füllt und dann um 45 Grad nach vorne kippt. Man fordert den jungen Beobachter sodann auf, die vorgegebene Zeichnung eines leeren Krugs so zu ergänzen, wie man die Flüssigkeit sieht. Die meisten Kinder werden die obere Grenze der Flüssigkeit parallel zum oberen Rand des Gefäßes zeichnen, wie es die Abbildung 1.8 darstellt.

Sicherlich waren Kindergartenkinder wiederholt Zeuge, wie aus einem Krug Flüssigkeit ausgeschenkt worden ist. Dabei haben sie niemals einen schräg gehaltenen Krug gesehen, in dem sich die obere Grenze der

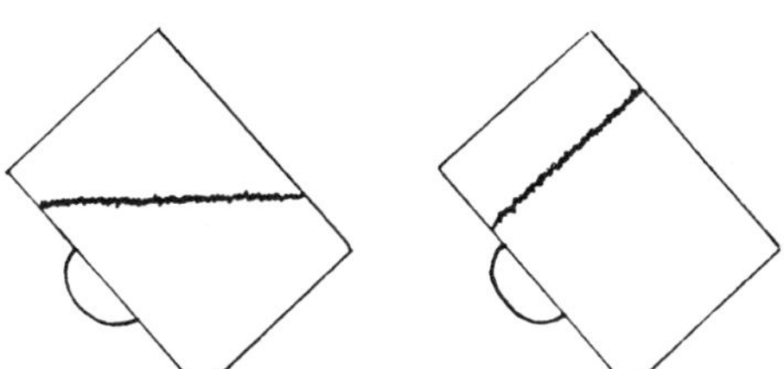

Abb. 1.8: Wenn Kindergartenkinder gebeten werden, die vorgegebene Zeichnung eines Krugs so zu vervollständigen, daß man die Flüssigkeit so wie in der Wirklichkeit (links) sieht, dann zeichnen sie eine Linie wie im Bild rechts.

Flüssigkeitssäule wie in ihrer Zeichnung darstellte. Was die Kinder wiedergeben – so erläuterte Piaget – ist folglich nicht einfach ein Abbild ihrer Erfahrung, sondern das Ergebnis einer Konstruktion ihres Intellekts. Das Kind stellt nicht dar, was für die physikalische Umwelt kennzeichnend ist, sondern wie es diese versteht. Das Kind konstruiert sich sein Verständnis von sich selbst, von anderen und von der Welt der Gegenstände.

Mit seinem jeweiligen Verständnis wirkt das Kind auf die Welt. Nicht immer steht das, was das Kind weiß, mit den Gegebenheiten der Umwelt in Übereinstimmung. Es kommt zu „kognitiven Konflikten". Eine Möglichkeit zur Lösung solcher Konflikte besteht darin, sein eigenes Wissen, sein Verständnis, den neuen Erfahrungen anzupassen. Die „kognitive Struktur" ändert sich und damit wird die Welt anders verstanden als vorher. Ohne diese Wechselwirkung oder *Interaktion* kann sich nach der Auffassung Piagets kein kognitiver Entwicklungsfortschritt vollziehen. Dabei verzichtet er keineswegs auf die Annahme von Reifungsprozessen. Der Entwicklungsprozeß gilt als genetisch, also durch die Erbanlagen vorbestimmt, denn er vollzieht sich in qualitativ unterscheidbaren Phasen, deren Abfolge festgelegt ist; das Überspringen eines Abschnitts ist nicht möglich. Fortschritte in der Entwicklung kommen nur als Ergebnis von Reifungsprozessen *und* Erfahrung zustande.

Was hat man unter dieser Reifung aber zu verstehen? Handelt es sich dabei um physiologische Prozesse, die sich am menschlichen Nervensystem vollziehen und die allmählich dessen Leistungsfähigkeit erhöhen? Ist es auf „kognitive Unreife" zurückzuführen, wenn ein Fünfjähriger an bestimmten Problemen scheitert, die ihm drei Jahre später ohne weiteres gelingen? Die Behavioristen waren stets davon überzeugt, daß „falsche" Antworten nichts mit mangelnder Reife, sondern mit Lücken in der individuellen Lerngeschichte zu tun hätten. Nach einem geeigneten Training wären auch jüngere Kinder zur Bewältigung solcher Probleme in der Lage, die nach Piagets Überzeugung nur älteren Kindern gelingt.

Zu dieser Diskussionsrunde gesellten sich zu Beginn der siebziger Jahre auch Psychologen, die Ähnlichkeiten zwischen Mensch und Computer sahen. Sie verwiesen darauf, daß beide zunächst Informationen aufnehmen müssen, bevor sie diese verarbeiten und in einen Speicher (Gedächtnis) bringen können. Die Lösung einer aktuellen Aufgabe erfordert den Abruf geeigneter Informationen aus dem Speicher. Wenn man die von Piaget beschriebene Entwicklung des Denkens aus informationstheoretischer Sicht betrachtet, dann drängen sich zahlreiche Fragen auf: Hat das Kind im Vergleich zum Erwachsenen eine geringere Fähigkeit zur Verarbeitung von Informationen? Hat die Entwicklung des Denkens etwas mit den Verbesserungen in der Handhabung von Informationen zu tun, d.h. entwickelt ein Kind allmählich wirkungsvollere Strategien zur Informationsverarbeitung? Unterscheiden sich dadurch Ältere und Jüngere womöglich in der Geschwindigkeit der Informationsverarbeitung? Ist der Zwölfjährige einem Sechsjährigen deshalb im Denken überlegen, weil er auf mehr Informationen in seinem Speicher zurückgreifen kann? Solche Fragen haben zahlreiche Forschungen angeregt. Deren Ergebnisse sind geeignet, Piagets Beobachtungen auch aus informationstheoretischer Sicht zu erklären.

1.2.4 Psychodynamische Sichtweisen

Warum können Kinder gegenüber ihrem Vater oder ihrer Mutter Gefühle entwickeln, die sich vielleicht am besten mit Haß-Liebe umschreiben lassen? Warum nehmen sich gelegentlich Jugendliche das Leben, obwohl sie weder in der Schule noch im Elternhaus durch massive Verhaltensstörungen aufgefallen sind? Die Antworten, die Reifungstheoretiker, Behavioristen oder kognitiv orientierte Psychologen auf solche Fragen geben würden, bedürfen einer Ergänzung. Es war Sigmund Freud, der als Begründer der Psychoanalyse zum ersten Mal nachdrücklich darauf aufmerksam machte, daß der Mensch nicht ausschließlich ein von der Vernunft geleitetes Wesen sei. Menschliches Verhalten bliebe weitgehend unerklärbar, wenn man den Einfluß „unbewußter" Konflikte und deren Bedingungen außer acht ließe.

Abb. 1.9: Sigmund Freud (1856-1939)

Freud stützte sich bei seinen Erkenntnissen nur auf Erfahrungen mit erwachsenen Patienten, die in seine Wiener Praxis kamen. Nur einmal hat er ein Kind behandelt, mit dem er – von einer Ausnahme abgesehen – jedoch nur über den Vater in Kontakt stand (s. Info-Kästchen 1.2). Vor diesem Hintergrund erscheint es auf den ersten Blick überraschend, daß er entscheidenden Einfluß auf Denkweisen in der Entwicklungspsychologie zu nehmen vermochte. Nach Freuds Überzeugung kamen in den Symptomen seiner erwachsenen Patienten aber Konflikte zum Ausdruck, die während der ersten Lebensjahre entstanden waren.

Freud unterschied bei der menschlichen Persönlichkeit drei Instanzen, die sich wechselseitig beeinflussen: *Es*, *Ich* und *Über-Ich*. Im *Es* finden sich die mächtigen Triebe, mit denen der Mensch bereits bei seiner Geburt ausgestattet ist. Sie wirken weitgehend aus dem Unbewußten. Freud unterschied zwischen dem Sexualtrieb, auch „Libido" genannt, und dem auf Zerstörung ausgerichteten Aggressions- oder Todestrieb. Zu beachten ist, daß Freud den Begriff „Sexualität" in einem sehr weiten Sinne verstanden wissen wollte. Die Wirkweise dieser Triebe ist dadurch gekennzeichnet, daß sie menschliches Verhalten in die Richtung einer unkontrollierten, sofortigen Triebbefriedigung zu drängen versuchen, was unausweichlich zu Konflikten mit der Umwelt und Anforderungen führen muß. Die Ansprüche der Wirklichkeit werden in Freuds Modell durch die Instanz des *Ich* vertreten. Menschliche Entwicklung wird deshalb vor allem von dem Versuch bestimmt, auf der Grundlage der Vermittlungsarbeit des *Ich* den eigenen Umgang mit den Triebenergien so planvoll zu gestalten, daß sie mit den Anforderungen der Umwelt in Übereinstimmung gebracht werden und Mißbilligungen der sozialen Umwelt vermieden werden.

Dem *Ich* fällt also die entscheidende Aufgabe zu, im Verlauf der Entwicklung Erfahrungen mit der Wirklichkeit zu sammeln und vor diesem Hintergrund das *Es* zu veranlassen, den Lustgewinn erforderlichenfalls aufzuschieben und/oder Formen der Befriedigung zu suchen, die sozial annehmbar sind.

Info-Kästchen 1.2:
Wie Sigmund Freud die Furcht vor Pferden bei einem fünfjährigen Jungen erklärte.

Als *Hans* fünf Jahre alt war, weigerte er sich, das Haus zu verlassen, denn er fürchtete sich vor Pferden, die es zu Beginn dieses Jahrhunderts in großer Anzahl in den Straßen Wiens gab. Die Eltern waren darüber sehr beunruhigt. Schließlich wandte sich der besorgte Vater an Sigmund Freud, den er als Arzt zuvor bei anderen Gelegenheiten um Rat gefragt hatte. Freud ließ sich über das Leben von *Hans* genau informieren. Dabei interessierte er sich auch für die Träume des kleinen Jungen, für den Inhalt seiner Phantasien, seine Vorlieben usw. Schließlich fühlte sich Freud mit dem kleinen *Hans* hinreichend vertraut, um dessen Furcht vor Pferden deuten zu können. Aus einer umfangreichen Darstellung seien im folgenden nur einige Gedanken herausgegriffen.

Freud war davon überzeugt, daß sich der kleine *Hans* in seine Mutter verliebt hatte und seinen Vater als Rivalen erlebte. In Anlehnung an die griechische Mythologie bezeichnet Freud ein solches Beziehungsgeflecht als Ödipuskomplex. In der Sage tötete *Ödipus* seinen Vater und heiratete seine Mutter. Für Freud kommen in der Ödipus-Sage die geheimen Wünsche des Jungen zum Ausdruck, die allerdings immer von Ängsten begleitet sind; Freud faßt sie unter dem Begriff „Kastrationsangst" zusammen.

Demnach fürchtete *Hans,* sein mächtiger Vater könnte von seiner Zuneigung etwas bemerken und ihn zur Strafe kastrieren. Diese Furcht vor dem eigenen Vater konnte der kleine Junge aber nicht akzeptieren, weil er ihn gleichzeitig liebte. Folglich, so deutete Freud, übertrug *Hans* seine Angst auf Pferde. Warum wählte Hans gerade diese Tiere als Symbol? Für Freud war dies keineswegs ungewöhnlich. Schließlich habe der Vater mit seinem Sohn früher Pferd und Reiter gespielt. War es nicht eine Anspielung auf den Schnurrbart des Vaters und auf seine Brille, wenn *Hans* sich vor allem vor solchen Pferden fürchtete, die „etwas Schwarzes am Munde" und Scheuklappen hatten?

Aus heutiger Sicht erscheint es unvertretbar, ein Kind nicht direkt, sondern über einen anderen Menschen, im vorliegenden Fall sogar über den eigenen Vater zu therapieren. Im übrigen fragen sich Skeptiker der Freudschen Auslegung, ob diese nicht vielleicht eher dessen Deutungssystem widerspiegeln als eine psychische Wirklichkeit des kleinen *Hans.*

Auch mit der dritten Instanz, dem *Über-Ich*, muß sich das *Ich* auseinandersetzen. Das *Über-Ich* läßt sich in etwa mit dem Gewissen gleichsetzen. Es verkörpert die Werte und moralischen Grundsätze einer Gesellschaft, die das Kind von seinen Eltern und anderen übernommen hat. Das *Ich* muß also zwischen den strengen moralischen Anforderungen des *Über-Ich* und den Wünschen des *Es* vermitteln. David Moshman und Mitarbeiter haben – etwas vereinfachend – den Konflikt zwischen den drei Instanzen der Persönlichkeit einmal so beschrieben: „Das *Es* sagt: ‚Ich möchte dies und ich möchte es *jetzt*'. Das *Ich* sagt: ‚Ich arbeite schon daran, aber du mußt dich gedulden!' Das *Über-Ich* sagt: ‚Das ist nicht erlaubt, und wenn du es trotzdem tust, werde ich dafür sorgen, daß wir uns alle schuldig fühlen'."

Der entwicklungspsychologisch bedeutsamste Beitrag Freuds liegt in der Beschreibung der *psycho-sexuellen* Entwicklung. Mit dem Begriff „sexuell" wollte Freud zum Ausdruck bringen, daß die Suche des Kindes nach Lustgewinn von den gleichen psychischen Energiequellen gespeist wird wie die genitale Sexualität. Freud nennt die Energie, die hinter den Triebkräften steht, *Libido*. Sie besetzt – gesteuert vom biologischen Reifungsprozeß – bereits im Verlauf der ersten Lebensjahre mehrere Körperzonen oder „erogene Zonen": zunächst den Mund (orale Phase), später den After (anale Phase) und schließlich die Geschlechtsorgane (phallische Phase). In jeder dieser Phasen können Konflikte zwischen den Triebansprüchen des *Es* und Reaktionen der Umwelt auftreten. Wie sich am Beispiel der *oralen* Phase zeigen läßt, hängt der Fortgang der Entwicklung davon ab, mit welchem Ausmaß und mit welcher Art von Befriedigung das Kind die einzelnen Phasen durchläuft.

Während des ersten Lebensjahres treten die Lippen sowie die übrigen Mundpartien als erogene Zone in den Vordergrund: das Kind saugt, lutscht, später kaut und beißt es. Da selbst Gegenstände durch In-den-Mund-Stecken untersucht werden, schloß Freud, daß hinter solchen Aktivitäten nicht nur das Interesse an der Nahrungsaufnahme steht. Vielmehr sah er im Mund während dieser frühen Phase die Hauptquelle für Lustempfindungen. Bei Entsagungen (Frustrationen) während dieser Zeit, wie z.B. zu langem Warten auf die Mahlzeit, zu wenig Essen, sah Freud die Gefahr eines nicht angemessenen Entwicklungsverlaufs in dieser Phase. Auch die Entwöhnung von der Mutterbrust wird als Quelle von Überforderung in Betracht gezogen. In solchen Fällen rechnet Freud mit einer *Fixierung*. Im Falle einer Fixierung bleiben libidinöse Energien im unbewältigten Entwicklungsabschnitt zurück. Es gelingt dem Kind folglich nicht oder nur noch unzulänglich, die nächste Phase zu erreichen, in der reifere Formen der Auseinandersetzung mit der Umwelt zu entwickeln sind. Freud verglich diesen Prozeß mit einer Reihe von Schlachten, die eine militärische Truppe zu bestehen hat: Wenn die Gefechte der ersten Phase erfolgreich sind und die damit verbundenen Konflikte gelöst werden, können die meisten Soldaten voranschreiten, um die Auseinandersetzungen mit den Problemen der nächsten Phase zu beginnen. Waren die Anforderungen der ersten Phase allerdings zu hoch, dann müssen viele Soldaten zurückbleiben und nur ein kleines Truppenkontingent steht für die Gefechte der nächsten Phase zur Verfügung.

Eine andere Reaktion des Kindes auf zu hohe Anforderungen der Umwelt sah Freud in der *Regression*: Wenn ein Kind nach Erreichung einer nachfolgenden Phase die mit ihr verbundenen Anforderungen nicht erfüllen kann, kehrt es – im psychologischen Sinne – zu jener Phase zurück, in der es Befriedigung gefunden hat. Es zeigt Verhaltensweisen, die in einer früheren Phase angemessen waren, inzwischen aber für die erreichte Altersstufe nicht mehr annehmbar sind.

Freud meinte, bei seinen erwachsenen Patienten Persönlichkeitsmerkmale entdecken zu können, die er im Sinne von Fixierungen deutete. Wenn ein Mensch beispielsweise zu früh von der Mutterbrust entwöhnt worden ist, die Lust am Saugen also nicht ausreichend befriedigt werden konnte, ist mit einer Fixierung auf der oralen Stufe zu rechnen. Wenn Menschen in späteren Entwicklungsstufen in auffälliger Weise am Daumen lutschen, an den Nägeln kauen, übermäßige Lust am Essen und Rauchen zeigen, handelt es sich nach Freud dabei um Fixierungen in der oralen Phase.

Nach Freuds Überzeugung hing es also entscheidend von den besonderen Bedingungen der Umwelt, von der Reaktion der Mutter oder beider Eltern ab, wie das Kind verschiedene Abschnitte der Entwicklung durchläuft. Damit hatte Freud auf eine Entwicklungsbedingung hingewiesen, die in

Gefahr stand, übersehen zu werden. Die Reifungstheoretiker hatten Vater und Mutter mehr in die Rolle des abwartenden Beobachters gestellt. Für die Behavioristen waren die Eltern durch alles zu ersetzen, was Verstärkungen und Belohnungen zu verabreichen vermochte. Auch Piaget richtete seine Aufmerksamkeit so sehr auf die geistigen Strukturen des Kindes, daß er über die Bedeutung der Eltern kaum Aussagen machte.

Freud stieß in den Gesprächen mit seinen Patienten immer wieder auf das Verhalten von Vater und Mutter, die während der ersten Lebensjahre die Entwicklung des Kindes mitbestimmt hatten. Es ist Freuds Verdienst, besonders nachdrücklich auf die Bedeutung der ersten Lebensjahre für die weitere Entwicklung hingewiesen zu haben. Seine Erkenntnisse übernahmen auch viele seiner Kritiker. Es wurden jedoch auch immer wieder Mängel der psychoanalytischen Entwicklungstheorie aufgezeigt. So wurde Freud vielfach vorgeworfen, den Einfluß der Kultur auf die Entwicklung zu wenig beachtet zu haben. Auch die Beschränkung der psychischen Entwicklungsfähigkeit auf die ersten sechs Lebensjahre wurde immer wieder in Frage gestellt. Einige Schüler Freuds rückten daher die Entwicklung der Erwachsenen verstärkt in den Blickpunkt und nahmen sich damit eines Alterszeitraums an, über den Freud wenig aussagte. Einer dieser Schüler war Erik Erikson (geb. 1902).

Erikson wurde als Sohn dänischer Eltern in Frankfurt am Main geboren. Über einige Einzelheiten aus seiner Kindheit und Jugend berichtet Info-Kästchen 6.6 (s.S. 275 ff.). Nach seinem Abitur reiste er als Künstler längere Zeit durch Europa, bis er schließlich während seines dritten Lebensjahrzehnts mit Sigmund Freuds Tochter, *Anna,* in Kontakt kam. Bei ihr unterzog er sich einer Lehranalyse. Im Jahre 1933 wanderte Erikson nach Amerika aus, wo er – nach seinen Europa-Erfahrungen – erneut mit unterschiedlichsten Kulturräumen in Berührung kam. Er siedelte sich zunächst in Boston an, wo er als erster Kinderanalytiker in den Neu-England-Staaten gute Arbeitsmöglichkeiten fand. Dort bot sich ihm die Gelegenheit, mit vielen wissenschaftlich einflußreichen Persönlichkeiten zusammenzutreffen. Auf seine Kontakte mit den Anthropologen Margaret Mead und Ruth Benedict ist es beispielsweise zurückzuführen, daß er zahlreiche Indianerstämme besuchte und mit ihnen für einige Zeit lebte.

Nach eingehendem Studium der Sioux- und Yurok-Indianer kam er zu dem Schluß, daß der abrupte Übergang von der traditionellen Indianerkultur zum Amerika des zwanzigsten Jahrhunderts von vielen Stammesangehörigen offenbar nicht zu bewältigen war. Bei Soldaten, die nach dem zweiten Weltkrieg in die Heimat zurückkehrten, stellte er ähnliche Schwierigkeiten fest. Einige dieser Veteranen schafften es nicht, nach den grauenvollen Kriegserlebnissen wieder ein geordnetes Leben in Familie und Beruf zu führen. Sie hatten Schwierigkeiten, ihre „Ich-Identität" bei erheblichen Veränderungen ihrer Umwelt zu bewahren. Die klassische Psychoanalyse Freuds half Erikson wenig, diese Anpassungsprobleme zu erklären. Die Schwierigkeiten, mit denen Indianer und Soldaten zu kämpfen hatten, ließen sich nicht auf Triebkonflikte zurückführen. Sie lagen vielmehr in den Erfahrungen unterschiedlicher Lebensumwelten. Muß nicht aber jeder Mensch im Verlauf seines Lebens häufig mit sich ändernden Anforderungen fertig werden? Wie meistert er normalerweise dieses Problem? Solche Fragen lenkten Eriksons Blick auf die „psychosoziale" Entwicklung.

Erikson hat den gesamten menschlichen Lebenslauf in acht Phasen eingeteilt, von denen jede durch einen typischen Konflikt gekennzeichnet ist. In jeder Phase stellen sich für das *Ich* Aufgaben, an deren Bewältigung es wachsen kann. Die erfolgreiche Auseinandersetzung mit den Anforderungen einer Phase hat die Entwicklung bestimmter „Ich-Qualitäten", wie z.B. Vertrauen, Selbständigkeit, Initiative usw. zur Folge. Ebenso wie sich beim menschlichen Organismus während des vorgeburtlichen Zeitraums Organe nach einem vorgegebenen Plan ausbilden, sieht Erikson auch die Abfolge und Dauer der acht Phasen nach einem „Grundplan" ablaufen. Wie jedoch ein Kind die in einer Phase gestellten Aufgabe löst, hängt entscheidend von seinen Umwelterfahrungen ab. Wenn es die Anforderungen einer Phase nicht voll bewältigt hat, erschwert dies die erfolgreiche Auseinandersetzung mit den Aufgaben nachfolgender Phasen. Erikson glaubt allerdings nicht, daß irgendeine der Entwicklungsaufgaben jemals vollkommen bewältigt werden kann. Gelegentlich zeigen sich bei jedem Menschen Mißtrauen, Zweifel oder Schuldgefühle. Entscheidend ist für Erikson, daß die positiven Qualitäten des Ichs gegenüber den negativen überwiegen.

Die Mutter oder Hauptpflegeperson bestimmt z.B. durch ihr Verhalten, wie das Kind zu Beginn seines Lebens die Aufgabe der ersten Phase bewältigt. Wenn es erfährt, daß ihm Hilfe und Zuwendung zuteil werden, wann immer es sie benötigt, erwächst daraus Vertrauen. Verhält sich die Mutter jedoch kühl abweisend oder ist sie unzuverlässig in ihrer Fürsorge, dann lernt das Kind, anderen zu mißtrauen. Beides hat Folgen für die Art der Bewältigung der Anforderungen in der nächsten Phase der psychosozialen Entwicklung: Kinder, die Vertrauen zu sich selbst und ihrer Umgebung gewonnen haben, fangen an, ihre Umwelt zu erforschen. In dem Maße, wie Eltern solche Bemühungen unterstützen, bieten sie dem Kind eine gute Voraussetzung, das Gefühl der Selbständigkeit zu entwickeln. Wenn das Kind dagegen während der ersten Phase der Entwicklung kein Vertrauen zu sich selbst und seiner Umgebung gewonnen hat, zögert es, eine Welt zu erkunden, die voller Überraschungen und Gefahren ist.

Erikson hat Freuds Gedanken in entscheidender Weise bereichert, indem er die Entwicklung der gesamten Lebensspanne in den Blick nahm. Während Freud sich in erster Linie mit Fehlentwicklungen beschäftigte, interessierte sich Erikson für die Frage, wie der Mensch erfolgreiche Lösungen bei seiner Auseinandersetzung mit Entwicklungskrisen findet. Seine eigenen Erfahrungen halfen Erikson auch, den Einfluß unterschiedlicher Kulturen auf die Entwicklung zu berücksichtigen. Eltern und Erzieher erfuhren von ihm, daß es schon in sehr frühen Stadien der Entwicklung psychosoziale Krisen gäbe, von deren Bewältigung das weitere Schicksal eines Kindes abhängt. Was aber – so muß sich Erikson fragen lassen – ist konkret zu tun, damit Kinder Vertrauen zu anderen Menschen entwickeln? Was haben Eltern falsch gemacht, deren Kinder ihren Sozialpartnern grundsätzlich mit tiefem Mißtrauen begegnen? Solchen Fragen ist Erikson die Antwort schuldig geblieben. Erikson hat sich vor allem darauf beschränkt, typische Konflikte und Lösungsformen innerhalb bestimmter Altersphasen zu *beschreiben.* Die Aufgabe, zu *erklären,* warum Menschen auf psychosoziale Krisen unterschiedlich reagieren, hat er anderen überlassen.

1.2.5 Die Sichtweise einer Wechselwirkung zwischen Person- und Umweltveränderung

Die Reifungstheoretiker richteten ihren Blick ausschließlich auf das „Innere" (Biologie, Erbanlagen u. ä.), während die Behavioristen ihr Augenmerk ebenso einseitig auf die Umwelt richteten. Jean Piaget ging einen Schritt weiter, indem er Veränderungen in der Person beschrieb, die sich ergeben, wenn sie sich aktiv mit ihrer Umwelt auseinandersetzt. Ist aber Piaget dabei nicht auch auf halbem Wege stehengeblieben? Hat das Handeln des Menschen in seiner Umwelt keine Wirkung hinterlassen? Die Erkenntnis, daß der Mensch verändernd auf seine Umwelt wirkt und daß diese Veränderungen wiederum auf den Menschen zurückwirken, hat bereits eine längere philosophische Tradition. So erklärte z.B. Johann Wolfgang von Goethe in seinem Vorwort zu *Dichtung und Wahrheit,* „daß man wohl sagen kann, ein jeder, nur zehn Jahre früher oder später geboren, dürfte, was seine eigene Bildung und die Wirkung nach außen betrifft, ein ganz anderer geworden sein." Klaus Riegel (1925-1977) forderte, über Piaget hinauszugehen und zu beachten, daß sich im historischen Ablauf ständige Veränderungen des sozialen und kulturellen Milieus vollziehen. Es gibt z.B. Kriegs- und Friedenszeiten mit jeweils unterschiedlichen Lebensbedingungen. Jahre wirtschaftlicher Depression wechseln mit anderen ab, in denen Wohlstand herrscht. Änderungen ergeben sich im Verlauf der Zeit in der Einstellung zum Kind, in der Definition der Geschlechtsrolle oder in allgemeinen Wertvorstellungen. Epidemien können die Gesundheit des Menschen bedrohen, aber medizinischen Fortschritten gelingt es auch, sie unter Kontrolle zu bekommen. Ohne die aktive Einflußnahme des Menschen auf die Umwelt kann sich keine dieser Änderungen vollziehen. Mit jeder Änderung entsteht aber gleichzeitig eine neue Lebensbedingung, die wiederum Einfluß auf die Entwicklung nimmt. Menschliche Entwicklungen, die vor zehn, zwanzig oder dreißig Jahren begannen, mußten einen Verlauf nehmen, der den jeweils vorfindbaren Bedingungen entsprach.

Nach dieser Sichtweise wird der Mensch also nicht ausschließlich von der Umwelt geprägt, sondern er gestaltet diese gleichzeitig wesentlich mit. Der Mensch ist beides: Produkt und Gestalter der Umwelt, die wiederum Grundlage menschlicher Entwicklung ist. In diesem Sinne kann man den Menschen als Gestalter seiner eigenen Entwicklung sehen.

1.2.6 Die Sichtweise der Vergleichenden Verhaltensforschung

Vor allem unter dem Einfluß der lange vorherrschenden behavioristischen Sichtweise bestand eine starke Neigung, den Einfluß angeborener Voraussetzungen auf die Entwicklung außer acht zu lassen. Wie läßt sich aber erklären, daß es praktisch in allen Kulturen der Menschheit das Inzestverbot gibt, d.h. eine anerkannte Schranke, die sexuelle Kontakte zwischen Blutsverwandten (zwischen Eltern und ihren Kindern, zwischen Geschwistern untereinander) verhindert? Eingehende Beobachtungen haben übrigens ergeben, daß auch Menschenaffen (Primaten) das Inzestverbot allgemein beachten. Vergleichende Verhaltensforscher (Ethologen), zu denen so prominente Vertreter wie Konrad Lorenz, Irenäus Eibl-Eibesfeldt und Niko Tinbergen gehören, sind der Frage nachgegangen, ob die Inzestschranke eine biologische Grundlage besitzt. Sie beziehen sich auf Charles Darwins Evolutionstheorie, die besagt, daß nur solche Arten überleben, die auf Grund ihrer biologischen Ausstattung in der Lage sind, sich an eine vorfindbare Umwelt anzupassen. Träger von Erbmerkmalen, welche die Anpassung entweder nicht fördern oder gar behindern, werden ausgelesen und gehen zugrunde. Der Mensch stellt ein Glied in diesem Evolutionsprozeß dar und folglich erscheint es sinnvoll, auch bei ihm nach biologischen Merkmalen zu forschen, denen zumindest in der Vergangenheit die Funktion zukam, seine Überlebenschance zu erhöhen.

Der menschliche Körper liefert zahllose

Beispiele für seine Angepaßtheit an die Lebensbedingungen. Der aufrechte Gang machte beispielsweise die vorderen Extremitäten für zusätzliche Aufgaben frei und anatomische Veränderungen der Hand ermöglichten die Herstellung und den Gebrauch von Werkzeugen. Ob ein Organismus sich erfolgreich mit seiner Umwelt auseinanderzusetzen vermag, hängt nach Überzeugung der Ethologen allerdings nicht nur von der Beschaffenheit seines Körpers, sondern auch von seinem Verhalten ab. In sehr frühen Abschnitten der Menschheitsgeschichte sei z.B. das Inzestverbot für die in kleinen Gruppen lebenden Jäger und Sammler von Vorteil gewesen. Söhne und Töchter stellten nämlich durch ihre Partnerwahl Verbindungen zu anderen Gruppen her, die sich im Falle einer Bedrohung durch einen gemeinsamen Feind zusammenschließen und besser verteidigen konnten. Im übrigen ist seit langem bekannt, daß aus Inzestverbindungen hervorgegangene Kinder ein größeres Gesundheitsrisiko tragen. Ein vergleichsweise hoher Prozentsatz wird tot geboren, stirbt sehr bald nach der Geburt oder bleibt in der intellektuellen Entwicklung erheblich hinter der der Altersgenossen zurück. Individuen, bei denen die Inzestschranke im Erbgut verankert ist, so schlußfolgern die Vergleichenden Verhaltensforscher weiter, haben mehr gesunde Kinder, die sich erfolgreich den wechselnden Umweltbedingungen anpassen können. Sie geben diese Veranlagung an ihre Kinder weiter und die Nachkommenschaft verhält sich bei ihrer Partnerwahl entsprechend. Kritiker dieser biologischen Sichtweise halten die Behauptung einer genetischen Verankerung der Inzestschranke jedoch für unbegründet. Nach ihrer Meinung haben die Verfechter übersehen, daß in den westlichen Gesellschaften trotz gesetzlicher Verbote Inzeste in beträchtlichem Ausmaß vorkommen.

Ethologen haben auch beim Menschen eine ganze Reihe sozialer Verhaltensformen gefunden, die nach ihrer Überzeugung eindeutig der Überlebensfunktion dienen. Sie verweisen z.B. auf „Schlüsselreize", mit denen Kinder bereits während der ersten Lebensmonate Zuwendungsverhalten und Fürsorge bei ihrer Mutter oder bei anderen möglichen Pflegepersonen auslösen (s.S. 110 ff.).

Nach Beobachtungen von Konrad Lorenz hat das Zuwendungsverhalten einer Mutter allerdings nicht zu allen Altersabschnitten den gleichen nachhaltigen, prägenden Effekt. Bei vielen Tierarten gibt es einen eng umgrenzten Alterszeitraum, in dem Erfahrungen besonders nachhaltig auf nachfol-

Abb. 1.10: Mehrere Junggänse folgen ihrer „Mutter" Konrad Lorenz, weil sie ihn innerhalb einer kritischen Altersspanne als erstes bewegliches Objekt sahen.

gendes Verhalten wirken. So folgt z.B. die Junggans demjenigen Objekt, das sich etwa zwischen der 13. und 16. Stunde nach dem Ausschlüpfen aus dem Ei in ihrer Nähe bewegt. Normalerweise ist dies die Mutter. Als sich einmal Lorenz während dieser kritischen Phase den Tieren näherte, wurden sie auf ihn „geprägt" (siehe Abbildung 1.10).

Ethologen sind überzeugt, es gäbe auch beim Menschen kritische Altersphasen, also biologisch festgelegte Zeiträume bestimmter Dauer in der Entwicklung, in denen bestimmte Ereignisse einen dauerhaften Einfluß auf ein Merkmal des Organismus ausüben würden. Außerhalb dieses kritischen Entwicklungsabschnitts hätte das gleiche Ereignis gar keine oder eine andere Wirkung. Welche Erfahrungen zu welchem Alterszeitpunkt wirksam sind und welchen Einfluß diese auf nachfolgendes Verhalten nehmen, werde ausschließlich von inneren Prozessen des Organismus bestimmt.

So hat man z.B. behauptet, während des ersten Lebensjahres müsse ein Kind Gelegenheit haben, eine sozial-emotionale Bindung zu einer Pflegeperson aufzubauen; anderenfalls sei mit schweren Verhaltensstörungen zu rechnen (s.S. 115 ff.). Ebenso ist für die Entwicklung der Sprache eine kritische Phase in Anspruch genommen worden. Ein Kind im Vorschulalter vermag den Verlust seiner Sprachfähigkeiten infolge einer Hirnschädigung wieder auszugleichen; ein Erwachsener mit vergleichbarer Beeinträchtigung seines Gehirns muß mit einem ständigen Verlust seiner Sprachfähigkeit rechnen.

In der Entwicklungspsychologie bevorzugt man den Begriff „sensible Phase", der im Vergleich zur kritischen Phase weniger genau auf einen bestimmten Alterszeitraum festgelegt ist und der nicht ausschließt, daß Versäumnisse während der sensiblen Phasen zu einem späteren Zeitpunkt – allerdings womöglich mit größerem Aufwand – nachzuholen sind. Die Behavioristen lenkten mit ihrer Auffassung, das Neugeborene sei zu Beginn seines Lebens einem weißen Blatt Papier vergleichbar, das erst durch Erfahrungen beschrieben werden müsse, den Blick vor allem auf Bedingungen der Umwelt. Die Ethologen versuchten, dieser einseitigen Sichtweise entgegenzuwirken, indem sie daran erinnerten, daß der Mensch ein Wesen mit biologischem Erbe ist. Während das Neugeborene für den Behavioristen über keinerlei Voraussetzungen verfügt, sich sozial zu verhalten, bringt es aus der Sicht des Ethologen bereits angeborene Voraussetzungen für soziale Kontakte mit, auf die in der Begegnung mit der Mutter und anderen Pflegepersonen aufzubauen ist. Die Ethologen konnten zwar gegenüber ihren Kritikern keinen befriedigenden Beleg für ihre Behauptung erbringen, daß bestimmte Motive und Verhaltensmuster eine angeborene Komponente besitzen; sie haben aber – wie in weiteren Kapiteln zu zeigen sein wird – das Forschungsinteresse auf Problemgebiete gelenkt, die man sonst wahrscheinlich übersehen hätte.

1.2.7 Vergleich unterschiedlicher Erklärungsansätze

Nach kurzer Darstellung der verschiedenen Erklärungsansätze mag sich ein bildhafter Vergleich aufdrängen: Ihre jeweiligen Hauptvertreter haben sich kreisförmig aufgestellt und richten ihren Blick auf den Mittelpunkt: die Entwicklung des Menschen. Jeder Teilnehmer dieser Runde mag sein Studium unter dem Eindruck durchführen, einen Standort einzunehmen, der wie kein anderer die günstigsten Einsichten eröffnet. Reifungstheoretiker, Behavioristen, Psychoanalytiker und ihre Reformer sowie Vertreter weiterer Erklärungsansätze haben sich lange Zeit so verhalten, als sei ihre

Blickrichtung die einzig mögliche, als seien sie es allein, die den Schlüssel zum Verständnis menschlichen Verhaltens in der Hand hielten. Wer abweichende Methoden verwendete oder Erkenntnisse vorlegte, die mit den eigenen nicht zu vereinbaren waren, wurde mit Mißachtung gestraft, womöglich sogar verspottet. Erst in jüngerer Zeit begann man, sich füreinander zu interessieren und dabei entdeckte man seine eigene Unvollkommenheit. Forscher aus dem behavioristischen Lager stellten fest, daß sich ihr Erklärungsansatz durch Berücksichtigung von Denkprozessen verbessern ließ. Kognitive Psychologen profitierten davon, daß sie Sach- und Sozialumwelten mehr Aufmerksamkeit schenkten. Schüler psychoanalytischer „Schulen" begannen anzuerkennen, daß der Mensch auch ein aktives und neugieriges Wesen ist.

Die Vertreter unterschiedlicher Richtungen zeigen heute eine wachsende Bereitschaft, sich anderen Sichtweisen zu öffnen, ohne dabei unbedingt den eigenen Standpunkt aufzugeben. Der Behaviorist modernerer Prägung mag zwar kognitive Prozesse berücksichtigen, ohne diese aber eingehender zu untersuchen. Obgleich der Ethologe anerkennt, daß ohne Lernen keine Entwicklung stattfinden würde, ist von ihm wenig über das Lernen und seine Bedingungen zu erfahren.

Wenn man nach einem besseren Verständnis für all jene Bedingungen und Ereignisse sucht, die Einfluß auf die Entwicklung nehmen, wird man sämtlichen Sichtweisen jeweils wertvolle Anregungen und Erkenntnisse entnehmen können. Die Veränderung von Sichtweisen ist schon deshalb erforderlich, weil der Mensch nun einmal unter einigen Bedingungen eher passiv ist, wie ihn z.B. der Behaviorist Watson sah, und sich unter anderen Bedingungen eher aktiv verhält, wie ihn Piaget wahrnahm. Wenn man Verständnis für Menschen gewinnen will, die um die Lösung innerer Konflikte ringen, helfen die Beiträge psychoanalytischer Sichtweisen bzw. die ihrer Reformer wahrscheinlich mehr als die Erkenntnisse Piagets. Wenn man wissen möchte, weshalb ein Vorschulkind bestimmte logische Zusammenhänge noch nicht nachvollziehen kann, mag man in den Ausführungen Freuds weniger befriedigende Hinweise für eine Antwort finden als in den Erkenntnissen Piagets.

Entwicklungspsychologen der Gegenwart haben Anregungen von Autoren der verschiedensten Sichtweisen aufgegriffen. Sie interessieren sich für Bedingungen in und außerhalb der Person bzw. für die bestehenden Wechselwirkungen. Sie fragen, wie frühere Ereignisse und Bedingungen auf nachfolgende Entwicklungen wirken. Sie begrenzen das Aufgabengebiet der Entwicklungspsychologie nicht nur auf das Kindes- und Jugendalter, sondern sehen bemerkenswerte und erklärungswürdige Entwicklungen auch im Erwachsenenalter.

Ebenso wie Piaget richten Psychologen, die Entwicklung mit den Augen des Informationstheoretikers betrachten, den Blick mehr auf die sich entwickelnde Person und vernachlässigen die Frage, wie ein Wechsel der Umwelt, z.B. durch kulturelle und technische Neuerungen, sich auf den Entwicklungsprozeß auswirken kann. Piaget ging davon aus, zeitlose Zusammenhänge aufgedeckt zu haben. Danach wäre zu erwarten, daß ein Kind, das vor z.B. fünfhundert Jahren das Licht der Welt erblickte, die gleichen Entwicklungsabschnitte zu durchlaufen hatte wie ein anderes, das zu irgendeinem späteren Zeitpunkt geboren wurde. Gegen eine solche Auffassung wenden sich „Dialektische Erklärungsansätze", die u.a. von Lew Wygotski oder Klaus Riegel vertreten wurden. Sie rücken z.B. in den Blickpunkt, daß das von Kindern erworbene Wissen sozialer Natur ist, d.h. von der Gesellschaft hervorgebracht wurde. Zum Verständnis menschlicher Entwicklung müssen deshalb – so fordern sie – historisch-kulturelle Ereignisse mit einbezogen werden. Konsequenterweise sind Lehrbücher der Entwicklungspsychologie nicht nur wegen weiterer Erkenntnisfortschritte, sondern ebenso als Ergebnis veränderter Umweltgegebenheiten immer wieder neu zu schreiben.

1.3 Methoden der Entwicklungspsychologie

Als der amerikanische Entwicklungspsychologe Richard Lerner seine mündliche Prüfung zur Erlangung des Doktor-Grades abzulegen hatte, flog er nach New York, um im Stadtteil Brooklyn zu übernachten. Dort bewohnten seine Mutter und seine Großmutter ein Appartment. Nachdem alles erfolgreich verlaufen war und die erste Aufregung abzuflauen begann, nutzte die Großmutter die Gelegenheit, um sich an ihren Enkel zu wenden: „So mein Junge, nun erzähl mir doch 'mal, worüber du dein Buch geschrieben hast?" Obwohl Lerner die Intelligenz der alten Dame hoch einschätzte, war ihm klar, daß er bei seiner Antwort nicht die Fachsprache der Psychologie verwenden durfte. Deshalb antwortete er: „Nun, Großmama, ich fand heraus, daß Kinder dicke Kinder nicht so gerne mögen wie normal gebaute Kinder und daß dicke Kinder sich selbst auch nicht mögen." Meine Großmutter, so schildert Lerner die damalige Situation weiter, ließ meinen Arm los. Sie trat einen Schritt zurück und ihre Augen verengten sich. „Sag 'mal, Jungchen" (Lerner merkte sofort, daß etwas nicht stimmte), „wie lange hast du gebraucht, um das herauszufinden?" Der Enkel antwortete seiner Großmutter, die ganze Sache habe ihn eineinhalb Jahre gekostet. Mit einer Geste, die wohl großes Unverständnis anzeigen sollte, entgegnete sie ihm: „Hättest du mich danach gefragt, dann hätte ich dir das in zwei Minuten erzählen können!"

Lerner teilt nicht mit, ob und wie er auf die kritische Feststellung seiner Großmutter reagiert hat. In einer möglichen Entgegnung hätte er darauf hinweisen können, daß es nicht das Ziel der Entwicklungspsychologie sein kann, ausschließlich Neues bzw. Unbekanntes zu entdecken. Jedermann „weiß", wie die Entwicklung eines Kindes verläuft und was hemmend und fördernd auf diesen Prozeß wirken kann. Ein solches Wissen stützt sich vielleicht auf eigene Erfahrungen, oder stammt z.B. von Eltern und Freunden, aus Zeitschriften und Büchern sowie aus vielen weiteren Quellen. Sicherlich waren auch Lerners Großmutter viele entwicklungspsychologisch bedeutsame Zusammenhänge bekannt, deren Richtigkeit durch unabhängige wissenschaftliche Nachprüfungen zu bestätigen gewesen wären. Vielleicht hätte die Großmutter ihrem Enkel aber auch mit gleicher Sicherheit „erzählen" können, daß sich ein Kind im Mutterleib in einer Schutzhülle befindet, die es vor allen möglichen Gefahren abschirmt, daß die Intelligenz eines Menschen zu 80 Prozent angeboren ist und spätestens in der zweiten Lebenshälfte abnimmt, daß Kinder von Natur aus faul und nur mit Druck zum Arbeiten zu veranlassen sind. Auf diese Feststellungen der Großmutter hätte Lerner aber erwidern müssen, daß sie kritischen Überprüfungen der Entwicklungspsychologie nicht standhalten und folglich zu berichtigen sind.

Wie sieht aber das „kritische Überprüfen" von Wissen in der Entwicklungspsychologie aus? Wie sichert man in diesem Arbeitsgebiet Erkenntnisse so ab, daß Zweifler sie nicht ohne weiteres wieder in Frage stellen können? Zur Beantwortung solcher Fragen ist ein Ausflug in die Methodenlehre unumgänglich.

1.3.1 Beschreibende Studien

Eltern verbringen täglich viele Stunden damit, ihre Kinder in den verschiedenartigsten Situationen zu beobachten. Sollte sich der Entwicklungspsychologe diese praktisch unbegrenzte Informationsmenge nicht zugänglich machen? Viele Mütter führen sogar freiwillig über ihre Beobachtungen Protokoll. Solche Aufzeichnungen – die man *Baby-Biographien* nennt – gibt es auch als historische Dokumente. Die älteste nachweisbare Baby-Biographie stammt von einem Hofarzt Heinrichs IV. Sie beschreibt die Entwicklung des im Jahre 1601 geborenen Thronfolgers. Mehr als zwei Jahrhunderte später fertigte auch der Schweizer Pädagoge Pestalozzi (1774) solche Aufzeichnungen über seinen Sohn an, sehr bald gefolgt von einem Beitrag des Deutschen Dietrich Tiedemann (1787), der von seinen „Beobachtungen über die Entwicklung der Seelenfähigkeit bei Kindern" berichtete. Der bekannten Baby-Biographie des Engländers Charles Darwin (1877) folgten wenigstens noch dreißig weitere solcher Veröffentlichungen.

Obwohl der Psychologie somit seit langem umfangreiche Beschreibungen über den Entwicklungsverlauf von Kindern zur Verfügung stehen, greifen moderne Lehrbücher auf diese Aufzeichnungen praktisch nicht mehr zurück. Warum verwertet sie diese Protokolle nicht, obgleich doch so anerkannte Väter wie z.B. Darwin oder Piaget an ihrem Zustandekommen mitgewirkt haben? Dafür gibt es mehrere Gründe.

Eltern sind, selbst wenn es sich dabei um ausgewiesene Wissenschaftler handelt, keine neutralen Beobachter ihrer Kinder; sie können nicht als unvoreingenommen bezeichnet werden. Sie berichten, vor allem im Falle der Veröffentlichung ihrer Aufzeichnungen, häufiger über positive als über negative Ereignisse. Zudem nennen Tagebücher in der Regel zwar den Zeitpunkt des ersten Auftretens von Verhaltensweisen (sie

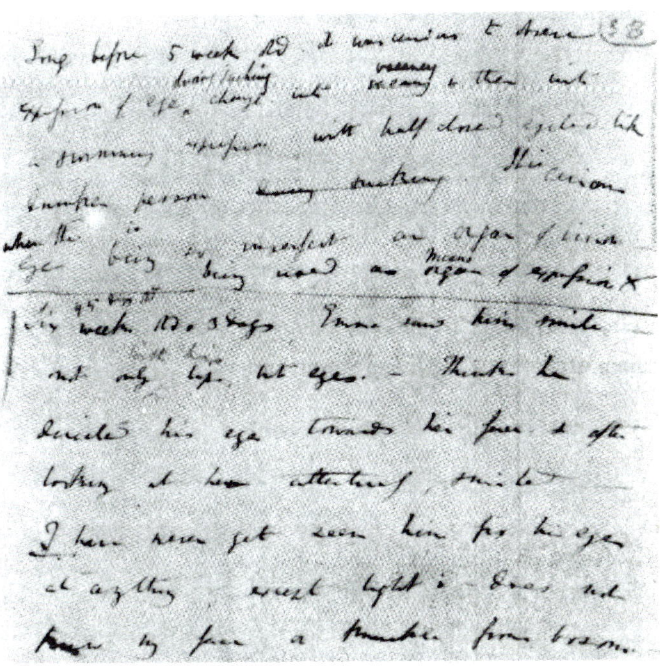

Abb. 1.11:
Eine Seite aus Darwins Aufzeichnungen über die Entwicklung seines Sohnes William Erasmus („Doddy")

machen z.B. eine Altersangabe über die ersten selbständigen Gehschritte oder über das Auftreten des ersten Wortes), selten schenken sie aber den Bedingungen Aufmerksamkeit, unter denen sie zustande gekommen sind. Schließlich – um nur noch eine weitere Schwäche zu nennen – werden auf der Grundlage von Verhaltensbeobachtungen eines einzigen Kindes vielfach in nicht zulässiger Weise *allgemeine* Schlußfolgerungen gezogen. Nachdem Darwin z.B. bei seinem Sohn William Erasmus wiederholt Werfen mit Gegenständen registriert hatte, stellte er fest, er habe so etwas nicht einmal ansatzweise bei seinen Töchtern gesehen „und das" – so führte er weiterhin aus – „läßt mich annehmen, daß die Tendenz zum Werfen von Gegenständen bei Jungen vererbt wird".

Wenn man wissen möchte, in welchem Alter Kinder damit beginnen, gezielt nach Gegenständen zu greifen, erste Wörter zu sprechen oder Kontrolle über ihre Ausscheidungen zu gewinnen, könnte man nach entsprechenden Angaben in sämtlichen Tagebüchern suchen. Man würde jedoch feststellen, daß nicht alle Autoren die gleichen entwicklungspsychologischen Ereignisse protokolliert haben; keineswegs jedes Tagebuch erwähnt z.B. die erste Furchtreaktion beim Auftreten einer fremden Person oder den Zeitpunkt des ersten selbständigen Sitzens. Um genauere Angaben zu erhalten, entschloß man sich, die Entwicklung bei einer etwas größeren Anzahl von Kindern in enger umgrenzten Verhaltensbereichen zu beobachten. Dazu gehört auch die von Mary Shirley durchgeführte Studie über die Entwicklung des motorischen Verhaltens während der ersten Lebensjahre, über die bereits berichtet worden ist (s.S. 3 f.). Solange man Entwicklung überwiegend als das Ergebnis von Reifungsprozessen sah, begnügte man sich mit solchen Beschreibungen. Die unter dem Behaviorismus blühende Lernforschung blieb jedoch nicht ohne Einfluß auf die Entwicklungspsychologie. Sollten die immer wieder beobachteten Unterschiede im Verhalten Gleichaltriger nicht auch als Folge von Umwelteinflüssen zustandegekommen sein? Entwicklungspsychologen, die sich diese Frage stellten, sahen nur eine Möglichkeit, zu einer Beantwortung zu kommen: Sie zogen sich in den Experimentalraum mit der Erwartung zurück, unter kontrollierten Bedingungen eine gültige Antwort zu erhalten.

1.3.2 Beobachtungen unter experimentellen Bedingungen

Der griechische Geschichtsschreiber Herodot (etwa 490-425/420 v. Chr.) erzählt von Psammetichos, einem im siebten Jahrhundert vor Christi Geburt regierenden ägyptischen König, der vielleicht die in der Geschichte der Menschheit älteste psychologische Untersuchung unter kontrollierten Bedingungen durchführen ließ. Ausgangspunkt seines „Experiments" war die Frage: Welches ist das älteste Volk dieser Erde? Da ihm offenbar keine Überlieferungen zur Verfügung standen, mußte er selbst eine Methode entwickeln, um das herauszufinden. Aus seinem Vorwissen leitete er einen Zusammenhang ab, der zunächst nicht mehr als eine Vermutung sein konnte und als *Hypothese* (= vermuteter Zusammenhang) folgendermaßen zu formulieren wäre: Kinder, die seit ihrer Geburt keinerlei Sprachanregungen von seiten der Umwelt erhalten, werden früher oder später eine eigene Sprache entwickeln. Da Psammetichos jedoch kein Experimentator im modernen Sinne war, ließ er diese Hypothese ungeprüft. Er ließ sich sogar noch von einer weiteren Annahme leiten, denn er ging davon aus, daß die spontan entstandenen Sprachäußerungen erbbedingt waren und – die dritte Annahme – daß diese im Erbgut verankerte Sprache vom ältesten Volk dieser Erde gesprochen worden ist.

Selbstverständlich war sich Psammetichos nicht darüber im klaren, daß sein Ausgangspunkt aus drei ungeprüften Annahmen bestand, deshalb erscheint sein weiteres Vorgehen konsequent. Entsprechend der Überlieferung gab er „einem Hirten zwei neugeborene Kinder von beliebigen Eltern; der Hirt sollte sie mit seiner Herde folgendermaßen aufziehen: Niemand durfte, so ordnete er (der König) an, in Gegenwart der Kinder etwas verlauten lassen. Sie sollten ganz für sich in einer einsamen Hütte liegen. Zu bestimmten Zeiten sollte er Ziegen zu ihnen führen; und wenn er den Kindern genug Milch gegeben habe, sollte er seinen anderen Geschäften nachgehen."

Die von Psammetichos angeregte Untersuchung hat mit einem Experiment moderner Prägung gemeinsam, daß die Teilnehmer, *Versuchspersonen* genannt, in eine künstlich geschaffene Situation gebracht werden, in der ein *Versuchsleiter* über eine oder mehrere Bedingungen Kontrolle ausübt. Der Hirte hatte ja dafür Sorge zu tragen, daß den Kindern Sprachäußerungen jeglicher Art vorenthalten wurden. Man wird Psammetichos nachsehen müssen, daß die von ihm geforderte Behandlung der beiden Kinder gegen Wertvorstellungen verstößt, die erst mehrere tausend Jahre später schriftlich formuliert worden sind. Heute sollten alle Entwicklungspsychologen mit den Leitlinien vertraut sein und ihre Forschungen danach ausrichten (siehe Info-Kästchen 1.3).

Psammetichos konnte, da ihn offenbar keine ethischen Bedenken geplagt haben, in Ruhe auf den Abschluß der Untersuchung warten. Das war der Fall, nachdem der „Versuchsleiter" eine entscheidende Beobachtung gemacht hatte, wie sich der Schilderung Herodots entnehmen läßt: „Als der Hirt die Kinder zwei Jahre auf diese Weise versorgt hatte, stürzten sie beide, als er die Tür öffnete und hereintrat, auf ihn zu und lallten das Wort ‚Bekos'. ... Als der Hirt das Wort zum erstenmal hörte, blieb er ruhig. Als es aber oftmalig, wenn er kam und sie versorgte, ertönte, teilte er es seinem Herrn mit. ... Psammetichos hörte das Wort gleichfalls und forschte nach, in welcher Sprache diese Bezeichnung ‚Bekos' vorkäme; da fand er, daß die Phryger so das Brot bezeichneten; aus dieser Geschichte schlossen die Ägypter und gaben zu, daß die Phryger älter seien als sie selbst."

War der von den Ägyptern gezogene Schluß aber tatsächlich berechtigt? Ein Experimentalpsychologe würde diese Frage verneinen und darauf hinweisen, daß die Kinder möglicherweise einen Laut gelallt haben, der nur rein zufällig einem Wort der phrygischen Sprache ähnelte. Er würde deshalb die Notwendigkeit betonen, diesen Zufallseinfluß auszuschließen. Um seinen diesbezüglichen Empfehlungen folgen zu können, müssen allerdings zunächst einige Begriffe erläutert werden.

Der Anordnung des Königs entsprechend war eine bestimmte Bedingung zu kontrollieren: die sprachliche Umwelt; es durfte in der Gegenwart der Kinder nicht gesprochen werden. In einem Experiment bezeichnet man diejenige Bedingung, die unter der Kontrolle des Versuchsleiters steht, als „Wirkgröße" oder als das „unabhängige Merkmal" (oder „unabhängige Variable"). Ein moderner Experimentalpsychologe würde übrigens kritisieren, daß diese Wirkgröße zu komplex war. Den Kindern wurden ja zum einen Sprachanregungen, zum anderen auch Zuwendungen eines Erwachsenen vorenthalten. Die „Wirkgröße" sollte nur aus einem einzigen, klar abgrenzbaren Merkmal bestehen.

Der König war an der Klärung der Frage interessiert, welches Sprachverhalten ein Kind entwickelt, das keinerlei Sprachanregungen erhält. Das Verhalten, auf das sich das königliche Interesse richtete, bezeichnet man als die „Zielgröße" oder als das „abhän-

Info-Kästchen 1.3:
Wo die Ethik dem Entwicklungspsychologen Grenzen setzt.

Im Jahre 1920 berichtete John Watson zusammen mit Rosalie Rayner über ein Experiment, das in der Öffentlichkeit Reaktionen der Empörung hervorrief und das ihn, zusammen mit einem anderen als skandalös empfundenen Ereignis, seine akademische Karriere kosten sollte: Die John Hopkins Universität in Baltimore kündigte seinen Arbeitsvertrag fristlos. Watson hatte im Rahmen eines Experiments untersuchen wollen, ob Furcht eine erlernbare Reaktion darstellte. Als Versuchsperson diente ihm der elf Monate alte Albert, den er nach längerer Suche schließlich in einem Heim Baltimores „für invalide Kinder" fand. Watson hatte sich für einen Jungen entschieden, der emotional besonders schwer ansprechbar war.

Das Experiment sah vor, daß bei jeder Annäherung des Kindes an eine weiße Ratte ein lauter Knall ertönte, auf den Albert mit Erschrecken und Weinen reagierte. Nach mehrfacher Wiederholung dieser Ereignisabfolge zeigte das Kind bereits Furcht und Abwehrreaktionen, sobald es die Ratte wahrnahm. Sehr bald reagierte der Junge auch auf andere Lebewesen mit einem Fell, wie z.B. einen Hasen, mit Furcht. Das Ergebnis dieses Experiments dürfte Albert noch lange Zeit belastet haben, denn zu damaliger Zeit war noch keine Therapiemethode bekannt, mit der man die erworbene Furcht wieder hätte beseitigen können.

Watsons Experiment blieb nicht die einzige Studie, in der ethische Maßstäbe mißachtet worden sind. Die außerordentlich fragwürdigen „wissenschaftlichen Experimente", die während der Herrschaft der Nationalsozialisten in den Konzentrationslagern durchgeführt worden sind, mißachteten in derartig hohem Maße die Menschenrechte, daß Watsons Vorgehen im Vergleich dazu harmlos wirkt. Da man aber auch während der Nachkriegszeit immer wieder Experimente unter Beteiligung von Menschen durchführte, in denen nicht ganz unproblematische Maßnahmen ergriffen wurden, sah sich die Ständeorganisation der Psychologen gezwungen, ethische Leitlinien für die Durchführung von Forschungsaufgaben zu formulieren. Sie beziehen sich auf Untersuchungsteilnehmer sämtlicher Altersstufen und verbieten u.a.:

1. Personen zum Gegenstand von Forschungen zu machen, ohne daß sie über ihre Beteiligung informiert worden sind und ohne daß sie ihre Zustimmung gegeben haben.
2. Personen zu beteiligen, die über die tatsächlichen Absichten des Forschungsvorhabens nicht ausreichend oder sogar falsch informiert worden sind.

gige Merkmal" (oder abhängige Variable); es ist in der Ausdrucksweise der Experimentalpsychologie dasjenige Merkmal, das sich verändert oder dessen Änderung man erwartet, wenn in einem Experiment das unabhängige Merkmal verändert wird.

Um die Wahrscheinlichkeit eines Zufallseinflusses zu vermindern, empfiehlt der Experimentalpsychologe, die Anzahl der Versuchspersonen zu erhöhen. Wenn der König bereit wäre, diesem Ratschlag zu folgen, müßte man weitere Neugeborene auswählen (ethische Bedenken seien in diesem Gedankenexperiment einmal zurückgestellt) und diese jeweils Hirten übergeben, die keinerlei Kontakt untereinander haben. Wenn nun sämtliche Versuchsleiter beobachten, daß ihre isoliert aufgewachsenen Versuchspersonen stets Wörter phrygischer Herkunft äußern, dann läßt sich mit etwas größerer

3. Personen in unvertretbarer Weise Streßsituationen auszusetzen.
4. Personen Bedingungen auszusetzen, die körperlich oder psychologisch schädigen sowie ihre Privatsphäre verletzen können.
5. Die Privatsphäre von Untersuchungsteilnehmern zu verletzen.
6. Das Vertrauen von Untersuchungsteilnehmern zu mißbrauchen.

Es wird ausdrücklich anerkannt, daß Untersuchungen an Kindern eine besonders hohe Verantwortung herausfordern. So heißt es in den Richtlinien der amerikanischen Gesellschaft für entwicklungspsychologische Forschung u.a.: „Die Beteiligung von Kindern an Forschungsvorhaben stellt den Versuchsleiter vor ethische Probleme, die sich von denen unterscheiden, die bei erwachsenen Versuchspersonen entstehen. Kinder hält man allgemein nicht nur für verwundbarer gegenüber Streß, sie besitzen auch, da sie über ein geringeres Maß an Kenntnissen und Erfahrungen verfügen, ungünstigere Voraussetzungen, um mögliche Folgen ihrer Beteiligung an Forschungsvorhaben abschätzen zu können. Bei Untersuchungen am Kind muß neben seiner Einwilligung auch die Zustimmung der jeweiligen Eltern eingeholt werden."

Sicherheit der Schluß ziehen, daß Kinder, die keinerlei Sprachanregungen und menschliche Zuwendung erhalten, Phrygisch zu sprechen beginnen (der darüber hinausgehende Schluß der Ägypter, phrygisch sei deshalb die älteste Sprache, ist durch das vorliegende Untersuchungsergebnis allerdings nicht zu stützen und somit rein spekulativ).

Mit der Erhöhung der Teilnehmerzahl ist zweifellos eine wichtige Anforderung des Experimentalpsychologen erfüllt worden. Ihn interessiert nun allerdings noch eine weitere Frage: Könnte es nicht sein, daß *alle* Kinder, also sowohl isoliert wie auch normal in ägyptischen Familien aufgewachsene Kinder zu Beginn ihrer Sprachentwicklung phrygische Wörter lallen? Um diese Möglichkeit auszuschließen, empfiehlt der Experimentalpsychologe die Einrichtung von zwei Gruppen. In der ersten Gruppe werden den Kindern keinerlei Sprachanregungen geboten. Die Kinder einer weiteren Gruppe gleichen denen der ersten (z.B. nach Herkunft, Geschlecht, Gesundheit usw.). Allerdings unterscheiden sich ihre Lebensbedingungen in einem entscheidenden Punkt: diese Kinder wachsen in ihrer ägyptisch sprechenden Familie auf, in der sie übliche Sprachanregungen erhalten. Sollten nun tatsächlich die ersten Wörter in der ersten Gruppe phrygischer Herkunft sein, während die anfänglichen Wortäußerungen der Kinder aus der zweiten Gruppe der ägyptischen Sprache entstammen, hätte ein Ergebnis vorgelegen, aus dem die folgende Regel abgeleitet werden könnte: Wenn Kinder seit ihrer Geburt isoliert aufwachsen und keinerlei Sprachanregungen erhalten, beginnen sie, phrygische Wörter zu sprechen. Verbringen sie dagegen ihre ersten beiden Lebensjahre in einer Familie, die ägyptisch spricht, werden ihre ersten Wörter dieser Sprache entstammen.

Bei den soeben vorgeschlagenen Maßnahmen handelt es sich um Kontrollen, die in modernen Experimenten fast schon routinemäßig erfüllt werden. Ein Beispiel für ein Experiment, das diese Anforderungen weitgehend erfüllt, liefert Info- Kästchen 1.4.

Ein großer Teil entwicklungspsychologischer Erkenntnisse stützt sich auf experimentelle Untersuchungen. Jean Piaget gehört zu den Kritikern der Experimentalpsychologie. Auf die Frage, warum Experimente in seiner Forschung eine so geringe Rolle gespielt

Info-Kästchen 1.4:
Fördert das Beobachten aggressiver Verhaltensweisen die Aggressivität? Versuch einer Klärung.

Albert Bandura und seine Mitarbeiter von der Stanford-Universität interessierten sich für die Frage, ob Filmszenen mit aggressiven Inhalten von Beobachtern nachgeahmt werden. Die Autoren wählten für ihr Experiment Jungen und Mädchen im Alter von drei bis fünf Jahren aus, die nach dem Zufall vier verschiedenen Gruppen zugewiesen wurden. In den drei Experimentalgruppen bestand die kontrollierte Bedingung (das unabhängige Merkmal) darin, daß Szenen mit jeweils aggressiven Inhalten von jeweils unterschiedlich lebensechten Darstellern vorgeführt wurden.
Kinder der *ersten* (Experimental-)Gruppe sahen einen wirklichen Erwachsenen (das „Modell"), der mit einer etwa einen Meter großen Gummipuppe spielte. Dabei schlug er auf diese z.B. mit einem Hammer ein, er kniff sie in die Nase, warf sich auf sie usw., während er Äußerungen wie „Schlagt sie nieder" von sich gab.
Kinder der *zweiten* (Experimental-)Gruppe sahen denselben Erwachsenen mit gleichen Verhaltensweisen in einer Filmdarbietung.
Einer *dritten* (Experimental-)Gruppe zeigte man einen Trickfilm. Dieser stellte eine Frau in einem Katzenkostüm dar, die die gleiche Puppe in der soeben beschriebenen Weise behandelte.
Eine *vierte* (Kontroll-)Gruppe sah weder einen Film noch einen aggressiv handelnden Erwachsenen.

Abb. 1.12: Ausschnitte aus einer aggressiven Filmszene (obere Reihe) und (mittlere und untere Reihe) Darstellung einiger Reaktionen kindlicher Zuschauer

Nach diesem ersten Teil des Experiments wurden in einem zweiten Experimentalabschnitt sämtliche Kinder leicht frustriert, d.h., man gab ihnen für kurze Zeit die Möglichkeit, sich mit attraktivem Spielzeug zu beschäftigen, beendete dann aber abrupt das Spiel.
Es schloß sich eine dritte Phase des Experiments an, in der den Kindern abermals Spielzeug wie Puppen, Kreidestücke, Autos, Pistolen und die bereits bekannte Gummipuppe zur Verfügung standen. Unauffällig wurden die Kinder beobachtet: alle 5 Sekunden nahm man eine Einschätzung der Aggressivität ihres Verhaltens vor. Die folgende Tabelle gibt einen Ausschnitt aus dem Beobachtungsprotokoll wieder (die Ziffern in der Tabelle geben die Häufigkeit aggressiver Handlungen an).
Es fällt auf, daß es in den drei Experimentalgruppen, deren Teilnehmer aggressiv handelnde Modelle beobachtet haben, häufiger als in der Kontrollgruppe zu aggressiven Verhaltensweisen gekommen ist. Beobachtete Aggressivität wurde also nachgeahmt. Die Versuchspersonen behandelten z.B. die Gummipuppe fast ebenso wie das Modell; sie zeigten auch höhere Aggressivität bei Beschäftigung mit dem übrigen Spielzeug. Die Werte der Tabelle verweisen zugleich auf einen Geschlechtsunterschied. Jungen verhielten sich unter sämtlichen Bedingungen, also auch in der Kontrollgruppe, aggressiver als Mädchen.

	Erwachsener	Erwachsener im Film	Zeichentrickfilm	Kontrollgruppe
Mädchen:	65	87	80	36
Jungen:	76	114	117	72

haben, antwortete er, darin sei doch alles vorgeplant: „Die Hypothese ist bereits vorweg formuliert worden, und das Experiment versucht einfach die Frage zu beantworten, ob diese Hypothese richtig oder falsch ist. In einer solchen Situation ist eben alles kanalisiert; alles hat sich in ein vorher festgesetztes Schema einzupassen. ... Alles, was wirklich interessant ist, muß notwendigerweise außerhalb irgendeines im voraus gefaßten Planes erfolgen. Der Grund dafür, daß ich keine experimentellen Pläne habe, ist darin gegeben, daß ich nach neuen Dingen Ausschau halte. Für mich ist ein Experiment erfolgreich, wenn ich etwas Unerwartetes, völlig Unvorhersehbares finde. Dann wird die Sache interessant". Piaget hätte hinzufügen sollen, daß schon ein wenig Mut dazu gehört, die klar vorgezeichneten Wege der strengen Experimentalpsychologie zu verlassen. Vielleicht wird die Entwicklungspsychologie einmal zeigen können, unter welchen Bedingungen ihre Nachwuchswissenschaftler verstärkt zu ermutigen sind, Risiken einzugehen und neue Wege in der Erkenntnisgewinnung zu beschreiten.

1.3.3 Über die Gültigkeit experimenteller Ergebnisse

Piaget ist nicht der einzige geblieben, der sich kritisch mit experimentellen Studien auseinandergesetzt hat. Aus einem anderen Erfahrungshintergrund hat Urie Bronfenbrenner seine Bedenken begründet. Dieser

Entwicklungspsychologe wuchs in den zwanziger Jahren als Sohn russischer Einwanderer in einer kleinen ländlich geprägten Gemeinde des amerikanischen Bundesstaates New York auf, wo er Gelegenheit hatte, Italienern und Iren, Schwarzen und Weißen sowie Angehörigen verschiedener Glaubensbekenntnisse zu begegnen. Diese Erfahrungen ließen ihn bereits ziemlich früh darauf aufmerksam werden, daß die „Ursachen" des Verhaltens nicht nur in der Person selbst, sondern auch in der besonderen Umwelt eines Menschen liegen. Das Verhalten des Menschen ist nach seiner Überzeugung niemals umfassend zu erklären, wenn man nicht die jeweils besonderen situativen Bedingungen berücksichtigt, unter denen es stattfindet.

Zu Beginn der siebziger Jahre – so erinnert sich Urie Bronfenbrenner – „fühlte ich, daß zu viele unserer Vorstellungen über Entwicklung aus Laborstudien stammten, die nichts mit der Alltagswelt des Kindes zu tun hatten. In vielen Studien ... waren sowohl die Aufgaben und die Teilnehmer unbekannt. In einen unbekannten Raum gebracht und gebeten zu werden, ein Spiel mit einem fremden Erwachsenen zu spielen, hat für ein Kind überhaupt keine Bedeutung." Deshalb bezeichnete Bronfenbrenner eine Entwicklungspsychologie, die sich bei ihren Erkenntnissen auf experimentelle Beobachtungen stützt, als „eine Wissenschaft über ungewöhnliches Verhalten von Kindern in ungewöhnlichen Situationen mit ungewöhnlichen Erwachsenen innerhalb eines so kurz wie möglich gehaltenen Zeitabschnitts".

Bronfenbrenner war also skeptisch, daß sich Zusammenhänge, die in einer kontrollierten Studie auftreten, auch unter natürlichen Alltagsbedingungen zeigen würden. Dem sorgfältig geplanten und kontrollierten Experiment wird vorgehalten, es bilde eine künstliche Scheinwelt ab und seine Ergebnisse seien für die Wirklichkeit bedeutungslos. Beide Situationen können sich nämlich beträchtlich voneinander unterscheiden. Kinder, die sich z.B. im Elternhaus, im Kindergarten, in der Schule, auf dem Spielplatz usw. aufhalten, befinden sich zumeist in einer vergleichsweise vertrauten sozialen Situation. Häufig sind andere Menschen (Eltern, Geschwister, Lehrer, Gleichaltrige) anwesend, zu denen sie mehr oder weniger dauerhafte sozial-emotionale Beziehungen entwickelt haben. Die soziale Situation, die ein Kind in einem Experimentalraum vorfindet (in der Regel begegnet man dort ja einem Versuchsleiter, womöglich auch anderen Versuchspersonen), ist dagegen von ganz anderer Art. So hat man beispielsweise beobachtet, daß zehn Monate alte Kinder gegenüber einem Fremden, der ihnen in einer wenig vertrauten Situation entgegentritt, mit gesteigerter Furcht reagieren. Dieselbe Person ruft in der häuslichen Umgebung nur vorsichtige Zurückhaltung beim Kind hervor. Unterschiede findet man auch, wenn man das Gedächtnis von Kleinkindern prüft. So versteckte man vor den Augen Zweijähriger einen Spielzeugvogel in der vertrauten Umgebung ihrer Wohnung. Die meisten Kinder waren nach dreißig oder sechzig Minuten, sogar bis zum nächsten Tag in der Lage, sich an das Versteck zu erinnern. Damit erbrachten sie erheblich bessere Gedächtnisleistungen, als jemals in einem Experimentalraum für das gleiche Alter nachzuweisen war. Die Ergebnisse kontrollierter Experimente (hohe innere Gültigkeit) erwiesen sich also in der Tat als nicht hinreichend gültig (geringere äußere Gültigkeit).

Solche Befunde haben die Methode der „Natürlichen Beobachtung", die vorübergehend in Ungnade gefallen war, wieder neu belebt. Diese Methode sollte auch unter Entwicklungspsychologen die Wertschätzung erhalten, die sie in zahlreichen anderen Wissenschaften besitzt. Geologie oder Astronomie haben doch auch bedeutsame Erkenntnisse gewinnen können, ohne daß man Kontinente oder Himmelskörper aus experimentellen Gründen verschoben hat. In jüngster Zeit geht eine wachsende Anzahl von Entwicklungspsychologen tatsächlich auf Spielplätze, auf Schulhöfe oder in Kindergärten, um sich dort so unauffällig wie möglich als Beobachter aufzuhalten. Damit ihre Aufmerksamkeit nicht überfordert wird, richtet sich ihr Blick zu einem bestimmten Zeitpunkt nur auf ein oder zwei Kinder. Außerdem interessieren sie sich lediglich für jene Verhaltensweisen, die Aufschluß über ihre jeweilige Frage geben. Sie zeichnen z.B. nur auf, wie häufig bzw. unter welchen Bedingungen das jeweils beobachtete Kind sich in einer sozialen Konfliktsituation befindet, aggressiv ist oder wie lange jeweils ein Sozialkontakt dauert. In den nachfolgenden Kapiteln werden zahlreiche weitere Beispiele nachzulesen sein.

1.3.4 Die Felduntersuchung

John Watson löste Empörung aus, weil er an einem neun Monate alten Kind studierte, wie dieses Furchtreaktionen erlernte. Albert Bandura sah sich – soweit bekannt ist – keiner Kritik ausgesetzt, als er Bedingungen untersuchte, unter denen Kinder im Vorschulalter aggressives Verhalten übernahmen oder „erlernten". Ob er auch in heutiger Zeit die Zustimmung der Eltern für eine Wiederholung der Studie erhalten würde, ist fraglich. Ganz sicher würden ihm Väter und Mütter ihre Erlaubnis versagen, wenn er seine Studie über mehrere Monate ausdehnen wollte. Sie verweigern ihre Mitarbeit, weil sie selbst entscheiden möchten, wann und wie lange ihre Söhne und Töchter täglich vor dem Fernsehapparat sitzen und welches Programm sie sich ggf. ansehen.

Wie läßt sich unter solchen Umständen aber klären, ob Fernsehgewohnheiten Einfluß auf nachfolgendes Verhalten nehmen? Vergleichbare Schwierigkeiten ergäben sich auch bei anderen Fragestellungen: Hat mangelhafte Ernährung einer werdenden Mutter irgendeinen Einfluß auf die weitere Entwicklung ihres noch ungeborenen Kindes? Führt häufiges Bestrafen im Elternhaus bei den betroffenen Kindern zur Entwicklung gesteigerter Ängstlichkeit? Unterscheiden sich Kinder, die während der ersten beiden Lebensjahre ausschließlich vom Vater versorgt werden, in ihrer weiteren Entwicklung von anderen, die in diesem Entwicklungszeitraum nur die Fürsorge ihrer Mutter empfangen haben?

Selbstverständlich kann man keiner Frau vorschreiben, aus Forschungszwecken während der Schwangerschaft zu hungern. Keine Mutter ist zu veranlassen, ihr Kind nach den Plänen eines Experimentators zu bestrafen oder „im Dienste der Wissenschaft" das Kind ausschließlich dem Vater zu überlassen. Ob ein Mensch hungert, bestraft oder die Kinderpflege übernimmt, entzieht sich der Einflußnahme des Wissenschaftlers, ist also nicht experimentell kontrollierbar. Muß der Entwicklungspsychologe deshalb auf die Klärung von Fragen der genannten Art verzichten? Das ist keineswegs erforderlich, denn unter alltäglichen Bedingungen treten auch ohne seine Einflußnahme genau jene Ereignisse auf, für die er sich interessiert. Es gibt nun einmal Umstände, unter denen Frauen während der Schwangerschaft nicht in ausreichendem Maße Nahrungsmittel zur Verfügung haben. Man findet in jeder Bevölkerung Eltern, die das Verhalten ihrer Kinder durch häufige Bestrafung zu kontrollieren versuchen. Ebenso sind ohne Schwierigkeiten Kinder zu ermitteln, die unter der ausschließlichen Obhut ihres Vaters aufwachsen, während andere nur von ihrer Mutter betreut werden. Der natürliche soziale Lebensraum – so hat es den Anschein –

schafft jene Bedingungen, die vom Experimentator aus ethischen Gründen nicht herstellbar sind – dies sind im Grunde „natürliche" Experimente.

Beispielsweise bestand in den Winter- und Frühlingsmonaten der Jahre 1944-45 in einigen Gebieten Hollands eine erhebliche Unterversorgung an Nahrungsmitteln. Die Bevölkerung konnte täglich nur 1000 Kalorien oder weniger zu sich nehmen. Auch Schwangere bekamen nicht ausreichend zu essen. Hatte diese Bedingung einen Einfluß auf die ungeborenen Kinder? Da man in den Archiven der Kliniken Informationen über die werdenden Mütter und ihre Kinder aufbewahrt hatte, gibt es die Möglichkeit, die Neugeborenen mit anderen zu vergleichen, die vor oder nach der Hungerperiode das Licht der Welt erblickt hatten. Es ließ sich ein eindeutiger Zusammenhang aufdecken: Mütter, die während des letzten Drittels der Schwangerschaft unterernährt waren, gebaren Kinder, deren Gewicht acht bis neun Prozent unter dem des langjährig zu ermittelnden Durchschnitts lag. Außerdem überlebte ein erhöhter Anteil der Kinder aus der Hungerperiode nicht das erste Lebensjahr.

Sind nun aber Zusammenhänge, auf die man durch das Studium „natürlicher" Bedingungen aufmerksam geworden ist, genauso aussagekräftig wie jene, die sich aus echten Experimenten ergeben haben? Vor Beantwortung dieser Frage sollte man sich vergegenwärtigen, daß sich die Kontrollmöglichkeiten der beiden Bedingungen beträchtlich unterscheiden. In einer Felduntersuchung können als „Wirkgrößen" in der Regel mehrere Bedingungen gleichzeitig vorhanden sein. In Holland entwickelte sich beispielsweise die Versorgung mit Lebensmitteln vor allem in jenen westlichen Landesteilen zu einer Katastrophe, die vom deutschen Militär besetzt worden waren. In dieser Situation mußten die Bewohner aber nicht nur hungern. Mit der nationalsozialistischen Willkürherrschaft war für viele Bewohner eine Lage entstanden, in der man um die eigene Sicherheit sowie um das Leben von Angehörigen und Freunden zu fürchten hatte. Durch Streßerlebnisse, damit verbundene Schlafstörungen usw. können Bedingungen im mütterlichen Organismus entstanden sein, die die Entwicklung des werdenden Kindes beeinträchtigt haben. Ob das verminderte Geburtsgewicht sowie die gesteigerte Säuglingssterblichkeit eine Folge der unzureichenden Ernährung, der nervlichen Belastung oder sogar noch weiterer Bedingungen gewesen ist, die hier nicht benannt wurden oder unbekannt sind, läßt sich nachträglich nicht eindeutig beantworten.

Beobachtungen in Felduntersuchungen erfolgen stets unter Bedingungen, die *vorgefunden* worden und somit nicht kontrollierbar sind. *Vorgefundene* Bedingungen oder gar nur eine vorgefundene Bedingung dürfen aber nicht ohne weiteres als Ursache in Anspruch genommen werden. In Holland ist man darauf aufmerksam geworden, daß ein Zusammenhang zwischen unzureichender Ernährung der werdenden Mutter einerseits und dem Untergewicht Neugeborener andererseits bestehen kann. Es ist aber keineswegs sicher, daß „vorgefundene" Ernährungsbedingungen allein die Verlangsamung der körperlichen Entwicklung verursacht haben.

Läßt sich demnach die Frage nach den Folgen unzureichender Ernährung werdender Mütter für die Entwicklung ihrer Kinder nicht befriedigend beantworten? Das muß keineswegs der Fall sein. So kann man sich z.B. die Tatsache nutzbar machen, daß während des Zweiten Weltkrieges in England sämtlichen schwangeren Frauen wertvolle Zusatzlebensmittel verabreicht worden sind. In dieser Krisenzeit sank die Anzahl der Totgeburten gegenüber der Vorkriegszeit um 25 Prozent. Das Ergebnis einer anderen Felduntersuchung kann also die im vorliegenden Beispiel bestehende Vermutung (Hypothese) bestärken, daß die Entwicklung des Kindes von der Ernährung der werdenden Mutter mitbestimmt wird.

1.3.5 Methoden zur Untersuchung von Veränderungen

Entwicklungspsychologen interessieren sich für die Veränderung von Verhaltensweisen oder von psychologischen Merkmalen im Verlauf des gesamten Lebens. Welche Methoden werden verwandt, um diese Veränderungen innerhalb eines langen Zeitraums zu erfassen? Dies läßt sich anhand der Intelligenzentwicklung veranschaulichen.

Gibt es im Verlauf menschlicher Entwicklung einen Alterszeitraum, von dem an die intellektuelle Leistungsfähigkeit wieder abnimmt? Zur Beantwortung dieser Frage lassen sich die Ergebnisse von zwei verschiedenen Untersuchungen heranziehen. In beiden wurden Intelligenztests verwendet, die man Menschen verschiedener Altersstufen vorlegte.

Der ersten Untersuchung ist zu entnehmen, daß das intellektuelle Leistungsverhalten zu Beginn des dritten Lebensjahrzehnts seinen Höhepunkt erreicht. In den weiteren Lebensjahren beginnt dann eine allmähliche Abnahme der getesteten Intelligenz. Diese Leistungsminderung erfolgt zunächst langsamer, später – im Verlauf des fünften Lebensjahrzehnts – beschleunigt sie sich. Ein typischer Erwachsener im Alter von 55 Jahren leistet danach ungefähr das gleiche wie ein Vierzehnjähriger.

Die Ergebnisse der zweiten Untersuchung zeichnen vor allem beim höheren Lebensalter ein anderes Bild, denn danach zeigt sich erst im Alter zwischen 65 und 73 Jahren ein kleiner und zwischen 73 und 85 Jahren ein steilerer Abfall. Wie lassen sich diese Unterschiede erklären?

In beiden Studien verwendete man verschiedene Methoden. In der ersten Studie wurden die Testwerte im „Querschnitt", im zweiten Fall im „Längsschnitt" erhoben. Vielleicht lassen sich darauf die beobachteten Unterschiede zurückführen.

1.3.5.1 Längsschnittmethode

Im Jahre 1759 bestimmte ein französischer Edelmann, Philibert Guenau de Montbeillard, die Körpergröße seines damals sechs Monate alten Sohnes. Er wiederholte diese Messungen in den folgenden Jahren regelmäßig und da er seine Ergebnisse sorgfältig protokollierte, blieben sie der Nachwelt erhalten. Aus der in Abbildung 1.13 dargestellten „Wachstumskurve" läßt sich ablesen, wie sich die Körpergröße von de Montbeillards Sohn bis zum 18. Lebensjahr entwickelte.

De Montbeillard war offensichtlich daran interessiert, wie sich die Körpergröße seines

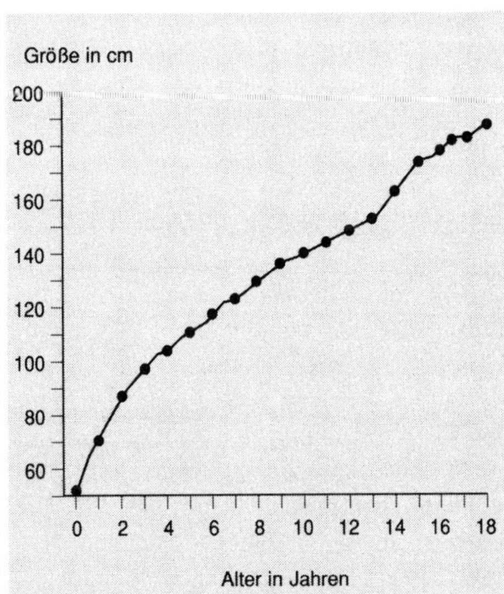

Abb. 1.13: Die Veränderung der Körpergröße („Wachstumskurve") eines französischen Jungen in den Jahren 1759-1777

Sohnes während der Kindheit und Jugendzeit veränderte. Damit wandte er – vielleicht zum ersten Mal – eine „Längsschnittmethode" an. Eine Person – im vorliegenden Fall war es der Sohn de Montbeillards – oder mehrere Personen gleichen Alters werden zu verschiedenen aufeinanderfolgenden Zeitpunkten (z.B. jedes halbe Jahr) untersucht. In der Entwicklungspsychologie führte man wiederholt Längsschnittuntersuchungen zum Studium von Veränderungen innerhalb kleinerer oder größerer Lebensabschnitte durch.

Der Einsatz der Längsschnittmethode erfordert ein hohes Maß an Planung und Geduld. In der Entwicklungspsychologie verfolgt man Längsschnittuntersuchungen, die sich über sehr große Zeiträume erstrecken; das Interesse kann sich sogar darauf richten, auch nachfolgende Generationen regelmäßig zu untersuchen. Eine Tatsache bereitet dabei besondere Schwierigkeiten: Es kommt immer wieder vor, daß Teilnehmer aus der Stichprobe herausfallen (wegen Krankheit, Tod, Umzug oder einfach, weil sie die weitere Mitarbeit verweigern). Dadurch steigt die Gefahr, daß die abnehmende Stichprobe ihre Repräsentativität verliert (s.S. 6).

Der Zeitbedarf von Längsschnittuntersuchungen bringt noch ein weiteres wissenschaftliches Problem mit sich. Da sich im Verlauf der Jahrzehnte theoretische Sichtweisen ändern, wandelt sich gleichzeitig auch das Erkenntnisinteresse. In den zwanziger Jahren war man z.B. davon überzeugt, daß die Entwicklung der Intelligenz durch genetische Bedingungen gesteuert wird. Man begnügte sich deshalb damit, bei den Teilnehmern in regelmäßigen Abständen Testuntersuchungen durchzuführen; weitere Daten gelangten nicht in die Archive. Einige Jahrzehnte später setzte sich jedoch die Überzeugung durch, daß die Entwicklung der Intelligenz von vielen Bedingungen innerhalb (z.B. Krankheit) und außerhalb der Person (Elternhaus, Schule usw.) abhängt. Tatsächlich zeigen die Entwicklungsverläufe bei vielen Teilnehmern der Längsschnittuntersuchungen erhebliche Schwankungen; eine Prüfung möglicher Erklärungen konnte jedoch nicht erfolgen, weil die notwendigen Informationen fehlten.

1.3.5.2 Querschnittmethode

De Montbeillard mußte 18 Jahre warten, bis ihm sämtliche Meßwerte vorlagen. Eine von Lewis Terman im Jahre 1921 begonnene Längsschnittuntersuchung an Hochbegabten erstreckt sich bereits über den Zeitraum eines durchschnittlichen Menschenalters (siehe hierzu auch Info-Kästchen 5.3; S.211). Die Weiterführung dieses Forschungsprojekts liegt inzwischen bei Robert Sears, der selbst einmal zur Stichprobe der von Terman ausgewählten Kinder gehörte. Wegen des hohen Zeitaufwands bei Längsschnittuntersuchungen stellt sich die Frage, ob sich die Methode des Längsschnitts durch eine andere ersetzen läßt. Auf den ersten Blick könnte die Lösung des Problems in der Anwendung der „Querschnittmethode" liegen. Dabei vergleicht man *zu einem Zeitpunkt* Personen mit unterschiedlichem Alter (z.B. das Alter von 10 bis 40 Jahren); aus den Mittelwerten von z.B. jeweils 50 Versuchsteilnehmern im Alter von 10, 15, 20, 25, 30, 35 und 40 Jahren ergäbe sich dann ein Altersverlauf des untersuchten Merkmals.

Beispielsweise veröffentlichten Harold Jones und Herbert Conrad im Jahre 1933 eine Studie zu folgenden Fragen: Wie entwickelt sich die Intelligenz eines Menschen im Verlauf des Jugend- und Erwachsenenalters? Erbringen Vierzig- oder Sechzigjährige die gleichen Intelligenzleistungen wie z.B. Zwanzigjährige? Muß damit gerechnet werden, daß die Intelligenz in der zweiten

Lebenshälfte absinkt? – Die beiden Psychologen wollten nicht Jahrzehnte auf die Beantwortung ihrer Fragen warten. Deshalb entschieden sie sich für die Anwendung der Querschnittmethode: Sie testeten *gleichzeitig* die Intelligenz sämtlicher in Frage kommender Altersgruppen. Aus den Ergebnissen ging hervor, daß die durchschnittlichen Leistungen der Altersgruppen vom 10. bis zum 16. Lebensjahr steiler und anschließend langsamer anstiegen. Zu Beginn des dritten Lebensjahrzehnts wurden die höchsten Punktwerte erzielt. Fortan kehrte sich das Bild um: Je älter die Jahrgänge waren, desto geringer fielen ihre Durchschnittsleistungen aus. Die Gruppe der Sechzigjährigen erzielte somit die geringsten Punktwerte.

Läßt sich nun, wie Jones und Conrad das seinerzeit taten, aus solchen Ergebnissen mit Berechtigung der Schluß ziehen, daß die Intelligenz jenseits des 21. oder 22. Lebensjahres allmählich wieder absinkt? Vor Beantwortung dieser Frage ist zu berücksichtigen, daß die verschiedenen Altersstufen durch jeweils unabhängige Gruppen vertreten waren. Dieser für die Querschnittmethode typische Umstand beruht auf der Annahme, daß sich z.B. die zum Untersuchungszeitpunkt Zehnjährigen nach 10 Jahren genauso verhalten wie die zum Untersuchungszeitpunkt Zwanzigjährigen. Mit der Richtigkeit oder Gültigkeit dieser Annahme steht und fällt die Querschnittmethode. Deshalb haben Jones und Conrad mit ihrer Querschnittmethode auch keine individuellen Entwicklungsverläufe erfaßt, denn dies ist nur durch Untersuchungen im Längsschnitt möglich. Statt dessen verglichen sie unabhängige Angehörige mehrerer Jahrgänge bzw. verschiedener Generationen oder auch „Kohorten" miteinander. Jones und Conrad erklärten die Unterschiede in den Leistungen ihrer Gruppen als altersabhängig. Vielleicht waren die von ihnen beobachteten Unterschiede aber nur als Ergebnis des sog. „Kohorteneffekts" (s. S. 41) zustandegekommen, d.h., daß die durchschnittliche Intelligenzleistung eines Altersjahrgangs nur ein Abbild der Schulbildung der jeweiligen Generation bzw. Kohorte war. Die älteren Versuchsteilnehmer besuchten vermutlich kürzer die Schule, die Lehrer waren nicht so gut ausgebildet, die Ernährung und Gesundheitsfürsorge schlechter usw.

Die Erklärung von Jones und Conrad, die von ihnen jenseits der frühen zwanziger Jahre beobachtete Verminderung der Intelligenz sei eine Funktion des Alterns, verliert auch durch die anderslautenden Ergebnisse praktisch sämtlicher Längsschnittstudien an Gewicht. Aus ihnen ist nämlich hervorgegangen, daß die Intelligenz wenigstens bis zum fünfzigsten oder sechzigsten Lebensjahr eines Menschen ansteigt; bei fortdauernder geistiger Aktivität im höheren Alter muß noch nicht einmal in den nachfolgenden Jahren ein Rückgang erfolgen.

1.3.5.3 Kombination von Querschnitt- und Längsschnittmethode

Es ist offenkundig, daß Querschnitt- und Längsschnittmethode jeweils für sich besondere Vor- und Nachteile aufweisen. Wenn ein Entwicklungspsychologe z.B. wissen möchte, wie sich die Intelligenz oder irgendein anderes Merkmal im Verlauf eines individuellen Lebens entwickelt, dann bleibt ihm nur der Einsatz der Längsschnittmethode. Andererseits liegen bei Anwendung der Querschnittmethode relativ schnell Informationen über das Verhalten verschiedener Altersgruppen vor; sie läßt sich infolgedessen auch mit erheblich weniger Kosten durchführen. Wäre es angesichts dieser Probleme nicht sinnvoll, beide Methoden zu kombinieren? Wie dies zu verwirklichen wäre, läßt sich anhand der folgenden Abbildung erläutern.

Nach diesem Beispiel begann eine erste Längsschnittstudie im Jahre 1930 mit einer Auswahl von Kindern, die in diesem Jahre geboren wurden; unter ihnen findet sich Jan, der als Kind die Kriegsereignisse und als Jugendlicher die Jahre des Wiederaufbaues erlebte. Wurde die Kohorte, d.h. die Gruppe der im Jahre 1930 Geborenen, von diesen besonderen Ereignissen geprägt? Wurde z.B. die Entwicklung ihres Leistungsmotivs, ihrer allgemeinen Ängstlichkeit oder bestimmter Einstellungen durch die Erlebnisse dieser historischen Zeiträume beeinflußt? Zur Beantwortung dieser Frage könnte man Längsschnittuntersuchungen heranziehen, die im Jahre 1950 und 1970 begonnen wurden. Der im Jahre 1950 geborene Peter erlebte als Kind noch die Aufbaujahre. Er wächst als Jugendlicher in eine Zeit mit hohem Lebensstandard, dem Beginn der Studentenunruhen, deren Auswirkungen auf unterschiedliche Lebensbereiche und in eine Epoche mit einschneidenden Reformen im Bildungsbereich hinein. Roland, 1970 geboren, erlebt seine Kindheit in einem Jahrzehnt, in dem die Grenzen wirtschaftlichen Wachstums für breite Schichten der Bevölkerung sichtbar und spürbar werden. Während seiner Jugendjahre wird er sich zunehmend mit der Frage beschäftigen, ob er nach Abschluß einer Ausbildung einen Arbeitsplatz erhalten oder für kürzere oder längere Zeit arbeitslos sein wird.

Ob solche einschneidenden Lebenserfah-

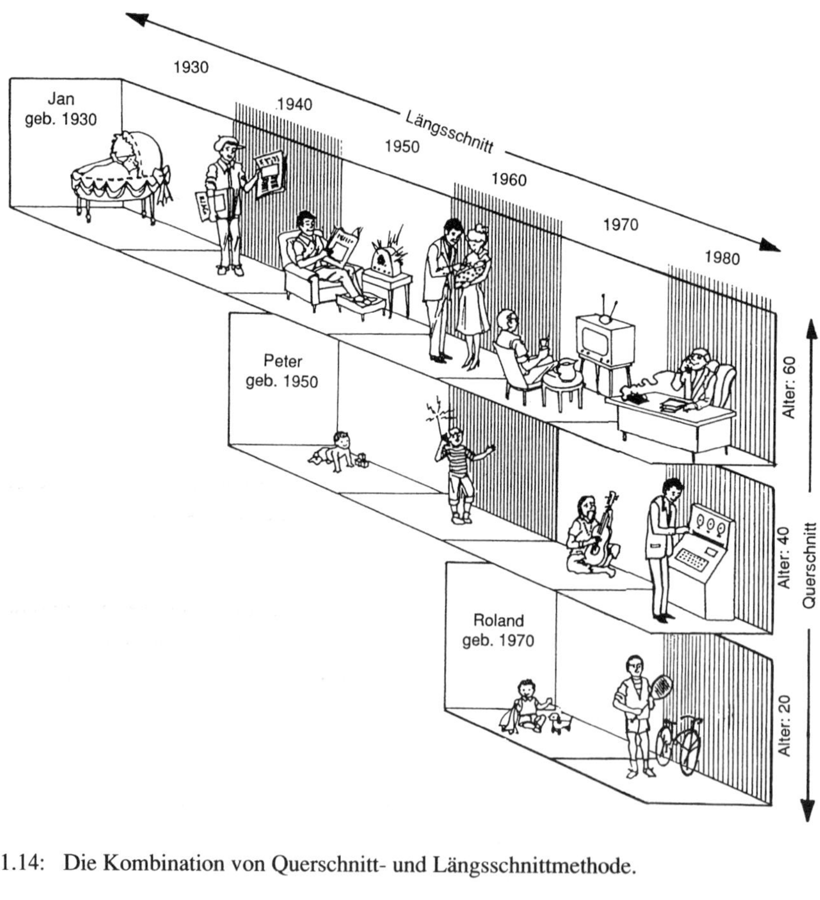

Abb. 1.14: Die Kombination von Querschnitt- und Längsschnittmethode.

rungen tatsächlich Einfluß auf Entwicklungsverläufe nehmen, kann man nur prüfen, indem man die Entwicklung der „Kohorten", die in den Jahren 1930, 1950 und 1970 geboren sind, miteinander vergleicht. Sollte ein Merkmal in allen drei Längsschnittstudien stets einen gleichen bzw. annähernd gleichen Entwicklungsverlauf zeigen, dann ist ein Kohorten-Effekt, d.h. Generations-Effekt, unwahrscheinlich. Die Entwicklung dieses Merkmals ist offenbar ziemlich unabhängig von besonderen Lebensumständen. Sofern aber beim Vergleich der drei Jahrgangskohorten in einem bestimmten Lebensabschnitt erhebliche Unterschiede in der Entwicklung eines Merkmals auftreten, muß mit einer hohen Abhängigkeit von historischen Gegebenheiten gerechnet werden.

Wenn man Entwicklungsverläufe erklären will, muß man seinen Blick also auf Merkmale *in* der Person wie auch auf Bedingungen in ihrer Umgebung richten. Entwicklung ist das Ergebnis eines komplizierten Wechselwirkungsprozesses zwischen Person- und Umweltfaktoren, dessen Erfassung, Beschreibung und Erklärung Aufgabe der Entwicklungspsychologie ist. Über einige Forschungsergebnisse ist in den nachfolgenden Kapiteln zu berichten.

1.4 Aufbau der nachfolgenden Darstellung

Wenn ein Mensch über seine eigene oder die Entwicklung eines Kindes berichtet, ordnet er seine Ausführungen wahrscheinlich nach Lebensjahren oder Lebensabschnitten. Ebenso wird auch in der nachfolgenden Darstellung verfahren. Man könnte auch den Entwicklungsverlauf einzelner Funktionsbereiche (Motorik, Sprache, Kognitionen) über die Lebensspanne verfolgen; allerdings besteht dabei eine hohe Gefahr, daß die Einheit der einzelnen Entwicklungsabschnitte aus dem Blick gerät. Die Einteilung menschlicher Entwicklung in Lebensabschnitte dient vor allem dazu, die Darstellung überschaubarer werden zu lassen. Es kann aber so fälschlich der Eindruck entstehen, daß die den Beobachtungen zugrundeliegenden Prozesse beim Übergang von einem Abschnitt zum nächsten sprunghaft verlaufen. Um solchen Vorstellungen möglichst entgegenzuwirken, erfolgt bei der Darstellung einzelner Funktionsbereiche in der Regel eine Rückschau und ein Ausblick, wodurch die Eingebundenheit jedes Entwicklungsabschnittes in vorangehende und nachfolgende Entwicklungsprozesse deutlich wird. Entwicklungen verlaufen nämlich auch an den Nahtstellen zweier Lebensabschnitte stets kontinuierlich und nicht sprunghaft

Entsprechend der gewählten Ordnung werden in Kapitel 2 zunächst einige Grundlagen der Vererbung diskutiert. Daran schließt sich die Darstellung der vorgeburtlichen Entwicklung und die Geburt des Kindes an. Dem Altersbereich zwischen Geburt und Beginn des Erwachsenenalters sind vier Kapitel gewidmet. Darin werden Entwicklungen in der Frühen Kindheit (Kapitel 3), im Vorschulalter (Kapitel 4), im Schulalter (Kapitel 5) sowie in der Adoleszenz (Kapitel 6) beschrieben und erklärt. Jedes Kapitel stellt körperliche, soziale und kognitive (intellektuelle) Aspekte der Entwicklung dar.

Bei der körperlichen Entwicklung geht es um motorische Fertigkeiten und um Veränderungen der körperlichen Gestalt. Die soziale Entwicklung äußert sich in Veränderungen bei der Hinwendung des Kindes und des Jugendlichen zu den Mitmenschen; es handelt sich um Beziehungen, die der junge Mensch zu Eltern, weiteren Erwachsenen und Gleichaltrigen herstellt. Die kognitive Entwicklung umfaßt Veränderungen, die mit mannigfaltigen Fähigkeiten des Kindes einhergehen; mit der Fähigkeit, Umweltgegebenheiten wahrzunehmen und zu unterscheiden, mit der Verbesserung von Gedächtnisleistungen und mit dem Verständnis von Symbolen werden entscheidende Voraussetzungen zur Entwicklung der Denk- und Problemlösefähigkeiten geschaffen. Zwischen motorischen, sozialen und kognitiven Bereichen bestehen wechselseitige Beziehungen.

Es ist nicht angestrebt, in allen Abschnitten die Entwicklung sämtlicher Funktionsbereiche wiederzugeben. Stets erfolgt eine Auswahl solcher Themen, die ein besonders starkes Forschungsinteresse herausgefordert haben. Obwohl eine Sprachentwicklung z.B. über die gesamte Lebensspanne stattfindet, berichten nur die Kapitel drei und vier über einschlägige Erkenntnisse und Theorien, denn es sind das Kleinkind- und Vorschulalter, in denen besonders markante und augenfällige sprachliche Fortschritte stattfinden. Demgegenüber beherrscht das Schulkind bereits grundsätzlich seine Muttersprache; es wird allerdings in nachfolgenden Jahren seinen Wortschatz und seine Ausdrucksweise weiterhin verbessern. Kapitel 5 berichtet – um noch ein weiteres Beispiel zu nennen – bei der Beschreibung der Entwicklung im Schulalter über Veränderungen in den Moralvorstellungen, obwohl außer Frage steht, daß die Entwicklung des moralischen Urteils sehr viel früher im menschlichen Lebenslauf beginnt und sich anschließend über das Jugendalter und gesamte Erwachsenenalter fortsetzt. Gerade im Schulalter wächst jedoch das Verständnis des Kindes für moralische Fragen und dadurch eröffnen sich ihm neue Bereiche des menschlichen Zusammenlebens. Es wird auch außerhalb des Kapitels 5 von moralischen Urteilen die Rede sein; allerdings erscheinen sie dann eingebunden in andere Funktionsbereiche.

Mit dieser Vorgehensweise – der Verringerung der Informationsfülle durch Auswahl – verbindet sich die Hoffnung, daß der Leser auf dem Wege in die Entwicklungspsychologie stets seine Orientierung behält.

Literatur zur Erweiterung des Wissens und zur Vertiefung:

Murray, T.R. & Feldmann, B. (1986): *Die Entwicklung des Kindes.* Weinheim: Beltz

Silbereisen, R.K. & Montada, L. (1983): *Entwicklungspsychologie.* Ein Handbuch in Schlüsselbegriffen. München: Psychologie Verlags Union

Wagner, H. (1984): Methoden der Entwicklungspsychologie. In: Wieczerkowski, W. & Zur Oeveste, H.Ü. (Hrg.): *Lehrbuch der Entwicklungspsychologie.* Düsseldorf: Schwann, S. 83-102

Wieczerkowski, W. & Zur Oeveste, H.Ü. (1984): Konzepte, Modelle und Theorien der Entwicklung. In: Wieczerkowski, W. & Zur Oeveste, H.Ü. (Hrg.): *Lehrbuch der Entwicklungspsychologie.* Düsseldorf: Schwann, S. 21-82

2. Kapitel

Grundlagen und Anfänge menschlicher Entwicklung

In einer 1977 erschienenen Novelle spekuliert Ira Levin über mögliche Folgen, die sich bei der Zeugung von Kindern aus Körperzellen ergeben könnten. Im Mittelpunkt ihrer Erzählung, in der sich historische Ereignisse und Fiktion vermischen, steht Josef Mengele, der als „Engel des Todes" im Konzentrationslager Auschwitz bereits mit Tausenden von Kindern, u.a. Zwillingen, auf grausamste Art „experimentiert" hatte. Sollte es nicht möglich sein, Adolf Hitler selbst nach dessen Tod wieder auferstehen zu lassen? Der dem Nationalsozialismus blind ergebene Arzt entnimmt dem Führer einen halben Liter Blut und etwas Haut von den Rippen und flieht nach Brasilien. Dort veranlaßt er mehrere Frauen, ihm reife Eizellen zu spenden. Von diesen zerstört Mengele den Zellkern, um ihn durch Körperzellen Hitlers ersetzen zu können. Auf ungeschlechtlichem Wege entstehen sog. Klons, die in ihrer genetischen Ausstattung mit Hitlers Erbanlagen identisch sind. Nach vier oder fünf Tagen werden diese Klons einheimischen Leihmüttern eingepflanzt. Neun Monate später erblicken 94 Jungen das Licht der Welt. Adoptionsvermittlungsstellen werden beauftragt, nach Pflegeeltern Ausschau zu halten, die bestimmte Voraussetzungen erfüllen: Sie müssen z.B. Christen sein, der nordischen weißen Rasse angehören; das Oberhaupt der Pflegefamilie sollte, ebenso wie Hitlers Vater, ein einfaches Staatsamt innehaben und 23 Jahre älter sein als seine Frau (auch Hitlers Mutter war entsprechend jünger). Die „Jungs aus Brasilien" finden ihr Zuhause schließlich in Gladbeck/Deutschland, in Branninge/Dänemark, in Göteborg/Schweden sowie in vielen weiteren Orten Europas und Nordamerikas. Es muß nur noch sichergestellt werden, daß der Pflegevater im Alter von 65 Jahren stirbt, denn auch Hitler wurde im Alter von 13 Jahren Halbwaise. Konnte Mengele tatsächlich davon ausgehen, daß wenigstens einer der von ihm gezüchteten Menschen bereit und in der Lage sein würde, ein nationalsozialistisches Regime im Sinne Hitlers fortzuführen?

Ira Levin wirft in Form einer dramatischen Gestaltung zahlreiche Fragen auf, die in der Forschung seit Jahrzehnten diskutiert und untersucht werden. Besteht bei strikter Kontrolle der Erbanlagen eines Menschen und einer sorgfältigen Gestaltung seiner Umweltbedingungen tatsächlich die Möglichkeit, bestimmte Entwicklungsverläufe wahrscheinlicher werden zu lassen? Die Beantwortung dieser Frage setzt Kenntnisse über das Zusammenwirken von Anlage- und Umweltfaktoren in der Entwicklung voraus.

Ira Levin läßt Mengele ein Verfahren entwickeln, das es gestattet, aus Körperzellen Nachkommen zu entwickeln. Die Möglichkeit eines solchen „Klonens", also die Züchtung von höher organisierten Lebewesen aus Körperzellen, existiert nur in der Phantasie eines Schriftstellers, bis heute gibt es keinen Menschen, der sich unmittelbar aus einer Körperzelle entwickelt hat. Die Natur sorgt vielmehr dafür, daß die Erbanlagen der Eltern bei jeder Zeugung immer wieder neu kombiniert werden. Welchen Einfluß die einzigartige Erbausstattung auf die Entwicklung des Individuums, vor allem in der nachgeburtlichen Entwicklung nimmt, beschäftigt die Forschung bereits seit Jahrzehnten.

Als bevorzugter Untersuchungsgegenstand haben sich eineiige Zwillinge erwiesen, die ebenso wie Klons – als Ergebnis eines „natürlichen" Experiments – eine identische Erbausstattung besitzen. Wie entwickeln sich solche Geschwister, wenn sie nicht gemeinsam, sondern in verschiedenen Pflegefamilien aufwachsen? Entsprechende Beobachtungen trugen entscheidend dazu bei, das Anlage-Umwelt-Problem zu erhellen. Als aufschlußreich erwies sich aber auch das Studium von Kindern, die sehr bald nach ihrer Geburt von Pflegeeltern adoptiert wurden. Über wichtige Ergebnisse dieser Untersuchungen wird das vorliegende Kapitel berichten.

In der von Ira Levin gezeichneten Rolle ist Mengele sich offenbar darüber im klaren, daß Hitlers Lebensweg nicht allein durch seine Erbanlagen bestimmt wird. Deshalb bemüht sich Mengele auch um die Kontrolle der Umweltbedingungen. Er scheint aber zu übersehen, daß die Umwelt nicht erst mit der Geburt wirksam wird. Die Entwicklung des Kindes hängt bereits im Mutterleib nachhaltig von Umwelteinflüssen ab, die über den Organismus der Schwangeren einwirken. Schließlich soll das vielleicht einschneidendste Ereignis im Leben eines Individuums in den Blickpunkt rücken: Die Geburt.

2.1 Biologische Grundlagen der Vererbung

Als man um die Mitte des 17. Jahrhunderts erstmals in der Lage war, menschliche Geschlechtszellen (oder Gameten) durch die damals entwickelten Mikroskope zu betrachten, glaubte man, „kleine Tiere" oder ein Baby in kleinster Form erkennen zu können. Man stritt darüber, ob sich dieses vorgeformte Wesen, das man auch als Homunkulus bezeichnete, im Samen (s. Abbildung 2.1) oder im Ei befand. Zunächst übernahmen holländische Wissenschaftler eine Auffassung von Aristoteles, die ein Übersetzer wie folgt wiedergibt: „Vermutlich versucht die Natur, die Eltern exakt in der Nachkommenschaft zu reproduzieren; dabei unterlaufen ihr aber in unterschiedlichem Grade Fehler. Das Ideal würde für den Mann sein, nur männliche Wesen zu zeugen. Die erste Entgleisung ist dabei die Zeugung von weiblichen Wesen". Dieser aristotelischen Auffassung widersprachen im 17. Jahrhundert andere Gelehrte mit der Feststellung, Kinder ähnelten meist viel mehr ihrer Mutter als ihrem Vater. Der männliche Samen hätte danach lediglich die Aufgabe,

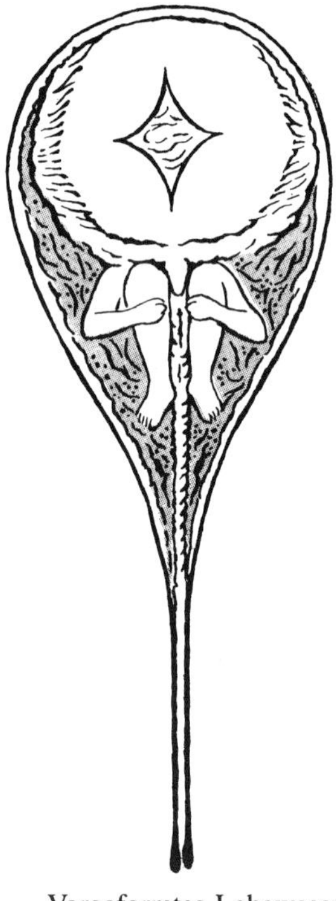

Abb. 2.1: Vorgeformtes Lebewesen („Homunkulus") aus der Sicht der Präformisten

die Entwicklung des Kindes in Gang zu setzen. Dieser Standpunkt fand deshalb Anhänger, weil man damit Frauen die Schuld für krank geborene Kinder zuweisen konnte und dafür, daß einem Königshaus kein männlicher Thronfolger geboren wurde.

Jedes vorgeformte Wesen – so spekulierte man damals weiter – trage wiederum einen Homunkulus in sich selbst. Deshalb waren einige Zeitgenossen davon überzeugt, daß die biblische Eva bereits sämtliche Generationen der Menschheit in sich getragen habe. Der Schweizer Arzt und Naturforscher Albrecht von Haller (1708-1777) gelangte z.B. zu dem Ergebnis, daß Urmutter Eva 200 Milliarden ineinandergeschachtelte Menschenkeime in ihrem Körper getragen haben muß. Andere glaubten, Adam sei Träger sämtlicher zukünftiger Generationen gewesen.

Zur Unvollkommenheit der ersten Mikroskope kam offenkundig noch eine blühende Phantasie ihrer Benutzer. Im Jahre 1757 wandte sich der deutsche Biologe Kaspar Friedrich Wolff entschieden gegen die Annahme einer Vorformung (Präformation) vor der Empfängnis, indem er in seiner „Theoria Generationis" behauptete, beide Elternteile trügen in gleicher Weise zum Entstehen des neuen Lebens bei und dieses entwickele sich durch Zelldifferenzierungen aus einem anfangs „unorganisierten Stoff". Erst um die Mitte des zwanzigsten Jahrhunderts blieb es einem englisch-amerikanischen Forscherteam vorbehalten, diesem ‚unorganisierten Stoff' einige seiner Geheimnisse zu entlocken.

2.1.1 Gene als Träger der Erbinformationen

Der Moment der Empfängnis markiert einen Zeitpunkt, in dem Ei- und Samenzelle sich zu einer Zygote vereinigen; diese ist so klein, daß sie mit dem bloßen Auge kaum sichtbar ist. Unmittelbar nach der Verschmelzung setzt ein Zellteilungsprozeß von unvorstellbarem Ausmaß ein. Aus einer Zelle, die etwa die Größe eines Stecknadelkopfes hat, wird innerhalb eines Zeitraums von etwa zwanzig Jahren ein Erwachsener, dessen Körper aus schätzungsweise 60 Billionen (60.000.000.000.000) Zellen von jeweils gleicher Größe besteht. Wie wird dieser Prozeß gesteuert? Wodurch wird den Zellen der Weg gewiesen, den sie mit ihrer Teilung zu gehen haben? Woher „wissen" sie, ob ein Junge oder ein Mädchen, ein Angehöriger der weißen oder der schwarzen Rasse, ein Mensch mit schwarzen oder mit blondem Haar entstehen soll? Dazu muß man sich die Bausteine des Organismus etwas genauer ansehen.

Im Inneren einer jeden Zelle findet sich der Zellkern (s. Abb. 2.2A). Dieser enthält fadenförmige Gebilde, die durch Einfärbung sichtbar werden. Man bezeichnet sie folglich auch als „Farbkörperchen" oder Chromosomen. In jeder menschlichen Körperzelle finden sich normalerweise 23 Chromosomenpaare, die sich der Größe nach ordnen und entsprechend – nach einer im Jahre 1960 in Denver/Colorado international getroffenen Vereinbarung – numerieren lassen. Wie Abbildung 2.2B zeigt, bilden jeweils zwei Chromosomen ein Paar gleicher Form (mit Ausnahme der Chromosomen X und Y); das eine stammt jeweils von der Mutter und das andere vom Vater.

Bei Betrachtung der Chromosomen unter dem Mikroskop erkennt man unterschiedlich schattierte Abschnitte, die vermutlich einzelne Gene markieren. Gene sind komplexe Moleküle, in denen auf chemischem Wege die Erbinformationen gespeichert sind. Der britische Molekularbiologe Francis Crick und der amerikanische Biochemiker James Watson haben im Jahre 1953 herausgefunden, wie das Riesenmolekül aufgebaut ist: Es besitzt das Aussehen einer gewundenenStrickleiter, deren beide Taue aus Zucker- und Phosphatmolekülen, deren Stufen aus zwei anderen Molekülen, den sog. Basen, bestehen. Man findet

A)

B)

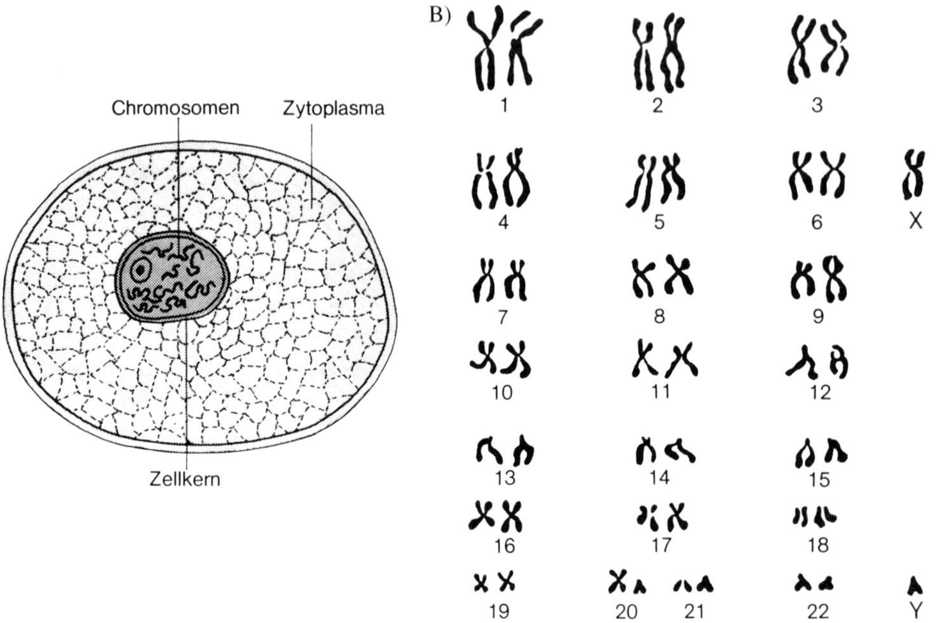

Abb. 2.2: A: Schematische Darstellung einer Zelle, in deren Kern sich Chromosomen befinden.
B: Die 46 menschlichen Chromosomen

im Erbgut vier verschiedene Arten von Basen, nämlich Adenin (A), Thymin (T), Cytosin (C) und Guanin (G). Die gesamte Strickleiter setzt sich aus ungefähr drei Milliarden Stufen zusammen. Es handelt sich dabei um eine bunt gemischte Kette, in der sich die Moleküle A, T, C und G abwechseln (s. Abbildung 2.3). Das Molekül bezeichnet man als Desoxyribonukleinsäure (abgekürzt DNS). Die genetische Information wird allein durch die unterschiedliche Reihenfolge der vier Basen vermittelt. Wenn man sämtliche auf biochemische Weise in einer menschlichen Zelle gespeicherten Informationen lesen könnte, würde man – um sie aufschreiben zu können – mehr Seiten benötigen, als das umfangreichste Lexikon der Welt umfaßt.

2.1.2 Zwei Formen der Zellteilung

Körperzellen können von sich ein identisches Abbild herstellen. Diesen Zellteilungsprozeß bezeichnet man als Mitose. Jede Tochterzelle besitzt das gleiche genetische Material wie die Mutterzelle. Ob durch die Zellteilung eine Knochen-, Drüsen-, Nerven-, Muskel- oder sonstige Körperzelle entsteht, bestimmt sich nach dem Bauplan, der in den DNS-Molekülen gespeichert ist.

Die Mitose ist nicht mit einem anderen Zellteilungsprozeß zu verwechseln, den man Meiose (oder Halbierungsteilung) nennt. Infolge dieser Meiose sind Kinder niemals identische Abbilder ihrer Eltern. Die Meiose sorgt auch dafür, daß sich (mit Ausnahme eineiiger Zwillinge) Geschwister bis zu einem gewissen Grade voneinander unterscheiden. Im Verlauf der Meiose verringert sich die Anzahl der Chromosomen pro Körperzelle auf die Hälfte. Dabei wird nach

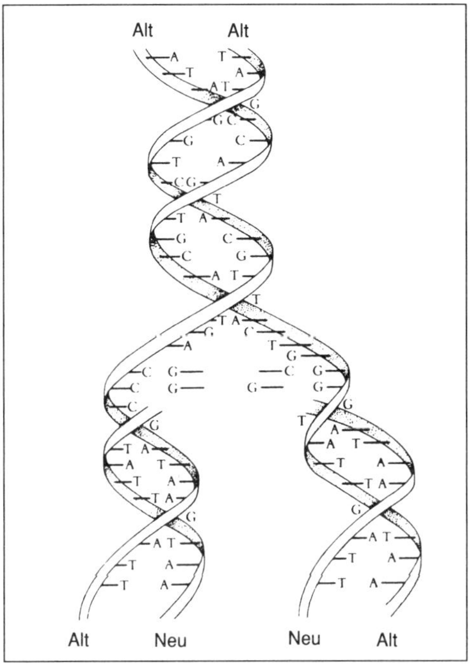

Abb. 2.3: Das „Strickleiter"-Modell von Watson und Crick

dem Zufall von jedem Chromosomenpaar eines ausgewählt, so daß Geschlechtszellen mit (in der Regel) 23 Chromosomen entstehen. Rein rechnerisch ergibt sich, daß aus dem Chromosomensatz einer Körperzelle 23^2 (8.388.608) verschiedene Chromosomensätze für die Geschlechtszellen hervorgehen könnten. Tatsächlich liegt die Anzahl noch höher, weil es im Verlauf der Meiose zu Überkreuzungen innerhalb von Chromosomenpaaren kommen kann. Berücksichtigt man nun, daß die soeben genannte Anzahl von Kombinationsmöglichkeiten sowohl für den Mann als auch für die Frau gilt, dann ergibt sich, daß ein einziges Elternpaar theoretisch mindestens 70 Billionen (70.368.744.177.664) verschiedene Zygoten hervorzubringen vermag, von denen jede wiederum 46 Chromosomen enthält, die Hälfte vom Vater, die andere von der Mutter stammend. Wenn man also vom Sonderfall eineiiger Zwillinge absieht, dann ist es extrem unwahrscheinlich, daß Geschwister identisches Erbgut besitzen.

2.1.3 Bestimmung des Geschlechts

Wie entstehen Jungen und Mädchen? Auf die Antwort von Aristoteles ist ja bereits hingewiesen worden (s.S. 44): Für ihn waren weibliche Wesen eine „Entgleisung" der Natur bei der Zeugung. Der griechisch-römische Arzt Galen (129-199) antwortete auf diese Frage, das hinge davon ab, aus welcher Keimdrüse der zur Befruchtung gelangende Samen stamme: Geschlechtszellen aus dem rechten Hoden würden nur Jungen und solche aus dem linken Hoden nur Mädchen hervorbringen. Der islamische Philosoph und Arzt Ibn Sina Avicenna (980-1037), der auf antike Lehren aufbaute und dessen Lehrbuch in medizinischen Fakultäten Europas ein halbes Jahrtausend, teilweise noch bis ins 17. Jahrhundert hinein, führend war, ergänzte die Lehre von der Geschlechtsbestimmung: Das Geschlecht eines Kindes hinge davon ab, auf welche Seite der Gebärmutter der Samen gelange; auf der rechten Seite käme es zur Zeugung eines Jungen, auf der linken Seite entstünde ein Mädchen. Sofern der Samen die Mitte der Gebärmutter erreiche, sei mit einem zweigeschlechtlichen Lebewesen (Hermaphrodit) zu rechnen. Erst Albrecht von Haller brachte solche Lehren ins Wanken, indem er von einem Patienten berichtete, der Kinder beiderlei Geschlechts gezeugt hatte, obwohl er nur einen Hoden besaß.

Der Durchbruch zum Standpunkt der modernen Genetik gelang erst zu Beginn dieses Jahrhunderts. Danach enthalten weibliche Geschlechtszellen stets ein X-Chromosom, männliche Geschlechtszellen dagegen ein X-

Info-Kästchen 2.1:
Wie entwickeln sich aus einem ungeschlechtlichen Embryo Junge oder Mädchen?

Ein Embryo ist während der ersten sechs Wochen nach der Empfängnis noch geschlechtslos. Er besitzt Gewebe, aus dem sich sowohl männliche als auch weibliche Geschlechtsorgane entwickeln können. Erst zwischen der sechsten und siebenten Woche bewirkt das Y-Chromosom, daß sich aus den bislang eingeschlechtlichen Keimdrüsen Hoden (oder *Testis*) entwikkeln. Für David Page und seine Mitarbeiter blieb allerdings eine Beobachtung verwirrend: Wie ist es möglich, daß gelegentlich Jungen mit zwei X-Chromosomen und Mädchen mit einem X- und einem Y-Chromosom geboren werden? Jungen und Mädchen mit einer solchen anomalen Erbausstattung erscheinen zwar äußerlich normal; sie bleiben allerdings unfruchtbar. Die Forscher stellten fest, daß an das eine X-Chromosom eines anomalen Jungen oder Mannes stets ein kleines Stückchen eines Y-Chromosoms angeheftet war, während sich bei den Mädchen bzw. Frauen ihrer XY-Gruppe feststellen ließ, daß an dem Y-Chromosom gerade dieses Stückchen fehlte. Page und seine Kollegen halten es deshalb für möglich, daß es von diesem *einen* Gen abhängt, ob sich jeweils ein Junge oder Mädchen entwickelt. Dieses Gen hat den Namen TDF erhalten (für *T*estis *d*eterminierender *F*aktor, das ist derjenige Faktor, von dem abhängt, ob sich Hoden entwickeln oder nicht).

Nach ihrer Entstehung produzieren die Hoden zwei Hormone. Das eine (*Testosteron*) leitet die Entwicklung männlicher Geschlechtsorgane ein, während das andere (Anti-Müller-Hormon; eine Hemm-Substanz) die Entwicklung weiblicher Geschlechtsmerkmale unterdrückt. In den Geschlechtszellen des XX-Embryos muß kein Hormon produziert werden, denn der mütterliche Blutkreislauf enthält ohnehin reichliche Anteile des weiblichen Hormons *Östrogen*. Ohne männliche Hormone beginnt die Leibesfrucht etwa nach Beginn der zehnten Woche mit der Entwicklung weiblicher Geschlechtsorgane (Eierstöcke usw.).

Wenn also beim Embryo keine männlichen Hormone entstehen oder wenn diese in der chemischen Umgebung der Gebärmutter nicht wirksam werden können, verläuft die Entwicklung der Leibesfrucht auf dem geradlinigsten Weg: Es entsteht ein Mädchen. Es bedarf der Produktion zweier Hormone, um die Natur von diesem Plan abzubringen.

Auf die Folgen dieser komplizierten Prozesse wurde man aufmerksam, nachdem in den sechziger und zu Beginn der siebziger Jahre viele Frauen zur Verhinderung von Fehlgeburten ein Hormonpräparat erhielten, das die Produktion von *Testosteron* förderte. Wenn Frauen dieses Medikament im letzten Drittel der Schwangerschaft (27. bis 38. Schwangerschaftswoche) eingenommen hatten, brachten sie Mädchen mit normalen Eierstöcken zur Welt (deren Entwicklung zum Zeitpunkt der medikamentösen Einwirkung bereits abgeschlossen war), die äußerlich aber Geschlechtsmerkmale aufwiesen, die Ähnlichkeiten mit denen des männlichen Geschlechts hatten.

oder ein Y-Chromosom. Wenn eine Eizelle mit einer Samenzelle verschmilzt, die Träger eines X-Chromosoms ist, wird daraus ein Mädchen entstehen. Wenn sich eine Zygote dagegen aus einer Samenzelle mit einem Y-Chromosom gebildet hat, entwickelt sich ein Junge. Ein XX- bzw. ein XY-Satz in der Zygote garantiert allerdings noch nicht die Entstehung normaler Mädchen bzw. Jungen (s. Info-Kästchen 2.1); die Gene steuern nämlich nur die Hormonproduktion und von dieser hängt die Bildung körperlicher Strukturen ab.

Im 16. Jahrhundert wußte man noch nicht, daß die männlichen Zellen die Hauptrolle bei der Geschlechtsbestimmung spielen. Vielleicht hätte diese Kenntnis den englischen König Heinrich VIII. umgestimmt, als er sich von Katharina von Aragonien scheiden ließ, weil diese ihm keinen Sohn geschenkt hatte. Andererseits hätte er nach dem heutigen Informationsstand auch eine Rechtfertigung für die Scheidung gefunden: Die chemische Beschaffenheit der Scheide gibt nämlich X- und Y-tragenden Samenzellen unterschiedliche Chancen im Wettlauf um eine erfolgreiche Befruchtung. Wenn man Samenzellen wiederholt durch Albumin, ein zähflüssiges, wasserlösliches Protein, das sich u.a. in Eiern, im menschlichen und tierischen Blut findet, wandern läßt, trennen sich die schnelleren XY- allmählich von den langsameren XX-Zellen. Bei Anwendung dieser Methode läßt sich die Wahrscheinlichkeit, einen Jungen oder ein Mädchen zu empfangen, geringfügig beeinflussen.

2.1.4 Abweichungen im Chromosomensatz

Normalerweise verläuft die Meiose so, daß jede Geschlechtszelle mit einem vollständigen Chromosomensatz ausgestattet wird. Die normale Zygote erhält also von Samen- und Eizelle jeweils 23 Chromosomen. Durch Unregelmäßigkeiten im Verlauf der Meiose entstehen gelegentlich aber auch Zygoten, die anomale Gene oder Chromosomen aufweisen. Viele solcher Zygoten sind nicht lange lebensfähig. Man hat einmal geschätzt, daß auf 100 Empfängnisse nur 31 lebensfähige Geburten folgen. Es gibt aber auch die Möglichkeit, daß die Leibesfrucht trotz Anomalitäten in den Chromosomen überlebt.

Eine vergleichsweise häufig auftretende Chromosomen-Anomalie ist das sog. Down-Syndrom, das auch unter dem Namen *Mongolismus* bekannt ist. Im Jahre 1959 entdeckte der französische Genforscher Jerome Lejeune, daß die Betroffenen ein zusätzliches Chromosom besitzen, das die Genetiker als Nummer 21 bezeichnen (s. Abb. 2.2). Beim Down-Syndrom finden sich folglich in jeder Körperzelle 47 Chromosomen. Zumeist wird dieses zusätzliche Chromosom durch die Eizelle in die Zygote eingebracht, nur in einem Viertel der Fälle durch die Samenzelle.

Ein zusätzliches Chromosom Nr. 21 führt zu ausgeprägten Anomalien. Betroffene zeigen ein charakteristisches Aussehen: ein breites, flaches Gesicht und die sichelförmige Hautfalte. Nicht nur der Schädel sondern auch andere Körperpartien wie z.B. Füße und Hände weisen Auffälligkeiten im Knochenbau auf. Die motorische Entwicklung verläuft erheblich verzögert, die intellektuelle Entwicklung ist stets beeinträchtigt.

Abweichungen im Chromosomensatz können auch bei den Geschlechtschromosomen auftreten. In einem solchen Fall weisen Ei- oder Samenzelle entweder gar kein oder ein zusätzliches Geschlechtschromosom auf. Wenn z.B. eine Samenzelle Träger beider Geschlechtschromosomen (also XY) ist und ein normales Ei befruchtet, entsteht eine Zygote mit dem Chromosomensatz XXY. Aus einer solchen Zygote entwickelt sich ein Junge mit Klinefelter Syndrom: Er bleibt unfruchtbar, denn es entwickeln sich bei ihm

Info-Kästchen 2.2:
Über das Schicksal eines Elternpaares, das mit erbkranken Kindern rechnen mußte.

Mara Leilani Gould schien ein gesundes Baby zu sein, das zunächst keinerlei Auffälligkeiten in seiner Entwicklung zeigte. Der Mutter fiel zwar auf, daß ihre Tochter nach Erreichung des achten Lebensmonats immer noch nicht sitzen konnte. Trotz dieser Beobachtung war sie jedoch nicht beunruhigt, denn sie erinnerte sich, daß sie selbst auch niemals besonders sportlich gewesen war. Diese Sorglosigkeit verschwand jedoch, als die Mutter eine der üblichen Routineuntersuchungen vornehmen ließ. Der Arzt bestätigte ihr, daß Kinder dieses Alters in der Lage sein müßten, alleine zu sitzen. Er empfahl, Mara Leilani einem Neurologen vorzustellen. Es folgten zahlreiche Untersuchungen und ein Monat der Ungewißheit, bis schließlich feststand, daß Mara Leilani an einer genetisch bedingten Krankheit (*Tay-Sachs-Syndrom*) litt, die nach dem englischen Augenarzt Warren Tay und dem amerikanischen Neurologen Bernard Sachs benannt worden ist. Sie kommt vor allem in jüdischen Bevölkerungsgruppen vor, die in Rußland und Polen leben oder Vorfahren aus diesen Gegenden haben. Die Krankheit ist durch die Unfähigkeit des Körpers gekennzeichnet, Fettsubstanzen im Blut abzubauen. Folglich sammeln sich Fett-Moleküle an und zerstören allmählich das Gehirn. Der Vater, selbst Arzt, wußte, daß seine Tochter wahrscheinlich innerhalb der nächsten zwei Jahre sterben mußte, Zuvor würde sie erblinden, ihr Gehör verlieren und in zunehmenden Maße gelähmt sein. Im Endstadium ist eine Klinikunterbringung häufig nicht zu umgehen, denn das kranke Kind verliert schließlich die Fähigkeit, Nahrung zu kauen und herunterzuschlucken. Kein erkrankter Mensch erreichte bislang das siebente Lebensjahr. Mara Leilani starb im Alter von vier Jahren. Die Krankheit kann ausbrechen, wenn beide Eltern Träger des betreffenden (rezessiven) Gens sind. Für Rick und Barbara Gould bedeutete dies, daß statistisch von vier Kindern eines diese Krankheit erben konnte (nach der Wahrscheinlichkeitsrechnung hätte das Paar mit zwei weiteren Kindern als Träger des kranken Gens zu rechnen, bei denen das Tay-Sachs-Syndrom zwar nicht in Erscheinung treten würde, wohl aber zu vererben wäre. Ein viertes Kind hätte keinerlei Belastung mit Tay-Sachs und brauchte auch niemals die Weitergabe auf dem Erbwege zu fürchten). Bei diesen Aussichten verzichtete das Paar zunächst auf Nachwuchs. Es entschied sich für die Adoption eines Mädchens. Eines Tages hörten sie jedoch, daß man bereits wenige Wochen nach der Zeugung das Ungeborene auf Erbkrankheiten untersuchen lassen kann. Die „Amniozentese" (Fruchtblasenpunktion) wird üblicherweise zwischen der 14. und 16. Schwangerschaftswoche angewandt, nachdem die grundlegenden Organe des Kindes vorhanden sind und funktionieren. Der Arzt bestimmt zunächst mit Hilfe

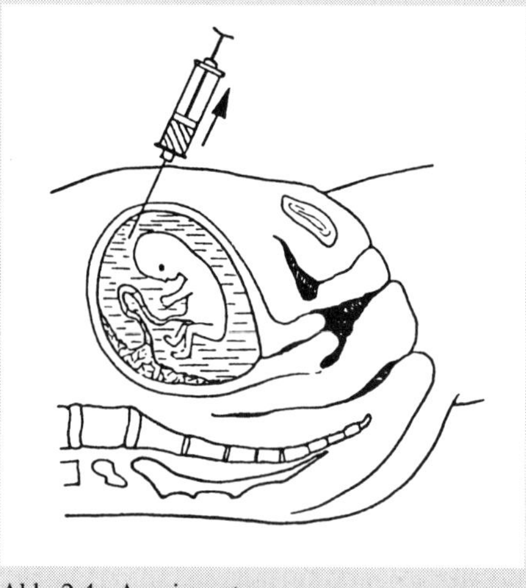

Abb. 2.4: Amniozentese

der Ultraschalltechnik die genaue Lage des Kindes in der Gebärmutter. Sodann wird mit einer hohlen Nadel durch den Unterleib in die Gebärmutter gestochen. Man entnimmt auf diese Weise eine kleine Menge Fruchtwasser, in dem zu diesem Zeitpunkt stets auch einige vom Kind stammende Zellen schwimmen. Nachdem man diese Zellen vom Fruchtwasser getrennt hat, läßt man sie in einer besonderen Kultur wachsen, bis sie sich eingehender untersuchen lassen. Das gesamte Verfahren nimmt etwa zwei bis drei Wochen in Anspruch.

Mit der *Amniozentese* lassen sich etwa 100 verschiedene Erbkrankheiten diagnostizieren. Man setzt das Verfahren allerdings nur ein, wenn die Eltern auf Grund ihrer Vorgeschichte einer Risikogruppe angehören, wenn z.B. in ihrer Verwandtschaft bereits bestimmte Erbkrankheiten aufgetreten sind oder wenn sie sich in einem höheren Lebensalter befinden (s.S. 52). In außerordentlich seltenen Fällen hatte die *Amniozentese* nämlich Fehlgeburten zur Folge, so daß man auch nach anderen Verfahren suchte. Recht aussichtsreich ist die *Chorionzotten-Biopsie,* bei der mittels Ultraschallkontrolle ein feiner Katheter in die Gebärmutter eingeführt wird, um Zellen zu entnehmen. Die Benutzung einer Nadel ist dabei überflüssig. Ein weiterer Vorteil dieses Verfahrens liegt darin, daß bereits in der neunten Schwangerschaftswoche ermittelt werden kann, ob das Ungeborene schwerwiegende genetisch bedingte Anomalien aufweist.

Das Ehepaar Gould erfuhr auf diese Weise, daß ihr zweites Kind ebenfalls mit der Erbkrankheit belastet war. Wie andere ähnlich betroffene Eltern standen sie nun vor einer schwierigen Entscheidung. Konnten sie sich überhaupt auf das Ergebnis der medizinischen Untersuchung verlassen? Das ist offenbar der Fall, denn sorgfältige Nachprüfungen ergaben, daß die *Amniozentese* „sicher, hochgradig zuverlässig und extrem genau" arbeitet. Die Auseinandersetzung mit dem Gewissen konnte den Goulds keiner abnehmen. Sie entschieden sich schließlich für eine Abtreibung, denn sie wollten einem weiteren Kind die Leiden von Mara Leilani ersparen, die zu Hause immer noch mit dem Tode rang. Der Wunsch nach einem Kind war so stark, daß die Goulds sich für eine weitere Schwangerschaft entschieden. Dieses Mal fielen die Tests negativ aus und nach einigen Monaten gebar Barbara Gould eine gesunde Tochter. Etwas später sollte zu ihrer Familie auch ein Sohn gehören. Ein weiterer Test hatte keine Anzeichen der Erbkrankheit nachweisen können. Wird es einmal gelingen, genetische Anomalien von vornherein zu verhindern? Wird man zukünftigen Eltern das Schicksal der Goulds einmal von vornherein ersparen können? Sicherlich werden Fortschritte in der Gen-Therapie im Verlauf der nächsten zehn Jahre wesentliche Voraussetzungen dafür schaffen. Kenner dieses Arbeitsgebietes gehen davon aus, daß es der Forschung bis zur Jahrhundertwende gelingen wird, eine vollständige Karte der menschlichen Gene vorzulegen. Gegenwärtig kann man schon von weit über hundert Erbkrankheiten den Gen-Ort bestimmen. Den Gen-Ort der Tay-Sachs-Krankheit am Chromosom Nr. 15 zeigt Abbildung 2.5.

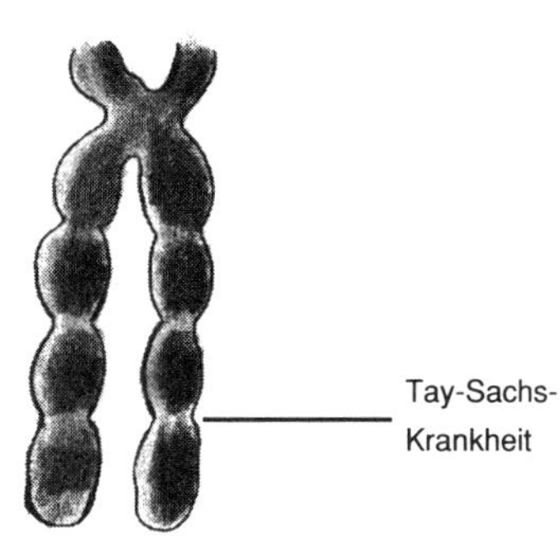

Abb. 2.5: Der Gen-Ort im Chromosom Nr.15, auf den die Tay-Sachs-Krankheit zurückgeführt wird.

Mit Hilfe der Gen-Therapien wird es in Zukunft wahrscheinlich möglich sein, fehlende Gene in Zellen einzubauen und kranke Gene zu ersetzen. Selbstverständlich darf man die Gefahren dieser Arbeit nicht unterschätzen. Über „Chancen und Risiken der Gentechnologie" hat sich der 10. Deutsche Bundestag von einer Enquete-Kommission ausführlich informieren lassen. Ihre Mitglieder drängten darauf, „daß rechtzeitig, bevor alle technischen Möglichkeiten, die sich heute abzeichnen, verwirklicht werden, der Gesetzgeber der Anwendung dieser neuen Technik einen Rahmen setzt".

keine funktionsfähigen Keimdrüsen. Dagegen entstehen bei ihm kleine Brüste.

Über die Entstehung von Abweichungen im Chromosomensatz weiß man noch wenig. Sicher ist aber, daß mit solchen Anomalien vor allem dann gerechnet werden muß, wenn eine Schwangerschaft erst in einem etwas fortgeschritteneren Lebensalter eintritt. So ist z.B. unter 1.500 Geburten zwanzigjähriger Mütter nur *ein* Kind mit Down-Syndrom zu erwarten. Ab dem 35. Lebensjahr steigt der Prozentsatz aber auffallend an. Bei Müttern, die 45 Jahre und älter sind, ist nach der Statistik bereits jedes 60. Neugeborene betroffen. Bei Männern findet sich ein erhöhtes Risiko, wenn sie das 55. Lebensjahr überschritten haben.

Wenn mit wachsendem Lebensalter von Mann und Frau die Wahrscheinlichkeit steigt, ein Kind mit einer Chromosomen-Anomalie zu zeugen, liegt es sicherlich nahe, dahinter biologische Abbauprozesse zu vermuten. Das wäre jedoch sehr einseitig. Tatsächlich gibt es weitere Einflüsse. Je älter ein Mensch nämlich wird, desto länger ist sein Körper natürlichen Strahlenbelastungen ausgesetzt, desto höher ist auch die Wahrscheinlichkeit einer Virusinfektion, die auch schädigend auf seine Keimdrüsen wirkt. Vor allem in Nationen mit gut entwickeltem Gesundheitswesen dürfte sich die Anzahl Neugeborener mit Chromosomen-Anomalien allerdings absenken, weil dort bereits vor Ablauf des dritten Schwangerschaftsmonats geprüft werden kann, ob die Leibesfrucht eine Chromosomen-Anomalie trägt (s. Info-Kästchen 2.2).

2.2 Das Anlage-Umwelt-Problem

Der neunzehnjährige Robert Shafran verbrachte im September 1980 seine ersten Tage an einer Universität in New York. Alles erschien ihm fremd. Dennoch wunderte er sich, wie viele Studenten ihn freundlich wie einen alten Bekannten begrüßten. Er konnte sich erst recht nicht erklären, warum er wiederholt mit dem Namen „Eddy" angesprochen wurde. Das Geheimnis lüftete sich, als ihm jemand einen Schnappschuß von Eddy Galland aus dem vorausgegangenen Studienjahr zeigte. „Es war", so schilderte Robert Shafran seinen Eindruck später, „als ob ich in einen Spiegel sah. Das Bild stellte eindeutig *mich* dar. Ich wußte gar nicht, was ich tun oder sagen sollte". Es dauerte nicht lange, bis abends bei Eddy Galland das Telefon klingelte. „Ich glaube", so erklärte der Anrufer, „ich bin dein Zwillingsbruder". Tatsächlich ergab das Studium der Geburtsurkunden, daß beide am 12. Juni 1961 in derselben Klinik zur Welt gekommen waren. Die Tagespresse sorgte dafür, daß dieses Zusammentreffen in die Öffentlichkeit kam und trug auf diese Weise indirekt dazu bei, daß bei den Gallands noch einmal das Telefon klingelte. Mrs. Galland nahm den Hörer ab und hörte, wie eine Stimme sagte: „Sie werden es nicht für möglich halten,

Abb. 2.6:
Getrennt aufgewachsene eineiige Drillinge, die erst im Alter von 19 Jahren wieder zusammentrafen.

Mrs. Galland; aber mein Name ist David Kellerman und ich glaube, ich bin der dritte". Das Jugendamt hatte keinem der drei Adoptiveltern mitgeteilt, daß am 12. Juni 1961 identische Drillinge geboren worden waren.

Die Drillinge sind aus einer einzigen Zygote entstanden. Deshalb besitzen Robert, Eddy und David eine identische genetische Ausstattung, die sich in der körperlichen Erscheinung eindeutig abbildet. Die Ähnlichkeit ging aber noch weiter. Alle drei Brüder besaßen eine hohe Intelligenz, waren gute Ringer, rauchten überdurchschnittlich viel, bevorzugten oder verabscheuten die gleichen Speisen und wiesen Schwächen in der Mathematik auf. Belegen die Drillinge somit, daß Entwicklung das Ergebnis genetischer Einflüsse darstellt? Tatsächlich finden sich bei vielen eineiigen Zwillingen, die unmittelbar nach der Geburt getrennt wurden und in verschiedenen Lebensumwelten aufgewachsen sind, beachtliche Übereinstimmungen im Jugend- und Erwachsenenalter; Info-Kästchen 2.3 berichtet darüber.

Es wäre voreilig, die bei den Drillingen nach neunzehnjähriger Trennung entstandenen gleichartigen Vorlieben und Gewohnheiten nur mit genetischen Einflüssen zu erklären. Die drei Jungen sind nämlich keineswegs in grundlegend verschiedenen Umwelten aufgewachsen. So hatte das Jugendamt für sie beispielsweise drei Adoptiveltern ausgesucht, die sich in Hinblick auf die wirtschaftliche Lage und den Bildungsstand stark ähnelten. Außerdem lebten alle drei Brüder jeweils mit einer älteren Adoptivschwester zusammen. Es haben also Anlagefaktoren und Umweltbedingungen zusammengewirkt, um bei den Drillingen im Verlauf von Kindheit und Jugend zahlreiche gemeinsame Merkmale zu entwickeln.

Bemühungen zur Erforschung des Zusammenspiels von Erbanlagen und Umweltanregungen gibt es seit vielen Jahrzehnten. Das Interesse hat sich dabei vor allem auf eineiige Zwillinge gerichtet, die entweder gemeinsam oder getrennt aufgewachsen sind; sie wurden mit zweieiigen Zwillingen sowie weiteren Geschwistern verglichen. Außerdem hat man Adoptivkinder studiert.

Info-Kästchen 2.3:
Ähnlichkeiten bei getrennt aufgewachsenen eineiigen Zwillingen: genetisch erklärbar oder zufallsbedingt?

Thomas Bouchard von der Universität Minnesota stellte ein Team von Psychologen, Psychiatern und Ärzten zusammen, um mit ihrer Hilfe medizinische und psychologische Untersuchungen an Zwillingen vorzunehmen, die jeweils früh in ihrem Leben voneinander getrennt worden waren. Bouchard kennzeichnete sich einmal selbst wie folgt: „Ich bin ein Psychologe und kein Genetiker. Ich möchte herausfinden, wie die Umwelt bei der Entwicklung psychologischer Merkmale mitwirkt." Was seine Studie zu Tage brachte, läßt sich aber kaum mit Umwelteinwirkungen erschöpfend erklären: „Offen gestanden habe ich (bei Zwillingen) weit mehr Unterschiede erwartet, als wir bisher gefunden haben". Als Beispiel erwähnt Bouchard den Fall der eineiigen Zwillinge Jim Springer und Jim Lewis, die bereits im Alter von vier Wochen getrennt wurden, bis sie sich nach 39 Jahren im Februar 1978 wiedertrafen. Die beiden Geschwister staunten selbst über die hohe Übereinstimmung ihrer bisherigen Lebensläufe. Beide besaßen in ihrer Kindheit einen Hund namens Toy. Beide ließen sich jeweils von Frauen mit dem gleichen Namen Linda scheiden und fanden ein weiteres Mal Partnerinnen, die beide Betty hießen. Springers Sohn hieß James Allan und der Sohn von Lewis nannte sich James Alan. Beruflich waren die Brüder als Sheriff tätig. Die Ähnlichkeiten gingen noch weiter: die Brüder besaßen ein blaues Auto der Marke Chevrolet, als starke Raucher bevorzugten sie die gleiche Sorte und sie kauten an ihren Fingernägeln. Die Ärzte stellten bei ihnen gleiche Pulsfrequenzen, Blutdruckwerte und Schlafgewohnheiten fest. Beide litten seit ihrem 18. Lebensjahr an gleichartigen Kopfschmerzen.

Bei Personen, die in der gleichen Kultur aufgewachsen sind, mag es vorkommen, Partner mit gleichen Namen zu finden. Als ausgesprochen verblüffend kennzeichnet Bouchard aber die beobachteten Ähnlichkeiten von Oskar Stöhr und Jack Yule, die im Alter von sechs Monaten getrennt wurden. Während Yule bei seinem Vater in Trinidad aufwuchs, verbrachte Stöhr Kindheit und Jugend mit seiner Mutter in Deutschland. Im Alter von 47 Jahren trafen diese Zwillinge erstmalig wieder zusammen. „Jack und Oskar waren eindeutig durch die größten Umweltunterschiede zu kennzeichnen, die ich bei getrennt aufgezogenen eineiigen Zwillingen jemals gesehen habe", bekannte Bouchard. „Verschiedene Religionen, unterschiedliche Sprachen, verschiedene Erziehungsstile." Dennoch fanden sich Gemeinsamkeiten. Beide erbrachten im Sport und in der Mathematik überdurchschnittliche Leistungen. Beide sprachen gleich schnell und stimmten in ihren Lieblingsspeisen überein. Sie waren durch gemeinsame Angewohnheiten gekennzeichnet: sie aßen gern würzige Speisen und liebten süßen Likör, schliefen häufig vor dem Fernseher ein, fanden es lustig, in Anwesenheit von Fremden laut zu niesen, spülten die Toilette vor und nach der Benutzung, sammelten Gummibänder am Handgelenk, lasen Zeitschriften von hinten nach vorne und tauchten mit Butter bestrichenes Brot in ihren Kaffee.

Obwohl Bouchard die Gemeinsamkeiten nicht für umweltbedingt hält, wäre es voreilig, sie mit gemeinsamen Erbanlagen zu erklären. Bisher haben Biologen jedenfalls keine Gene nachgewiesen, die das Aussuchen eines Lebenspartners mit bestimmten Namen regeln. Auch die Art und Weise der

Abb. 2.7: Jim Springer und Jim Lewis

Toiletten-Spülung ist sicherlich nicht genetisch festgelegt. Bouchards Beobachtungen sollte man deshalb nicht überbewerten. Es gibt zwar Ereignisse, die sich einer wissenschaftlichen Erklärung entziehen, wie z.B. Berichte über außersinnliche Wahrnehmung, Ufos oder das Löffel-Verbiegen durch geistige Energien. Kritiker mahnen jedoch, sich ein gesundes Maß an Skepsis zu bewahren. „Wir möchten darauf hinweisen, daß wissenschaftliche Forschung und Erklärung vor allem mit dem Verständnis von Regelhaftigkeiten und wiederholbaren Erscheinungen zu tun haben und nicht mit Ausnahmen und Zufällen, von denen viele – wie z.B. die Übereinstimmungen im Verhalten getrennt aufgewachsener Zwillinge – einfach verschwinden, wenn man sie näher untersucht", stellen Richard Lewontin und Mitarbeiter ausdrücklich fest. Bouchards Beobachtungen warten noch auf eine wissenschaftlich haltbare Erklärung.

2.2.1 Beobachtungen aus Zwillingsstudien

Es war Sir Francis Galton (1822-1911), ein Vetter Charles Darwins, der erstmalig entdeckte, wie aufschlußreich das Studium von Menschen sein kann, die sich aus einer einzigen Zygote entwickelt haben. Davon abzuheben sind zweieiige Zwillinge, die sich bezüglich ihrer Erbausstattung nicht mehr ähneln als normale Geschwister.

Wegen der einfachen Anwendbarkeit von Intelligenztests hat man in der Vergangenheit die Ähnlichkeit von Zwillingen besonders häufig über den Intelligenz-Quotienten (IQ) ermittelt (Über IQ-Tests wird an anderer Stelle etwas ausführlicher berichtet). Dabei erreichten die Leistungen eineiiger Zwillinge, die ihre Kindheit und Jugendzeit gemeinsam in einer Familie verbracht hatten, die höchste Übereinstimmung. Wenn eineiige Zwillinge dagegen nach der Geburt getrennt und von verschiedenen Familien adoptiert worden waren, wichen ihre Intelligenz-Quotienten zwar etwas mehr voneinander ab, die Differenz war aber in der Regel kleiner als bei zweieiigen Zwillingen, die gemeinsam aufgewachsen waren.

Läßt sich aus der Feststellung, daß eineiige Zwillinge ihre Ähnlichkeit sogar noch in verschiedenen Umwelten bewahren, nicht schließen, daß die Gene einen bedeutsamen Einfluß auf die Entwicklung der Intelligenz ausüben? Kritiker haben davor gewarnt, den Anteil der Umwelt am Zustandekommen solcher Ergebnisse zu unterschätzen. Die Intelligenzentwicklung eineiiger Zwillinge stimmt nämlich umso weniger überein, je unterschiedlicher die Erfahrungen sind, die sie in ihren jeweiligen häuslichen Umgebungen sammeln können. Dies belegen z.B. die eineiigen Schwestern Helen und Glady, deren Intelligenz-Quotienten zum Zeitpunkt ihrer Untersuchung 24 Punkte auseinanderlagen. Entsprechend unterschiedlich gestalteten sich auch ihre Lebensläufe. Helen verbrachte ihre Kindheit und Jugend zunächst in einer wohlhabenderen landwirtschaftlichen Region, besuchte dann die Universität und wurde schließlich Lehrerin. Demgegenüber wuchs die leistungsschwächere Glady in einer sehr isolierten Berggegend auf, wo ihr insgesamt nur ein zweijähriger Besuch der Grundschule ermöglicht wurde.

Das Schicksal, das Helen und Glady erfahren haben, ist sicherlich nicht typisch. Wenn Zwillinge getrennt werden müssen, bemüht man sich zumeist um ihre Unterbringung in Familien, die sich so wenig wie möglich voneinander unterscheiden. Nicht selten handelt es sich dabei um Verwandte der biologischen Eltern. Die meisten Zwillinge, die in einschlägigen Untersuchungen als „getrennt aufgewachsen" klassifiziert wurden, hatten während ihrer Kindheit und Jugendzeit Kontakt miteinander oder wußten zumindest, daß sie einen Bruder oder eine Schwester hatten. Viele Zwillingspaare waren sich bereits vor der Untersuchung begegnet.

Eine Schwäche der traditionellen Zwillingsforschung lag darin, daß die Paare zumeist erst im Jugend- oder Erwachsenenalter untersucht wurden. Einzelheiten über die jeweils vorausgegangenen Entwicklungen und ihre Bedingungen waren nachträglich nur unvollkommen zu erhalten. Viele Fragen mußten deshalb offen bleiben. Bessere Informationen erhält man nur durch Längsschnittstudien, wie sie z.B. Ronald Wilson durchführte.

In den fünfziger Jahren begann Wilson damit, über einen Zeitraum von zunächst 15 Jahren regelmäßig die Intelligenz von Zwillingen zu untersuchen. Bei der ersten Testprüfung waren seine jungen Versuchspersonen drei Monate alt. Zu diesem frühen Zeitpunkt ergab der Vergleich der Punktwerte von ein- und zweieiigen Paaren keine nennenswerten Unterschiede. Im Verlauf der Zeit entdeckte Wilson bei seinen beiden Gruppen jedoch in zunehmender Deutlichkeit Besonderheiten. Die Testergebnisse eineiiger Zwillinge wurden im Verlauf ihrer Entwicklung immer ähnlicher, während sich die Partner zweieiiger Zwillingspaare in ihren Leistungen in wachsendem Maße voneinander unterschieden. Offenbarte sich in der Intelligenzentwicklung der eineiigen Zwillinge der Einfluß ihrer identischen Gen-Ausstattung? Das ist sehr wahrscheinlich, denn man muß noch eine weitere Besonderheit berücksichtigen, auf die Wilson bei diesen Paaren aufmerksam wurde: Bei allen Kindern verläuft die Entwicklung der Intelligenz – vor allem vor Schuleintritt – unregelmäßig. Manchmal verläuft sie schneller und verlangsamt sich anschließend. Gleiches ließ sich bei den Zwillingen beobachten. Allerdings stimmt der Verlauf der Intelligenzentwicklung bei eineiigen Geschwistern stets deutlich erkennbar überein. Das läßt vermuten, daß er unter genetischer Kontrolle steht.

2.2.2 Beobachtungen an Adoptivkindern

Es war Ausdruck des Zeitgeistes der sechziger Jahre, daß Einflußmöglichkeiten der Umwelt auf die Entwicklung als fast grenzenlos dargestellt wurden. Stimmen, die die Frage nach der Abhängigkeit des Verhaltens von erbbiologischen Faktoren aufzuwerfen versuchten, fanden kaum Gehör. Das änderte sich, als im Jahre 1969 ein Artikel von Arthur Jensen erschien, der mittels einer umfangreichen Literaturübersicht dokumentierte, daß die Leistungen amerikanischer Schwarzer durchgängig um durchschnittlich 10 bis 15 IQ-Punkte niedriger lagen als diejenigen weißer Bevölkerungsgruppen. Anlaß für die empörte Reaktion war aber nicht die Feststellung als solche, sondern die von Jensen gebotene Erklärung, daß dieser Unterschied ein Ergebnis entsprechender Gen-Differenzen der Rassen darstelle. Es folgten sehr schnell kritische Kommentare, durch die Jensen nachgewiesen wurde, daß ihm erhebliche methodische Fehler unterlaufen waren. Aus diesem Grunde habe er voreilige und falsche Schlußfolgerungen gezogen.

Sicherlich hat die Jensen-Diskussion die sachliche Auseinandersetzung teilweise behindert. Sie bewirkte jedoch, daß Forschungslücken erkannt und Maßnahmen zu deren Beseitigung ergriffen wurden. So entschlossen sich beispielsweise Sandra Scarr und ihre Mitarbeiter im Jahre 1974, zwei Längsschnittuntersuchungen über Adoptivkinder zu beginnen, von deren Ergebnissen man sich eine Überprüfung der Behauptungen Jensens erhoffte.

Sandra Scarr und Richard Weinberg gingen von folgender Überlegung aus. Wenn der Durchschnitt der schwarzen Kinder in üblichen Intelligenztests geringere Leistungen als gleichaltrige Weiße erzielt, dann gibt es dafür einmal die Erklärung von Jensen – Unterschiede in der genetischen Ausstattung also. Bevor man sich für diese entscheidet, sollte man aber prüfen, ob Umwelten, in denen schwarze Kinder normalerweise aufwachsen, möglicherweise unzureichend auf die in Intelligenztests gestellten Anforderungen vorbereiten. Scarr und Weinberg gelangten zu dem Schluß, daß man diese Frage durch das Studium schwarzer Kinder, die im Verlauf des ersten Lebensjahres oder kurze Zeit danach von weißen Eltern der sozialen Mittelschicht adoptiert worden waren, beantworten könne. Inzwischen berichteten beide Autoren über einige Ergebnisse, aus denen sich Hinweise über das Zusammenwirken von Anlage- und Umweltfaktoren in der Entwicklung entnehmen lassen.

Scarr und Weinberg verglichen z.B. die Intelligenz-Quotienten der adoptierten Schwarzen mit den Testleistungen der weißen Stiefgeschwister. Solange die Kinder noch klein waren, wiesen die Testergebnisse innerhalb einer Familie Ähnlichkeiten auf. Wenn also ein Sohn oder eine Tochter von einem Untersuchungsabschnitt zum anderen einen besseren Testwert erzielt hatte, war die Wahrscheinlichkeit erhöht, daß der Stiefbruder oder die Stiefschwester ebenfalls recht gut abgeschnitten hatte und umgekehrt. Je älter die Kinder jedoch wurden, desto unabhängiger wurden ihre Leistungen. Wenn man das Testergebnis eines Jugendlichen kannte, war es nicht mehr möglich, daraus eine richtige Vorhersage über den Intelligenz-Quotienten der biologisch nicht verwandten Geschwister abzuleiten.

Aufschlußreiche Zusammenhänge wurden auch deutlich, als Scarr und Weinberg den IQ der schwarzen Kinder mit den Testleistungen ihrer Adoptivmütter und mit der Schulbildung ihrer biologischen Mütter (deren Intelligenz-Quotient nicht bekannt war) verglichen. Die Beziehungen zwischen den Werten der Kinder und denen ihrer biologischen Mütter waren enger als die zwischen Adoptivkindern und Pflegemüttern. Wenn man also die geschätzten Leistungsfähigkeiten der schwarzen Mütter in eine Rangreihe brachte, dann ließ sich darauf eine recht gute Schätzung des Rangplatzes der Intelligenz ihrer biologischen Kinder gründen, den diese innerhalb ihrer Gruppe einnahmen. Auf Grund der Intelligenz-Quotienten der Adoptivmütter ließ sich hingegen eine entsprechende Schätzung des Rangplatzes ihrer Adoptiv-Kinder nur mit geringerer Genauigkeit vornehmen. Kinder spiegeln also die intellektuelle Leistungsfähigkeit ihrer biologischen Mütter besser wider als die ihrer Pflegemütter.

Bedeuten diese Ergebnisse, daß die schwarzen Kinder unbeeinflußt von den umfangreichen Anregungen geblieben sind, die ihnen die weißen Familien geboten haben? Zur Beantwortung dieser Frage bestimmten Scarr und Weinberg den Durchschnitt der Testergebnisse. Schwarze Kinder, die mit ihren biologischen Müttern lebten, erzielten einen mittleren Intelligenz-Quotienten von 90. Von weißen Familien adoptierte Kinder wiesen dagegen einen Wert von 110 auf. Sie lagen damit allerdings unter den Testergebnissen ihrer weißen Stiefgeschwister, denn diese erzielten einen mittleren Intelligenz-Quotienten von 120. Diese weißen Kinder hatten allerdings biologische Eltern, die auch innerhalb der weißen Bevölkerung überdurchschnittlich hohe Intelligenz aufwiesen.

2.2.3 Vom Genotypus zum Phänotypus

Die Ergebnisse der Zwillingsforschung und das Studium von Adoptivkindern ergeben mit den vielfältigen Beziehungen zwischen gemeinsam und getrennt aufgewachsenen Paaren, zwischen verschiedenen Angehörigen der Familie, die biologisch verwandt sind oder eine gemeinsame Umwelt haben, zumindest auf den ersten Blick ein verwirrendes Bild. Wie passen die zahlreichen Befunde zusammen? Lassen sie sich zu überschaubaren Feststellungen ordnen?

Auf der Suche nach einer Ordnung befand sich vor mehr als hundert Jahren auch der Priester Johann Gregor Mendel (1822-1884), denn auch ihm erschien verwirrend, wie Pflanzen z.B. ihre Größe und Farbe gegenüber dem Aussehen der Elterngenerationen ändern können. In seinen Züchtungsversuchen im Garten des Augustinerklosters von Brünn wurde ihm immer wieder vor Augen geführt, daß vom äußeren Erscheinungsbild, dem *Phänotyp* einer Pflanze, nicht ohne weiteres auf ihre genetische Ausstattung, den Genotyp, zu schließen war. Gene können nämlich *rezessiv* sein, d.h. nur unter ganz bestimmten, statistisch seltenen Bedingungen in Erscheinung treten. Solche rezessiven Gene sind erst nachzuweisen, wenn man Pflanzen und Tiere über mehrere Generationen hindurch auf systematische Weise kreuzt und züchtet. Weiterhin stellt der Phänotyp stets das Zusammenwirken von genetischer Ausstattung *und* Umwelteinwirkung dar.

Aus den vielfältigen Beobachtungen, die zeigen, wie sich aus dem Genotyp der Phänotyp entwickelt, sind im folgenden nur einige auszuwählen. Gene eröffnen der Umweltwirkung sowohl Freiräume, andererseits schränken sie diese unter bestimmten Bedingungen aber auch ein.

2.2.3.1 Eröffnung von Reaktionsmöglichkeiten

Im nördlichen Landesteil Kaliforniens wächst an einigen Hügeln eine Pflanze, mit der sich im Experiment besonders anschaulich die entsprechenden Zusammenhänge darstellen lassen. Man kann ihr Ableger entnehmen und auf diese Weise weitere Pflanzen erhalten, die alle eine gleiche Genausstattung besitzen. Wie Abbildung 2.8 in einer

Abb. 2.8: Vier Pflanzen mit gleichem Genotyp entwickeln unter verschiedenen Umweltbedingungen jeweils andere Phänotypen.

Übersicht zeigt, ist der erste Ableger an einen trocken und sonnigen Platz gepflanzt worden. Der zweite Ableger befindet sich an einer trockenen und schattigen Stelle. Der dritte Ableger erhält an einem feuchten Standort viel Sonne und ein vierter Ableger schließlich kann sich bei hoher Feuchtigkeit und viel Schatten entwickeln.

Trotz gleicher genetischer Ausstattung entwickeln die vier Pflanzen unter verschiedenen Umweltbedingungen jeweils ein anderes Aussehen. Die Gene legen also nicht starr fest, welche Merkmale (Größe, Form, Farben usw.) den Phänotyp einer Pflanze kennzeichnen. Vielmehr entwickelt sich bei jeweils identischen Genen und unter vier ungleichen Umweltbedingungen das Merkmal Pflanzengröße unterschiedlich. Offenbar legen Gene *Reaktionsweiten*, also Bereiche fest, innerhalb derer sich der Ausprägungsgrad eines Merkmals in Reaktion auf verschiedene Umwelten ändern kann. Aus der Zwillingsforschung liegen vergleichbare Beobachtungen vor. Bei den eineiigen Geschwistern Helen und Glady, von denen bereits die Rede war (s.S. 56), hatte sich die Intelligenz als Reaktion auf unterschiedliche Umwelten nicht, wie es nach ihrer identischen Gen-Ausstattung zu erwarten gewesen wäre, gleichartig entwickelt. Helen überragte ihre Schwester im Erwachsenenalter um 24 IQ Punkte.

Starr festgelegt war sicherlich auch nicht die Entwicklung der von Scarr und Weinberg untersuchten Kinder. Wären sie bei ihren biologischen Eltern aufgewachsen, hätten sie wahrscheinlich einen durchschnittlichen Intelligenz-Quotienten von 90 erzielt. Als Reaktion auf die sehr anregungsreiche Umwelt in den Adoptivfamilien erreichten sie dagegen eindeutig höhere Testergebnisse. Allerdings blieben die schwarzen Adoptivkinder hinter der Leistungsfähigkeit ihrer weißen Geschwister zurück. Könnten in dieser Differenz entsprechende Unterschiede im Genotyp zum Ausdruck kommen? Diese Erklärung ist keineswegs abwegig, zumal die Leistungsfähigkeit der biologischen Eltern vergleichsweise gering war.

Der Unterschied in den durchschnittlichen

Leistungswerten von Adoptivkindern und ihren Stiefgeschwistern wäre allerdings mit sehr viel größerer Sicherheit genetisch zu erklären, wenn beide Gruppen stets – und das heißt auch schon vorgeburtlich – gleiche Umweltbedingungen vorgefunden hätten. Davon kann man jedoch nicht ausgehen. Wäre es nicht möglich, daß die beobachteten weißen im Vergleich zu den schwarzen Müttern während der Schwangerschaft bessere medizinische Versorgung in Anspruch nehmen konnten und günstigere Voraussetzungen für eine angemessene Ernährung besaßen? Das könnte gegebenenfalls Einfluß auf die Entwicklungsbedingungen der von Scarr und Weinberg untersuchten weißen und schwarzen Kinder vor der Geburt genommen haben (s.S. 70 ff.). Außerdem fanden die adoptierten Kinder erst im Verlauf ihres ersten Lebensjahres oder sogar noch später Aufnahme in eine Adoptivfamilie. Damit hatten sie nach der Geburt für eine bestimmte Zeit andere Lebensbedingungen gehabt als jene, die stets von ihrer biologischen Familie betreut wurden.

Schließlich muß man auch berücksichtigen, daß sich die von Scarr und Weinberg verglichenen Kinder bezüglich ihres Aussehens voneinander unterschieden. Die Hautfarbe ist ein ererbtes Merkmal, mit dem sich Vorurteile und damit unterschiedliche Erwartungen der Umwelt verbinden. Haben diese Einflüsse womöglich die Intelligenzentwicklung der Adoptivkinder beeinträchtigt?

2.2.3.2 *Schwierigkeiten in der Bestimmung genetisch gesetzter Grenzen im Einzelfall*

Man kann die Feststellung, daß sich Fähigkeitsunterschiede biologischer Mütter im Verlauf der ersten fünfzehn Lebensjahre mit wachsender Deutlichkeit bei ihren Kindern widerspiegeln (wenngleich die Kinder ihre biologischen Mütter in den Intelligenzleistungen übertreffen), obwohl keinerlei soziale Kontakte zwischen beiden bestehen, als Beleg für die genetische Kontrolle der Intelligenzentwicklung werten. Was besagt dieser Zusammenhang aber über den Genotyp des einzelnen? Ein Vergleich mit der in Abbildung 2.8 dargestellten Pflanze mag zum Verständnis des Problems hilfreich sein.

Unter den vier Umweltbedingungen erfolgten unterschiedliche Entwicklungen. Auf einen sonnigen und trockenen Standort reagierte die Pflanze mit dem vergleichsweise geringsten, auf den feuchten und schattigen Platz dagegen mit dem stärksten Wachstum. Allerdings bezieht sich diese Reaktionsweite nur auf die vier untersuchten Bedingungen und man weiß nicht, wie die Pflanze auf weitere Standorte mit anderen Umweltbedingungen reagiert hätte. Durch Experimentieren mit Beschaffenheiten des Bodens, also seinen Anteilen an Kalk, Magnesium, Stickstoff usw., seiner Höhe über dem Meeresspiegel und vielem mehr läßt sich eine praktisch unendliche Vielfalt verschiedenartiger Umwelten schaffen. Könnten sich nicht Bedingungen finden lassen, unter denen die kalifornische Pflanze Wachstumsgrößen erreicht, die außerhalb der in der Abbildung 2.8 beschriebenen Grenzen liegen? Man kann der Behauptung eines Biologen nicht widersprechen, daß Gene dem Größenwachstum einer Pflanze ein Ende setzen. Die Frage allerdings, ob er die Bedingung kennt, unter der ein Organismus diese obere Grenze erreicht, wird er nur mit Vorbehalten beantworten können. Diese Zurückhaltung muß bei der Beantwortung der Anlage-Umwelt-Frage allemal gewahrt bleiben!

In der Untersuchung von Scarr und Weinberg mag ein Adoptivkind hinter den Intelligenzleistungen seiner Stiefgeschwister zurückbleiben. Es stellt sich aber die Frage, inwieweit die Gene dem Adoptivkind nun tatsächlich Grenzen setzen, seine Intelligenz ebenso wie seine Schwestern und Brüder zu entwickeln. Die Frage läßt sich nicht sicher beantworten, denn ebenso wie eine Pflanze fand das Adoptivkind eine bestimmte Bedingung in seiner Umwelt vor. Wie seine Entwicklung unter anderen Bedingungen verlaufen wäre, entzieht sich jeglicher Nachprüfbarkeit.

Zurückhaltung bei der Vorhersage der Intelligenzentwicklung sollte man sich auch bei einem Kind auferlegen, das mit einem zusätzlichen Chromosom Nr. 21 geboren wird. Man weiß von einer großen Anzahl bisher untersuchter Kinder, daß das Down-Syndrom mit einer Beeinträchtigung der intellektuellen Entwicklung einhergeht. Es gilt aber auch für diese Fälle, daß die genetische Ausstattung nur eine Reaktionsweite festlegt; denn es hängt wesentlich von der Umwelt ab, welche Aufgaben ein derartig belastetes Kind später einmal erfolgreich lösen kann.

Vor mehr als dreißig Jahren hatten Kinder mit Down-Syndrom eine Lebenserwartung von etwa 12 Jahren; sie wurden ausschließlich als Pflegefälle behandelt und verbrachten den größten Teil ihres relativ kurzen Lebens in Anstalten. Nach der damaligen Überzeugung gab es für diese Kinder keine Förderungsmöglichkeit. Tatsächlich leben inzwischen aber nicht wenige Menschen mit Down-Syndrom über das Jugendalter hinaus. Vielfach war die Entwicklung der Intelligenz so günstig zu beeinflussen, daß der Besuch spezieller Sonderschulen möglich wurde. Dort erlernten zahlreiche Kinder mit Down-Syndrom das Lesen. In einigen Fällen fanden sie sogar Arbeitsplätze mit einfachen Tätigkeiten. An der genetischen Ausstattung dieser Menschen hat sich selbstverständlich nichts geändert; ihr Schicksal war aber zu verbessern, nachdem sie aus den anregungsarmen „Bewahr"-Anstalten herausgeholt und spezielle pädagogische Fördermaßnahmen entwickelt wurden. Die jeweiligen Grenzen ihrer intellektuellen Leistungsfähigkeit lassen sich stets nur vor dem Hintergrund der Umwelt diskutieren, in der sie aufgewachsen sind. Wie sollte man ausschließen, daß sich in Zukunft einmal Bedingungen gestalten lassen, unter denen die Entwicklung ihrer Intelligenz noch günstiger verlaufen wird?

Im Augenblick erscheint es zweifelhaft, daß Kinder mit Down-Syndrom einmal so zu fördern sein werden, daß ihre Entwicklung „normal" verläuft. Es gibt andere genetisch bedingte Beeinträchtigungen der Intelligenzentwicklung, die durch rechtzeitig erfolgende Veränderung der Umweltbedingungen praktisch völlig zu beseitigen sind (s. Info-Kästchen 2.4).

2.2.3.3 *Das Zusammenwirken von Anlage und Umwelt unter genetischer Kontrolle*

Den Ergebnissen der Zwillingsforschung und der Adoptionsstudien läßt sich entnehmen, daß Entwicklung sowohl vom Genotyp wie auch von der Umwelt abhängt. Bekanntlich wäre aber doch ein kompliziertes Produkt, etwa ein Haus, niemals zu bauen, wenn das Zusammenwirken der beteiligten Handwerker nicht sachkundig geplant, beaufsichtigt und kontrolliert wird. Deshalb liegt die Frage nahe, welche Rolle die Umwelt in der menschlichen Entwicklung spielt. Die Behavioristen meinten, daß der Entwicklung mit Hilfe geeigneter Umweltbedingungen jeder gewünschte Verlauf zu geben ist (s.S. 13). Sandra Scarr hält dem entgegen, daß Befunde der Familienforschung mit der Auffassung der Behavioristen nicht zu vereinbaren sind. Nach ihrer Meinung „machen Menschen ihre eigene Entwicklung selbst".

Wie will man beispielsweise erklären, daß die Ähnlichkeit von zweieiigen Zwillingen

Info-Kästchen 2.4:
Wie kann eine Entwicklung unter ungewöhnlichen Bedingungen normal verlaufen?

Vor mehr als fünfzig Jahren lebten in Norwegen zwei Geschwister, deren geistige Entwicklung hinter derjenigen Gleichaltriger zunehmend zurückblieb; sie waren *retardiert*. Die konsultierten Ärzte bestätigten diese Retardierung zwar, zu einer befriedigenden Erklärung waren sie allerdings nicht in der Lage. Die Eltern, die diese Ratlosigkeit der Mediziner verständlicherweise beunruhigte, rätselten weiter. Vielleicht hatte ja ein auffallender Körpergeruch der Kinder etwas mit der Retardierung zu tun. In dieser Situation gerieten die Eltern schließlich an den norwegischen Arzt Asbjørn Følling, der die Möglichkeit einer Stoffwechselstörung erwog. Bei einer Urinuntersuchung entdeckte er eine auffällige Anhäufung einer bestimmten chemischen Substanz *(Phenylalalin)*. Im Blut fand sich eine Konzentration von Giftstoffen, die schädigend auf das zentrale Nervensystem und damit auch auf das Gehirn wirkte.

Weitere Symptome dieser Stoffwechselstörung sind – neben der bereits genannten geistigen Retardierung – gesteigerte Reizbarkeit, Überaktivität und, wenigstens in einigen Fällen, epileptische Anfälle. Dieses Krankheitsbild, das der Mediziner als *Phenylketonurie*, PKU oder – nach dem Entdecker dieser Stoffwechselstörung – auch Følling-Syndrom bezeichnet, hat sich als eindeutig erbbedingt erwiesen.

Trotz der genetischen Verankerung von PKU entstehen die Schädigungen des zentralen Nervensystems nicht unter allen Umweltbedingungen, sondern nur, wenn man betroffene Kinder mit bestimmten eiweißhaltigen Nahrungsmitteln, wie z.B. Muttermilch, Molkereiprodukten, Fisch usw. ernährt. Entscheidend für eine gesunde Entwicklung ist, daß Kinder sofort nach der Geburt eine geeignete Diät erhalten.

Nach Føllings Entdeckung mußte man folglich eine Methode entwickeln, mit der sich die angeborene Stoffwechselstörung so früh wie möglich feststellen ließ. Man versuchte es zunächst mit dem „Windeltest". Dabei tropft man in die nassen Windeln eines drei bis vier Wochen alten Säuglings etwas Eisenchlorid. Wenn sich daraufhin ein blaugrüner Ring bildet, weist das auf PKU hin. Allerdings können in diesem Alter bereits Schädigungen aufgetreten sein. Ein Fortschritt war es deshalb, als ein junger amerikanischer Arzt, Robert Guthrie, im Jahre 1961 einen Bluttest entwickelte, durch den der Gendefekt bereits wenige Tage nach der Geburt festzustellen ist, also zu einem Zeitpunkt, wo das Gehirn noch keine Beeinträchtigungen aufweist. Die unheilvolle Auswirkung dieser Stoffwechselstörung läßt sich also verhindern, indem man betroffenen Kindern zunächst einen Milchersatz, später eine Diät verabreicht, die bis zum Abschluß des Jugendalters und möglichst noch darüber hinaus eingehalten werden sollte.

Wenn PKU heute rechtzeitig erkannt wird, dann ermöglicht eine besondere, aber letztlich doch erträgliche Umwelt eine normale Entwicklung des Patienten. Es gibt andere Gen-Abweichungen, die einen viel massiveren Eingriff in die Umweltbedingungen fordern. Der „Junge in der Blase" lieferte dafür ein eindrucksvolles Beispiel. Als David am 21. September 1971 geboren wurde, rechneten die Ärzte für ihn mit der gleichen genetisch bedingten Immunschwäche wie bei seinem inzwischen verstorbenen Bruder. Die Befürchtungen bestanden zu Recht. Davids Körper war ebenfalls unfähig, normale Bakterien und Viren abzuwehren.

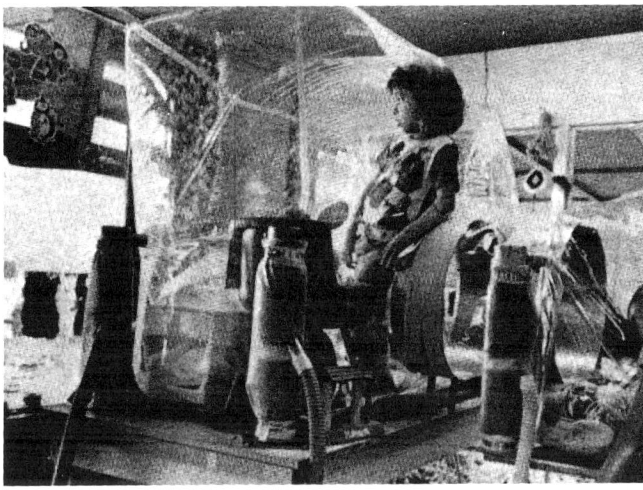

Abb. 2.9: Das Kind „In der Blase"

Deshalb entschieden die Ärzte, für ihn eine künstliche Umgebung zu schaffen. Die Mediziner hofften, den Jungen bis zur Entwicklung einer wirkungsvollen Therapie am Leben halten zu können. Sie ließen ihn in einem Plastikzelt (die „Blase") aufwachsen, in das ihm nur sterile Nahrung und keimfreie Spielsachen gereicht wurden. Die Mutter durfte ihn nur mit Gummihandschuhen anfassen, die am Plastikzelt befestigt waren. Davids Entwicklung glich in mancher Hinsicht der eines normalen Gleichaltrigen. Er konnte ebenso neugierig sein. Seine Leistungen im Unterricht, an dem er über ein Telefon teilnahm, waren sehr gut.

Nach zwölf Jahren – also 1983 – fragten die Ärzte sich, ob sie Davids Gesundheitszustand dadurch verbessern sollten, daß sie ihm Knochenmark seiner Schwester übertrugen, obwohl beide Zelltypen nicht völlig übereinstimmten. Dr. William Shearer, der behandelnde Arzt im Kinderkrankenhaus Houston/Texas, wagte im Oktober 1983 diesen Eingriff. Als sich kurze Zeit später schwere Darmkomplikationen und Fieber einstellten, standen die Mediziner abermals vor einer schwierigen Entscheidung, denn eine Behandlung war nur außerhalb des Plastikzelts möglich. „Warum zieht Ihr nicht einfach all diese Schläuche 'raus und laßt mich nach Hause gehen?", fragte das kranke Kind seinen Arzt. Als David am 7. Februar 1984 seine „Blase" verließ, konnte seine Mutter ihn zum ersten Mal in ihre Arme nehmen. Das Leben in der „Freiheit" dauerte für den kranken David nicht viel länger als zwei Wochen. Er starb an Herzversagen. Ohne die Rückenmarksübertragung hätte er trotz seiner genetisch bedingten Immunschwäche vielleicht noch längere Zeit in seiner künstlich geschaffenen Umwelt leben können. Ist David wirklich, wie einige meinen, ein hoffnungsvolles Beispiel für Möglichkeiten, unheilvollen Gen-Wirkungen durch Umweltveränderungen zu begegnen?

oder Geschwistern um so geringer wird, je länger sie zusammenleben? Das kann nur damit zusammenhängen, so erläutert Scarr, daß die Gene die treibende Kraft der Entwicklung sind. Von ihnen hängt es ab, wie die Entwicklung der Intelligenz, des sozialen Verhaltens, der Interessen usw. verläuft. Der Mensch wird nicht passiv von seiner Umwelt hin- und hergestoßen, wie die Behavioristen meinen. Vielmehr lenken ihn auch seine Gene bei der Suche, bei der Auswahl oder Schaffung jener Umwelten, die sich am besten mit seinen biologischen Neigungen vereinbaren lassen und ihm besonders herausfordernd erscheinen. Dies bezeichnet Scarr als *Nischen-Auswahl.* Gene bestimmen mit, welche Erfahrungen das Kind sammelt und wie diese auf seine Entwicklung wirken. Eine Mutter mag ihrem Kind noch so viel vorlesen; es wird aber niemals eine begeisterte Leseratte werden können, wenn es dafür genetisch ungünstige Voraussetzungen besitzt. Eltern können bemüht sein, ihren Sohn oder ihre Tochter häufig mit Gleichaltrigen in Kontakt zu bringen. Allerdings werden nur solche Kinder, die genetisch dafür empfänglich sind, bereit und in der Lage sein, aktiv die Gesellschaft anderer zu suchen und sich sozial vielfältig zu engagieren.

Die Möglichkeit, sich seine Umwelt den eigenen Anlagen entsprechend auszusuchen, ist bei kleineren Kindern begrenzt. Sie machen viele Erfahrungen, weil die Umwelt diese an sie heranträgt. Wenn Eltern gerne lesen, werden sie sich bemühen, ihren Kindern viele Bücher anzubieten. Wegen ihrer genetischen Verwandtschaft besitzen Eltern damit eine gute Voraussetzung, ihr Kind entsprechend zu fördern. Wenn es sich aber um ein Adoptivkind handelt, das am Lesen weniger Interesse findet, dann versuchen sie vielleicht, ihr Bücherangebot noch attraktiver und reichhaltiger zu gestalten. Genetische Unterschiede zwischen Kindern werden durch ungleiche Umweltanregungen zunächst ausgeglichen. Mit wachsendem Alter entzieht sich der Mensch aber der Fremdkontrolle, dem Einfluß der Eltern, Lehrer usw. Er wählt Aktivitäten und Erfahrungsfelder, die seinen genetischen Voraussetzungen entsprechen, selbst aus.

Wenn die von Scarr und ihren Mitarbeitern entwickelten Vorstellungen zutreffen, dann müßten eineiige Zwillinge, die in verschiedenen Umwelten aufwachsen, sich in jüngeren Jahren als Antwort auf ihre jeweilige Umwelt ziemlich unähnlich verhalten. Sofern sie in ihrer Umwelt aber ihren besonderen Neigungen nachgehen können, sollten sie einander – wegen ihres identischen Erbguts – immer ähnlicher werden. Entsprechend dürften sich zweieiige Zwillinge und Stiefgeschwister in jenen Lebensabschnitten nicht sonderlich voneinander unterscheiden, da sie noch in ziemlich hohem Maße der Kontrolle und den Einflüssen der Erwachsenen unterliegen. Spätestens im Jugendalter müßte die Übereinstimmung ihrer Interessen und Begabungen aber erheblich geringer werden. Dies gilt vor allem für Kinder, die sich in ihrer Gen-Ausstattung am meisten voneinander unterscheiden, also für adoptierte Geschwister. Scarr kann darauf verweisen, daß die Familienuntersuchungen genau diese Vorhersagen bestätigen.

Der Einfluß von Anlage und Umwelt auf die Entwicklung ist also in einem sehr komplexen Netz verwoben. In ihrem Zusammenwirken eröffnen beide Faktoren dem Kind eine große Bandbreite von Entwicklungsmöglichkeiten. Pädagogische Maßnahmen (Anregungen im frühen Lebensalter, spezielle Trainingsprogramme, gezielte Förderungen in der Schule) erreichen selbst bei Kindern mit Chromosomenabweichungen bemerkenswerte Ergebnisse.

2.3 Vorgeburtliche Entwicklung

Das Zusammenwirken von Anlage und Umwelt, das die Entwicklung eines Menschen bestimmt, beginnt nicht erst mit der Geburt. Auch der vorgeburtliche Zeitraum ist in vielerlei Hinsicht bedeutungsvoll. Bestimmte Ereignisse und Bedingungen können nämlich über den mütterlichen Organismus Einfluß auf das werdende Leben nehmen und damit dessen nachgeburtliches Schicksal entscheidend beeinflussen. Nach einer nur skizzenhaften Beschreibung der vorgeburtlichen Entwicklung soll etwas ausführlicher gezeigt werden, wie bereits in diesem Zeitraum Anlage und Umwelt zusammenwirken.

2.3.1 Die Phase der Eizelle

Von den etwa zwei Millionen unreifen Eizellen, die sich in den Eierstöcken eines neugeborenen Mädchens finden, sind in der Pubertät nur noch dreißig- bis vierzigtausend erhalten. Von diesen wiederum erhalten während der nachfolgenden Jahre sehr wenige – nämlich nur etwa 300 bis 400 – grundsätzlich die Chance, im Eileiter auf eine Samenzelle zu treffen und mit dieser zu verschmelzen. In den meisten Fällen wird dies auf natürliche Weise geschehen. Im Verlauf der letzten Jahre wurden von Medizinern jedoch einige Verfahren entwickelt, um Paaren zu helfen, die ohne Eingriff des Arztes kein Kind empfangen können. Über einige der Methoden berichtet Info-Kästchen 2.5.

Wenn es zu einer Befruchtung kommt, entstehen häufig mehrere Zygoten. Als man gegen Ende der siebziger Jahre mit außerordentlich empfindlichen Methoden der Ultraschall-Technik den Mutterleib untersuchte, wurden während des zweiten oder dritten Monats der Schwangerschaft vielfach Zwillinge festgestellt. Es kam später aber nur ein Einzelkind zur Welt. Wo war die andere Leibesfrucht geblieben? Man vermutet, daß sie vom Körper der Mutter wieder absorbiert wurde. Wahrscheinlich stirbt etwa die Hälfte aller Zygoten ab. bevor sie sich in der Gebärmutter einnisten. Übersteht eine Zygote die frühe kritische Phase und bleibt

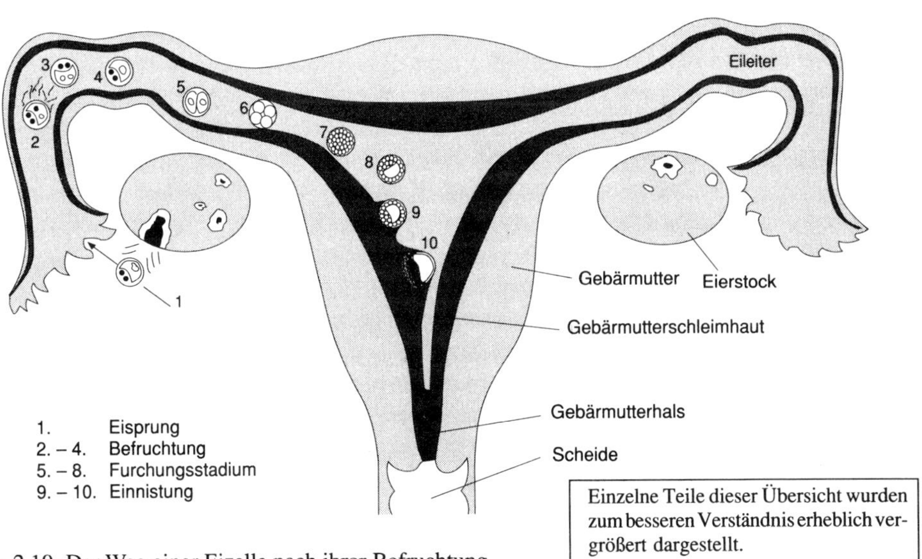

Abb. 2.10: Der Weg einer Eizelle nach ihrer Befruchtung

Info-Kästchen 2.5:
Darf man bei Unfruchtbarkeit Ersatzmütter und Ersatzväter in Anspruch nehmen?

Es gibt Schätzungen, nach denen jedes fünfte bis sechste Paar Probleme mit seiner Fruchtbarkeit hat. Da heute viele Frauen nach einer Ausbildung auch ihrem Beruf nachgehen, bevor sie ihren Kinderwunsch verwirklichen wollen, häuft sich bei Ärzten die Anzahl der Patienten, die unter Unfruchtbarkeit leiden. Bereits nach Eintritt des vierten Lebensjahrzehnts nimmt die Fruchtbarkeit der Frau erheblich ab. Weil Abtreibungen erleichtert wurden und ledige Mütter eher akzeptiert werden, ist es gegenwärtig ziemlich schwierig, Kinder für eine Adoption zu finden. Welche medizinischen Hilfen unfruchtbare Paare erhalten können, wurde einer breiten Öffentlichkeit erstmals durch die Geburt von Louise Joy Brown bewußt. Das Mädchen erblickte am 25. Juli 1978 in der Nähe von Manchester in England das Licht der Welt. Die Umstände, denen Louise ihr Leben verdankte, waren für die damalige Zeit in der Tat bemerkenswert.

Der Frauenarzt Patrick Steptoe und der Physiologe Robert Edwards hatten Mrs. Brown zunächst Hormone verabreicht, und ihr etwas später unter Narkose nach zwei kleineren Schnitten im Unterleib eine ausgereifte Eizelle entnommen. Diese gelangte zunächst in eine sog. Petrischale, in der man Samenzellen des Ehemannes mit einer Nährlösung vermischt hatte. Nach erfolgreicher Befruchtung begann die Zellteilung der Zygote. Es dauerte zwei bis vier Tage, bis das neue Lebewesen aus acht Zellen bestand. Nach Erreichung dieses Stadiums wurde die Zygote in die Gebärmutter gebracht, an deren Wänden sie sich einnisten sollte.

Das von Steptoe und Edwards angewandte Verfahren wurde inzwischen erheblich weiterentwickelt. Das erste deutsche Kind, das außerhalb des weiblichen Körpers gezeugt worden ist, heißt Oliver Wimmelbacher. Der Junge wurde am 16. April 1982 in der Universitäts-Frauenklinik Erlangen geboren. Kliniken in aller Welt können Hilfe anbieten, wenn entweder der Mann, die Frau oder beide unfruchtbar sind. Die heute praktizierten Möglichkeiten der Abhilfe faßt nebenstehende Übersicht zusammen.

Nach den aufgezeigten Möglichkeiten läßt sich der Fall konstruieren, daß ein Kind drei „Mütter" und zwei „Väter" hat: Man entnimmt einer Spenderin eine Eizelle, die außerhalb ihres Körpers mit dem Samen eines Spenders befruchtet wird. Die Zygote wird einer „Leihmutter" eingepflanzt, die das Kind nach der Geburt einem Ehepaar übergibt, das es adoptieren wird. Die vielfältig angebotenen Hilfen zur Überwindung von Unfruchtbarkeit lassen eine unübersehbare Anzahl psychologischer, religiöser, ethischer und juristischer Probleme entstehen, deren Folgen gegenwärtig noch gar nicht abzusehen sind. Welche Rechte hat z.B. der biologische Spender von Geschlechtszellen gegenüber seinem Empfänger? Sollte man auch alleinstehenden Frauen eine künstliche Befruchtung gestatten? Was ist zu tun, wenn die Eltern einer tiefgefrorenen Zygote sterben? Hat diese einen Anspruch auf Leben? Wie hilft man einem Ehepaar, das unter Mitwirkung eines Ei- oder Samenspenders ein krankes Kind empfängt? Besonders leidenschaftlich werden diese Fragen in religiösen Kreisen diskutiert. Dort behauptet man u.a., jeglicher Eingriff in das natürliche Geschehen widerspräche Gottes Willen. Kritiker eines solchen Standpunktes haben an das Leid jener erinnert, die mit ihrer Kinderlosigkeit nicht fertig werden. Sie fragen deshalb, ob es nicht auch zum christlichen Auftrag gehört, Leiden zu vermindern.

Abb. 2.11: Verschiedene Methoden zur Zeugung von Kindern bei ein- oder beidseitiger Unfruchtbarkeit von Partnern

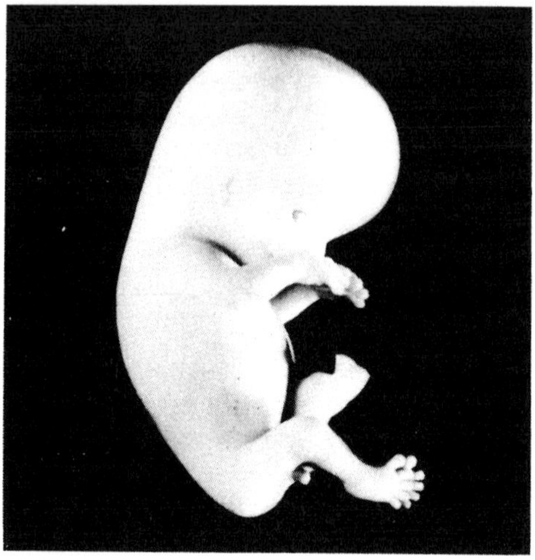

Abb. 2.12: Ein Embryo im Alter von etwa acht Wochen

lebensfähig, so erfolgt eine Entwicklung, die in Abbildung 2.10 skizzenhaft wiedergegeben ist.

Unmittelbar nach der Befruchtung beginnt ein Zellteilungsprozeß, aus dem bereits nach wenigen Monaten ein Lebewesen mit menschlichem Aussehen hervorgehen wird. Mit Hilfe besonderer Zellen löst das neu entstandene Lebewesen Teile der Gebärmutterschleimhaut auf und nistet sich etwa 12 bis 14 Tage nach der Zellverschmelzung dort ein. Während die befruchtete Eizelle auf dem Weg vom Eileiter zur Gebärmutter noch ein relativ selbständiger Organismus ist, entsteht nach durchschnittlich zwei Wochen eine feste Beziehung zum Körper der Mutter. Damit beginnt die Embryonalphase.

2.3.2 Die Embryonalphase

Die Geschwindigkeit der Entwicklung nach Einnistung der Zygote in der Gebärmutterschleimhaut verläuft sehr schnell: Bereits acht Wochen nach der Befruchtung ist ein Organismus entstanden, der zwar noch sehr primitive, aber dennoch eindeutig menschliche Züge aufweist. Am relativ großen Kopf kann man deutlich die Entstehung von Ohren, Augen, der Nase und des Mundes erkennen. Arme und Beine, ja sogar Ansätze für die Entwicklung der Finger und Zehen sind vorhanden. Abbildung 2.12 zeigt das Aussehen eines etwa acht Wochen alten Embryos.

Ein acht Wochen alter Embryo wiegt ungefähr 14 Gramm und ist etwa 2,5 cm groß. Das Herz pumpt bereits seit etwa der vierten Woche Blut durch die kleinen Arterien und Venen. Die Entwicklung der Nieren, der Leber und des Verdauungstrakts hat begonnen. All diese Organe funktionieren bereits in einer sehr primitiven Form. Es hat sich außerdem ein einfaches Gehirn gebildet.

Nach einer immer noch weit verbreiteten Auffassung genießt das sich entwickelnde Leben im Mutterleib einen vollständigen Schutz vor schädigenden Umwelteinflüssen. Das trifft jedoch nicht zu. Wenn die Mutter, vor allem zwischen der zweiten und achten Schwangerschaftswoche, an bestimmten Infektionen erkrankt oder Drogen einnimmt, ist die Gefahr besonders groß, daß der Embryo dadurch sowohl in seiner körperlichen wie auch in seiner geistigen Entwicklung schwere Schäden erfährt, die sich nicht wieder beseitigen lassen. Es ist später noch ausführlicher darzustellen, welche Schutzmaßnahmen eine zukünftige oder werdende Mutter unbedingt ergreifen sollte.

2.3.3 Die Fötalphase

Wenn sich etwa neun Wochen nach der Empfängnis die ersten Knochenzellen bilden, beginnt eine neue Phase in der vorgeburtlichen Entwicklung. Der Fötus, wie die Leibesfrucht nunmehr genannt wird, hat den gefahrvollen frühen Zeitraum, in dem durch äußere Einwirkungen dauerhafte Mißbildungen entstehen können, hinter sich gebracht. Der „Rohbau" ist – wie man in der Sprache des Bauhandwerks sagen würde – bereits fertiggestellt. Wie die Abbildung 2.13 zeigt, läßt ein elf Wochen alter Fötus unverwechselbar menschliches Aussehen erkennen.

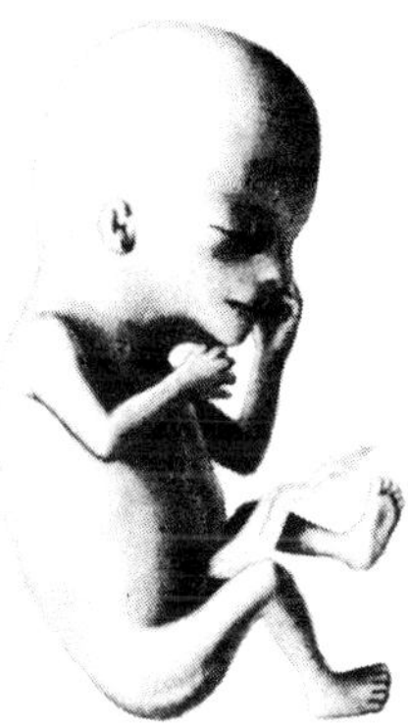

Abb. 2.13: Ein menschlicher Fötus im Alter von etwa 11 Wochen

Ein drei Monate alter Fötus hat eine Körpergröße von ca. 7,5 cm erreicht; er wiegt im Durchschnitt 28 Gramm. Man erkennt in der Gesichtspartie klar die Stirn, Augenlider, Mund und Kinn. In dieser Zeit wird das kleine Lebewesen erstmalig aktiv. Arme und Beine können bewegt, der Mund geöffnet und geschlossen werden. Die werdende Mutter nimmt diese Bewegungen allerdings im allgemeinen erst gegen Ende der 16. Woche wahr. Während bisher vor allem der Kopf an Größe zugenommen hat, setzt gegen Ende des vierten Monats auch ein Wachstumsschub der unteren Körperteile ein. Mit der 21. Woche – der Fötus hat nunmehr eine Körperlänge von 30 cm und wiegt 450 Gramm – haben sich Haut, Finger- und Fußnägel gebildet.

Ein 26 Wochen alter Fötus könnte außerhalb des Mutterleibes nur sehr kurze Zeit überleben. Er kann die Augen öffnen und die Pupillen würden sich verengen, wenn ein starker Lichtstrahl sie träfe. Der Fötus ist nunmehr grundsätzlich in der Lage, ein- und auszuatmen und dabei Laute zu erzeugen. Eine gewisse Chance zum Überleben im Brutkasten besteht erst, wenn sich die Atemfunktion stabilisiert hat, und das ist im allgemeinen in der 30. Schwangerschaftswoche der Fall; allerdings ist es medizinischen Fortschritten zu verdanken, daß auch Föten nach kürzerer Schwangerschaftsdauer eine gute Überlebenschance haben (s.S. 82 ff.). Eine Frühgeburt dieses Alters würde ungefähr 1,4 kg wiegen und eine Körpergröße von etwa 40 cm haben. Während der letzten drei Monate der Schwangerschaft wächst der Fötus noch einmal erheblich. Sein Körpergewicht erhöht sich während dieses Zeitraums um 2.500 Gramm. Deshalb wird er im Mutterleib zunehmend eingeengt. Wenn die Mutter sitzt oder ruht, spürt sie häufig Bewegungen des Fötus, die vor allem darauf gerichtet sind, eine erträgliche Ruheposition zu finden. Fast der gesamte Körper des Ungeborenen ist mit einer Fettschicht überzogen. Die Haut verliert dadurch ihr faltiges Aussehen und die Körperkonturen erscheinen abgerundeter. Mit der Bildung der Fettschicht wird eine letzte wesentliche Vorbereitung auf das Leben außerhalb des Mutterleibs getroffen, weil dann größere Temperaturschwankungen auftreten, gegen die ein gewisser Schutz aufzubauen ist. Etwa 266 Tage nach der Empfängnis endet schließlich eine normal verlaufende Schwangerschaft. Das durchschnittlich 3,2 kg schwere Kind mit einer Körpergröße von etwa 50 cm erblickt das „Licht der Welt" und damit beginnt sein zweiter und sehr viel längerer Lebensabschnitt.

2.3.4 Vorgeburtliche Umwelteinflüsse

An die Möglichkeit, daß über die Mutter und ihre Wahrnehmungen – ihre Gedanken, Gefühle und Verhaltensweisen – Einfluß auf das ungeborene Leben ausgeübt wird, hat der Mensch schon lange geglaubt. Im alten Sparta wurde durch Gesetz angeordnet, daß Schwangere sich Standbilder von Castor und Pollux ansehen, damit sie einen gesunden und kräftigen Nachwuchs gebären. Im benachbarten Griechenland empfahl man werdenden Müttern aus dem gleichen Grund, schöne Statuen und Bilder zu betrachten. Als in dieser Zeit eine Prinzessin ein schwarzes Kind zur Welt brachte, soll Hippokrates dafür eine einleuchtende Erklärung gefunden haben. Er verwies auf das Bild eines „Mohren", das in der Nähe ihres Bettes hing. Nach den Schlußfolgerungen des griechischen Arztes war die junge Frau von diesem Bild so sehr beeindruckt, daß sich bei ihrem ungeborenen Kind die Haut verfärbte; man verschonte nach dieser Erklärung das Leben der Prinzessin. Überlieferungen ähnlichen Inhalts liegen auch aus dem Mittelalter vor. Obwohl bereits gegen Ende des 18. Jahrhunderts wissenschaftliche Stimmen Kritik an solchen Auffassungen äußerten, fanden sie weiterhin immer wieder Anhänger. Ein medizinisches Lehrbuch über Kinderkrankheiten aus dem Jahre 1889 widmet noch ein ganzes Kapitel den Folgen mütterlicher Wahrnehmungseindrücke für das ungeborene Kind. Es schildert 90 Fälle, in denen bestimmte Eindrücke während der Schwangerschaft zu Anomalitäten der Kinder führten. So wird beispielsweise von einer Frau berichtet, die nach ihrer Hochzeit täglich einem Milchmann begegnete, dem ein Finger fehlte. Diese Frau, so ist nachzulesen, gebar daraufhin ein Kind, das ebenfalls nur neun Finger hatte.

In einer Hinsicht muten diese historischen Glaubensüberzeugungen durchaus modern an. Sie nahmen eine heutige Erkenntnis vorweg, nach der Umweltbedingungen sehr wohl, auch in schädigender Weise, Einfluß auf das werdende Leben nehmen können. Der mütterlichen Plazenta kommt dabei eine besondere Rolle zu. In diesem bemerkenswerten Organ treffen sich die Blutkreislaufsysteme von Mutter und Kind, ohne sich allerdings miteinander zu vermischen. Durch die Plazenta gelangen Sauerstoff und Nahrung, die durch das mütterliche Blut herantransportiert werden, in den Kreislauf des Kindes, und Abfallprodukte der Niere und Kohlendioxyd aus der Lunge des Embryos bzw. Fötus werden dem mütterlichen System übergeben. Gegenüber einigen giftigen Substanzen und vielen Bakterienarten wirkt die Plazenta als Barriere. Sie läßt sie nicht passieren und bewahrt das Kind dadurch vor unheilvollen Wirkungen. Die genaue Analyse weniger glücklich verlaufener Schwangerschaften führte allerdings zu dem Schluß, daß die Abwehr von Schadstoffen keineswegs vollkommen ist. Einige Substanzen passieren die halbdurchlässige Barriere. Abhängig vom Zeitpunkt und der Dauer ihrer Einwirkung während der Schwangerschaft beeinträchtigen sie die Entwicklung des vorgeburtlichen Organismus mehr oder weniger stark und führen zu dauerhaften Schädigungen oder sogar zum Tod. Einige der inzwischen bekannten Zusammenhänge sind aus Abbildung 2.14 abzulesen.

Offensichtlich beeinträchtigen ungünstige Einflüsse das sich entwickelnde Leben im Mutterleib nicht in allen Abschnitten der Schwangerschaft in gleicher Weise. Es gibt vielmehr kritische Phasen, d.h. solche Zeitabschnitte in der Entwicklung, in denen die Verwundbarkeit eines Organs oder eines Körperteils besonders groß ist; diese Phasen sind in der Abbildung durch schwarze Balken markiert. Vorstellungen über *kritische Phasen* in der vorgeburtlichen Entwick-

Alle exogenen Einflüsse die Fehlbildungen des Embryos bzw Fötus bewirken können werden Teratogene genannt

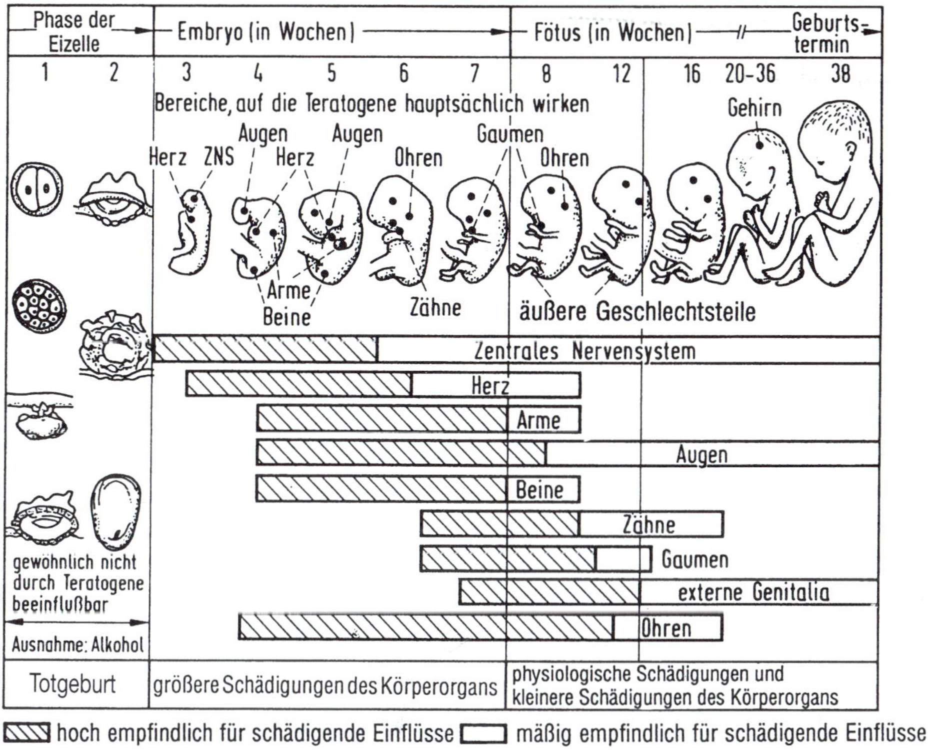

Abb. 2.14: Kritische Phasen in der vorgeburtlichen Entwicklung

lung entstammen nicht ausschließlich der jüngeren Zeit. So vertrat der im 16. Jahrhundert lebende französische Chirurg Ambroise Paré (1509-1590) den Standpunkt, daß mütterliche Vorstellungen oder Erwartungen Einfluß auf die Leibesfrucht nehmen können. Der Arzt berichtet in seiner Schrift von der Überzeugung einiger Menschen, der Fötus sei 42 Tage nach der Befruchtung nicht mehr durch die Vorstellungen seiner Mutter gefährdet, denn er habe inzwischen eine so vollkommene Gestalt, daß diese sich durch äußere Einflüsse nicht mehr verändern ließe.

Wie sich der Abbildung 2.14 entnehmen läßt, befindet sich jedes Körperorgan genau dann in einer kritischen Phase seiner Entwicklung, wenn es sich herausbildet und wenn es am schnellsten wächst. So sind beispielsweise das Herz und das Zentrale Nervensystem in der dritten, die Augen und das Herz in der vierten Woche und die meisten anderen Organe sowie das Skelett während des zweiten Monats der Schwangerschaft besonders gefährdet. Aus der Abbildung 2.14 geht außerdem hervor, daß die Gefahr einer lebenslangen Körperschädigung während der Embryonalzeit besonders groß ist, weil in den ersten zwei Monaten fast alle wichtigen Körperteile in der Ausbildung sind und während dieser Zeit in ihrer Struktur geschädigt werden können.

Allerdings sollte man nicht den Schluß ziehen, daß die Entwicklung während der nachfolgenden Fötalphase nicht mehr zu beeinträchtigen ist. Nachdem sich die Organe des kindlichen Körpers gebildet haben, sinkt tatsächlich die Gefahr einer Mißbildung (hellere Balken). Bei ungünstigen Umwelteinwirkungen wächst nunmehr aber die Möglichkeit einer Wachstumshemmung oder einer Funktionsstörung.

Die *Teratologie* – dieser Begriff geht auf den französischen Arzt Geoffrey Saint Hilaire und damit auf das Jahr 1822 zurück – bezeichnet die Lehre von den Mißbildungen. Dieser Forschungszweig hat erst in jüngster Zeit das Interesse von Entwicklungspsychologen auf sich gezogen. Zu den wichtigsten Erkenntnissen gehört, daß viele Fehlentwicklungen und Mißbildungen bei verantwortlichem Handeln der Eltern zu vermeiden sind. Wenn man Jungen und Mädchen rechtzeitig informiert, welche Verhaltensweisen die Gesundheit ihrer späteren Nachkommenschaft besonders gefährden, läßt sich die Anzahl von Mißbildungen, die unmittelbar nach der Geburt bereits erkennbar sind, wahrscheinlich entscheidend absenken. Der folgende Bericht über Befunde der Teratologie ist keineswegs vollständig. Der Einfluß radioaktiver Strahlung, die Wirkung von Umweltgiften oder die Rolle der Fehl- oder Unterernährung werden dabei nicht angesprochen. Es ist nicht das Ziel der Teratologie, künftige Eltern zu beunruhigen; die überwiegende Mehrheit der Kinder kommt gesund auf die Welt. Mit Hilfe der Teratologie läßt sich allerdings anschaulich belegen, daß das komplizierte Wechselwirkungsverhältnis zwischen Anlagen und Umwelt bereits mit der Empfängnis und nicht erst mit der Geburt beginnt.

2.3.4.1 Infektionskrankheiten

Im Jahre 1941 fiel dem australischen Arzt McAllister Gregg auf, daß von einem bestimmten Zeitpunkt an bedrückend viele Kinder geboren wurden, deren auffälligstes Symptom die Trübung ihrer Augenlinsen war: die Kinder kamen blind zur Welt. Bei seiner Suche nach möglichen Ursachen wurde Gregg schließlich auf eine Epidemie aufmerksam, von der wenige Monate zuvor zahlreiche Menschen erfaßt worden waren. Der Arzt entschloß sich deshalb, Mütter mit blind geborenen Kindern eingehender zu befragen. Tatsächlich erinnerten sich die Befragten, für kurze Zeit einen rötlichen Ausschlag in der Magengegend, eine trockene Kehle, geschwollene Drüsen usw. gehabt zu haben. Viele hatten diese Symptome nicht sonderlich beunruhigt. Für Gregg stand fest, daß die Frauen seiner Stichprobe an Röteln erkrankt waren. Sollte eine Virusinfektion, die ein Erwachsener in der Regel ziemlich unproblematisch übersteht, tatsächlich beim Fötus schwere Schädigungen hervorrufen können? Da Gregg sich entschloß, seine Beobachtungen sofort zu veröffentlichen, wurden Mediziner vieler Nationen alarmiert. Es häuften sich international tatsächlich sehr bald Berichte, wonach Mütter, die während der ersten drei Schwangerschaftswochen an Röteln erkrankt waren, Kinder mit Geburtsfehlern, wie z.B. Blindheit, Taubheit, Herzfehlern und geistigen Störungen, zur Welt gebracht hatten.

Inzwischen weiß man, daß die Erkrankung einer werdenden Mutter an Röteln während der ersten drei Monate der Schwangerschaft mit etwa 80 prozentiger Wahrscheinlichkeit Schädigungen des Embryos hervorruft. Eine Erkrankung im Verlauf der übrigen fünf bis sechs Schwangerschaftsmonate läßt zwar keine physiologischen Defekte mehr entstehen; es können allerdings Schwerhörigkeit oder Verzögerungen in der Sprachentwicklung auftreten.

Heute gibt es einen Impfstoff gegen Röteln, durch den diese Ursache vorgeburtlich erworbener Defekte ausgeschlossen werden kann. Da das Serum aber aus lebenden Viren gewonnen wird, muß die Impfung wenigstens ein halbes Jahr vor Eintritt einer Schwangerschaft erfolgt sein. Frauen, die sich ihrer Rötelnimmunität nicht sicher sind, können sich durch einen Test Sicherheit verschaffen.

Während Bakterien zu groß sind, um die Barriere der Plazenta zu durchdringen, gelingt es, wie die Erfahrung mit Röteln gezeigt hat, zahlreichen Virusarten ohne weiteres, in den noch nicht abwehrfähigen Körper des Embryos zu gelangen. Auch die Erkrankung einer werdenden Mutter an Mumps, Windpocken, Kinderlähmung, Syphilis, Masern und einigen Erkältungskrankheiten sollte stets alarmieren, denn für alle diese Virusinfektionen sind inzwischen vorgeburtliche Schädigungen nachgewiesen.

2.3.4.2 Unverträglichkeit elterlicher Blutgruppen

Innerhalb der Blutgruppenunverträglichkeit hat der Rhesus-Faktor wegen der davon ausgehenden Folgen für das sich im Mutterleib entwickelnde Kind besondere Beachtung gefunden. Die Mehrheit der Bevölkerung besitzt Blutzellen, die man als Rhesus-positiv (oder rh+) gekennzeichnet hat, während nur wenige als Rhesus-negativ (rh-) einzustufen sind. Ein unheilvoller Prozeß kann in Gang gesetzt werden, wenn ein Mann mit der Blutgruppe rh+ und eine Frau mit der Blutgruppe rh- ein Kind mit der Blutgruppe rh+ zeugen. Wenn nämlich Blut eines solchen Fötus in den mütterlichen Kreislauf gelangt – und dies kann während des Geburtsprozesses passieren – entwickelt die Schwangere im Verlauf der nächsten 14 Tage Abwehrkörper, die ihr erstes Kind allerdings nicht mehr gefährden. Sofern nun aber ein weiteres Kind empfangen wird, das abermals rh+ ist, reagiert der inzwischen sensibilisierte Organismus der Mutter auf den Fötus, als sei dieser ein Fremdkörper. Die von ihr entwickelten Abwehrkörper können – im Unterschied zu den Blutkörperchen – die Barriere der Plazenta durchdringen. Sie zerstören die roten Blutzellen des Fötus, wodurch beim Kind in wachsendem Maße Sauerstoff- und Nahrungsmangel entsteht. Sofern es nicht zu einer Totgeburt kommt, ist das Neugeborene mit schweren Gehirnschädigungen belastet.

Solche unheilvollen Folgen lassen sich inzwischen vermeiden, indem man der Mutter 72 Stunden nach der Geburt des ersten Kindes ein Serum spritzt, das die Produktion von Abwehrkörpern in ihrem Blut verhindert. Sollte sie abermals ein Kind der Blutgruppe rh+ empfangen, ist mit keiner Komplikation durch die Rhesus-Unverträglichkeit zu rechnen.

2.3.4.3 Der Einfluß des Rauchens

Die amerikanische Forschungsorganisation „Worldwatch" gelangte in einer ihrer Studien zu folgender Feststellung: „Die führende Ursache vorzeitiger Sterbefälle unter Erwachsenen war 1985 nicht Afrikas Hunger, Krieg oder die Anschläge internationaler Terroristen: es war das Zigarettenrauchen." „Tabak", so heißt es weiterhin, „verursacht mehr Todesfälle und mehr Leiden unter Erwachsenen als jeder andere giftige Stoff in der Umwelt". Schätzungen laufen darauf hinaus, daß selbst das passive Rauchen mehr Krebstode verursacht als die Summe sämtlicher Verunreinigungen der Industrie. Vor einem solchen Hintergrund stellt sich die Frage, ob dieser „giftige Stoff" womöglich ebenfalls in der Lage ist, die Barriere der Plazenta zu überwinden. Vom Rauchen während der Schwangerschaft geht eine erhebliche Bedrohung für Embryo oder Fötus aus.

Spätestens seit 1935 weiß man, daß sich der Herzschlag eines Fötus beschleunigt, wenn die werdende Mutter raucht. Ebenso lange ist bekannt, daß sich der Anteil des

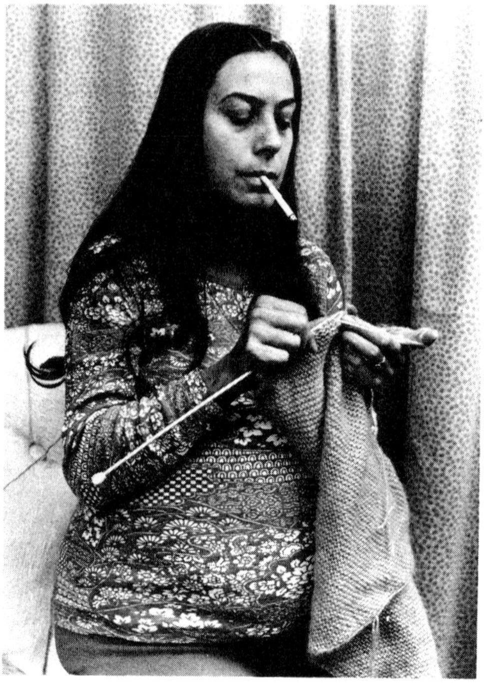

Abb. 2.15: Rauchen während der Schwangerschaft kann für den Fötus tödliche Folgen haben.

Kohlenmonoxyds im Blut durch Zigarettenkonsum erhöht. Dennoch fanden solche Einzelberichte zunächst keine große Beachtung. Erst in jüngerer Zeit verstärkte sich das Forschungsinteresse zur Klärung der Frage, wie sich das Rauchen auf das Kind im Mutterleib und dessen weitere Entwicklung auswirkt. Inzwischen belegt eine stattliche Anzahl von Untersuchungsergebnissen, daß Neugeborene rauchender Mütter mit ihrem Geburtsgewicht um 170 bis 200 Gramm unter dem Durchschnitt liegen. Einige Mediziner meinen sogar, mit dem Zigarettenkonsum Schwangerer die bedeutsamste Ursache für verzögertes Wachstum des Fötus gefunden zu haben. Das Risiko, daß das Kind einer rauchenden Schwangeren vor oder unmittelbar nach der Geburt stirbt, ist im Vergleich zu einer nicht rauchenden Mutter um etwa 35 Prozent erhöht. Besonders ungünstig wirkt das Rauchen offenbar während des letzten Drittels der Schwangerschaft, vor allem vier Wochen vor der Geburt, d.h. während eines Zeitraums, in dem allgemein die größte Zunahme des Körpergewichts zu verzeichnen ist. Trotz solcher Befunde verzichten viele Frauen während der Schwangerschaft nicht auf die Zigarette: Zu Beginn der achtziger Jahre waren es in England ungefähr 40 Prozent der werdenden Mütter, die rauchten; es folgten Irland (36 Prozent), Schweden (34 Prozent) und die Bundesrepublik Deutschland mit immerhin noch 32 Prozent.

Wie verläuft aber die weitere Entwicklung eines Kindes, dessen Mutter während der Schwangerschaft geraucht hat? Vierjährige, deren Mütter während der Schwangerschaft täglich im Durchschnitt 15 Zigaretten geraucht hatten, zeigten Störungen im Aufmerksamkeitsverhalten. Bei Schulkindern beobachtete man darüber hinaus gesteigerte Unruhe und Lernschwierigkeiten.

Wie läßt sich nun erklären, daß rauchende Frauen häufiger Kinder mit vergleichsweise geringem Geburtsgewicht gebären? Es spricht einiges dafür, daß sich Menschen mit stärkerem Zigarettenkonsum allgemein ungünstiger ernähren. Möglicherweise haben die Eßgewohnheiten einer Schwangeren unmittelbare Folgen für das Wachstum des Fötus. Außerdem wird beim Rauchen Nikotin inhaliert, d.h. eine Chemikalie, durch die u.a. der Durchmesser der Blutgefäße in der Plazenta verringert wird. Dieser Effekt könnte sich ebenfalls ungünstig auf die Versorgung des Kindes mit Sauerstoff und Nahrung auswirken.

Auch Kinder von stark rauchenden Vätern sind, selbst wenn die Mutter Nichtraucherin ist, gefährdet. Der Einfluß des Passivrauchens mag eine gewisse Rolle spielen. Gegenwärtig gibt es allerdings nur Befunde aus dem nachgeburtlichen Lebensabschnitt.

Beispielsweise untersuchte man Kinder im ersten Lebensjahr, überwiegend Neugeborene, die zusammen mit ihren nicht rauchenden Müttern täglich einem starken Raucher ausgesetzt waren. Sie hatten auffallend hohe Mengen an Nikotin im Speichel und im Urin. Darüber hinaus wirkt sich das Rauchen des Mannes unmittelbar auf die Bildung seiner Samenzellen aus, denn diese weisen bei Rauchern im Vergleich zu Nichtrauchern häufiger Anomalitäten auf.

2.3.4.4 Wirkungen des Alkohols

Während das Kind die Folgen des Rauchens seiner Mutter in der nachgeburtlichen Zeit günstigstenfalls überwinden kann, muß eine Schwangere bei Alkoholkonsum damit rechnen, daß sich bei ihrem Kind dauerhafte Schäden entwickeln. Entsprechende Zusammenhänge sind offenbar seit langem bekannt, denn bereits in der Bibel wird die Frau des Manoah gemahnt: „... du wirst schwanger werden ... So hüte dich nun, Wein oder sonst berauschendes Getränk zu trinken ..." (Richter 13;3). Im alten Griechenland gab es ein Gesetz, nach dem es einem jungen Paar verboten war, in der Hochzeitsnacht Alkohol zu trinken, damit Schädigungen für das Kind vermieden wurden. Aus dem Jahre 1661 stammt eine Schrift, in der Aristoteles zitiert wird. Danach bringen „törichte und betrunkene und gedankenlose Frauen zumeist Kinder auf die Welt, die, wie sie selbst, mürrisch und schlaff sind". Ein beachtenswerter Beitrag stammte von einem Gefängnisarzt in Liverpool, der 1899 sechshundert Kinder von 1209 Alkoholikerinnen untersucht hatte und von diesen 28 Verwandte weiblichen Geschlechts aufspürte, die nicht tranken und deren Nachwuchs er als Vergleichsgruppe nutzte. Er stellte fest, daß bei den Trinkerinnen $2\frac{1}{2}$ mal häufiger als bei den Frauen der Vergleichsgruppe Totgeburten oder Fälle von Kindersterblichkeit auftraten. Die Alkoholikerinnen, die im Gefängnis abstinent zu leben hatten, brachten nach der Entlassung häufiger gesunde Kinder zur Welt. Unglücklicherweise fanden solche frühen Berichte nicht das Interesse bei den Wissenschaftlern, das sie verdient hätten. Eine medizinische Doktorarbeit an der Universität von Paris aus dem Jahre 1957, die Zusammenhänge zwischen Anomalitäten bei Neugeborenen und alkoholabhängigen Müttern aufzeigte, wurde niemals veröffentlicht. Erst als sich zu Beginn der siebziger Jahre Berichte über die Wirkungen des Alkohols auf das ungeborene Leben häuften, begann die Fachwelt, sich für dieses Problem verstärkt zu interessieren.

Inzwischen weiß man, daß Alkohol die Barriere der Plazenta sehr leicht passieren kann. Da die Leber des Fötus diese Substanz nur sehr unzureichend abbaut, hinterläßt vielfach schon geringes, dafür aber regelmäßiges Trinken seine unauslöschbaren Spuren. Wenn also z.B. eine werdende Mutter täglich ein Glas Bier oder Wein trinkt, ist mit der Entwicklung des *Fötalen Alkohol Syndroms* zu rechnen, das in seiner ausgeprägteren Form mit Anomalitäten im Gesicht (s. Abbildung 2.16) und mit verzögertem Wachstum vor und nach der Geburt einhergeht. Erheblich beeinträchtigt wird die Gehirnentwicklung des betroffenen Fötus. Alkohol während der Schwangerschaft gilt heute in der westlichen Welt als die häufigste Ursache für Beeinträchtigungen der Intelligenzentwicklung und für Störungen der Konzentrationsfähigkeit in der Kindheit. Es gibt zwar viele Mütter, die während der Schwangerschaft trotz Alkoholkonsums, teilweise sogar in beträchtlichen Mengen, gesunden Kindern das Leben geschenkt haben; Schwangere sollten sich aber des Risikos bewußt sein.

Warum wirkt der Alkoholkonsum werdender Mütter unterschiedlich auf das werdende Leben? Die Frage ist noch nicht befriedigend

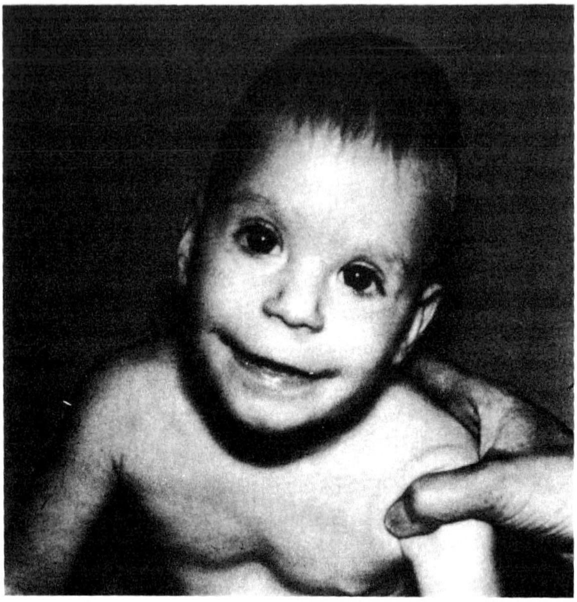

Abb. 2.16:
Ein Kind, das mit einem Fötalen Alkohol Syndrom geboren wurde; auffällig sind eine dünne Oberlippe, kurze Nase und die weit auseinanderstehenden Augen.

geklärt. Vielleicht ist von Bedeutung, wieviel Alkohol eine Frau insgesamt während der Schwangerschaft trinkt. Ebenso mag eine Rolle spielen, in welchem Entwicklungsstadium Alkohol in den Körper des Fötus gelangt. Möglicherweise gibt es auch genetische Unterschiede in der Alkoholverträglichkeit. Man prüft gegenwärtig weiterhin, wie sich unterschiedliches Ernährungsverhalten der Mutter auswirkt. Schließlich wird der Frage nachgegangen, ob eventuell Wechselwirkungen zwischen Alkohol und Medikamenten bestehen.

2.3.4.5 Einnahme von Medikamenten

Vielfach wird dem Menschen in einer modernen Industriegesellschaft nachgesagt, er sei schon dadurch drogenabhängig, daß er bei jeder – auch leichten – Beeinträchtigung des persönlichen Befindens zu Medikamenten greift. Gilt die hier behauptete Neigung auch für schwangere Frauen? Vor allem während der ersten Monate nach der Empfängnis gibt es in der Regel Anlaß zur Einnahme von Medikamenten, denn während dieser Zeit klagen Frauen häufig über Beschwerden der verschiedensten Art. Zwei amerikanische Wissenschaftler sind dieser Frage einmal nachgegangen. Sie erkundigten sich in der kleinen Ortschaft Gainesville in Florida bei insgesamt 168 Frauen nach ihrem Verhalten während der Schwangerschaft. Dabei stellte sich heraus, daß sämtliche Befragten wenigstens zwei verschiedene Medikamente eingenommen hatten, 93 Prozent brachten es sogar auf fünf. Der bedenkliche Rekord lag bei einer Frau, die es geschafft hatte, während ihrer Schwangerschaft 32 verschiedene Medikamente zu nehmen. Die Autoren errechneten für ihre Befragtengruppe einen Durchschnitt von 11 verschiedenen Arzneien. Der Griff in die Hausapotheke erfolgte u.a., um Übelkeit, Übersäurung des Magens, Schlafstörungen, Schmerzen und Erkältungen zu bekämpfen. Weiterhin schluckten die Frauen Antihistamine, Vitamine und Rauschdrogen.

Das Ergebnis der Untersuchung (sie wurde

in den siebziger Jahren durchgeführt), überrascht vor allem deshalb, weil sowohl der medizinischen Fachwelt als auch einer breiteren Öffentlichkeit bereits sehr viel früher, nämlich zu Beginn der sechziger Jahre, durch die Contergan-Katastrophe besonders dramatisch vor Augen geführt worden war, welche Risiken mit der Einnahme von Medikamenten während der Schwangerschaft verbunden sind. Das Mittel Contergan wurde seinerzeit u.a. auch werdenden Müttern ärztlicherseits unbedenklich (!) verschrieben, um Symptomen wie Übelkeit und Schlaflosigkeit zu begegnen. Es schien keinerlei Nebenwirkungen zu haben. Die Harmlosigkeit schien sich auch darin zu offenbaren, daß seinerzeit mehr als hundert Fälle bekannt wurden, in denen Selbstmordversuche durch Einnahme hoher Dosen dieses Medikaments scheiterten. Die Katastrophe wurde erst über Umwege sichtbar. Als immer mehr Neugeborene gemeldet wurden, die mit deformierten Gliedmaßen auf die Welt kamen, leitete der deutsche Kinderarzt Widukind Lenz eine systematische Befragung aller betroffenen Mütter ein. Sie sollten sich an alles erinnern, was sich während der Schwangerschaft ereignet hatte. Von Interesse waren auch ihre Eß- und Trinkgewohnheiten. Dabei gaben viele Mütter an, daß sie während des fraglichen Zeitraums Contergan eingenommen hatten. Nicht nur in Deutschland, sondern auch in England, Kanada, Skandinavien und zahlreichen weiteren Ländern wurden bis zum Verbot der Droge Tausende von Kindern mit Deformationen der Gliedmaßen geboren. Wenn die Frauen Contergan zwischen dem 34. und 38. Tag nach der Empfängnis eingenommen hatten, gebaren sie später ein Kind ohne Ohren. Erfolgte der Konsum dieser Droge zwischen dem 38. und 46. Tag, entwickelte ihr Kind deformierte Arme und zwischen dem 40. und 46. Tag entstanden beim Fötus Anomalien der Beine. Frauen, die Contergan 50 Tage nach der Empfängnis schluckten, hatten das Glück, daß die „kritische Phase" in der Entwicklung des Fötus inzwischen vorüber war. Sie konnten einem Kind das Leben schenken, das in seiner vorgeburtlichen Entwicklung von diesem Medikament nicht mehr nachweisbar beeinflußt worden war.

Durch die Contergan-Katastrophe wurde mit besonderem Nachdruck die Empfehlung an Schwangere unterstrichen, auf den Konsum von Medikamenten möglichst völlig zu verzichten; das gilt auch für das allgemein als harmlos angesehene Aspirin. Selbst wenn nicht jede eingenommene Beruhigungs- oder Schmerztablette sofort schädigend auf das Ungeborene wirkt, sollten Schwangere nur solche ärztlich verschriebenen Medikamente zu sich nehmen, die zur Aufrechterhaltung lebenswichtiger Funktionen unentbehrlich sind.

2.3.4.6 Mütterliche Emotionen

Bereits die Bibel schildert ein Ereignis, in dem ein Fötus auf Emotionen seiner Mutter reagiert hat. Es heißt im Alten Testament: „Maria trat in das Haus des Zacharias und begrüßte Elisabeth". Und Elisabeth entgegnete: „Denn siehe, als der Klang deines Grußes in mein Ohr drang, hüpfte das Kind mit Frohlocken in meinem Leibe" (Richter 1; 44). Der klassischen Literatur würden sich zahlreiche weitere Beispiele entnehmen lassen. Offenbar ist seit langem bekannt, daß sich Gefühle der werdenden Mutter auf das Verhalten ihres Kindes auswirken können. Sorgfältige Beobachtungen und auch Befragungen von Müttern konnten bestätigen, daß Zustände hoher emotionaler Erregung während der Schwangerschaft vermehrte Körperbewegungen des Fötus zur Folge haben.

Zu erklären sind solche Beobachtungen damit, daß bei starken Emotionen und bei

Streß bestimmte Drüsen zur Produktion von Hormonen angeregt werden, durch die sich die chemische Zusammensetzung des Blutes verändert. Hormone durchdringen die Barriere der Plazenta und gelangen somit in den Blutkreislauf des Fötus. Fraglich ist allerdings, ob über die aktuelle Reaktion hinaus die weitere Entwicklung des Kindes nachhaltig beeinflußt wird. Es liegt lediglich das Ergebnis einer Längsschnittuntersuchung vor, nach der das Geburtsgewicht von Kindern, deren Mütter über längere Zeit schweren Belastungen ausgesetzt waren, vergleichsweise gering war. Dieselben Kinder erwiesen sich auch in der nachgeburtlichen Phase als reizbarer. Worauf sind aber solche Auffälligkeiten zurückzuführen? Wer unter verstärkter psychischer Anspannung steht, greift vielleicht häufiger zur Zigarette oder zum Alkohol, ißt womöglich weniger oder ernährt sich unangemessener. Schlafstörungen, denen man wiederum durch Drogenkonsum entgegenzuwirken versucht, könnten die emotionalen Belastungen ebenso begleiten. Insgesamt unterscheiden sich die gesamten Lebensumstände einer gestreßten Schwangeren vermutlich in vielerlei Hinsicht von denen einer Frau mit normalen emotionalen Reaktionen. Es wäre voreilig, wenn man Auffälligkeiten in der nachgeburtlichen Entwicklung ausschließlich auf den Stress während der Schwangerschaft zurückführen würde.

2.3.4.7 Entwicklungsbedingungen des Fötus in verschiedenen Bevölkerungsschichten

Während Unvereinbarkeiten der elterlichen Blutgruppen oder Stress in sämtlichen Bevölkerungsschichten auftreten können, gibt es einige Bedingungen, die sich vor allem bei Frauen in sozial und wirtschaftlich benachteiligten Verhältnissen finden. Für sie gelten u.a. folgende Kennzeichen: Sie gehen seltener zur Vorsorgeuntersuchung, ernähren sich unzureichend oder unangemessen, empfangen ihr erstes Kind vielfach noch sehr jung, rauchen während der Schwangerschaft, nehmen Drogen unterschiedlicher Art und leiden relativ häufig unter chronischen Infektionskrankheiten. Unter solchen Umständen ist die Entwicklung des Kindes gefährdet. Diese ungünstigen Einflüsse auf das Kind werden häufig erst sichtbar, wenn das Kind geboren ist. Es weist entweder körperliche Defekte auf oder ist in seiner körperlichen Entwicklung nicht soweit vorangeschritten wie normale Neugeborene.

2.4 Die Geburt

Fast volle neun Monate entwickelt sich das Kind in der Gebärmutter unter Bedingungen, die sich nun verändern. Nach einer Umgebungstemperatur von ungefähr 37°C muß sehr bald eine Anpassung an eine erheblich niedrigere Temperatur erfolgen. Während der Fötus bislang von der Mutter mit Sauerstoff versorgt wurde, muß das Kind unmittelbar nach der Geburt atmen; die Lunge ist zunächst noch mit Flüssigkeit gefüllt. Nahrungsaufnahme, Verdauung sowie Ausscheidung müssen umgestellt werden. Hinzu kommen Einflüsse, die mit dem Verlassen des mütterlichen Körpers unmittelbar in Beziehung stehen. Die Geburt ist zwar für einen Menschen „ein höchst natürlicher Vorgang", gleichzeitig mag es aber das gefährlichste Ereignis seiner gesamten Entwicklung sein.

Für die werdende Mutter kündigt sich die bevorstehende Geburt damit an, daß sich die Muskulatur der Gebärmutter in Abständen von etwa 15 bis 20 Minuten zusammenzieht (siehe Abbildung 2.17A und B). Der Auslöser dieser ersten Wehen ist noch nicht genau bekannt. Starke Muskeln im oberen Teil der

Gebärmutter drücken den Fötus nach unten, bis der Körper schließlich in den Geburtskanal einmündet. Dieser Vorgang kann sich zeitlich auf 2 bis 16 Stunden erstrecken. Er dauert bei einer Frau, die zum erstenmal entbindet, gewöhnlich länger als bei weiteren Schwangerschaften. Weniger Zeit nimmt ein zweites Geburtsstadium (siehe Abbildung 2.17C – E) in Anspruch, das von der Frau wesentlich zu unterstützen ist. Nach wenigen Minuten oder auch nach mehr als einer Stunde erkennt der Geburtshelfer als erstes die Schädeldecke des kindliches Kopfes und nach einigen weiteren starken Muskelkontraktionen sollte das Kind geboren sein. In einem dritten Stadium (siehe Abbildung 2.17F), in dem die Wehen noch fortdauern, wird die Plazenta oder „Nachgeburt" herausgepreßt. Die Aufmerksamkeit richtet sich nunmehr voll auf das Neugeborene. Mund und Kehle müssen von Flüssigkeit befreit werden; das Kind beginnt mit der Lungenatmung und wird vom Nabel getrennt.

Bereits während der ersten 60 Sekunden nach der Geburt erfolgt eine erste Untersuchung des Kindes. Eine inzwischen vielfach verwendete Methode wurde von Virginia Apgar, einer Narkose-Ärztin an der Columbia Universität in New York im Jahre 1953 entwickelt. Sie erkannte die Notwendigkeit eines solchen diagnostischen Verfahrens, nachdem sie vielfältige Male miterleben mußte, daß sich die Aufmerksamkeit des klinischen Personals zunächst auf die Mutter richtete und nicht so sehr auf das Kind, für das erste und sehr schnelle Hilfe lebensrettend sein kann. Beim Apgar-Verfahren, dessen Ergebnisse auch in Deutschland in den Geburtspaß eingetragen werden, beurteilt man fünf verschiedene Merkmale nach drei Bewertungsstufen.

Zehn ist der Höchstpunktwert bei einer Untersuchung des Neugeborenen nach Apgar: das Kind ist vollkommen gesund. Werte

Tabelle 2.1: Die Apgar-Skala zur Früh-Diagnose des Neugeborenen

	Punktwert 0	1	2
Herzschlag	keiner	unter 100	über 100
Atmung	keine	langsam, unregelmäßig	gut, schreit
Muskelspannung	schlaff	einige Bewegungen der Arme und Beine	aktive Bewegung
Reflexe	keine	Grimassen	Husten, Niesen, Schreien
Hautfarbe	blau, gelb	Körper rosa, Arme u. Beine blau	vollständig rosa

zwischen 4 und 6 verweisen darauf, daß nicht alle Körperprozesse normal verlaufen; deshalb ist eine weitere Beobachtung und Kontrolle des Kindes unbedingt erforderlich. Wenn die Untersuchung einen Punktwert unter vier ergibt, liegt ein Notfall vor, der sofortige medizinische Maßnahmen fordert, um den möglichen Tod des Neugeborenen zu verhindern.

2.4.1 Kritische Ereignisse während der Geburt

In einer ihrer Studien untersuchten Yvonne Brackbill und Sarah Broman regelmäßig eine größere Anzahl von Kindern während der ersten Lebensjahre. Bereits nach wenigen Wochen wurden sie darauf aufmerksam, daß einige der jungen Versuchspersonen mehrere Entwicklungsauffälligkeiten zeigten: Ihre Muskeln waren nicht so kräftig und auch deren Steuerung wies Beeinträchtigungen auf; diese Kinder konnten erst relativ spät sitzen, stehen und krabbeln. Entwicklungsverzögerungen im intellektuellen Bereich, vor allem in der Sprachentwicklung, waren noch im Alter von sieben Jahren nach-

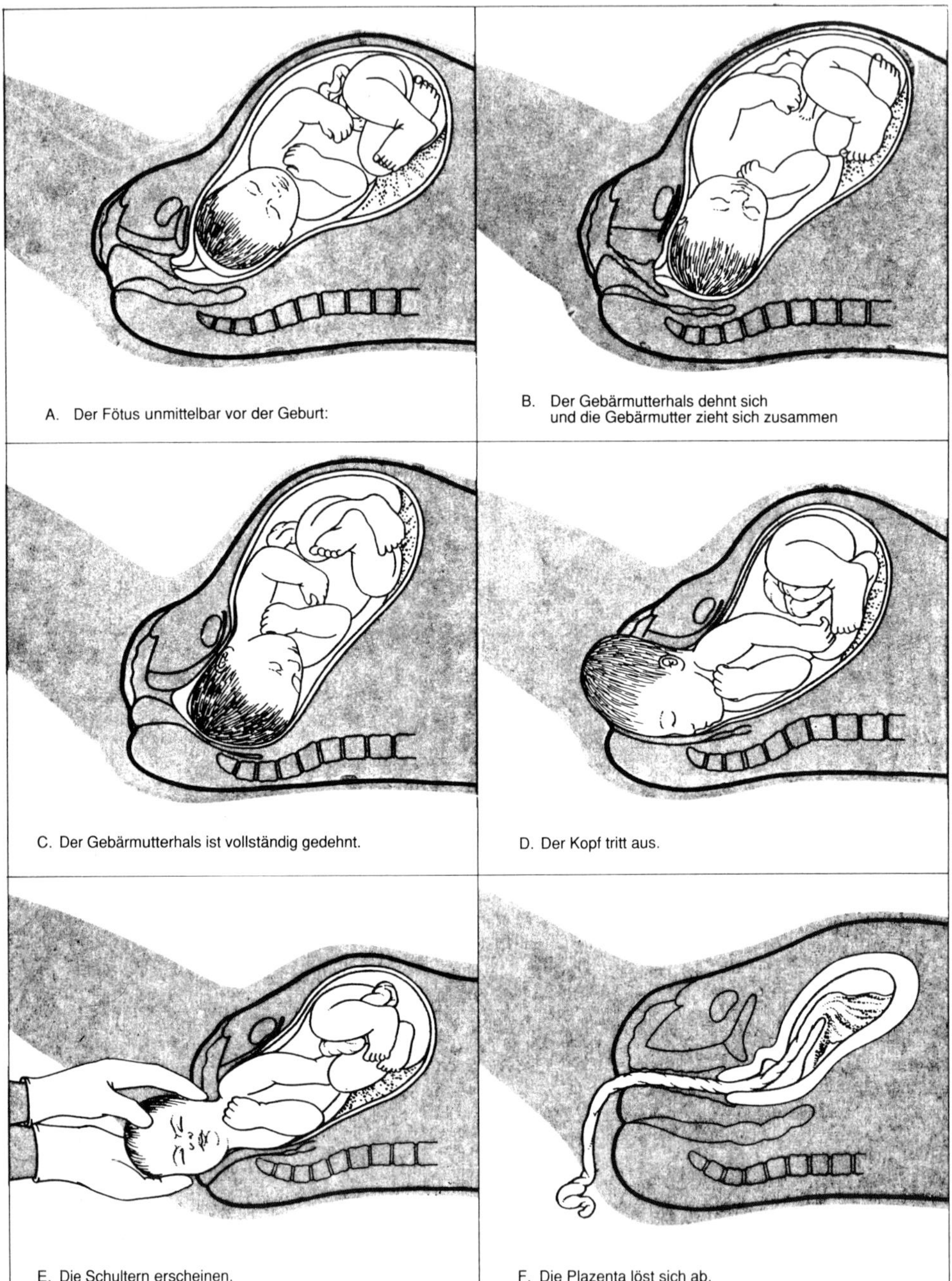

Abb. 2.17: Die Stadien eines Geburtsvorgangs

zuweisen. Wie konnten aber solche Verzögerungen auftreten? Brackbill und Broman hatten für ihre Untersuchungen von insgesamt 3.500 Neugeborenen doch nur jene ausgewählt, denen die Ärzte einwandfreie Gesundheit bescheinigt hatten. Außerdem war die Schwangerschaft bei sämtlichen Angehörigen der Stichprobe ohne Probleme verlaufen und auch während der Geburt hatte es bei diesen Kindern keine Komplikationen gegeben.

Ihre Beobachtungen veranlaßten Brackbill und Broman, sich sämtliche medizinischen und psychologischen Aufzeichnungen noch einmal genau anzusehen. Dabei wurden sie auf einen offenbar entscheidenden Zusammenhang aufmerksam: Kinder mit Entwicklungsverzögerungen stammten von Müttern, die während der Entbindung irgendwelche Medikamente erhalten hatten. Die Beeinträchtigungen des Entwicklungsverlaufs waren um so ausgeprägter, je größere Dosen Schmerz- und Beruhigungsmittel den Müttern während des Geburtsvorgangs verabreicht worden waren.

In den meisten Industriegesellschaften ist es üblich, der Frau während ihrer Entbindung Medikamente zu verabreichen. Einige Maßnahmen zielen z.B. darauf, die Muskelarbeit der Mutter zu unterstützen, andere sollen die Sinnesempfindungen, vor allem den Schmerz mildern, und ein weiteres Medikament erhält die Frau mit dem Ziel, ihrer Aufregung oder Angst entgegenzuwirken.

Der Wunsch, Mütter vor einer „schweren Geburt" zu schützen, läßt sich historisch weit zurückverfolgen. Entsprechende Maßnahmen haben allerdings – aus religiösweltanschaulichen oder auch aus medizinischen Gründen – vielfach zu kritischen Stellungnahmen geführt, wie Info-Kästchen 2.6 ausführlicher darstellt. In neuerer Zeit sind es vor allem medizinische Bedenken, die gegen die Einnahme von Medikamenten während der Entbindung sprechen.

Wie die Untersuchungsergebnisse von Brackbill und Broman gezeigt haben, ist es keineswegs unproblematisch, der Mutter während der Entbindung Medikamente zu verabreichen, weil einige Substanzen die Barriere der Plazenta durchdringen und den kindlichen Organismus innerhalb weniger Minuten erreichen. Allerdings bedrohen sie vor allem solche Kinder, die bereits während der vorgeburtlichen Phase ungünstige Entwicklungsbedingungen vorfanden. Diese Kinder kommen häufig nach einer durchschnittlichen Schwangerschaftsdauer *mit vermindertem Körpergewicht* auf die Welt (s.S. 82 f.). Medikamentöse Substanzen, die in ihren Blutkreislauf gelangen, wirken deshalb besonders beeinträchtigend, weil Leber und Niere dieser Kinder noch nicht ausreichend in der Lage sind, die giftigen Substanzen schnell abzubauen und auszuscheiden. Schädigungen des Nervensystems sind unter solchen Bedingungen keineswegs auszuschließen. Ein weiteres kritisches Ereignis während der Geburt ist die vorübergehende Unterbrechung oder Minderung der Sauerstoffzufuhr. Der enge Geburtskanal kann in besonders unglücklichen Fällen den Nabel derartig knicken oder zusammenpressen, daß die Blutversorgung des Kindes erheblich behindert wird. Hirnschädigungen, Lernschwierigkeiten und weitere Verhaltensauffälligkeiten wurden als Folgen beobachtet. Mediziner und Psychologen neigen in neuerer Zeit allerdings zu der Auffassung, daß gesunde Kinder eine geburtlich bedingte vorübergehende Unterversorgung mit Sauerstoff ohne dauerhafte Schäden überstehen. Lagen jedoch bereits während der Schwangerschaft ungünstige Entwicklungsbedingungen vor, durch die das Kind zu früh oder mit noch mangelhaft entwickelten Lungenfunktionen geboren wird, sind Schädigungen der Gehirnzellen nicht auszuschließen. Diese dürfen dann aber nicht nur auf Bedingungen während der Entbindung zurückgeführt wer-

Info-Kästchen 2.6:
Geburt auf „natürlichem" Wege oder unter Narkose?

Nach dem Sündenfall im Paradies strafte Gott Eva u.a., indem er ihr verhieß: „Mit Schmerzen sollst du Kinder gebären" (1. Buch Moses, 3; 16). Während des Mittelalters achtete die Kirche streng darauf, daß diese von Gott gewollte Strafe nicht gemildert wurde. Allerdings gab es für lange Zeit keine Konflikte, weil – im Unterschied zu zahlreichen orientalischen Völkerschaften – Pflanzen wie Opium, Hanf oder Alraunenwurzel in Europa noch nicht bekannt waren. Nachdem gegen Ende des 16. Jahrhunderts eine Frau in Edinburgh während der Geburt ihres Kindes Maßnahmen zur Linderung der Schmerzen ergriffen hatte, ordnete König James VI. wegen des Verstoßes gegen das biblische Gebot ihre Verbrennung auf dem Scheiterhaufen an. Es dauerte noch mehr als zwei Jahrhunderte, bis der britische Arzt James Simpson zur Verminderung der Schmerzen während der Entbindung Äther als Narkosemittel einsetzte. Auch er wurde heftig attackiert. Er verteidigte sich aber mit dem Hinweis auf die Verse 21 und 22 des 1. Buch Moses: Auch Gott hatte Maßnahmen zur Linderung von Schmerzen ergriffen. Der Herr versetzte Adam nämlich in einen tiefen Schlaf, bevor er ihm eine Rippe zur Erschaffung von Eva entnahm.

In der nachfolgenden Zeit nahm die Verabreichung von Schmerz- und Beruhigungsmitteln allmählich zu und wurde schließlich zur Routine. Nachdem aber medizinische Untersuchungen aufdeckten, daß solche Substanzen innerhalb weniger Minuten das Kind erreichen und dessen Entwicklung nachhaltig beeinflussen können, riefen medikamentöse Maßnahmen zur Linderung der Schmerzen der Frau während der Entbindung zunehmend Widerstand hervor.

Dem Londoner Arzt Grantly Dick-Read war aufgefallen, daß Frauen auf die Entbindung sehr unterschiedlich reagierten: Einige schienen ohne Narkose nicht auszukommen, während andere auffällig ruhig blieben und wenig Hinweise auf unerträgliche Schmerzen gaben. Read erklärte sich diese Unterschiede damit, daß einige Frauen der Entbindung mit großen Befürchtungen ent-

den. Vielmehr entstanden sie als Folge von Erbeinflüssen oder von Entwicklungsbedingungen, die bereits während der Schwangerschaft auf den jungen Organismus wirkten.

2.4.2 Die Entwicklung von Frühgeburten und Neugeborenen mit Untergewicht

Julius Cäsar, Winston Churchill, Charles Darwin, Victor Hugo, Napoleon, Isaac Newton und Auguste Renoir haben gemeinsam, daß sie mit unterdurchschnittlichem Geburtsgewicht auf die Welt gekommen sind. Normalerweise wiegt ein Neugeborenes bei einer Körpergröße von etwa 50 cm durchschnittlich 3.200 Gramm, wobei die Werte für Jungen etwas höher sind als für Mädchen. Innerhalb eines gewissen Bereichs sind Abweichungen von solchen Mittelwerten nicht ungewöhnlich. Ob kleinere Abweichungen körperlicher Maße von einem Durchschnittswert in der weiteren Entwicklung bestehen bleiben, beantwortet Info-Kästchen 2.7 am Beispiel der Körpergröße. Wenn ein Neugeborenes aber unter 2.500 Gramm wiegt, spricht man von einer Frühgeburt. Da der gegensahen. Anstatt diesen Vorgang mit ihren eigenen Muskeln zu unterstützen, verkrampften sie sich und verstärkten erst dadurch ihre Schmerzen. Zu ähnlichen Schlußfolgerungen gelangte der französische Arzt Ferdinand Lamaze, der 1951 anläßlich eines medizinischen Kongresses in Leningrad zahlreiche Frauen beobachten konnte, die den Geburtsvorgang aktiv unterstützten. Die sowjetischen Kollegen erläuterten ihm, daß schmerzhafte Reaktionen auf eine Geburt das Ergebnis eines Lernprozesses darstellen, den man wieder rückgängig machen müsse. Solche Auffassungen gewannen auch in der westlichen Welt an Gewicht, nachdem etwa zur gleichen Zeit Berichte von Kulturanthropologen bekannt wurden, wonach die Entbindung in einigen Gesellschaften relativ schnell und zumeist ohne Zwischenfälle verläuft.

Vor diesem Hintergrund begann Lamaze ein Programm zu entwickeln, das er als *Psychoprophylaktische Methode* bezeichnete. Es sieht vor, daß werdende Mütter bereits während der Schwangerschaft eingehend über anatomische und physiologische Aspekte der Geburt informiert werden. Es fordert sie zur Teilnahme an Übungen auf, in denen sie lernen, auf die Entbindung nicht mit Furcht und Schmerz, sondern mit Entspannung und mit bestimmten Atmungstechniken zu reagieren. Lamaze beteiligt auch den künftigen Vater an einigen Vorbereitungen. Er soll seiner Frau während der Geburt durch seine Anwesenheit emotionale Unterstützung geben.

Zahlreiche Untersuchungen bestätigen, daß viele Frauen nach Teilnahme an Lehrgängen zur Vorbereitung einer „natürlichen" Geburt weniger Schmerzen während einer Entbindung haben, die bei ihnen zudem schneller und komplikationsloser verläuft. Sie benötigen entweder gar keine Narkosemittel und nur vergleichsweise geringe Mengen. Zu berücksichtigen ist aber bei solchen Studien, daß sich Mütter, die zur Teilnahme an solchen Vorbereitungskursen zu gewinnen sind, bereits von vornherein von anderen unterscheiden, die eine traditionelle Entbindung bevorzugen.

genaue Zeitpunkt der Befruchtung aber nicht immer bekannt ist, klassifiziert man u.U. auch solche Kinder als Frühgeburten, die nach einer Schwangerschaft durchschnittlicher Dauer geboren werden, jedoch weniger als 2.500 Gramm wiegen. Es wäre angemessener, in solchen Fällen von Untergewicht-Geburten oder von Neugeborenen mit Untergewicht zu sprechen. Bei einer Frühgeburt ist das verminderte Körpergewicht – gemessen an der verkürzten Schwangerschaftsdauer – durchaus normal, während es in anderen Fällen als Folge eines verlangsamten vorgeburtlichen Wachstums, z.B. wegen unzureichender Funktion der Plazenta, wegen anderer ungünstiger Bedingungen im Mutterleib (s.S. 70 ff.) oder angeborener Krankheiten des Kindes, entstanden ist. Im folgenden ist aus Gründen der Vereinfachung einheitlich von Frühgeburten zu sprechen.

Ein Neugeborenes ist um so mehr als ein „Risikofall" zu sehen, je kürzere Zeit es im Mutterleib verbracht hat und je weniger es bei der Geburt wiegt. Nach erheblichen Fortschritten auf medizinischem Gebiet können heute zwar auch Kinder überleben, die in der 26. Schwangerschaftswoche oder früher geboren werden und nur 1000 Gramm oder

Info-Kästchen 2.7:
Läßt die Körpergröße des Neugeborenen Vorhersagen über das weitere Wachstum zu?

Eltern spekulieren gelegentlich, ob sich aus der Körpergröße ihres Kindes zum Zeitpunkt der Geburt bereits Vorhersagen für das weitere Wachstum bis hin zum Erwachsenenalter ableiten lassen. Wird ein relativ großes Neugeborenes etwa zwanzig Jahre später immer noch viele Angehörige seiner Altersgruppe überragen? Diese Frage muß verneint werden, denn zwischen der Körpergröße eines Menschen bei der Geburt und seinem späteren Erwachsenenalter besteht praktisch keine Beziehung. Interessierte Eltern würden einen besseren Schätzwert erhalten, wenn sie die Vorhersage auf ihre eigene Körpergröße gründen würden. Anders sieht es nach Abschluß der ersten beiden Lebensjahre aus. Die Körpergröße hat während dieser Zeit im Durchschnitt um etwa 70 Prozent zugenommen. Aus einem 3.200 Gramm schweren Neugeborenen hat sich nach 24 Monaten ein Kind entwickelt, das nunmehr im Durchschnitt etwas mehr als 12.000 Gramm wiegt und ca. 86 cm groß ist. Kann man – gestützt auf diese Meßwerte eines Zweijährigen – vorhersagen, welche Körpergröße er als Erwachsener einmal erreichen wird? Diese Frage läßt sich zwar nicht eindeutig bejahen; eine Entwicklungstendenz ist in diesem Alter aber bereits abzulesen. Man kann die Körpergröße eines zweijährigen Jungen mit 2, die eines Mädchens mit 1,9 multiplizieren, um einen Schätzwert für die Körpergröße im Erwachsenenalter zu erhalten. Vergleiche zwischen vorhergesagten und tatsächlichen Werten führen aber nicht selten zu Abweichungen von 5, 6 oder gar 7 cm nach beiden Seiten. Deshalb sollte man mit Voraussagen auch im Verlauf der weiteren Entwicklung zurückhaltend bleiben. Ein Grundschulkind mag im Vergleich zu seiner Altersgruppe groß oder klein sein und mit Erreichen des Erwachsenenalters eine durchschnittliche Körpergröße aufweisen oder sogar die früheren Vergleichswerte in das Gegenteil verkehren. Der Wachstumsschub mit Einsetzen der Pubertät hängt zusätzlich von Sexualhormonen ab und nicht nur von Wachstumshormonen, von denen während der Kindheit die Steuerung ausgeht.

weniger wiegen, die Sterblichkeitsrate für diese Gruppe ist aber vergleichsweise hoch. Gefahren für das Leben solcher Kinder bestehen z.B., weil die Atmung noch unzureichend funktioniert. Lebensgefährdungen gehen auch von einer mangelhaften Regelung der Körpertemperatur aus; die Haut ist noch sehr dünn und die darunter liegende Fettschicht isoliert den Körper nicht gegen kühlere Außentemperaturen. Extrem untergewichtige Kinder haben noch nicht einmal ausreichend Kraft zum Saugen; sie sind nur mit künstlicher Ernährung am Leben zu halten. Viele Reflexe sind wegen der mangelnden Ausreifung des Nervensystems noch nicht auszulösen. Um körperlichen Funktionsmängeln dieser Art entgegenwirken zu können, muß eine Umwelt geschaffen werden, die den Bedingungen in der Gebärmutter so gut wie möglich nachgestaltet ist. In einem sog. Brutkasten oder Inkubator erfolgt u.a. eine künstliche Regulation sowohl der Temperatur als auch der Luftfeuchtigkeit; diese Umgebung bietet zudem einen besonderen Schutz vor Ansteckungen.

Wie verläuft nun die weitere Entwicklung

von Kindern, die mit unterdurchnittlichem Körpergewicht geboren werden? Weisen sie Beeinträchtigungen auf, die sich auch auf ihr weiteres Leben ungünstig auswirken? Diese Frage versuchte man in einer Untersuchung zu klären, in der man über ein Jahrzehnt das Schicksal solcher Kinder verfolgt hat, die im Jahre 1955 auf Kauai, einer Insel Hawaiis, geboren wurden und zum Zeitpunkt ihrer letzten Untersuchung 18 Jahre alt waren. Unter ihnen fanden sich auch Neugeborene, die mit unterdurchschnittlichem Körpergewicht auf die Welt gekommen waren, entweder weil sie zu früh geboren wurden oder weil sich ihre Entwicklung während der Schwangerschaft verzögert hatte. Als diese Kinder zehn Jahre alt waren, hat man bei 34 Prozent irgendwelche Störungen festgestellt. Diese ließen sich aber nur in einem sehr geringen Umfang auf Komplikationen zurückführen, die bereits bei der Neugeborenenuntersuchung festgestellt worden waren. Zehnmal häufiger hatten die Autoren auf Erklärungen zurückzugreifen, die unzulängliche Umweltbedingungen im nachgeburtlichen Zeitraum zum Inhalt hatten. Damit war eindrucksvoll herausgestellt worden, welche Bedeutung die Umwelt für die Entwicklung auch solcher Kinder hat, die unmittelbar nach der Geburt als „Risiko-Fälle" eingestuft worden waren.

Kinder, die zum Zeitpunkt der Geburt unterdurchschnittlich entwickelt sind, finden eine Umwelt vor, die sich vor allem in zweierlei Hinsicht von der eines normalen Neugeborenen unterscheidet. Im Inkubator erhält ein Kind erstens weniger Reizanregungen als im Mutterleib, und zum anderen sind die sozialen Kontakte nicht nur eingeschränkt, sondern – teilweise bedingt durch die körperliche Verfassung von Frühgeburten – auch von anderer Qualität.

2.4.2.1 Die Bedeutung der Umwelt für die Entwicklung von Frühgeburten

Bis vor kurzem wurden „Risiko-Geburten" in einen Inkubator gelegt, in dem sie u.U. künstlich beatmet und ernährt wurden, während für das Personal ein „Hände-weg"-Gebot galt, um das kleine Wesen nicht zusätzlich zu gefährden. Damit fanden diese Kinder zu Beginn ihres Lebens auf Intensivstationen Bedingungen vor, die erheblich eintöniger waren als die im Mutterleib. Unter normalen Bedingungen wird der Fötus nämlich bei Bewegungen seiner Mutter im Fruchtwasser hin- und hergeschaukelt. Er hört Geräusche, wie z.B. den Herzschlag seiner Mutter und ihre Stimme. Sollten sich solche Reizanregungen nicht auch förderlich auf ein Kind im Inkubator auswirken? Man ist dieser Frage nachgegangen, indem man Aufzeichnungen des Herzschlags in den Inkubator übertragen hat, wie sie in gleicher Lautstärke in der Gebärmutter auftreten. Weiterhin stattete man Inkubatoren mit Wasserbetten aus, auf denen das Kind regelmäßig geschaukelt wurde. Schwestern auf Neugeborenenstationen hat man angewiesen, Kinder regelmäßig aus dem Inkubator zu nehmen und sie, anläßlich der Fütterung und Säuberung, für einige Zeit zu schaukeln, zu ihnen zu sprechen, sie für etwa 30 bis 45 Minuten täglich zu streicheln sowie ihre Arme und Beine zu bewegen. Wie reagieren die Kinder auf solche Behandlungen? Unterscheidet sich ihre Entwicklung während der ersten Wochen und Monate von Gleichaltrigen, die ihr nachgeburtliches Leben ebenfalls im Inkubator zu verbringen haben, aber keine zusätzlichen Reizanregungen erhalten? Die Befunde stimmen in hohem Maße überein.

Die Wirkungen zusätzlich gebotener Anregungen werden zwar nicht immer sofort erkennbar. Aber spätestens nach vier Wochen unterscheiden sich behandelte von nicht behandelten Kindern u.a. in der Auslösbarkeit

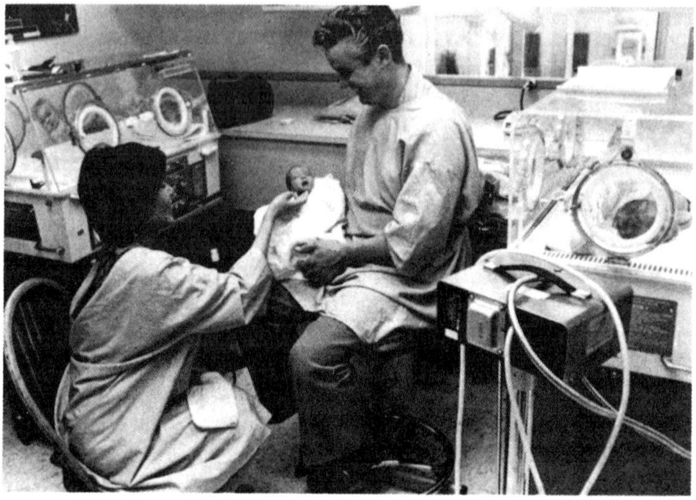

Abb. 2.18: Auch Neugeborene mit unterdurchschnittlichem Geburtsgewicht, für die der Inkubator lebensrettend ist, sollten Reizanregungungen und Gelegenheit zum mitmenschlichen Kontakt erhalten.

ihrer Reflexe, in der motorischen Entwicklung und in der täglichen Gewichtszunahme. Die Wahrscheinlichkeit, Opfer des sog. Krippentodes zu werden (s.S. 96 f.), ist vermindert. Ein Kind, das man geschaukelt und gestreichelt hat, mit dem weiterhin regelmäßig „geturnt" worden ist, besitzt eine hohe Chance, mehrere Tage früher die Klinik verlassen zu können als ein anderes, das nur die Eintönigkeit des Inkubators kennengelernt hat.

2.4.2.2 Soziale Kontakte mit Frühgeburten

Wenn man Müttern ein ihnen unbekanntes (nach normaler Schwangerschaftsdauer) geborenes Kind mit der unzutreffenden Bemerkung übergibt, es handele sich dabei um eine Frühgeburt, dann neigen sie u.a. dazu, es weniger zu berühren und bezüglich seiner Niedlichkeit geringer einzustufen als ein anderes, grundsätzlich vergleichbares Kind, das ihnen als normales Baby vorgestellt worden ist. Wahrnehmung und Reaktion einer Mutter sind somit allein schon dadurch zu verändern, daß man einem Baby das Etikett „Frühgeburt" anhängt. Wie reagiert aber eine Mutter auf ihr eigenes Kind, das nicht nur als Frühgeburt bezeichnet wird, sondern zudem entsprechend aussieht (runzlige, durchsichtige Haut, unverhältnismäßig großer Kopf usw.) und nur schwer anzusprechen ist?

Bei Müttern von Frühgeburten besteht eine leicht gesteigerte Neigung, ihr Baby mit einiger Entfernung vom Körper auf ihrem Schoß sitzen zu lassen, anstatt es in ihren Armen zu wiegen. Sie lächeln das Kind auch vergleichsweise wenig an. Ein Beobachter könnte den Eindruck gewinnen, daß die Mutter das sehr kleine Wesen noch nicht so recht als ihr zugehörig wahrnimmt. Vielleicht entspringt es ihrer Unzufriedenheit mit dem Entwicklungsstand, wenn Mütter von Frühgeborenen im Vergleich zu solchen normaler Babys eine verstärkte Neigung haben können, Kontakte herzustellen. Solche Mütter verabreichen z.B. ziemlich häufig zarte Klapse, sie sprechen auch überdurchschnittlich viel zu den Kindern, halten ihnen bereitwilliger einen Gummischnuller oder die Milchflasche hin usw. Das Frühgeborene wird durch diesen hohen Anregungsgrad nicht selten überfordert. Es wendet sich ab und erweckt so den Eindruck verminderter Ansprechbarkeit.

In einigen Kliniken versucht man die Eltern rechtzeitig auf die Schwierigkeiten vorzubereiten, mit einem zu früh geborenen oder mit einem untergewichtigen Baby in Kontakt zu treten. In den Vorbereitungskursen bemüht man sich vor allem, das Selbstvertrauen der Eltern zu stärken und ihnen die Gewißheit zu vermitteln, daß ihr Kind alle Voraussetzungen besitzt, eher oder später Anschluß an eine normale Entwicklung zu finden. Wenn die Eltern nicht unter besonders belastenden Bedingungen leben müssen, wie z.B. Armut, Partnerkonflikte, Krankheit usw., besteht eine hohe Wahrscheinlichkeit, daß sich diese günstige Vorhersage verwirklicht. Die Aussichten, daß anfängliche Probleme im Verlauf der Zeit überwunden werden, sind vor allem dann gut, wenn die Mutter sich den besonderen Bedürfnissen ihres Kindes anpassen kann.

Literatur zur Erweiterung des Wissens und zur Vertiefung:

Stoppard, M. (1986): *Das große Ravensburger Buch der Schwangerschaft.* Ravensburg: Maier

Wieczerkowski, W. (1984): Humangenetische Grundlagen. In: Wieczerkowski, W. & Zur Oeveste, H.Ü. (Hrg.): *Lehrbuch der Entwicklungspsychologie.* Düsseldorf: Schwann, S. 107-136

3. Kapitel

Das Neugeborene und die Frühe Kindheit

Nicht selten sind Eltern von dem ersten Anblick des Neugeborenen unmittelbar nach der Geburt enttäuscht, bisweilen sogar schockiert. Verständlich ist ihre Reaktion vor allem dann, wenn ihre bisherigen Erfahrungen sich nur auf Babys gründen, die bereits mehrere Wochen alt waren und die gepflegt in ihren sauberen Betten lagen. Bevor nämlich ein Neugeborenes sein erstes Bad erhalten hat, ist sein Körper zunächst mit mütterlichem Blut benetzt und von einer weißlich grauen Substanz überzogen. Es sieht geschwollen und runzlig aus, was auf Fett- und Flüssigkeitspolster unter der Haut zurückzuführen ist. Trägt diese „häßliche Kreatur ... mit ihrer rötlichen, runzligen ... Haut, den schielenden Augen, dem dicken Bauch und den O-Beinen" – wie es ein Pionier der Entwicklungspsychologie, Stanley Hall, einmal wahrscheinlich etwas zu drastisch ausdrückte – überhaupt menschliche Züge? Welche Gründe hat die Entwicklungspsychologie, sich mit einem Neugeborenen zu beschäftigen, das die einschlägige Literatur in der ersten Hälfte des zwanzigsten Jahrhunderts überwiegend als völlig hilfloses Reflexwesen bezeichnete, das infolge seiner unreifen Sinnesorgane noch kaum etwas von seiner Umwelt wahrnimmt und das lediglich zufallsbestimmte Körperbewegungen ausführt?

Es ist unzweifelhaft, daß Neugeborene nur dadurch vor dem sicheren Tod zu bewahren sind, daß sich Eltern oder andere Pflegepersonen ihnen fürsorglich zuwenden. Man könnte angesichts dieser Hilflosigkeit davon ausgehen, daß lediglich die lebenswichtigen körperlichen Organe ihre Tätigkeit aufgenommen haben, während wesentliche Sinnesorgane des Menschen, wie z.B. Augen und Ohren, noch nicht oder kaum funktionieren; Wahrnehmungen oder gar gezielte Bewegungen sollten demnach während der ersten Lebenswochen gar nicht möglich sein. Lange Zeit waren solche Auffassungen in der Entwicklungspsychologie vorherrschend. Einer ihrer bekannten jüngeren Vertreter, Tom Bower, erinnert sich, daß er seine eigene Laufbahn ebenfalls mit dieser Überzeugung begonnen hatte. Wenn Mütter ihm damals berichteten, daß ihre zwei oder drei Wochen alten Kinder bereits nach vorhandenen Gegenständen griffen, entgegnete Bower ihnen höflich aber mit dem Ausdruck tiefster Überzeugung, daß solche Beobachtungen von wissenschaftlicher Seite aus als unhaltbar zu gelten hätten. „Ich war so überzeugt, daß die Lehrbücher recht hatten und daß das Ausstrecken (der Arme) mit fünf Monaten begann – nicht nach fünf Tagen –, daß ich solchen Berichten einfach keine Aufmerksamkeit schenkte."

Als Bower jedoch seinen drei Wochen alten Neffen besuchte, meinte er etwas zu beobachten, was seinen Erwartungen widersprach. Nach seiner Wahrnehmung war das

Baby eindeutig bemüht, nach bestimmten Gegenständen zu greifen. Das Kind eines Kollegen streckte seine Hand bereits nach der ersten Lebenswoche aus. Solche Erfahrungen weckten schließlich doch Bowers Interesse. Vielleicht – so spekulierte er – hat die entwicklungspsychologische Literatur bis in die späten sechziger Jahre vor allem deshalb entsprechende Verhaltensweisen nicht registriert, weil es bis zu dieser Zeit in den Kinderbetten nichts gab, wonach die Kinder hätten greifen können.

Nach diesem „Schlüsselerlebnis" stellte Bower sich die Frage, ob Aktivitäten des Neugeborenen eventuell doch nicht ausschließlich im Dienste der Aufrechterhaltung lebensnotwendiger Körperprozesse stehen. Können die Sinnesorgane womöglich schon Reize aus der Umgebung aufnehmen und über das Nervensystem weiterleiten? Ist das Gehirn bereits zu einfachen Formen der Verarbeitung in der Lage? Reagiert das Neugeborene sogar schon auf Veränderungen in seiner Umgebung? Solche Fragen rückten nicht nur bei Bower, sondern bei vielen weiteren Entwicklungspsychologen in den Mittelpunkt ihres Forschungsinteresses. Einige Beobachtungen und Erkenntnisse werden im vorliegenden Kapitel dargestellt. Dabei sind vor allem zwei Fragen zu beantworten:

- Welche Voraussetzungen bringt das Neugeborene mit und auf welche Weise paßt es sich in den ersten Monaten zunehmend an seine Umwelt an?
- Welche Möglichkeiten hat das Neugeborene, die eigene Umwelt so zu verändern, daß sie sich ihm anpaßt?

Wenn hier von einem Neugeborenen gesprochen wird, dann ist damit der Zeitraum der ersten beiden Lebensmonate gemeint. Der anschließende Lebensabschnitt endet mit den ersten Zweiwortsätzen etwa im Alter von 18 Monaten. Er wird als *Frühe Kindheit* bezeichnet.

3.1 Einige methodische Probleme beim Studium Neugeborener

Bevor man in wissenschaftlichen Studien klären kann, welche Ausstattung Neugeborene mitbringen, um sich ihrer Umwelt anzupassen, muß man als Forscher Maßnahmen ergreifen, die einigen ihrer Besonderheiten Rechnung tragen. So ist z.B. zu berücksichtigen, daß diese jungen Versuchspersonen 70 bis 80 Prozent ihrer gesamten Zeit schlafen. Selbst das Öffnen der Augen bedeutet nicht, daß man nun mögliche kognitive Prozesse untersuchen könnte. Einen Teil seiner wachen Zeit verbringt das Neugeborene nämlich „dösend", in einem Zustand verminderter Wachheit. Auch ein Kind, das schreit, sich heftig bewegt und unregelmäßig atmet, eignet sich nicht besonders gut zum Studium seiner Wahrnehmungsfähigkeit. Man muß erst einen Zustand abwarten, den man als „wache Inaktivität" bezeichnet. Dabei ist das Kind fast bewegungslos; bei offenen Augen und offenkundig entspannten Gesichtsmuskeln atmet es regelmäßig. Dieser für Untersuchungen als optimal geltende Zustand stellt die Geduld des Forschers jedoch auf eine harte Probe, denn er tritt an einem normalen Tag nur wenige Male auf und dauert höchstens 15 Minuten.

Mit der Notwendigkeit, sich bei entwicklungspsychologischen Studien auf diese relativ kurzen Intervalle der Wachheit zu beschränken, wurde erst eine – wenn auch grundsätzlich lösbare – Schwierigkeit benannt. Es muß weiterhin geklärt werden, wie sich Fragen über das Neugeborene überhaupt beantworten lassen. Wie ist z.B. zu klären, was ein Kind im Alter von wenigen Wochen mit seinen Augen „sieht"? Wie läßt sich bestimmen, was ihm das Gehörorgan übermittelt? Was kann sich ein Kind merken? Zu welchen Verarbeitungsleistungen ist das Gehirn in der Lage?

Ältere Studien der Entwicklungspsychologie hatten auf solche Fragen praktisch keine Antworten anzubieten. Über längere Zeit gab sich die Forschung weitgehend damit zufrieden, Neugeborene und Kinder, die noch nicht sprechen konnten, sorgfältig zu beobachten. Es liegt allerdings in der Natur dieser Methode, daß man sich vor allem auf das motorische Verhalten konzentrierte. So stellte man z.B. fest, in welchem Alter Kinder normalerweise in der Lage sind, alleine zu sitzen, zu laufen oder zu stehen. Um aber z.B. herauszufinden, wie sich die Wahrnehmung eines Neugeborenen entwickelt, bedarf es besonderer Methoden, die allerdings erst im Verlauf der letzten Jahrzehnte entwickelt worden sind.

Steven Friedman war z.B. daran interessiert, wie Neugeborene einfache Schachbrettmuster wahrnehmen (siehe Abbildung 3.1). Sind sie bereits in der Lage, diese gedächtnismäßig zu speichern? Können sie erkennen, daß zwischen mehreren Reizdarbietungen Unterschiede bestehen? Bei seiner Suche nach einer geeigneten Methode griff Friedman auf eine Erkenntnis zurück, die Mütter bereits seit Jahrtausenden kennen und die Platon im 7. Buch, Abschnitt 790, seiner „Gesetze" 380 v. Chr. wie folgt formuliert hat: „Wenn nämlich die Mütter Kinder, mit deren Einschlafen es seine Not hat, in Schlaf bringen wollen, so bewirken sie dies nicht durch Ruhe, sondern im Gegenteil durch Bewegung, indem sie sie ununterbrochen auf den Armen schaukeln und dabei nicht still sind, sondern ein Liedchen singen". Was das Kind in Platons Ausführungen beruhigen soll, wird in der Lernpsychologie Gewöhnung genannt: Wenn eine bestimmte Reizfolge wiederholt und monoton dargeboten wird, verliert sie allmählich ihre Attraktivität; sie ruft Langeweile und Ermüdung hervor.

Friedman bot eines der in Abbildung 3.1 dargestellten Reizmuster wiederholt 60 Sekunden lang dar und protokollierte jeweils, wie lange seine jungen Versuchspersonen es betrachteten. Früher oder später war zu beobachten, daß die Babys ihr Interesse an einem bestimmten Muster zu verlieren schienen, denn sie richteten ihren Blick sehr viel kürzer darauf als zu Beginn eines Versuchs-

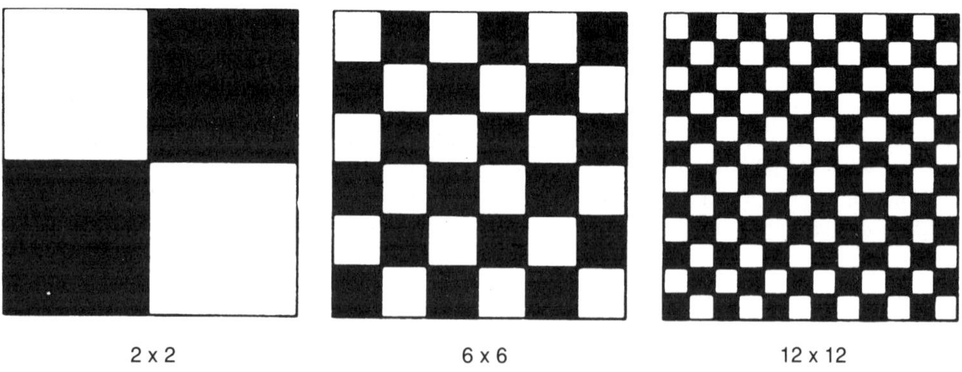

Abb. 3.1: Schachbrettartige Reizmuster, wie sie Neugeborenen in einer Untersuchung von Friedman dargeboten worden sind.

durchgangs. Eine naheliegende Erklärung für das veränderte Verhalten der Kinder wäre, daß sie langsam ermüdeten. Friedman prüfte diese Möglichkeit, in dem er den Babys ein verändertes Schachbrettmuster darbot. Daraufhin zeigte sich, daß die Betrachtungsdauer wieder erheblich anstieg. Ein hinreichend bekanntes Reizmuster hatte offenbar an Attraktivität verloren. Eine allgemeine Ermüdung lag jedoch nicht vor, denn eine veränderte Reizvorlage erregte sofort wieder das Interesse der Neugeborenen.

Solchen Studien läßt sich entnehmen, daß Kinder bereits während der ersten Lebenstage in der Lage sein müssen, sich ein Schachbrettmuster zu „merken". Offenbar können sie das in ihrem Gedächtnis gespeicherte, inzwischen vertraute Bild mit einer neuen Darbietung vergleichen. Wenn sie „erkennen", daß sich in ihrem Wahrnehmungsfeld etwas verändert, nimmt ihre Aufmerksamkeit und damit ihre Betrachtungsdauer sofort wieder zu.

Friedman hätte sich auch einer Vorrichtung bedienen können, die das außerordentlich gut entwickelte Saugverhalten des Neugeborenen nutzt. So steckten Peter Eimas und seine Mitarbeiter Babys im Alter von einem Monat einen besonders präparierten Schnuller in den Mund. Sobald sie daran saugten, schaltete sich eine Vorrichtung ein, aus der eine Stimme regelmäßig „bah" sprach. Auch bei diesen Kindern schien das Interesse an dem wiederholt dargebotenen Reiz allmählich nachzulassen, denn sie saugten zunehmend weniger an ihrem Schnuller. Wenn sich der akustische Reiz dann aber langsam veränderte und aus „bah" z.B. ein eindeutiges „pah" wurde, nahm das Saugen wieder kräftig zu. Auf diese Weise konnte Eimas nachweisen, daß Neugeborene im Alter von einem Monat zwischen „bah" und „pah", acht Wochen alte Kinder zwischen „ma" und „na" unterscheiden können.

Friedman und Eimas wandten die *Gewöhnungsmethode* an, d.h., sie boten einen Reiz so lange dar, bis der Säugling mit dessen Merkmalen hinreichend vertraut war. Sodann änderten sie den Reiz und registrierten, wie die Kinder darauf reagierten. Selbstverständlich besitzt diese Methode auch ihre Grenzen. Wie will man mit ihrer Hilfe z.B. klären, von welchem Alter an Neugeborene die eigene Mutter an ihrer Stimme erkennen? Wie kann man feststellen, ob ein Kind „weiß", daß die Stimme der Mutter Hinweise auf ihren Standort gibt? Zur Beantwortung solcher Fragen hat man andere Wege beschritten. Ein Experiment von Genevieve Carpenter gibt dafür ein Beispiel. Für die kindlichen Versuchspersonen wurde eine spezielle Apparatur gebaut, deren wesentliche Bestandteile Abbildung 3.2 wiedergibt.

Die Kinder sahen durch das Fenster dieser Apparatur u.a. ihre Mutter, die entweder schweigsam blieb, mit ihrer eigenen Stimme sprach oder zu deren Gesicht die Stimme einer fremden Frau eingeblendet wurde. Es zeigte sich, daß sogar schon zwei Wochen alte Kinder auf diese Situationen unterschiedlich reagierten. Sie betrachteten nämlich am längsten ihre mit eigener Stimme sprechende Mutter. Das schweigende Gesicht der Mutter weckte zwar weniger Interesse; aber die kindlichen Augen richteten sich ebenfalls darauf. Demgegenüber schienen sich die Neugeborenen regelrecht zu bemühen, nicht das Gesicht ihrer Mutter anzuschauen, wenn es mit einer fremden Stimme sprach; offenbar beunruhigte sie ein solches Ereignis. Dieses Ergebnis legt den Schluß nahe, daß Kinder bereits im Alter von zwei Wochen „wissen", welche Stimme zu dem Gesicht ihrer Mutter gehört.

Die Unfähigkeit des Neugeborenen, sich sprachlich zu verständigen, die früher den methodischen Möglichkeiten der Entwicklungspsychologie Grenzen setzte, gilt heute keineswegs als unüberwindliche Barriere.

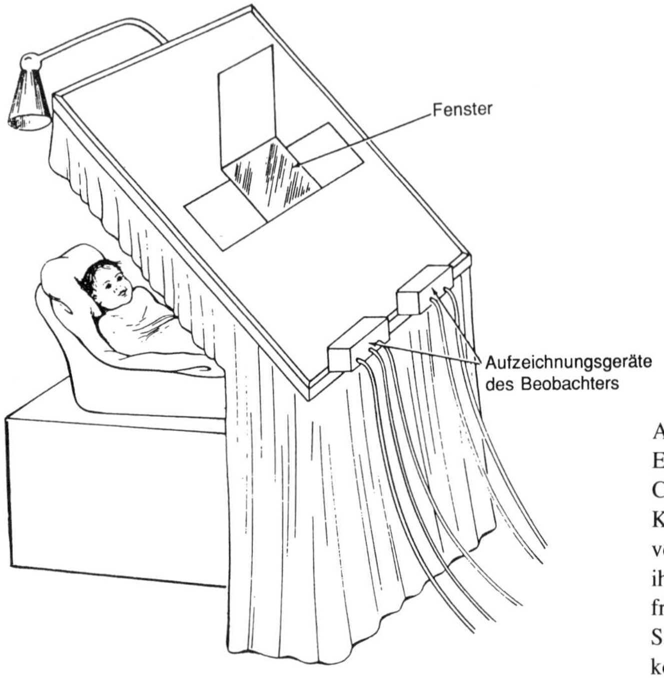

Abb. 3.2:
Eine experimentelle Apparatur, die Carpenter zum Studium von Kindern im Alter von zwei Wochen verwendete, denen das Gesicht ihrer Mutter entweder mit einer fremden oder mit einer vertrauten Stimme dargeboten werden konnte.

Entwicklungspsychologen der jüngeren Zeit haben den Beleg erbracht, daß es mit einigem Einfallsreichtum sehr wohl gelingen kann, Aufschlüsse über Prozesse zu gewinnen, die sich zwar der direkten Beobachtung entziehen, die aber Art und Weise der Auseinandersetzung eines Kindes mit seiner Umwelt erschließen lassen.

3.2 Anpassungsfähigkeit als entscheidendes Ausstattungsmerkmal des Neugeborenen

Für die meisten Pflanzen und Tiere gilt, daß sich ihre Überlebenschance erheblich vermindert, wenn man sie aus ihrem angestammten Lebensraum herausnimmt, um sie in völlig anderen Gegenden anzusiedeln. Demgegenüber kann sich der Mensch den Lebensbedingungen des Tropengürtels ebenso wie denen in der Arktis anpassen. Den Anforderungen einer Bergregion vermag er nicht weniger zu trotzen als denen einer Küstenregion. Obwohl sich die Aufgabe, das Überleben zu sichern, in verschiedenen geographischen Bereichen unterschiedlich stellt, verweist die jeweils erfolgreiche Bewältigung auf die außerordentliche Anpassungsfähigkeit des Menschen, die er – das steht außer Frage – dem hohen Entwicklungsniveau seines Gehirns verdankt.

Dem menschlichen Gehirn kommt in der gesamten körperlichen Entwicklung bereits sehr früh eine klare Vorrangstellung zu. Dieses bringt ein Vergleich der Körperproportionen unterschiedlicher Lebensalter zum Ausdruck, den Abbildung 3.3 ermöglicht.

Es ist ersichtlich, daß das Neugeborene nicht einfach den Körper eines Erwachsenen in verkleinerter Form hat. Der Kopf wächst offenkundig zu Beginn des Lebens besonders schnell. Beim zwei Monate alten Fötus

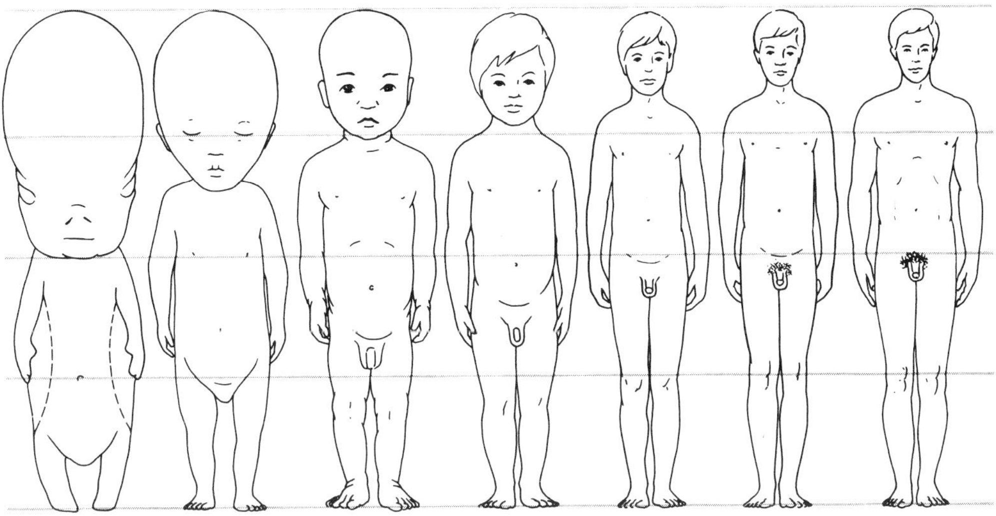

Abb. 3.3: Das Neugeborene unterscheidet sich vom Erwachsenen durch seine Körperproportionen.

wird die Hälfte der gesamten Körperlänge vom Kopf eingenommen. Beim Neugeborenen beträgt der Kopf ein Viertel der gesamten Körperlänge (beim Erwachsenen nur ein Achtel). Im Unterschied dazu sind Arme und Beine ziemlich kurz. Während sich die Höhe des Kopfes in den nächsten achtzehn bis zwanzig Lebensjahren nur verdoppelt, sind Arme und Beine des Erwachsenen viermal so groß wie die eines Neugeborenen. Offenbar wird mit dem früh beschleunigten Wachstum des Kopfes und des Gehirns eine hohe Anpassungsfähigkeit des Menschen bereits während der Fötalzeit vorbereitet.

Die bereits während der Phase des Fötus deutlich erkennbare Entwicklungstendenz, dem Kopf beim Wachstum eine „Vorreiter"-Funktion zu geben, unterstreicht, daß hier kein Lebewesen entsteht, dessen Anpassung lediglich auf der Ebene der Reflexe erfolgen soll. Dazu bedürfte es nämlich keiner anspruchsvollen Entwicklung des Nervensystems. Reflexe leisten zwar – wie der nachfolgende Abschnitt aufzeigen wird – beim Neugeborenen einen entscheidenden Beitrag zur Aufrechterhaltung wichtiger Lebensfunktionen; viele lassen sich aber bereits wenige Monate nach der Geburt nicht mehr auslösen. Die Anpassungsleistung, die ein Mensch im Verlauf seiner Entwicklung zu erbringen hat, setzt ein außerordentlich kompliziertes nervöses System voraus. Auch das einzigartige Gehirn des Menschen kann seine Arbeit nur aufnehmen, wenn ihm über Sinnesorgane „Daten" zugeleitet werden. Sind Auge und Ohr des Neugeborenen aber bereits ausreichend entwickelt, um das Gehirn über wesentliche Bedingungen und Ereignisse zu informieren? Ist der Reifungsgrad des Gehirns weit genug fortgeschritten, um diese Informationen auszuwerten? Es ist verständlich, daß die Entwicklungspsychologie an der Klärung solcher Fragen ein erhebliches Interesse hat.

3.2.1 Anpassung des Neugeborenen an seine Umwelt durch Reflexe

Im Jahre 1974 spazierte in Norwegen an einem kalten Wintertag ein fünfjähriger Junge am Ufer eines teilweise zugefrorenen Flusses entlang. Als er plötzlich die Balance verlor und ins Wasser fiel, wurde er in wenigen Sekunden von der Strömung unter die Eisdecke getrieben, von wo aus er nicht mehr entkommen konnte. Die Rettungsversuche der Polizei dauerten vierzig Minuten. Endlich zog man einen Körper aus dem Wasser, dessen Haut blau verfärbt war und der nicht mehr atmete. Ließ sich das Leben dieses Kindes noch retten? Die Chancen schienen gering, denn man mußte davon ausgehen, daß ein Unterbinden der Sauerstoffzufuhr um mehr als vier Minuten schwere Hirnschädigungen oder sogar den Tod nach sich zieht. Trotz solcher Befürchtungen brachte man den Jungen – nach sofortigen und ständigen Wiederbelebungsversuchen – ins Krankenhaus, wo er zum Erstaunen der Ärzte wieder aufwachte. Nachfolgende Untersuchungen spürten keine Hirnschädigungen auf. Das Kind erholte sich offenbar wieder völlig. Wie läßt sich die Rettung dieses Kindes erklären?

Wissenschaftler von der Universität Michigan, die diesen ebenso wie zahlreiche weitere solcher Fälle eingehender untersuchten, greifen in ihren Erklärungen auf einen der zahlreichen Reflexe zurück, mit denen der Mensch bereits zum Zeitpunkt der Geburt ausgestattet ist. Bei einem Reflex handelt es sich um die angeborene Fähigkeit, auf einen spezifischen Reiz hin automatenhaft zu reagieren. Dem kleinen norwegischen Jungen rettete wahrscheinlich ein Tauchreflex das Leben. Er ist ausgelöst worden, als das kalte Wasser die Gesichtshaut des Kindes berührte (wäre das Wasser warm gewesen, hätte der Junge vermutlich nicht überlebt). Sauerstoffreiches Blut wurde daraufhin in die Lungen, zum Herzen und in das Gehirn geleitet. Haut, Muskeln und innere Organe können über eine Stunde ohne Blutzirkulation überleben. Vermutlich wird der Tauchreflex erstmalig während der Entbindung ausgelöst, wenn die Sauerstoffzufuhr für das Kind vorübergehend vermindert ist.

Man kann sich leicht davon überzeugen, daß ein Neugeborenes zahlreiche weitere Reflexe besitzt. Wenn ein Erwachsener in die Hand eines nur wenige Wochen alten Kindes seinen Finger legt, wird es diesen sofort umklammern (Greifreflex). Der Griff des Babys ist so fest, daß man seinen gesamten Körper an beiden Händen von seiner Unterlage abheben kann. Wenn man plötzlich auf das Kopfkissen des Neugeborenen klopft, reagiert dieses, indem es seine Finger spreizt, seine Arme seitwärts ausbreitet und sie unmittelbar darauf ruckartig über der Brust wieder zusammenschließt, als wolle es jemanden umarmen; dieser Reflex wurde erstmalig von dem Kinderarzt Ernst Moro (daher Moro-Reflex) beschrieben. Wenn man einem Neugeborenen unter die Arme faßt und dafür sorgt, daß die Füße eine Oberfläche berühren, wird es mit einer Beinbewegung beginnen, die dem Laufen sehr ähnlich ist (Schreit-Reflex).

Beim Neugeborenen lassen sich mehr als zwanzig verschiedene Reflexe unterscheiden. Es stellt sich die Frage, warum Neugeborene z.B. mit einem Tauch-, Greif- und Moro-Reflex ausgestattet sind. Könnte es nicht sein, so spekulierte man, daß einige Reflexe bereits bei tierischen Vorfahren entstanden, wo sie durchaus Anpassungsfunktion besaßen? Schützte der Tauchreflex unter anderen klimatischen Bedingungen der Erdgeschichte vielleicht empfindliche innere Organe im Falle einer Unterbrechung der Sauerstoffzufuhr während der Geburt (dabei erfährt das Kind ja – vor allem in kälteren Epochen der Erdgeschichte – einen Temperaturwechsel)? Bei Affenbabys erscheint der Klammerreflex besonders nützlich, denn ein Herunterfallen vom Rücken oder Bauch seiner Mutter ist weniger wahrscheinlich, wenn es sich in kritischen Situationen reflexhaft an dem mütterlichen Körper festklammert. Solche Erklärungsversuche gehen davon aus, daß sich beim Neugeborenen ein Erbe aus vormenschlicher Zeit offenbart, das bei ihm (in der Regel) allerdings seine Anpassungs- oder Überlebensfunktion verloren hat.

Es gibt aber auch Reflexe, die beim Menschen eine lebenswichtige Aufgabe zu erfüllen haben. Eine leichte Reizung der kindlichen Wangen löst z.B. eine Kopfdrehung aus, durch die das Neugeborene die mütterliche Brust findet. Sobald eine Reizung der Lippen erfolgt, wird der Saugreflex ausgelöst. Dieser gestattet es dem Kind, das Saugen, das Herunterschlucken der Milch und das gleichzeitige Atmen zu koordinieren, ohne daß Milch in die Luftröhre gelangt.

Für den Arzt sind sämtliche Reflexe aufschlußreich, also auch jene, die ihre aktuelle Anpassungsaufgabe verloren haben. Sie eröffnen dem Mediziner nämlich einen Einblick in den Reifungs- und Funktionsgrad des kindlichen Nervensystems. Viele Reflexe werden von älteren Hirnteilen (dem sog. Hirnstamm) kontrolliert. Sobald jedoch das Großhirn in seiner Entwicklung weit genug vorangeschritten ist, übernimmt dieses Steuerungsfunktionen. Aus diesem Grunde verschwinden viele Reflexe, die für das Neugeborene kennzeichnend waren, nach dem vierten Lebensmonat allmählich; andere, wie z.B. der Tauchreflex, bleiben länger wirksam und gehen erst im Verlauf der Kindheit zurück. Dieser Übergang der Kontrolle von älteren zu jüngeren Hirnteilen erfolgt in der Regel reibungslos; nur in wenigen Fällen kommt es zu Komplikationen. Wie sich dem Info-Kästchen 3.1 entnehmen läßt, ist der gelegentlich zu beobachtende Krippentod möglicherweise auf eine Störung dieses Übergangs zurückzuführen.

Einige Entwicklungspsychologen haben sich für die Frage interessiert, ob viele Reflexe des Neugeborenen tatsächlich nur funktionslos gewordene Überreste der Evolution darstellen. Könnte man sie nicht wenigstens nutzen, um die Entwicklung bestimmter motorischer Fertigkeiten zu fördern? Der Schreit-Reflex ist besonders geeignet, eine solche Frage zu klären. Man löste diesen Reflex bei Kindern im Alter zwischen der zweiten und achten Lebenswoche täglich viermal für jeweils drei Minuten mehrfach aus. Es zeigte sich, daß die auf diese Weise trainierten Kinder bereits im Alter von 10 Monaten laufen konnten, also etwa 10 Wochen früher als der Durchschnitt. Offenbar werden durch den Schreit-Reflex bereits Grundlagen für das spätere Laufenlernen gelegt. Sollte man deshalb bereits während der ersten Lebenswochen mit Übungen zum Laufenlernen beginnen, wie es die Autoren dieser Untersuchung empfahlen? Diese Entscheidung muß natürlich den Eltern überlassen bleiben. Sie sollten allerdings wissen, daß Kinder, die früh laufen können, damit nicht besonders günstige Voraussetzungen für ein überdurchschnittliches sportliches Talent oder eine hohe Lernfähigkeit entwickeln.

3.2.2 Anpassung durch Aufnahme und Verarbeitung von Informationen

Wenn Eltern sich ihrem jüngsten Kind zuwenden, mögen sie sich manchmal unwillkürlich fragen, wie dieses sie wohl wahrnimmt. Was sieht das Kind z.B., wenn es seine Augen auf das Gesicht seiner Eltern richtet? Gleicht der Eindruck mehr einem scharfen oder mehr einem unscharfen Foto? Vermag ein Neugeborenes bereits Farben zu unterscheiden? Kann das Kind abschätzen,

Info-Kästchen 3.1:
Warum kommt es bei einigen Kindern ohne erkennbare Vorzeichen zum plötzlichen „Krippentod"?

Es passierte 1972 in einer kleinen Stadt Süd-Carolinas. Ein Baby nahm seine Mahlzeit ein, ohne irgendwelche Auffälligkeiten zu zeigen. Wenn man von einem leichten Schnupfen einmal absah, schien es völlig gesund zu sein. Auch das Einschlafen war offenbar mit keinerlei Problemen verbunden. Als das Baby kurze Zeit später seine nächste Mahlzeit erhalten sollte, lag es jedoch bewegungslos im Bett. Der Arzt konnte nur noch den Tod feststellen. Der Vater, in dessen Obhut sich das Kind während der kritischen Zeit befunden hatte, wurde wegen Mordverdachts festgenommen. Ein großer bläulicher Fleck seitlich des Kopfes ließ auf eine Mißhandlung schließen. Die Ersparnisse des Vaters reichten nicht aus, um eine Kaution zu hinterlegen. Infolgedessen war es ihm nicht möglich, an der Beerdigung seines Sohnes teilzunehmen. Erst das Ergebnis der Autopsie, das einige Tage später eintraf, konnte den zunächst Beschuldigten entlasten: Das Kind war am sog. „Krippentod" (auch „plötzlicher Säuglingstod" genannt) gestorben. Wie kann aber ein Kind, das man für völlig gesund gehalten hatte, plötzlich und ohne irgendwelche Zeichen eines Todeskampfes sterben? Die vielleicht älteste Erklärung ist im Alten Testament nachzulesen. Im 1. Buch der Könige (3;9), das von Salomons Urteil berichtet, heißt es: „Und dieses Weibes Sohn starb in der Nacht; denn sie hatte ihn im Schlaf erdrückt." Wenn in geschichtlichen Quellen von einem solchen Erdrücken oder vom Ersticken des Kindes im Kissen oder anderem Bettzeug die Rede ist, hat sich vermutlich ein plötzlicher Säuglingstod ereignet.

Ein solches tragisches Ereignis gibt den Wissenschaftlern bis zur gegenwärtigen Zeit viele Rätsel auf. Bereits im Jahre 1973 zählte man mehr als 73 verschiedene Erklärungen. Seit langem richtet sich das Interesse auf Störungen der Atmung, weil fast alle Opfer vor ihrem Tod Symptome einer leichten Erkältung hatten. Man bemüht sich außerdem, eine befriedigende Erklärung für das vorübergehende Aussetzen der Atmung (Apnoe) zu finden.

Grundsätzlich kann eine solche Atempause bei jedem Baby in bestimmten Schlafphasen auftreten; ein solcher Zustand wird zumeist ohne Probleme überwunden. Ist bei einigen Kindern das in älteren Teilen des Gehirns angesiedelte Atemzentrum vielleicht zu schwach entwickelt, um die Luftventilation wieder in Gang zu setzen? Oder liegt eine Störung in jenen Zentren vor, die den Schlaf-Wach-Rhythmus regeln, wodurch verhindert wird, daß das Kind aufwacht, um den Atemstillstand zu beenden? Funktionieren möglicherweise Abwehrreflexe nicht, durch die ein normales Kind z.B. eine Decke wegschlägt, die bei ihm Ein- und Ausatmen behindert? Sofern sich solche Erklärungen als zutreffend erweisen sollten, würde sich sofort eine weitere Frage stellen: Warum tritt der Krippentod nicht schon in den ersten Wochen nach der Geburt, sondern gehäuft vor allem zwischen dem zweiten und vierten Lebensmonat auf?

Louis Lipsitt, der u.a. dieser Frage nachging, hält es für aufschlußreich, daß der Krippentod vor allem in einem Entwicklungszeitraum auftritt, in dem Reaktionen, die von älteren Teilen des Gehirns kontrolliert werden, durch willkürliche oder gelernte Verhaltensweisen ersetzt werden. Wenn nun die Lernfähigkeit eines Kindes beeinträchtigt ist (z.B. wegen unzureichender Entwicklungsbedingungen während der Schwangerschaft bzw. nach der Geburt), dann verlieren die Reflexe zwar an Wirksamkeit, ohne daß sie aber bereits durch gelernte Abwehrreaktionen ersetzt sind.

Um seine Vermutungen zu überprüfen, studierten Lipsitt und seine Mitarbeiter eingehend mehrere Fälle von plötzlichem Säuglingstod. Diese Kinder wiesen tatsächlich Gemeinsamkeiten auf: Sie hatten bei ihrer ersten Untersuchung einen vergleichsweise geringen Apgar-Wert (s.S. 79) erhalten. Ihr Geburtsgewicht war geringer. Lipsitt erhielt auch Bestätigungen für die wiederholt mitgeteilten Atemschwierigkeiten. Viele der Mütter waren Raucherinnen, litten unter Krankheiten, besaßen einen geringeren Bildungsgrad und stammten überwiegend aus sozial und wirtschaftlich benachteiligten Verhältnissen. Unzureichende oder unangemessene Ernährung, die mit Rauchen, Armut und Krankheit einhergeht, scheint zu den Voraussetzungen für den Atemstillstand zu gehören. Verwirrend bleibt aber am plötzlichen Säuglingstod, daß viele Kinder, für die solche Merkmale zutreffen, am Leben bleiben, während andere, die solche Kennzeichen nicht aufweisen, dem Krippentod erliegen.

Immerhin weiß man heute, welche Kinder für einen plötzlichen Krippentod besonders gefährdet sind. Mit Hilfe eines elektronischen Überwachungsgerätes wird die Atmung dieser Kinder regelmäßig kontrolliert. Bei einem Aussetzen schlägt es sofort Alarm und gestattet damit rechtzeitige Gegenmaßnahmen.

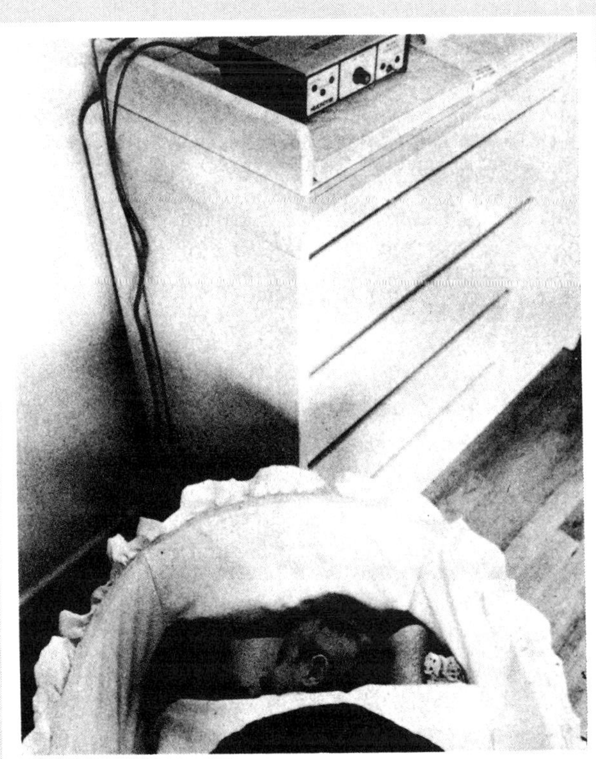

Abb. 3.4: Ein Überwachungsgerät, das bei Atemstillstand sofort Alarm auslöst.

in welcher Entfernung sich die Mutter von ihm befindet? Wie wirken die Stimmen der Eltern auf das Kind? Zur Beantwortung solcher Fragen muß man den Funktionsgrad der Sinnesorgane untersuchen. Die Wahrnehmung hängt weiterhin von der Fähigkeit des Gehirns zur Verarbeitung dessen ab, was Auge, Ohr usw. ihm übermitteln.

Normalerweise funktionieren beim Neugeborenen sämtliche menschliche Sinnesorgane bis zu einem gewissen Grade (wahrscheinlich mit Ausnahme des Geschmackssinns, der sich aber sehr bald nach der Geburt entwickelt). Im folgenden geht es um jene „Eingangspforten", über die in der weiteren Entwicklung die wichtigsten Informationen aufgenommen werden: Auge und Gehör.

3.2.2.1 Der Gesichtssinn des Neugeborenen

Hunde, Katzen und einige andere Säugetiere werden blind geboren. Sie können ihre Augen nicht vor Abschluß der ersten oder zweiten Lebenswoche öffnen. Beim Menschen verläuft die Entwicklung des Gesichtssinns bereits im vorgeburtlichen Zeitraum relativ schnell, denn während des siebenten Schwangerschaftsmonats hat sich dieses Sinnesorgan so weit entwickelt, daß alle notwendigen Teile nachweisbar sind. Ist das Auge damit aber auch in der Lage, optische Reize aufzunehmen und in die Sprache des Nervensystems umzusetzen? Der Pupillenreflex, der das Auge auf die äußeren Lichtverhältnisse abstimmt, funktioniert sogar bei zu früh geborenen Kindern. Allerdings reagieren Neugeborene zunächst nur auf extreme Lichtverhältnisse. Erst nach ein paar Lebenswochen ist zu beobachten, daß sich die Pupille auch nach kleineren Helligkeitsunterschieden verändert. Demnach muß das Neugeborene bereits über die Fähigkeit verfügen, zwischen hell und dunkel zu unterscheiden.

Die Möglichkeit eines Kindes, schon in den ersten Lebenswochen auf größere Helligkeitsunterschiede zu reagieren, erschwert übrigens seit mehr als hundert Jahren die Klärung folgender Frage: Sind Neugeborene in der Lage, Farben wahrzunehmen und voneinander zu unterscheiden? So versuchte z.B. schon der Jenaer Physiologe Wilhelm Preyer, dessen Tagebuchaufzeichnungen für die Entwicklungspsychologie Pionierleistungen waren, die Farbtüchtigkeit seines eigenen Sohnes zu untersuchen. Allerdings unterlief ihm ein methodischer Fehler, der sich auch in viele nachfolgende Untersuchungen eingeschlichen hat. Farben unterscheiden sich nämlich nicht nur nach ihrer Wellenlänge, sondern gleichzeitig bezüglich ihrer Helligkeit. Wenn man wissen will, ob ein Mensch zwischen zwei Farben unterscheidet, müssen die einzelnen Reizdarbietungen die gleiche Helligkeit aufweisen. Heute weiß man beispielsweise sicher, daß zwei bis drei Monate alte Kinder in der Lage sind, wenigstens einige Farben voneinander zu unterscheiden.

Von seinem Auge erwartet ein Mensch, daß es mehr leistet, als Helligkeits- und Farbunterschiede zu registrieren. Jeder Kurz- oder Weitsichtige weiß, welche Orientierungsschwierigkeiten ihm der vorübergehende Verlust seiner Brille bereitet. Wie liegen die Verhältnisse nun beim Neugeborenen? Ist es in der Lage, seine Pupillen so zu kontrollieren, daß sich die ihm zuwendende Mutter scharf auf den Netzhäuten seiner beiden Augen abbildet? – Die Antwort hängt von der Entfernung ab, die die Mutter zu ihrem Kind hält.

Wenn man als Erwachsener seinen eigenen Zeigefinger betrachtet, den man 40 oder 50 cm vor seine Augen hält, läßt sich der Krümmungsgrad der Linse so verändern, daß der Finger scharf gesehen wird. Bewegt man ihn auf das eigene Gesicht zu, ohne allerdings die Linse zu verändern, sieht man schließlich nur noch einen verschwommenen Finger. Ein Neugeborenes kann die Linsenkrümmung nicht verändern, damit näher und ferner gelegene Gegebenheiten jeweils scharf abgebildet werden. Es sieht seine Mutter am deutlichsten, wenn ihr Gesicht einen Abstand zwischen 18 und 38 cm von den Augen ihres Kindes hält. Bereits im Alter von zwei Lebensmonaten kann sich die Mutter aber mehr nähern oder weiter entfernen; das Kind ist dann nämlich fast schon wie ein Erwachsener in der Lage, den Krümmungsgrad seiner Linse auf die unterschiedlichen Distanzen abzustimmen.

Der Versuch mit dem Finger, der sich – bei gleicher Einstellung der Linse – allmählich auf die Augen zubewegt, verdeutlicht noch eine weitere Erscheinung: der Finger wird von einer bestimmten Entfernung an doppelt gesehen. Die hierzu erforderliche wechselseitige (zentralnervöse) Kontrolle, die nach der Geburt noch unzulänglich funktioniert, verbessert sich bis zum sechsten Lebensmonat erheblich.

Das Vorhandensein von zwei Augen stellt eine wesentliche Voraussetzung zum räumlichen Sehen dar. Durch den Abstand beider Augen werden nämlich auf die jeweiligen Netzhäute Bilder projiziert, die nicht identisch, sondern leicht gegeneinander verschoben sind. Das Gehirn konstruiert daraus einen Eindruck, den man auch als Tiefensehen zu bezeichnen pflegt. Ist diese besondere Fähigkeit auch schon beim Neugeborenen vorhanden? Besorgte Eltern versuchen mit Hilfe zahlreicher Maßnahmen zu verhindern, daß ihr Kind aus dem Bett, vom Wickeltisch oder eine Treppe herunterfällt. Gehen Sie davon aus, daß Kinder bis zu einem bestimmten Alter Tiefe nicht wahrnehmen oder meinen sie, daß die Kleinen bei vorhandener Tiefenwahrnehmung noch nicht in der Lage sind, ausreichende motorische Kontrolle über ihren Körper auszuüben? – Erste Aufschlüsse über das Tiefensehen im frühen Lebensalter erhoffte Eleanor Gibson mit Hilfe einer Apparatur zu gewinnen, die Abbildung 3.5 darstellt. Man

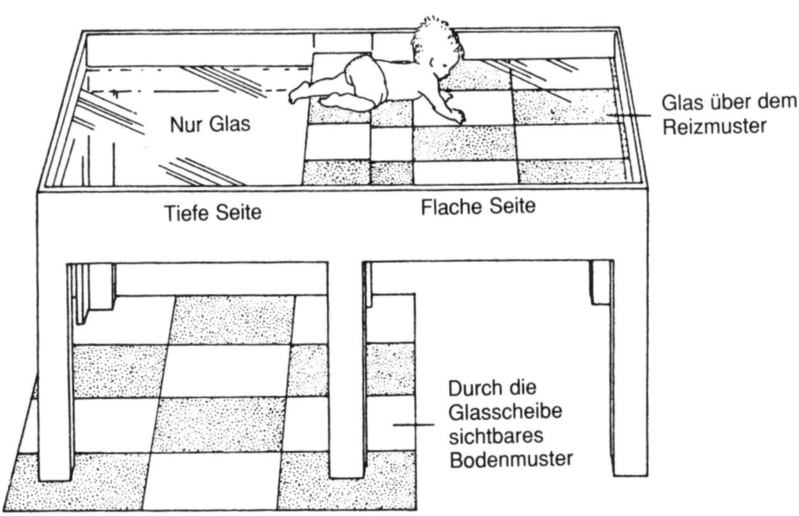

Abb. 3.5: Die „visuelle Klippe": Eine Apparatur zur Erforschung des Tiefensehens in der frühen Kindheit.

nennt sie „visuelle Klippe". Der Einfall zur Durchführung ihrer sehr bekannt gewordenen Untersuchung entstand anläßlich eines Ausflugs zum Grand Canyon. Während eines Picknicks blickte Gibson von einer Felsenkante aus in den Abgrund. Dabei schoß ihr die Frage in den Kopf, ob ein Baby wohl die gefahrvolle Tiefe wahrnehmen oder über den Rand des Plateaus hinauskriechen würde.

In der Mitte der visuellen Klippe findet sich – quer über eine dicke tragfähige Glasplatte gelegt – ein Brett. Auf der einen flachen Seite ist unmittelbar unterhalb der Glasplatte der schachbrettartig gemusterte Boden. Er wird auch auf der anderen („Abgrund"-)Seite sichtbar; allerdings liegt er dort etwa ein Meter unterhalb der Glasplatte. In Gibsons Studie wurden die 6 bis 14 Monate alten Kinder auf das Mittelbrett gesetzt. Die jeweilige Mutter hatte sodann die Aufgabe, ihr Kind entweder von der flachen Seite oder von der tiefen Seite aus anzulocken. Würden die jungen Versuchspersonen ihren Rufen folgen? – Fast alle Kinder krochen zu ihrer Mutter über die flache Seite; sie weigerten sich jedoch – z.T. mit weinendem Protest –, sich über die tiefe Seite zu bewegen. Auf der Grundlage ihrer Beobachtungen schlußfolgerte Gibson, daß die Babys die unterschiedlichen Tiefen wahrnehmen konnten.

Gibson hatte Kinder ausgewählt, die bereits kriechen konnten. Ist die Tiefenwahrnehmung auch schon bei Neugeborenen vorhanden? Wie reagiert z.B. ein zwei Monate altes Kind, wenn man es in Bauchlage auf die eine oder andere Seite der Klippe legt? Auch dieser Frage ist man nachgegangen. Dabei stellte man z.B. fest, daß das Herz der Kinder auf der tiefen Seite der visuellen Klippe langsamer als auf der flachen schlug. Offenbar reagiert der Organismus der zwei Monate alten Kinder auf den Unterschied zwischen den beiden Seiten. Allerdings hat man damit noch keine Belege, daß ihr Verhalten darüber hinaus in irgendeiner Weise von ihrer Tiefenwahrnehmung bestimmt wurde, denn eindeutigere Belege für Tiefenwahrnehmung gibt es erst nach Erreichung des fünften Lebensmonats.

3.2.2.2 Der Gehörsinn des Neugeborenen

Von Müttern, die sich im letzten Drittel ihrer Schwangerschaft befinden, hört man ziemlich häufig die Behauptung, ihr ungeborenes Kind reagiere auf laute Geräusche mit Zusammenzucken, so z.B. auf das Schlagen einer Tür, auf das Hupen eines Autos, auf das Donnern eines Gewitters. Skeptiker meinen, daß der Fötus doch in einer Flüssigkeit schwimme, die auch in die Gehörgänge eindringe und erst ein paar Tage nach der Geburt daraus verschwinde. Sollte es dennoch möglich sein, daß Schallwellen das Hörorgan bereits während der Schwangerschaft reizen können? – Dies läßt sich in der Tat bestätigen. Das Gehör funktioniert nämlich bereits einige Monate vor der Geburt. Zweifellos dämpft die im Gehörgang befindliche Flüssigkeit die ankommenden Schallwellen; ein Kind kann im Mutterleib aber bereits akustische Reize bestimmter Lautstärke und Frequenz hören.

Von der Leistungsfähigkeit des Gehörs bei Neugeborenen kann man sich eindrucksvoll vor allem bei Darbietung menschlicher Stimmen überzeugen. Anthony DeCasper und Melanie Spence veranlaßten sechzehn werdende Mütter, ihren ungeborenen Kindern während der letzten $6\frac{1}{2}$ Wochen ihrer Schwangerschaft zweimal täglich aus dem Kinderbuch „*Die Katze im Hut*" vorzulesen. Bis zum Zeitpunkt ihrer Geburt waren die Kinder insgesamt etwa fünf Stunden dieser Geschichte ausgesetzt. Nach ihrer Geburt durften die Babys durch Saugen an einem Gummischnuller (s.S. 91) „entscheiden", ob sie von ihrer Mutter *„Die Katze im Hut"* oder eine andere Geschichte *(„Der König, die Mäuse und der Käse")* hören wollten. Beide Stücke erfordern einen sehr unterschiedlichen Tonfall. Die Kleinen entschieden sich für *„Die Katze im Hut"*. Hatten die Kinder im Mutterleib bereits eine Vorliebe für diese Geschichte entwickelt? Solche Fragen stellen sich einige Wissenschaftler, die sich mit den Voraussetzungen zur Aufnahme und Verarbeitung von Informationen beim Fötus beschäftigen.

In einer anderen Untersuchung gab man Kindern im Alter von drei Tagen die Möglichkeit, eine Tonbandaufzeichnung von der Stimme der eigenen Mutter zu hören. Um das Gerät in Betrieb zu setzen, brauchten sie wiederum nur an einem Schnuller zu saugen. Kinder, die sich noch auf der Neugeborenenstation befanden und nicht mehr als 12 Stunden in der Nähe ihrer Mütter verbracht hatten, bevorzugten die Stimme der eigenen Mutter gegenüber derjenigen einer fremden Frau. Auch diese Reaktion spricht für eine bereits längere Vertrautheit der Kinder mit der Stimme ihrer Mutter. Wenn die Mutter über eine Tonbandaufzeichnung ein Wiegenlied singt, neigt ein Neugeborenes dazu, weniger zu schreien. Es hat den Anschein, daß Neugeborene einer weiblichen Stimme mit größerem Interesse zuhören als einer männlichen.

3.2.2.3 Wahrnehmung und Interesse

Da die Sinnesorgane des Neugeborenen bereits in einem beachtlichen Umfang funktionieren, könnte man annehmen, der Mensch werde zu Beginn seines Lebens von den Umweltreizen regelrecht bombardiert. Da das unreife Gehirn noch nicht steuernd und auswählend eingreifen kann, muß sich für das Neugeborene – so folgerte der bekannte Psychologe William James – zwangsläufig ein großes, verwirrendes Durcheinander ergeben. Ist der Mensch den Reizen der Umwelt zu Beginn seines Lebens aber tatsächlich hilflos und passiv ausgeliefert? Besitzt ein Neugeborenes keinerlei Möglichkeiten der Auswahl? Solchen Fragen gehen Psychologen bereits seit mehreren Jahrzehnten nach.

3.2.2.3.1 Interessante und langweilige Reizgegebenheiten

Um zu erfahren, ob ein Neugeborenes mehr aktiv oder mehr passiv ist, beobachtet man es am besten zwischen seinen Schlafphasen. Man wird feststellen, daß ein Mensch bereits während der ersten Lebenswochen in etwa fünf bis zehn Prozent seiner wachen Zeit damit beschäftigt ist, seine Umwelt mit den Augen zu untersuchen. Er tut dies sogar in einem völlig abgedunkelten Raum; allerdings bewegen sich die Augen dabei ruhiger als unter hellen Bedingungen. Nach solchen Beobachtungen erscheint es kaum gerechtfertigt, das Neugeborene als ein passives Wesen zu sehen.

Wie sieht es nun mit der Annahme aus, dem Neugeborenen stelle sich die Umgebung als ein „verwirrendes Durcheinander" dar? Ein älteres Kind oder ein Erwachsener kann ja bekanntlich eine Auswahl aus den Informationen treffen, die die Sinnesorgane dem Gehirn mitteilen: sie nehmen nur bewußt wahr, worauf sich ihre Aufmerksamkeit richtet. Wecken auch beim Neugeborenen einige Reizgegebenheiten mehr Interesse als andere? Können sie ebenfalls auswählen? Bereits im Jahre 1944 berichtete Fritz Stirnimann, daß Neugeborene, die erst einen Tag alt waren, Vorlieben für bestimmte Reizmuster besaßen. Etwa zwei Jahrzehnte später entschloß sich Robert Fantz, diesem Beobachtungsergebnis systematisch nachzugehen. Er entwickelte eine *Betrachtungskammer*, die sich zum Studium sehr junger

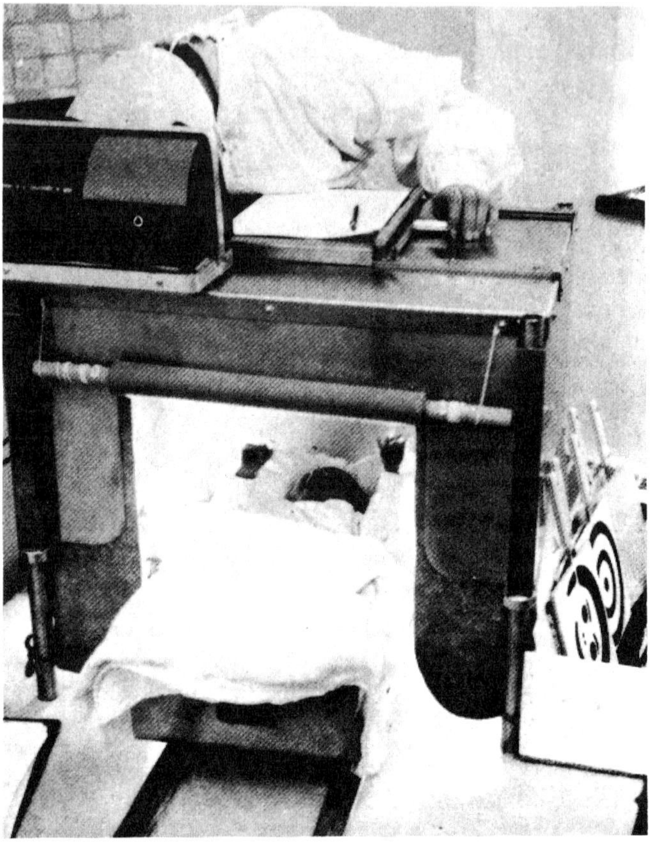

Abb. 3.6:
Die *Betrachtungskammer*, die Fantz benutzte, um die Wahrnehmung sehr junger Kinder zu studieren.

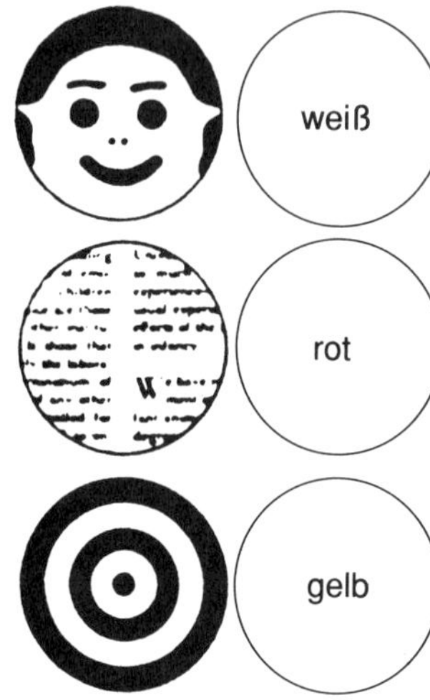

Kinder besonders gut eignete (s. Abbildung 3.6).

Babys im Alter zwischen wenigen Tagen und sechs Monaten wurden auf einen Wagen gelegt, den man in eine Betrachtungskammer schob. Unmittelbar über dem Kind wurden Reize dargeboten, während eine Beobachtung der kindlichen Augen Aufschluß darüber gab, wie lange welcher Reiz betrachtet wurde. Fantz stellte fest, daß sich der Blick auf einige Darstellungen ausdauernder richtete als auf andere. Kinder, die nicht älter als fünf Tage waren, betrachteten z.B. das in der Abbildung wiedergegebene Gesicht länger als den kreisförmigen Ausschnitt einer Druckseite, das Gedruckte schien sie mehr zu interessieren als das mit schwarzen und weißen Ringen gestaltete „Auge"; am wenigsten häufig betrachteten die jungen Versuchspersonen die einheitlich rot, weiß oder gelb gestalteten Kreise.

Demnach läßt sich der Schluß ziehen, daß ein menschliches Gesicht für das Neugeborene eine vergleichsweise hohe Attraktivität besitzt. Wie läßt sich diese Reaktionsweise aber erklären? Ist das Gesicht vor allem deshalb interessant, weil es ein menschliches ist? – Man sollte diese Möglichkeit nicht vorschnell ausschließen. Es darf aber auch nicht übersehen werden, daß das Gesicht mit seinen großen Punkten (z.B. den Augen) und Linien (z.B. Augenbrauen und Mund) viel Abwechslungsreiches für den Gesichtssinn bietet. Wie Abbildung 3.7 zeigt – die Striche geben jeweils Blickrichtungen der Neugeborenen wieder – betrachtet ein vier Wochen altes Kind besonders lange kleine Ausschnitte des Gesichtsrandes, also z.B. das Kinn oder den Haaransatz; einen Monat später richtet sich der Blick vor allem auf Merkmale innerhalb des Gesichts, also z.B. auf die Augen oder auf den Mund.

Während der ersten Lebenswochen konzentriert sich der Blick des Neugeborenen auf bestimmte Teile einer Figur oder des Gesichts. Irgendwann zwischen dem zweiten und dritten Monat vollzieht sich ein bedeutsamer Entwicklungsschritt. Das Kind ist dann in der Lage, eine Reizgegebenheit als Ganzes wahrzunehmen. Es reagiert auf ein menschliches Gesicht anders als auf eine Attrappe, die nur Teile wiedergibt, also z.B. lediglich die ovale Form des menschlichen Kopfes besitzt oder nur die beiden Augen als Punkte darstellt. Das menschliche Gesicht wirkt bereits seit langem wie ein Magnet auf die kindlichen Blicke; nunmehr – also spätestens mit Erreichen des dritten oder vierten Lebensmonats – besitzt es einen Attraktivitätswert, der durch andere Gegebenheiten der Umwelt nicht mehr zu überbieten ist.

3.2.2.3.2 Über die Wirkung von Bekanntem und Unbekanntem bei der Verarbeitung von Informationen

Wenn man Kindern im Alter von zwei Monaten Zeichnungen darbietet, die entweder das menschliche Gesicht in formgetreuer oder in entstellter Form wiedergeben, dann scheinen beide fast gleiches Interesse zu erregen; die formgetreue Darstellung wird nur geringfügig länger betrachtet. Wiederholt man diesen Versuch etwa ein bis zwei Monate später, dann ergibt sich etwas Bemerkenswertes: das Interesse an der formgetreuen Zeichnung läßt – nach Überschreitung eines Höhepunktes im Alter von drei Monaten – allmählich wieder nach. Die Attraktivität der entstellten Gesichtsform nimmt dagegen vorübergehend noch zu. Wie lassen sich diese Unterschiede in der Betrachtungsdauer erklären?

Der Entwicklungspsychologe Jerome Kagan geht in seiner Antwort davon aus, daß ein Kind während der ersten Lebenswochen vielfältige Gelegenheiten besitzt, Erfahrun-

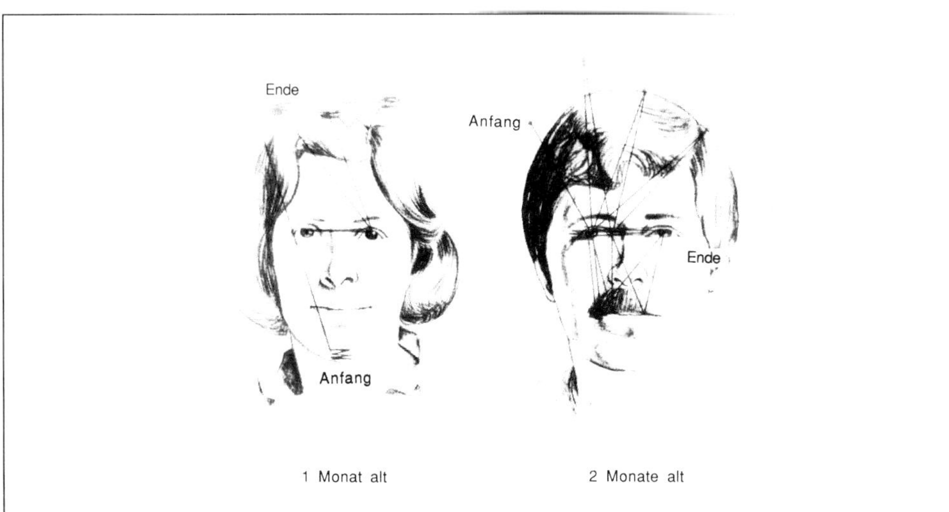

Abb. 3.7: Aufzeichnung der Blickbewegungen von 1- und 2-Monate alten Kindern beim Betrachten eines menschlichen Gesichts

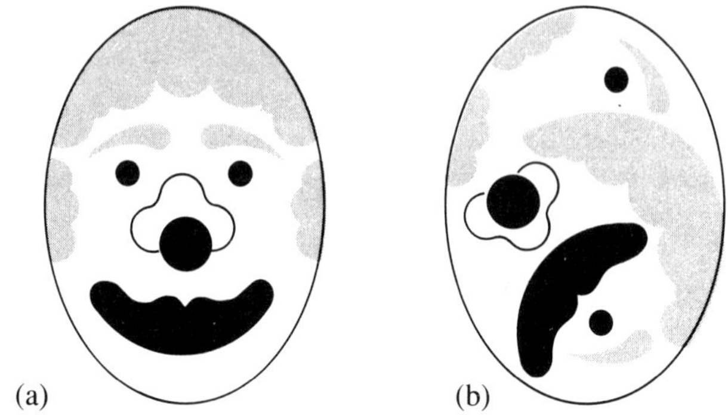

Abb. 3.8: Eine naturgetreue und eine entstellte menschliche Gesichtsform: Welche Zeichnung ruft größeres Interesse hervor?

gen mit Personen und Gegenständen zu sammeln. Die Pflegeperson, zumeist die Mutter, tritt dabei besonders häufig und regelmäßig in Erscheinung; aber auch die Trinkflasche oder irgendein Spielzeug dürften dem Kind immer wieder „ins Auge fallen". Durch die häufige Erfahrung mit einer Gegebenheit kann sich das Kind davon in seinem Gedächtnis allmählich eine Art Abbild schaffen. Kagan stellt sich dieses Abbild aber nicht im Sinne eines naturgetreuen Fotos vor. Er nimmt vielmehr an, daß das Gedächtnis vor allem die für eine Sinneserfahrung typischen Merkmale speichere. Um eine Verwechslung mit einer fotografischen Abbildung auszuschließen, bezeichnet Kagan diesen Gedächtnisinhalt als *Schema*. Nach Entstehung eines Gesichts-Schemas ist ein Kind z.B. in der Lage, eine Reizgegebenheit zu „erkennen", die in bestimmter Anordnung aus einem Haaransatz, zwei Augen, Nase und Mund besteht.

Das zwei oder drei Monate alte Kind benötigt noch relativ viel Zeit, um ein natürliches Gesicht zu untersuchen. Eine Zeichnung wie in Abbildung 3.8a liefert ihm jedoch keine grundlegend neue Information. Deshalb läßt sein Interesse schnell nach. Wenn eine Erfahrung dagegen mit den vorhandenen Schemata nicht zu vereinbaren ist, d.h. davon abweicht, erfolgt sofort wieder eine Erhöhung der Aufmerksamkeit. Ein drei bis vier Monate altes Kind vergleicht z.B. ein entstelltes Gesicht (s. Abbildung 3.8b) mit seinen bisherigen Erfahrungen (Schemata). Dabei stellt es eine leichte Unvereinbarkeit fest. In dieser *leichten Unvereinbarkeit* mit den vorhandenen Schemata sieht Kagan eine wesentliche Bedingung zur Weckung von Aufmerksamkeit. Von Reizdarbietungen, die dem Kind zu fremd sind, versucht es sich dagegen abzuwenden.

Einen entscheidenden weiteren Schritt in der Entwicklung sieht Jerome Kagan etwa im Alter von 12 Monaten. Wenn das Kind nunmehr eine Erfahrung macht, die mit dem bisher Bekannten nicht zu vereinbaren ist, reagiert es nicht nur – wie früher – mit Aufmerksamkeitszuwendung. Vielmehr versucht das Kind, aktiv die neue Situation zu verstehen, es stellt Vermutungen an, die das Fremdartige erklären können. Einige Entwicklungspsychologen sehen in diesem Bemühen um Verständnis den Beginn der intellektuellen Entwicklung beim Kind.

3.2.3 Anpassung durch Abstimmung von Sinneswahrnehmung und Motorik

Am Anfang dieses Kapitels wurde berichtet, daß aufmerksame Eltern bei Tom Bower auf erhebliche Zweifel stießen, als sie ihm berichteten, ihre Kinder hätten bereits in den ersten Lebenswochen Greifbewegungen ausgeführt. Aber Bower ging den Behauptungen der Eltern durch systematische Untersuchungen nach. Dabei konnte er tatsächlich nachweisen, daß Neugeborene bereits in den ersten Lebenswochen nach Gegenständen greifen. Er sammelte jedoch außerdem zahlreiche Belege dafür, daß diese frühen Greifbewegungen nicht mit dem gezielten Verhalten übereinstimmen, das erst mehrere Monate später zu beobachten ist. Ähnliches gilt für die Entwicklung anderer motorischer Fertigkeiten. Obwohl das Neugeborene unter bestimmten Bedingungen bereits „Geh"-Bewegungen ausführen kann (s.S. 94 f.), ist es vom selbständigen Gehen oder Stehen noch weit entfernt. Zwischen früheren und späteren Formen einer motorischen Aktivität gibt es also Unterschiede. Diese sollen am Beispiel des Greifens etwas eingehender herausgearbeitet werden.

3.2.3.1 Vergleich verschiedener Phasen der Greifentwicklung

Wenn man sich die Greifreaktion genauer ansieht, die Neugeborene während der ersten Lebenswochen zeigen, erkennt man eine gewisse Ähnlichkeit zu den Reflexen: das frühe Greifen wird jeweils durch bestimmte Reizbedingungen in Gang gesetzt; während der Ausführung erfolgt jedoch keine Steuerung auf der Grundlage von Informationen aus den Sinnesorganen. Deshalb ist ihr Anpassungsgrad an die jeweiligen Umweltgegebenheiten zumeist gering. Bei einer sorgfältigen Beobachtung des frühen Greifens wird man darauf aufmerksam, daß dem Neugeborenen dabei viele „Fehler" unterlaufen.

Wenn man wenige Wochen nach der Geburt einen auffälligen Gegenstand in den Blickkreis des Kindes bringt, besteht die Möglichkeit, daß es seine Hand danach ausstreckt. Allerdings wird die Bewegung durch die Augen oder – wie man auch sagt – *visuell* nicht kontrolliert. Wird der Hand beim Bewegungsstart eine falsche Richtung gegeben, kommt es zum Verfehlen des Gegenstandes, da während des Hinlangens keine Korrektur erfolgt. Dem Kind bleibt deshalb nichts anderes übrig, als die gesamte Greifbewegung noch einmal von Anfang an zu starten. Diese frühe Form des Greifens verschwindet etwa in der vierten Lebenswoche.

Erst nach vier oder fünf Lebensmonaten treten Greifbewegungen wieder häufiger auf. Diese unterscheiden sich allerdings schon rein äußerlich von der Frühform. Während das Kind in den ersten Wochen stets nur mit einer Hand nach einem Gegenstand greift, benutzt es nunmehr in der Regel beide Hände. In den ersten Lebenswochen bilden die Richtungsbewegung und das Schließen der Hand eine untrennbare Einheit (manchmal schließt sich die Hand auch, wenn sie den Gegenstand noch gar nicht berührt hat). Im „reiferen" Stadium der Greifentwicklung lassen sich jedoch klar zwei Teilprozesse einer Bewegung voneinander unterscheiden: Nachdem die Hand den Gegenstand erreicht hat und berührt, dauert es ungefähr 0,3 Sekunden, bis sich die Hand um den Gegenstand schließt. Das wichtigste Merkmal des Greifens bei fünf bis sechs Monate alten Kindern ist darin zu sehen, daß sie ihr Ziel kaum noch verfehlen. Das Baby steuert seine Greifbewegungen nun visuell, d.h., es dirigiert die Hand in Richtung auf das Ziel, das die Augen wahrnehmen.

Die Greifentwicklung ist damit allerdings noch nicht zum Abschluß gekommen; denn noch sieht es sehr ungeschickt aus, wenn das Kind den Gegenstand mit seinen Fingern gegen die Innenfläche der Hand drückt, statt ihn zwischen Daumen und Finger zu nehmen. Erst zwischen dem neunten und zwölften Monat greift das Kind fast wie ein Erwachsener (s. hierzu Abb. 1.3).

3.2.3.2 Erklärung der Greifentwicklung

Worauf sind Fortschritte in der Greifentwicklung zurückzuführen? Lassen sich zwischen dem ersten und fünften Lebensmonat Ereignisse aufspüren, die damit in Beziehung stehen? – Es liegen inzwischen mehrere Beobachtungen vor, denen zu entnehmen ist, daß es sich bei dieser Entwicklung nicht um ein ausschließlich reifungsbedingtes Entfalten handelt.

Etwa nach Abschluß des ersten Lebensmonats beobachtet man nämlich, daß sich die Aufmerksamkeit der Kinder immer häufiger auf die eigenen Hände richtet. Bower meint sogar, die Faszination dieses Anblicks sei so groß, daß das Greifen dadurch vernachlässigt würde. Während des ersten und zweiten Lebensmonats sei es dem Kind gar nicht möglich, die Aufmerksamkeit sowohl auf einen Gegenstand wie *auch* auf die eigenen Hände zu richten. Im Falle eines Konflikts würden die Hände stets bevorzugt. Offenbar sammelt das Kind dabei Erfahrungen, die für die weitere motorische Entwicklung von erheblicher Bedeutung sind.

Durch Beobachtung der eigenen Hände erhält das Baby unmittelbar Rückkoppelungen darüber, was mit den Armen und Händen passiert, wenn es die verschiedenen Muskeln aktiviert. An bestimmten Bewegungungen scheint das Kind besonderen Spaß zu haben, denn es wiederholt sie unermüdlich. Zwischen dem dritten und vierten Monat ist das Baby z.B. häufig damit beschäftigt, gegen Gegenstände zu schlagen, vor allem gegen solche, die unmittelbar über ihm an einem Faden hängen. Solche Übungen helfen dem Kind offenbar, die Armbewegungen unter visuelle Kontrolle zu bringen, d.h. sie so zu steuern, daß sie das gesehene Ziel tatsächlich erreichen.

3.2.3.3 Hemmende und fördernde Bedingungen der motorischen Entwicklung

Ein Neugeborenes könnte schon deshalb nicht das Kriechen, Laufen oder Klettern erlernen, weil die jeweils beteiligten Knochen und Muskeln noch zu schwach entwickelt

Abb. 3.9:
Zwischen dem ersten und fünften Lebensmonat ist das Kind sehr häufig mit der Beobachtung der eigenen Hände beschäftigt. Es sammelt dabei Erfahrungen, die für die Greifentwicklung von erheblicher Bedeutung sein dürften.

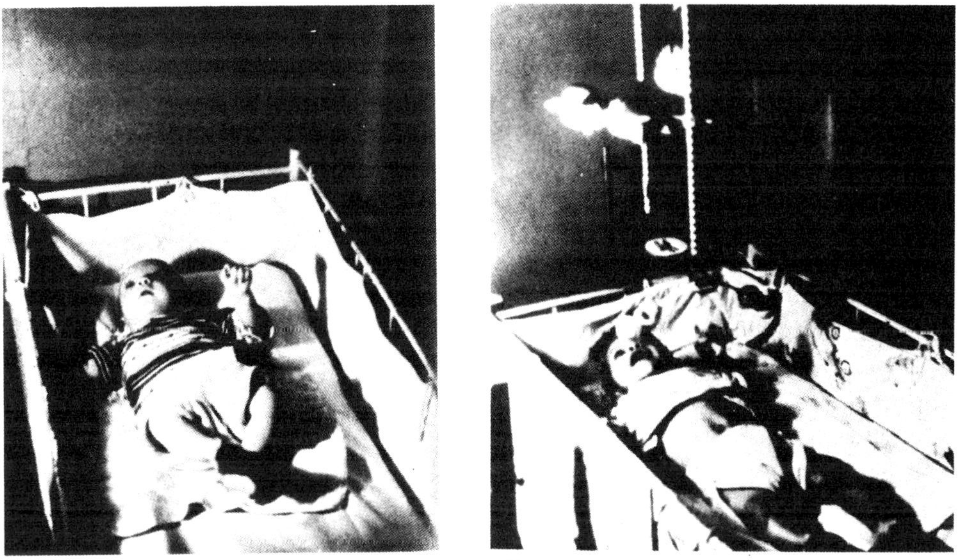

A B

Abb. 3.10: Klinik-Umwelten mit (a) einem geringen und (b) sehr hohen Grad an Reizanregungen

sind. Infolge der allgemeinen Entwicklungstendenz „vom Kopf abwärts" gelingt dem Kind zunächst die Kontrolle des Kopfes, den es bereits unmittelbar nach der Geburt wenden kann; es folgen die Arme und schließlich die Beine in der zeitlichen Abfolge. Kann man nun in die Geschwindigkeit dieser vermutlich genetisch gesteuerten Abfolge eingreifen? Gibt es Umweltbedingungen, unter denen die motorische Entwicklung schneller oder langsamer verläuft? Burton White untersuchte diese Frage unter besonderer Berücksichtigung der Greifentwicklung. Er hatte Zugang zu Kindern, die in einer Klinik untergebracht waren und dort auf Adoptiveltern warteten. Sie verbrachten die meiste Zeit ihres Tages in einem sauberen Bett, das rundherum mit weißen Polstern ausgekleidet war (s. Abb. 3.10a). Man wollte damit ausschließen, daß sich die Kinder an den harten Teilen ihres Bettes stießen; es hinderte sie aber gleichzeitig daran, etwas anderes im Zimmer zu sehen als die Decke. Eine „Bereicherung" ihrer unmittelbaren Umwelt ergab sich erst, nachdem die Babys etwa zu Beginn des zweiten Lebensmonats ihre eigenen Hände entdeckt hatten, die sie daraufhin aufmerksam beobachteten.

White interessierte sich für die Frage, wie die Kinder reagieren würden, wenn man ihre Umgebung etwas abwechslungsreicher gestaltete. An die Stelle der weißen Polsterbespannung erhielten die Babys eine mit rotem und weißem Muster. Zudem gab man ihnen ein bis zwei Spielsachen.

Es zeigte sich, daß die motorische Entwicklung bei jenen Kindern, denen White die Umgebung abwechslungsreicher gestaltet hatte, offenkundig schneller verlief; im Vergleich zu den Babys in reizarmer Umgebung trat das Greifen nach Gegenständen bei ihnen etwa zwei Monate früher auf. White warnte aber gleichzeitig vor dem Schluß, daß die Entwicklung um so günstiger verlaufe, je mehr Anregungen ein Kind erhalte. White beobachtete eine dritte Gruppe von Kindern, deren Betten – wie Abbildung 3.10b zeigt – er mit einer außerordentlich großen Anzahl verschiedener bunter Gegenstände ausgestattet hatte; sie waren entweder nur zu betrachten oder auch anzufassen. Bei diesen Kindern zeigte sich nicht der günstigste Verlauf in der Entwicklung des Greifverhaltens. Offenbar waren diese Kinder überfordert; sie brachten dem dargebotenen Material keine erhöhte Aufmerksamkeit entgegen und weinten zu Beginn der Studie vergleichsweise häufig.

Entwicklungspsychologen unterschätzen keineswegs die Bedeutung des Körperwachstums für die motorische Entwicklung: Knochen und Muskeln der Kinder müssen kräftig genug sein, um rein physikalisch den Anforderungen gewachsen zu sein. Man interessierte sich aber besonders dafür, welche Lerngelegenheiten ein Kind benötigt und nutzt, um Fortschritte in der motorischen Entwicklung zu erreichen. White konnte nachweisen, daß der Verlauf der Greifentwicklung bereits während der ersten Lebensmonate entscheidend von Umweltanregungen mitbestimmt wird. Lassen sich die von ihm aufgedeckten Zusammenhänge auch auf die Entwicklung anderer motorischer Fertigkeiten übertragen? Ist ein Kind, das z.B. früh stehen und laufen kann, in einer anregungsreicheren Umwelt aufgewachsen als ein anderes, das hinter dem Altersdurchschnitt erheblich zurückbleibt? Weshalb sind Kinder, die in Uganda leben, etwa fünf Monate früher in der Lage, selbständig zu laufen, als Kinder, die in Zürich aufwachsen? Info-Kästchen 3.2 untersucht solche Fragen etwas eingehender.

3.3 Anfänge sozialer Beziehungen

Es ist sicherlich beeindruckend, die Veränderungen eines Kindes während der ersten Monate seines Lebens zu beobachten. Aus einem Neugeborenen, das man anfänglich zumeist schlafend antrifft, wird nach zwölf bis fünfzehn Monaten ein Kind, das laufen kann, gezielt greift und die ersten Worte spricht. Man sollte aber beachten, daß diese Entwicklung nur stattfinden kann, wenn sich jemand dem neuen Erdenbürger von seiner Geburt an fürsorglich zuwendet. Was aber veranlaßt Menschen, sich um ihren Nachwuchs zu kümmern? Zweifellos sind mit der Fürsorge um ein Kind doch nennenswerte Opfer verbunden. So greift das neue Familienmitglied erheblich in Zeitplanungen seiner Eltern ein. Es verursacht beträchtliche Kosten. Es spuckt, ist bisweilen krank, muß mehrere Male am Tag gewickelt werden und stört *last not least* nicht selten durch Schreien die Nachtruhe seiner Eltern. Nach Meinung der Ethologen verfügen Kinder über angeborene Voraussetzungen, in ihrer sozialen Umwelt Zuwendungsverhalten auszulösen. Dennoch reagieren nicht alle Pflegepersonen in gleicher Weise auf ein Baby. Wovon hängt es ab, wie sich eine Mutter gegenüber ihrem Kind verhält? Sorgfältige Beobachtungen gestatten einige Antworten auf diese Frage.

3.3.1 Erklärung elterlicher Zuwendung und Fürsorge

Wie kann die Natur sicherstellen, daß die Nachkommenschaft einer Art überlebt, bis genügend Individuen das Alter der Fortpflanzungsfähigkeit erreicht haben? Grundsätzlich stehen mindestens zwei Möglichkeiten zur Verfügung. Man kann zum einen Nachkommen in sehr großer Menge hervorbringen und darauf setzen, daß eine ausrei-

Info-Kästchen 3.2:
Warum lernen afrikanische Kinder das Laufen früher als europäische?

Im Durchschnitt sind in Stockholm lebende Kinder mit zwölfeinhalb Monaten in der Lage, ohne Hilfe zu laufen, während Kinder in Paris im allgemeinen noch einen Monat länger benötigen. Afrikanische Kinder – man weiß das aus eingehenden Untersuchungen überwiegend in Uganda – laufen demgegenüber bereits im Alter von zehn Monaten. Worauf sind diese Unterschiede zurückzuführen? Man sollte – vor allem, wenn es um Beobachtungen von Angehörigen unterschiedlicher Rassen geht – genetische Einflüsse nicht völlig ausschließen. Allerdings sind auch die Eltern-Kind-Kontakte von Bedeutung.

Wayne Dennis besuchte in den fünfziger Jahren im Iran ein Waisenhaus, in dem von den ein- bis zweijährigen Kindern nur 42% alleine sitzen konnten; keines konnte laufen. Von den Zwei- bis Dreijährigen waren erst 8%, von den Drei- bis Vierjährigen nur 15% in der Lage, ohne Hilfe zu gehen. Dennis brachte diese Verzögerungen des motorischen Verhaltens mit extrem anregungsarmen Bedingungen in Beziehung. Das Heim, in dem viele Kinder sich jeweils eine Pflegeperson teilen mußten, stellte keinerlei Spielzeug zur Verfügung. Die Kinder wurden niemals zum Sitzen ermuntert. Sie verbrachten den größten Teil des Tages auf dem Rücken liegend in ihren Betten, wobei die durchgelegenen Matratzen ihnen noch nicht einmal ein Umdrehen gestatteten.

Demgegenüber leben viele afrikanische Kinder unter Bedingungen, die ihre motorische Entwicklung vermutlich fördern. Da die Mutter ihr Jüngstes zumeist bei sich am Körper trägt, sammelt dieses bereits früh Erfahrungen mit einer aufrechten Körperhaltung. Es lernt z.B. auf seinen Gleichgewichtssinn zu reagieren, gleichzeitig werden seine Nacken- und Rumpfmuskeln früh gestärkt. Einige afrikanische Mütter üben mit ihren Kleinkindern sogar regelmäßig das Sitzen, Stehen und Gehen, weil sie glauben, nur dadurch seien diese motorischen Fertigkeiten zu erlernen.

Abb. 3.11:
Verläuft die Entwicklung afrikanischer Kinder u.a. deshalb schneller, weil diese früh Erfahrungen mit einer aufrechten Körperhaltung sammeln können?

Sollte man die Beobachtungen in Afrika zum Anlaß nehmen, auch die motorische Entwicklung europäischer Kinder frühzeitig täglich zu trainieren? – Dafür besteht kein Anlaß, denn bei den jungen Afrikanern handelt es sich um eine sich früh entwikkelnde Fertigkeit, die keinen bisher bekannten überdauernden Vorteil hat.

chende Anzahl „durchkommt". Diesen Weg gehen z.B. Austern mit 500 Millionen, Fische mit „nur" 8000 und Frösche mit 200 abgelegten Eiern pro Muttertier im Jahr. Elterliche Fürsorge ist unter solchen Umständen weder zu verwirklichen noch notwendig.

Zum anderen gibt es Arten, bei denen Mutter, Vater oder beide sich um ihren Nachwuchs kümmern. Das ist allerdings nur möglich, wenn die Geburtsrate – wie bei allen Säugetieren – entsprechend geringer ist. Beim Menschen sind Mehrlingsgeburten die Ausnahme. Nach der Geburt eines Kindes dauert es – sofern die Mutter ihr Kind nicht stillt – in der Regel weitere sechs Wochen oder länger, bis eine weitere Empfängnis biologisch möglich wird.

Um elterliche Fürsorge zu garantieren, reicht es allerdings nicht aus, die Nachkommenschaft zahlenmäßig zu beschränken. Wie läßt sich darüber hinaus sicherstellen, daß ein Kind bis zu seiner Selbständigkeit ausreichend versorgt wird? Gibt es Bedingungen, die das Fürsorgeverhalten eines Erwachsenen hervorrufen? Sind die Stunden unmittelbar nach der Entbindung besonders wichtig, um die Zuneigung der Eltern zu wecken? Bei vorfindbaren Antworten sollte man sorgfältig prüfen, ob sie lediglich Vermutungen wiedergeben oder auf solide Beobachtungen gegründet sind.

3.3.1.1 Die Rolle von Schlüsselreizen

Es ist sicherlich nicht auszuschließen, daß Eltern vom zarten Körperbau ebenso wie von der offenkundigen Hilflosigkeit eines Neugeborenen angesprochen werden. Es

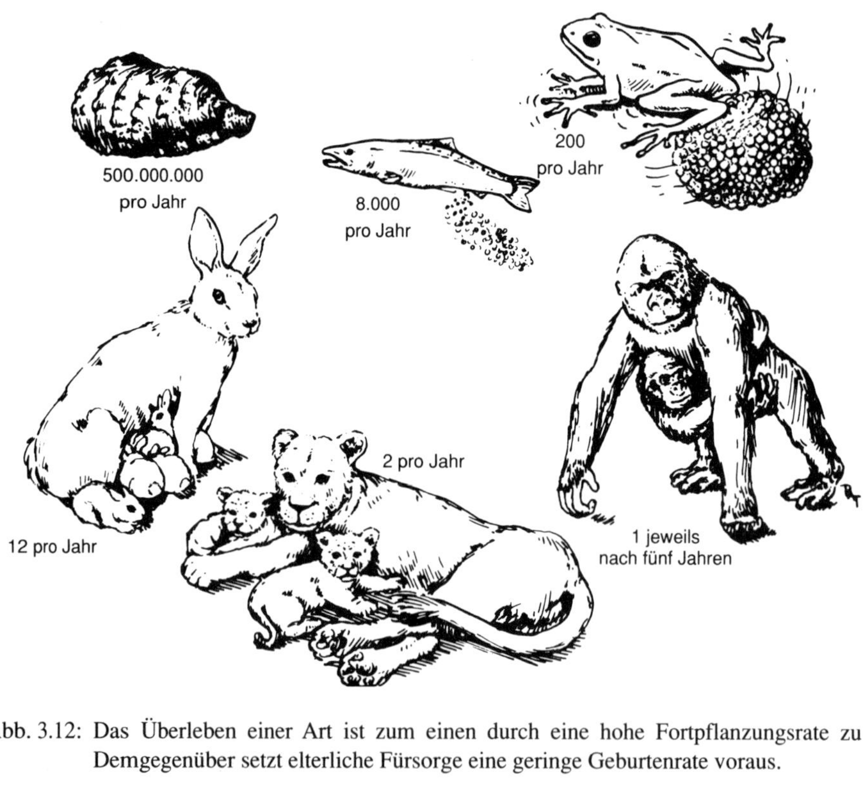

Abb. 3.12: Das Überleben einer Art ist zum einen durch eine hohe Fortpflanzungsrate zu sichern. Demgegenüber setzt elterliche Fürsorge eine geringe Geburtenrate voraus.

muß aber noch etwas hinzukommen, denn Frühgeburten, für die diese Merkmale ganz besonders zutreffen, rufen bei einem normalen Erwachsenen weniger Zuwendungsverhalten hervor als Babys, die nach einer normalen Schwangerschaftsdauer geboren werden.

Nach Auffassung der Ethologen wird das Zuwendungsverhalten von bestimmten Reizgegebenheiten („Schlüsselreizen") ausgelöst, die bei Babys unterschiedlich stark ausgeprägt sind. Viele Betrachter der Abbildung 3.13 reagieren auf die dargestellten Strichzeichnungen spontan mit Äußerungen wie „süß" oder „niedlich". Der Verhaltensforscher Konrad Lorenz meint, der Anblick eines Kopfes mit hoher Stirn, mit tief liegenden großen Augen, ausgeprägten Wangen usw. (sog. Kindchenschema) löse instinktiv bei allen Säugetieren und somit auch beim Menschen Zuwendungsverhalten aus, d.h., daß einem solchen Wesen Liebe, Schutz und Hilfe entgegengebracht wird. Tatsächlich wird das Gesicht eines Babys von den meisten Erwachsenen eher als z.B. dasjenige eines vierjährigen Kindes als „niedlich" wahrgenommen. Bei Jungen und Mädchen läßt sich diese Reaktion ebenfalls beobachten: die positive Reaktion der Mädchen verstärkt sich vor allem nach dem Auftreten ihrer ersten Regelblutung; Jungen folgen ihnen in dieser Hinsicht einige Jahre später. Der Anblick eines zu früh geborenen Babys erscheint vielen Betrachtern wegen seiner runzligen Haut und seines mageren Körperbaus weniger attraktiv.

Ein weiterer Auslöserreiz ist das Weinen, auf das Erwachsene, vor allem die Eltern, im allgemeinen mit Besorgtheit reagieren. Kinder schreien unterschiedlich, wenn sie hungrig, durstig oder einfach nur erregt sind. Allerdings fällt es Eltern häufig schwer, das Schreien ihrer Kinder richtig zu deuten. In jedem Fall bewirkt das Schreien bei Müttern ein sofortiges Ansteigen ihres Herzschlags. Mütter und Väter neigen dazu, ein weinen-

Abb. 3.13: Typische Reizmerkmale, die nach Auffassung des Verhaltensforschers Konrad Lorenz Zuwendungsverhalten auslösen.

des Kind auf den Arm zu nehmen. Sehr viel negativer reagieren Eltern jedoch auf das unrhythmische, schrille Schreien eines zu früh geborenen Kindes und zwar selbst dann, wenn dieses Signal in einer Filmdarstellung fälschlich mit einem gesunden Baby kombiniert wird.

Auch mit dem Lächeln steht dem Kind eine Möglichkeit zur Verfügung, Einfluß auf das Verhalten seiner Eltern zu nehmen. Beim Neugeborenen wirkt es als eine reflexhafte Reaktion zumeist etwas grimassenhaft. Etwa vier bis sechs Wochen nach der Geburt erhält man erste Anzeichen dafür, daß das Lächeln auch eine soziale Funktion erfüllen soll. Eine derartige Reaktion erfolgt nach zartem Streicheln des Kindes oder aufgrund einer hohen Stimme, später – im Verlauf des zweiten Lebensmonats – auch bei Darbietung eines Gesichts. Je mehr ein Kind lächelt, desto häufiger findet man die Mutter oder andere Pflegepersonen in der Nähe des Kindes, zumeist in dem aktiven Bemühen, weitere positive Reaktionen auszulösen. Auch in dieser Hinsicht sind zu früh geborene Kinder benachteiligt, denn da ihre Reflexe noch nicht voll funktionieren, reagieren sie schwächer oder gar nicht auf Umweltreize. Normal geborene Kinder sind demgegenüber für die soziale Mitwelt durchaus eine Herausforderung, sich mit ihnen zu beschäftigen. Sie „beantworten" Zuwendungen und zwar bereits von ihren ersten Lebenstagen an.

Wirken Schlüsselreize, wie Lächeln oder Weinen, auf alle Eltern in gleicher Weise? Rufen sie stets positive Emotionen hervor? Man zeigte Müttern, von denen man wußte, daß sie ihre Kinder mißhandelten, Filme mit schreienden Babys. Die Beobachtungen ergaben, daß diese Mütter sich bei solchen Szenen mehr erregten, mit stärkerem Unbehagen reagierten und ein geringeres Mitgefühl zeigten als andere Mütter. Auch auf den Anblick eines lächelnden Babys reagierten sie eher negativ als positiv. Das heißt aber nicht, daß bei diesen Müttern der Schlüsselreiz nicht funktionierte; wie Info-Kästchen 3.3 zu entnehmen ist, haben sie aufgrund bestimmter Lebenserfahrungen offenbar Persönlichkeitsmerkmale entwickelt, die auch ihr Verhalten gegenüber Kindern mitbestimmen.

Info-Kästchen 3.3:
Warum mißhandeln einige Eltern ihre Kinder?

Kindesmißhandlungen werden erst in jüngerer Zeit als ein soziales Problem gesehen. Solange die körperliche Bestrafung noch eine anerkannte Erziehungsmaßnahme darstellte, galten Verletzungen infolge von Züchtigungen als unvermeidliches Übel, das in Kauf zu nehmen war. Vor allem während des 18. und 19. Jahrhunderts wurden strenge Disziplinierungsmaßnahmen sogar von Geistlichen empfohlen, um das Böse im Kind auszutreiben und die Entwicklung moralischer Werte zu fördern. Kinder wurden ohnehin als Eigentum der Eltern gesehen. Was zu Hause mit dem Nachwuchs geschah, war folglich nicht allgemeinverbindlich geregelt.
Bis zur Gegenwart wird der Begriff „Kindesmißhandlung" unterschiedlich definiert. Soll er auch Nachlässigkeiten der Eltern in der Fürsorge des Kindes sowie mangelnden Schutz vor Gefahren beinhalten? Oder ist er nur zur Klassifikation solcher Fälle vorgesehen, in denen Kinder von Erwachsenen u.a. geschlagen, verletzt, mit längerem Essensentzug bestraft, gewürgt, mit Brandmalen versehen oder sexuell mißbraucht werden? In jüngerer Zeit ist die Tendenz zu beobachten, den Begriff in einem sehr umfassenden Sinn zu verwenden, d.h. auf alle Fälle anzuwenden, in denen mündige Personen unter Mißachtung ihrer Fürsorgepflicht Kindern körperliche und psychi-

3.3.1.2 Die Bedeutung der ersten sozialen Kontakte

Wenn man neugeborene „höhere" Säugetiere – wie z.B. Schafe, Ziegen oder – Kühe unmittelbar nach ihrer Geburt für mehrere Stunden von ihrer Mutter trennt, passiert für das Jungtier etwas Katastrophales: es wird zurückgewiesen und als Folge davon siecht es in der Regel dahin, bis der Tod das Leiden des jungen Tieres beendet. Normalerweise findet unmittelbar nach der Geburt ein ziemlich festgelegtes Ritual statt, in dem die Mutter ihr Kind z.B. leckt und markiert. Dabei handelt es sich offenbar um eine „kritische Phase" (s.S. 24), denn wenn man

sche Schäden zufügen. Kindesmißhandlungen in der Bundesrepublik Deutschland erfaßt die Polizeiliche Kriminalstatistik nach §223b StGB. Danach werden jährlich zwischen 1.120 (1987) und 1.507 (1980) Kinder unter 14 Jahren gequält, roh mißhandelt oder vernachlässigt; die Dunkelziffer ist jedoch außerordentlich hoch.
Mit Kindesmißhandlungen ist zu rechnen, wenn *mehrere* Bedingungen gleichzeitig vorliegen. Es gibt zwar eine Häufung in Familien geringen Einkommens; Mißhandlungen werden aber aus allen Teilen der Bevölkerung gemeldet. Mißhandelnde Eltern ahmen häufig nach, was sie in ihrer eigenen Kindheit erlebt haben. Die meisten Mütter, die selbst Opfer von Kindesmißhandlung gewesen sind, nehmen sich zwar zunächst vor, alles zu tun, um den eigenen Kindern ein solches Schicksal zu ersparen. Wenn es ihnen jedoch nicht gelingt, eine stabilere Lebenspartnerschaft aufzubauen oder wenn sie Schwierigkeiten haben, die alltäglichen Lebensanforderungen befriedigend zu erfüllen, besteht eine erhöhte Gefahr, daß sie ihren guten Vorsatz „vergessen". Wenn dagegen eine Mutter während ihrer Kindheit, da sie selbst mißhandelt worden ist, positive Beziehungen wenigstens zu einem Erwachsenen entwickeln konnte oder Gelegenheit gehabt hat, für mindestens ein Jahr an Therapiesitzungen teilzunehmen, bestehen gute Chancen für das Durchbrechen des Teufelskreises.
Streßsituationen und soziale Isolation stellen offenbar einen Nährboden dar, auf dem Kindesmißhandlungen besonders leicht entstehen können. James Garbarino und seine Mitarbeiter verglichen z.B. zwei Siedlungen miteinander, deren Bewohner überwiegend Bezieher geringer Einkommen waren. Obwohl sich beide Siedlungen in vielerlei Hinsicht ähnelten, traten in der einen Kindesmißhandlungen achtmal häufiger als in der anderen auf. Bei der Suche nach den Ursachen stellte man fest, daß Mißhandlungen bei solchen Eltern verstärkt auftraten, die auffallend wenig Kontakte zu Nachbarn unterhielten, keine Gemeinschaftsveranstaltungen, z.B. der Kirche oder Gemeinde, besuchten und die meinten, in einer Gegend wohnen zu müssen, in der es sich nicht zu leben lohne.
Wenn also Streßbedingungen wie Arbeitslosigkeit, Partnerschaftsprobleme, Krankheit von Angehörigen usw. vorliegen, gleichzeitig aber keine Sozialbeziehungen zu Verwandten, Freunden oder Bekannten bestehen, die wenigstens Hilfe durch Zuspruch gewähren könnten, ist das Risiko für das Auftreten von Kindesmißhandlungen erhöht.

Mutter und Kind erst mehrere Tage nach der Geburt voneinander trennt, besteht bei anschließender Wiedervereinigung nicht mehr die Gefahr einer Zurückweisung. Gibt es eine solche kritische Phase auch beim Menschen? Müssen bestimmte Bedingungen erfüllt sein, damit die liebevolle Zuwendung der Mutter geweckt wird? In dieser Frage fanden zwei Kinderärzte in den siebziger Jahren große Beachtung, weil sie überzeugt waren, eine Antwort gefunden zu haben.

Marshall Klaus und John Kennell hatten sich zunächst u.a. für die Frage interessiert, warum Kinder in späteren Jahren von ihren Eltern zurückgewiesen oder sogar mißhandelt werden. Dabei fiel ihnen auf, daß viele Opfer unmittelbar nach der Geburt – also frühgeborene oder medizinisch behandlungsbedürftige Kinder – vorübergehend von ihren Müttern getrennt worden waren.

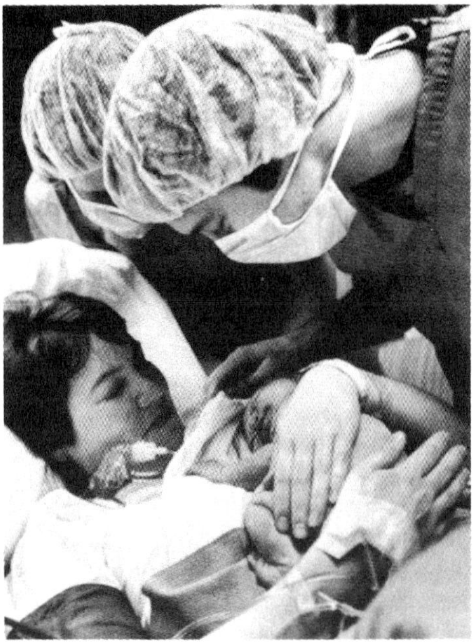

Abb. 3.14: Welchen Einfluß hat der unmittelbare Körperkontakt kurz nach der Geburt auf die Entwicklung der sozialemotionalen Bindung?

Die beiden Ärzte zogen daraus einen weitreichenden Schluß: „Es gibt in den ersten Minuten und Stunden des Lebens eine sensible Phase, in der es notwendig ist, daß die Mutter und der Vater mit ihrem Neugeborenen engen Kontakt haben, damit die spätere Entwicklung den günstigsten Verlauf nimmt." Solange sich noch bestimmte Hormone im Organismus der Mutter befänden, solle man für einen engen Hautkontakt sorgen. Die Öffentlichkeit reagierte sofort. „Moderne" Kliniken richteten das *Rooming-In* ein, d.h., sie schufen die Möglichkeit, daß die Mutter ihr Kind bereits während der ersten Stunden und Tage nach der Entbindung stets in ihrer unmittelbaren Nähe hatte.

Gegen die Einrichtung des *Rooming-In* sind von Entwicklungspsychologen niemals Einwände erhoben worden; viele bezweifelten aber, daß die Entstehung einer emotionalen Bindung zwischen Mutter und Kind unmittelbaren Hautkontakt während einer sensiblen Phase voraussetze. Sie stützten ihre Bedenken u.a. auf die Beobachtung, daß auch Kinder, die erst mehrere Monate nach der Geburt adoptiert wurden, im allgemeinen stabile emotionale Beziehungen zu ihren Pflegeeltern entwickeln. Die sorgfältige Nachprüfung gab den Zweiflern tatsächlich recht. Durch enge Kontakte zwischen Mutter und Kind unmittelbar nach der Geburt wird das Verhalten der Mutter allenfalls kurzfristig beeinflußt; längere Wirkungen, z.B. über den fünften Tag nach der Entbindung hinaus, sind aber nicht nachzuweisen. Marshall Klaus mußte daraufhin einräumen, daß er mit seinen Behauptungen zu weit gegangen war. „Ich wünschte", so erklärte er zu einem späteren Zeitpunkt, „wir hätten diese Behauptung niemals zu Papier gebracht. Heute stimmen wir mit der Behauptung nicht mehr überein. Ich würde vielmehr sagen, daß für einige Mütter zusätzliche Kontakte während der ersten Stunden und Tage ... hilfreich sein können und für einige mag dies einen tiefgreifenden Einfluß darauf haben, wie sie sich um ihr Baby kümmern. Zu ihnen gehören vor allem wirtschaftlich schwächer gestellte Mütter und solche, die wenig soziale Unterstützung erhalten." In der überarbeiteten Fassung ihres Buches stellen Klaus und Kennell unmißverständlich fest, daß es mehrere Wege zur Entwicklung einer sozial-emotionalen Bindung zwischen Mutter und Kind gibt.

3.3.2 Sozial-emotionale Bindungen

Es war Sigmund Freud, der als erster besonders nachdrücklich darauf hinwies, daß die sozial-emotionale Entwicklung sehr früh im menschlichen Leben beginnt. In der Beziehung eines Kindes zu seiner Mutter wurzelt nach seiner Überzeugung „die einzigartige, unvergleichliche, fürs ganze Leben unabänderlich festgelegte Bedeutung der Mutter als stärkstes Liebesobjekt, als Vorbild aller späteren Liebesbeziehungen". Wird die Mutter zum ersten „Liebesobjekt", weil sie die oralen Bedürfnisse des Kindes befriedigt, indem es an ihrer Brust trinkt? Entwickelt das Kind deshalb eine sozial-emotionale Bindung an seine Mutter, weil es – wie die Behavioristen meinten – von ihr ernährt und gepflegt wird? Das ist unwahrscheinlich, denn in den israelischen Kibbuzim kümmern sich z.B. gut ausgebildete Kollektivmütter (sog. *Metapelets*) um das Kind, während die Eltern es nur wenige Stunden abends und am Wochenende besuchen, um mit ihm zu spielen. Dennoch entwickeln die Kinder normale emotionale Bindungen auch zu ihrer Mutter.

Abgesehen von extremen Ausnahmesituationen entwickelt jedes Kind eine Bindung zu seinen Pflegepersonen. Es lassen sich allerdings Einstellungsunterschiede der Kinder feststellen. Einige haben offenbar gelernt, daß sie sich auf diese Personen verlassen können, während das Verhalten anderer auf Mißtrauen schließen läßt. Wodurch sind solche Unterschiede entstanden, und wie wirken sie sich auf das Verhalten eines Kindes aus, das sich z.B. in einer fremden Umgebung befindet oder einer unbekannten Person begegnet? Ein halbes Jahrhundert nach Freuds richtungsweisenden Arbeiten kann die Forschung auf solche Fragen ziemlich umfassende Antworten geben.

3.3.2.1 Entwicklung sozial-emotionaler Bindungen

Wenn ein Neugeborenes wenige Stunden nach der Geburt die Stimme seiner Mutter von der einer Fremden unterscheiden kann, wenn es nach zwei Tagen auf ihr Gesicht in besonderer Weise reagiert oder nach 14 Tagen ihren Geruch kennt, heißt das keineswegs, daß es diese spezielle Person erkannt hat. Auch wenn das Kind im Alter von drei Monaten seine Mutter anlächelt, darf noch nicht auf eine Bindung geschlossen werden; denn wenn die Mutter z.B. den Raum verläßt und ein Fremder zurückbleibt, reagiert das Kind nicht mit Protest; es scheint sich auch mit der ihm unbekannten Person zufrieden zu geben. Das wird sich erst nach Ablauf weiterer Monate ändern. Etwa vom sechsten bis siebenten Lebensmonat an beobachtet man immer häufiger, daß das Kind bestimmte Personen vorzieht.

Es ist sicherlich nicht zufällig, daß ein Kind mit der Bevorzugung bestimmter Personen im gleichen Alter beginnt, da es auch mit seinen Erkenntnisfunktionen einen wichtigen Schritt erreicht hat. Es erkennt jetzt nämlich einen Gegenstand wieder, der vorübergehend seinem Blick entzogen war. Es weiß, daß es eine Person auch dann gibt, wenn sie abwesend ist. Auf der Grundlage seiner bisherigen Kontakte hat das Kind offenbar Schemata (s.S. 104) von Personen seiner Umgebung gebildet. Sieht das Kind z.B. eine Frau, die mit seinem Mutter-Schema übereinstimmt, wird es lächeln oder sich freuen. Fremden Personen begegnet es dagegen zunehmend mit Mißtrauen. Das Bemühen, in der Nähe seiner Mutter zu bleiben und der Protest, wenn sie sich entfernt, zeigen sich vor allem in Situationen, die dem Kind unbekannt sind, weniger ausgeprägt in der vertrauten häuslichen Umgebung.

Abb. 3.15: Im Alter von 34 Wochen zeigt dieses in Uganda lebende Kind durch sein Verhalten, daß es eine Bindung zu seiner Mutter entwickelt hat: es weint, als sie sich von ihm entfernt.

Zunächst entwickeln Kinder vor allem eine Bindung zu der Person, die sich täglich am meisten um sie kümmert. Das ist in der Regel die Mutter – in Industrienationen, wie z.B. Amerika, Schweden oder Israel, bei jüngeren wie bei älteren Ehepaaren, bei Eltern mit überwiegend konservativem oder alternativem Rollenverständnis (d.h. der Vater kümmert sich in unverhältnismäßig starkem Umfang um die Pflege des Kindes während des ersten Jahres nach der Geburt). Auch wenn die meisten Väter lieber lesen oder fernsehen oder sich gar nicht um die Pflege und Ernährung kümmern, bauen diese eine emotionale Beziehung zu ihren Kindern auf. Ebenso können Großeltern, Geschwister, Kinderfrauen usw. zum „Liebespartner" werden. Info-Kästchen 3.4 berichtet über eine kleine Gruppe von Kindern, denen bereits von frühester Kindheit an ein tragisches Schicksal zuteil wurde; unter ungewöhnlichen Lebensumständen konnten sie zu keinem Erwachsenen, wohl aber untereinander intensive sozial-emotionale Bindungen entwickeln.

3.3.2.2 Unterschiede in der Qualität sozial-emotionaler Bindungen

Die Beschäftigung mit der Entwicklung der ersten Sozialbeziehungen wirft die Frage auf, unter welchen Bedingungen stärkere und schwächere sozial-emotionale Bindungen zwischen Kindern und ihren Pflegepersonen entstehen. Es ist vor allem Mary Ainsworth zu verdanken, daß sich die Entwicklungspsychologie nicht allzu lange mit dieser Frage auseinandergesetzt hat. Ihr erschien es sinnlos, sich mit unterschiedlichen Stärken sozial-emotionaler Bindung zu beschäftigen. Ainsworth lenkte die Aufmerksamkeit auf die qualitativen Unterschiede sozial-emotionaler Bindungen. Ihr erschien es bedeutsamer, Kinder danach zu unterscheiden, ob sie eine „sichere" oder „unsichere Bindung" entwickelt haben.

Mary Ainsworth hat ein Szenario entwickelt (die „fremdartige Situation"), das einer Mutter genau vorschreibt, wie sie sich gegenüber ihrem z.B. zwölf Monate alten Kind in acht aufeinanderfolgenden Episoden zu verhalten hat:

Info-Kästchen 3.4:
Können Gleichaltrige den frühen Verlust der Eltern und anderer Pflegepersonen ersetzen?

Für sechs Kinder, die nach Beendigung des Zweiten Weltkriegs im August 1945 in die Fürsorge von Freuds Tochter Anna und Sophie Dann nach England kamen, waren die ersten Lebensjahre furchtbar gewesen: Die am 21. April 1942 in Wien geborene Ruth hatte während des Nazi-Terrors ihre Eltern, einen siebenjährigen Bruder und eine vierjährige Schwester verloren. Der am 22. Oktober 1942 geborene Peter war erst wenige Tage alt, als seine Eltern deportiert und ermordet wurden. Man fand das allein gelassene Neugeborene in einem Park. Es wurde zuerst in ein Kloster, später in ein Jüdisches Hospital Berlins und schließlich in das Konzentrationslager Tereszin gebracht, wo Peter mit den anderen Waisen John, Leah, Paul, Miriam und Ruth zusammentraf; das Alter der Kinder lag zwischen dem sechsten und zwölften Lebensmonat. Da Tereszin ein Durchgangslager war, wechselten die Erwachsenen, die sich um die Kinder zu kümmern hatten, ständig. Den Kleinen konnten Erwachsene nur wenig Aufmerksamkeit widmen. Aber die Kinder blieben zusammen. Das etwas unscharfe Foto der Abbildung 3.16 zeigt sie wenige Wochen nach ihrem Eintreffen im englischen Rehabilitations-Zentrum.

Als die Kinder in England eintrafen, waren sie wild, unruhig, abweisend und feindselig gegenüber Erwachsenen. Sie schrien ihre Pfleger an und beschimpften sie. Fast alle Spielsachen gingen entzwei; Möbel wurden demoliert.

Zwischen den Kindern hatte sich allerdings eine positive emotionale Bindung entwickelt. Wenn einer fehlte, dann waren alle anderen beunruhigt. Niemand wollte im unteren Stockwerk bleiben, wenn die anderen in der oberen Etage waren. Keiner war zu einem Spaziergang zu überreden, wenn

Abb. 3.16: Die von Anna Freud und Sophie Dann betreuten Waisenkinder, die das Konzentrationslager überlebt hatten.

die übrigen fünf nicht mitkamen. Die Fürsorge füreinander war eindrucksvoll. „Während der Mahlzeiten war es wichtiger, den Nachbarn mit Essen zu versorgen als selbst zu essen." Als Paul an einem sehr kalten Tag seine Handschuhe auf einem Spaziergang verloren hatte, gab John ihm seine, ohne anschließend ein einziges Mal über kalte Hände zu klagen. Zwar konnte es zwischen den Kindern häufig zu Streitereien kommen; aber es gab nicht die ausgeprägten Rivalitäten, keinen Neid oder Eifersüchteleien, wie man es unter normalen Geschwistern häufig findet. Die Bindungen, die sie untereinander entwickelt hatten, halfen ihnen wahrscheinlich, mit ihrem frühen grausamen Schicksal fertigzuwerden. Allmählich konnte auch ein Vertrauensverhältnis zu den sie betreuenden Erwachsenen aufgebaut werden. Schließlich sorgten sie für diese ebenso wie für ihre gleichaltrigen Leidensgenossen. Keines der Kinder wies erhebliche intellektuelle Schwächen auf, niemand kam später mit dem Gesetz in Konflikt. Aus John, Ruth, Leah, Paul, Miriam und Peter wurden Erwachsene, die den Anforderungen des Lebens gewachsen waren.

1. Die Mutter betritt mit ihrem Kind einen unbekannten Raum (Dauer etwa eine halbe Minute; jede der nachfolgenden Episoden erstreckt sich jeweils auf höchstens drei Minuten).
2. Die Mutter setzt sich, und das Kind hat die Möglichkeit, vorfindbares Spielzeug zu erkunden.
3. Eine Fremde betritt den Raum, hält sich zunächst zurück und versucht dann, mit dem Kind zu spielen.
4. In dieser Situation verläßt die Mutter den Raum.
5. Die Mutter kehrt zurück und die Fremde geht.
6. Die Mutter verläßt noch einmal den Raum; das Kind bleibt allein zurück.
7. Die Fremde kehrt ein weiteres Mal zurück. Falls es erforderlich ist, versucht sie das Kind zu beruhigen.
8. Nachdem die Mutter wieder den Raum betreten hat, zieht sich die Fremde zurück.

Etwa 60 Prozent der von Ainsworth beobachteten Kinder waren nach Betreten des Raums ziemlich schnell bereit, sich von der Mutter zu entfernen, um sich mit dem vorhandenen Spielzeug zu beschäftigen. Allerdings überzeugten sich die Kleinen gelegentlich durch einen Blick, daß die Mutter sich noch in der Nähe befand. Die Mutter war offenbar so etwas wie ein „sicherer Hafen". Beim Eintreten der fremden Person näherten sich zwar viele Kinder ihrer Mutter; besonders aufzuregen schien sie das Ereignis jedoch nicht, denn viele reagierten sogar mit einem Lächeln. Beunruhigt erschienen die Kinder erst, wenn die Mutter sie mit der Fremden allein ließ. Sie hörten mit dem Spielen auf oder fingen an zu weinen. Die Rückkehr der Mutter löste bei den Kindern Freude und Erleichterung aus. Wenn die Mutter sie in den Arm nahm, machten sie einen glücklichen Eindruck. Sie waren aber auch zufrieden, wenn die Mutter sie zurück auf den Boden setzte, wo sie wieder ihrer eigenen Beschäftigung nachgingen. Solche Verhaltensweisen während des Szenarios waren für Ainsworth Ausdruck einer *sicheren Bindung*.

Ainsworth beobachtete aber auch Kinder, die einen weniger zufriedenen Eindruck machten. Sie hatten offenbar eine *unsichere Bindung* zu ihrer Mutter entwickelt. Einige dieser Kinder – etwas mehr als 20 Prozent der Stichprobe – schienen kaum Notiz von ihrer

Mutter zu nehmen. Sie zeigten auch keinerlei Zeichen der Aufregung, wenn die Mutter sie allein ließ, und wenn sie zurückkehrte, mieden sie aktiv jeden Kontakt, auch wenn sie dazu aufgefordert wurden; einige dieser Kinder drehten der Mutter sogar den Rücken zu. Das *Meiden* der Mutter ist das herausragende Kennzeichen im Verhalten dieser Kinder.

Eine andere Gruppe von Kindern – sie umfaßte in der Stichprobe von Ainsworth etwas mehr als 10 Prozent – hatte ebenfalls eine unsichere Bindung zu ihrer Mutter entwickelt. Sie waren einerseits nicht bereit, sich von der Mutter zu lösen, um sich dem Spielzeug zu nähern. Auf eine Trennung reagierten sie stets mit Weinen und anderen Zeichen höchster Beunruhigung. Andererseits zeigten sie keine eindeutige Freude über die Rückkehr ihrer Mutter. Sie liefen zwar weinend zu ihr und drängten, auf den Arm genommen zu werden. Sobald sie aber dieses Ziel erreicht hatten, strampelten sie heftig, um wieder auf den Boden gesetzt zu werden und von der Mutter wegzukommen. *Ambivalenz*, d.h. das Ausdrücken widersprüchlicher Gefühle gegenüber der Mutter, kennzeichnete das Verhalten dieser Kinder besonders.

Aber die Reaktion des Kindes hängt nicht nur von der Art der Mutterbindung ab. Von Bedeutung sind auch die Erfahrungen, die es bisher in seiner Umgebung gesammelt hat. Wenn japanische Kinder in einem ihnen unbekannten Raum von der Mutter getrennt werden und einem Fremden begegnen, zeigen sie Verhaltensweisen, die nach Ainsworth als Ausdruck „unsicherer Bindung" zu gelten hätten. Dennoch muß die Beziehung zur Mutter keineswegs gestört sein. Die meisten japanischen Babys erfahren während ihres ersten Lebensjahres nur selten Trennungen von ihrer Mutter; im Unterschied zu deutschen und amerikanischen Altersgenossen lernen sie auch keinen Babysitter kennen. Deshalb sind diese Kinder auf das Erlebnis, in einem unbekannten Raum von ihrer Mutter getrennt zu werden, gar nicht vorbereitet. Die beschriebene fremde Situation besitzt für japanische Kinder eine bedrohliche Einmaligkeit, die sie für das durchschnittliche deutsche oder amerikanische Kind nicht hat. Aber auch innerhalb derselben Kultur unterscheiden sich die Reaktionen der Kinder entsprechend den jeweiligen Erfahrungen mit den Personen ihrer Umgebung.

3.3.2.3 Entwicklung der Fremdenfurcht

Bei ihrem Studium sozial-emotionaler Bindungen hat Mary Ainsworth nicht nur beachtet, wie Kinder auf die An- und Abwesenheit ihrer Mutter reagierten. Ihr Szenario sah weiterhin zwei Episoden vor, in denen eine fremde Frau auftrat. Die Fremdenfurcht stellte für Ainsworth ein bedeutsames Merkmal sozial-emotionaler Bindungen dar.

Solange Kinder noch keine Bindung entwickelt haben, begegnen sie Fremden genauso wie ihrer Mutter oder einer Pflegeperson. Das ändert sich zwischen dem vierten und sechsten Lebensmonat, wenn das Kind beginnt, eine emotionale Beziehung zu den Personen seiner Umgebung zu entwickeln. Der Fremde wird nun nicht mehr genauso behandelt wie die Mutter oder der Vater. Zwar reagiert das Kind im Alter von vier Monaten auf einen ihm unbekannten Menschen noch nicht mit Furcht und Abwehr. Es lächelt aber einen fremden Erwachsenen weniger an als die ihm vertrauten Personen. Einige Wochen später wird ein Fremder mit ernstem Gesichtsausdruck für etwa 15 bis 30 Sekunden kritisch gemustert. Man beobachtet bei sieben bis neun Monate alten Kindern Anzeichen offenkundiger Besorgnis. Ob sich diese ersten Reaktionen zur Furcht steigern oder, im Gegenteil, schnell wieder durch Zuwendungsverhalten ersetzt werden, hängt von Situationsbedingungen, dem Verhalten der Mutter, aber auch von Merkmalen des Kindes ab. Wenn dieses eine „sichere" Bindung entwickelt hat, zeigt es mehr Fremdenfurcht als ein Gleichaltriges mit „unsicherer" Bindung. Kinder, die meidend auf die Mutter reagieren, lassen sich von ihr nur widerwillig, womöglich aber von einem Fremden auf den Arm nehmen.

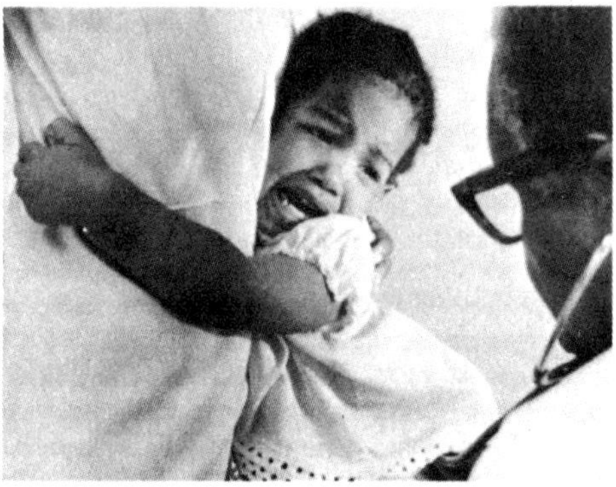

Abb. 3.17: Unter bestimmten Bedingungen reagieren Kinder von ihrem sechsten Lebensmonat an auf fremde Personen mit Furcht.

Mary Ainsworth schuf durch ihre Szenarien Bedingungen, die für ein Kind in mehrfacher Hinsicht bedrohlich wirken. Die jungen Versuchspersonen wurden ja in einen Raum geführt, den sie nicht kannten. Die Anwesenheit der Mutter ließ aber Kinder mit sicherer Bindung ruhig und gelassen reagieren. Wenn jedoch in diese unbekannte Umgebung noch eine Fremde eintrat, mußten sich die Kinder wiederholt vergewissern, daß der mütterliche Schutz fortbestand. Erst als die Fremde sich dem Kind zuwandte und die Mutter den Raum verließ, war für das Kind praktisch nicht mehr vorhersagbar, was wohl im nächsten Moment passierte. Furcht oder wenigstens Besorgtheit stellte in dieser Situation somit eine verständliche Reaktion dar. Lediglich Kinder, die in der Vergangenheit wiederholt erfahren hatten, daß sich ihre Mutter unerwartet von ihnen entfernen kann, gaben sich in der Situation des Alleinseins vergleichsweise gelassen.

Ein Kind reagiert nur dann mit geringer Zurückhaltung und ohne Furcht auf einen Fremden, wenn es sich in einer vertrauten Umgebung aufhält, wenn die Mutter es auf dem Arm hat oder es auf ihrem Schoß sitzt. Es wirkt zusätzlich beruhigend, wenn sie sich in einem sehr gelassenen und freundlichen Ton an den Fremden wendet. Nicht nur die Anwesenheit der Mutter vermittelt dem Kind Sicherheit, sondern auch ihre Reaktion auf eine unbekannte Situation. Schon während der ersten Lebensmonate sind Kinder nämlich in der Lage, Gefühle und Stimmungen ihrer Eltern zu erkennen.

Hat ein Kind bei Abwesenheit seiner Mutter stets die Neigung, auf einen Fremden mit Abwehr zu reagieren? Zeigt es in einer solchen Situation stets Furcht? Das hängt im wesentlichen davon ab, wie sich der Fremde dem Kind nähert. Ab dem ersten Lebensjahr braucht das Kind offenbar das Gefühl, die unbekannte Situation selber kontrollieren zu können. Ein Fremder, der sich einem Kind ziemlich stürmisch nähert, der es anzufassen oder gar auf den Arm zu nehmen versucht, weckt Furchtreaktionen. Deshalb muß er mit Abwehr oder Fluchtversuchen rechnen. Anders verhält sich ein Kind, dem gestattet wird, die Anfangsphase in der Begegnung mit einem Fremden mitzugestalten. In einer Untersuchung trat z.B. wiederholt hinter einem Vorhang ein freundlich grüßender Fremder hervor; allerdings konnte das Kind sein Erscheinen mit einem Knopfdruck beeinflussen. Nach sieben Minuten solcher kontrollierbarer Kontakte wurde aus einem Fremden ein „Freund". Diesem gestattete das Kind die Annäherung; er durfte es sogar auf den Arm nehmen.

Sofern er sich an bestimmte Regeln hält, kann ein Fremder sich also bereits nach wenigen Minuten z.B. einem Einjährigen nähern und mit ihm spielen. Ein zweijähriges Kind wird sich während der Anfangsphase eines Kontakts mit einem Fremden zwar immer noch zurückhalten, die Furchtreaktion auf den Unbekannten ist aber nicht mehr so ausgeprägt und nimmt allmählich ab, ohne allerdings völlig zu verschwinden.

Woran liegt es, daß sich die Fremdenfurcht im Verlauf des zweiten Lebensjahres allmählich vermindert? Welche Entwicklungsbedingungen geben dem Kind in diesem Alter zunehmend Selbständigkeit?

Ein kognitiv orientierter Psychologe wie Jerome Kagan antwortet auf diese Fragen mit dem Hinweis, daß die meisten Kinder vor allem während des zweiten Lebensjahres täglich fremden Personen begegnen. Das Auftreten eines unbekannten Menschen ist für sie immer weniger aufregend. Zwar begegnet man auch zukünftig Fremden mit Vorsicht; hat das Kind allerdings nicht wiederholt schlechte Erfahrungen gemacht, dann gibt es keinen Grund, auf jeden Fremden furchtsam zu reagieren.

3.3.2.4 Entwicklungsbedingungen sicherer und unsicherer Bindungen

Mary Ainsworths Begriff der Bindung beschreibt die Beziehung eines Kindes zu einer bestimmten Person seiner Umwelt. Deshalb besteht sehr wohl die Möglichkeit, daß zwischen ihm und seiner Mutter eine unsichere, zu seinem Vater oder seiner Großmutter dagegen eine sichere Bindung besteht. Unter welchen Bedingungen entwickeln sich bei Kindern aber sichere oder unsichere Bindungen? Was kennzeichnet eine Mutter, zu der ein Baby eine gute sozial-emotionale Beziehung entwickelt? Dabei kommt es offenbar nicht so sehr auf die Häufigkeit, sondern auf die Qualität der Kontakte zwischen dem Kind und den Personen seiner Umgebung an.

Daniel Stern hat über viele Jahre Kontakte zwischen Müttern und ihren Kindern filmisch aufgezeichnet und anschließend studiert. Sein Material enthält u.a. folgende Äußerungen einer Mutter im Rahmen einer sog. Kontaktepisode (mit der Anzahl der Buchstaben wird angezeigt, daß diese beim Sprechen entsprechend in die Länge gezogen wurden): „Jetzt werd' ichchch dir .... jeeeeeetzt weeerd' ichchchch dir ... jeeeeeeeetzt weeeeeeeerd' ichchchchchch dir ...". Deutlich sichtbar stieg bei beiden Partnern allmählich die Erregung. Das Baby bewegte sich dabei „auf dem schmalen Pfad zwischen explodierender Stimmung und Schrecken. Als sich der Pfad jedoch weiter verengt hatte, wandte das Baby seinen Blick von der Mutter ab. Für eine Sekunde schien es, als würde es sich wieder beruhigen, als würde es das eigene Erregungsniveau herabmindern. Nachdem dies gelungen war, richtete es seinen Blick abermals auf die Mutter, und es brach ein breites Grinsen hervor". Auf dieses Signal hin verstärkte die Mutter ihren Kontakt mit dem Kind. Doch jetzt wurde es diesem zuviel. „Es unterbrach sofort den Blickkontakt, wandte sich ab, mied ihr Gesicht und brachte Mißbilligung zum Ausdruck". Die Mutter brach daraufhin unverzüglich ihre Kontaktversuche ab. In sanftem Ton sagte sie: „O mein Süßer, du bist vielleicht noch hungrig, hun..., vielleicht möchtest du noch etwas Milch." Das Baby wandte sich der Mutter jetzt wieder zu, das Gesicht entspannte sich, und trank weiter. „Der ,Moment' der sozialen Interaktion war vorbei."

Die beobachtete Mutter sprach nicht pausenlos auf ihr Kind ein. In regelmäßigen Abständen unterbrach sie ihre Äußerungen. In der Pause von mindestens drei Sekunden schien sie auf eine Reaktion des Kindes zu warten, um dessen aktuelle Erregung abzuschätzen. Gestützt auf ihren Eindruck folgte die Entscheidung, ob sie das Baby noch intensiver ansprechen oder eine „Abkühlungsphase" vorziehen sollte. Als Grundlage solcher Entscheidungen dienten ihr offenkundig die Signale des Kindes.

In der geschilderten Episode hatte die Mutter ein Signal des Kindes nicht beachtet: Mit der Abwendung des Blicks versuchte das Baby offenbar mitzuteilen, daß ihm die intensiven Anregungen zunächst einmal reichten. Kinder können bereits in den ersten Lebensmonaten ihre Mitteilungen nicht nur wiederholen, sondern auch noch deutlicher werden lassen: sie wenden z.B. ihren Blick ab, bringen Mißbilligung zum Ausdruck, wimmern leise, schließen die Augen, gähnen, stoßen mit den Füßen usw. Eine Person, die solche Signale beachtet, und angemessen auf sie reagiert, gilt als sensibel. Mütter können sich in ihrer Sensibilität gegenüber ihren Kindern erheblich unterscheiden.

Wenn das von Stern beobachtete Verhalten für die Mutter typisch war, bestanden gute Voraussetzungen für das Kind, eine sichere Bindung zu ihr zu entwickeln. Obwohl die Mutter einmal ein Signal ihres Kindes übersehen hatte, war sie sensibel genug, um sehr bald darauf ihr Verhalten zu korrigieren. Wenn Babys nämlich grundsätzlich erfahren, daß ihre Signale verstanden werden, wenn sie immer wieder die Gewißheit erhalten, daß sie sich auf ihre wichtigste Pflegeperson verlassen können, entgehen sie dem wiederholten Erlebnis der Hilflosigkeit.

Nicht alle der von Stern beobachteten Mütter reagierten angemessen auf die kindlichen Signale. Bei einigen Frauen bestimmten die jeweiligen Stimmungen, wie sie sich verhielten. Aus anderen Studien weiß man, daß Mütter, die depressiv, hoffnungslos oder verzweifelt sind, nicht nur weniger häufig, sondern auch unangemessener die Signale ihres Kindes beantworten. Wenn eine Mutter zudem ihren Pflichten nur widerwillig nachkommt, wird sie gegenüber dem Baby auch weniger sensibel sein. Solche Mütter neigen dazu, das Kind in einer Situation mit Liebe und Zärtlichkeit zu überhäufen. Beeinträchtigt das Kind jedoch ihre Pläne und Wunschvorstellungen, so konnten sie sehr wohl feindselig oder auch ärgerlich reagieren. Eine Mutter, die sich in dieser Weise verhält, ist für das Kind kein zuverlässiger Sozialpartner. Wenn das Kind einer wenig sensiblen Mutter zudem wiederholt seine offenkundige Unfähigkeit erfahren muß, seinem Kontaktpartner über Mimik und Gestik etwas mitzuteilen, erfährt es sein Unvermögen, Kontrolle über soziales Geschehen zu gewinnen; im ungünstigsten Fall erlebt es dabei seine Hilflosigkeit. Ein solches Kind entwickelt dann vermutlich eine unsichere Bindung im Sinne von Ainsworth.

Bleibt nun die von einem Kind zu den Personen seiner Umgebung entwickelte Bindung stets die gleiche? Ist die „sichere" Bindung, die ein zwölf Monate altes Kind zu seiner Mutter entwickelt hat, auch sechs Monate später noch „sicher"? Das hängt davon ab, ob die Lebensbedingungen der Familie stabil bleiben. Wenn eine Mutter z.B. ihren bisherigen Lebenspartner verliert, wenn die Familie von Arbeitslosigkeit betroffen wird oder wenn nahe Angehörige schwer erkranken, ist nicht auszuschließen, daß sich nach solchen kritischen Lebensereignissen die Qualität der Sozialbeziehungen zwischen Mutter und Kind verändert. Ebenso kann aus einer unsicheren eine sichere Beziehung werden, wenn eine Familie von Belastungen befreit wird oder – in den Worten von Brian Vaughn und seinen Mitarbeitern: „Wie jede andere emotionale Beziehung entstehen Mutter-Kind-Bindungen aus wechselseitigen Kontakten. Sie entwickeln sich auch dann noch weiter, wenn sich eine Bindung gebildet hat, und diese bleibt anfällig für Verhaltensveränderungen bei jedem der beiden Partner."

Sozial-emotionale Bindungen entstehen

durch wechselseitige Kontakte in einem Entwicklungsprozeß, der von beiden Partnern gestaltet wird. Info-Kästchen 3.5 erläutert, daß es auch von Merkmalen des Kindes abhängt, wie sich die Mutter und andere Familienmitglieder dem jungen Erdenbürger zuwenden.

Kinder können also ein Gefühl der Hilflosigkeit entwickeln, wenn ihre Signale nicht verstanden werden und ihre Möglichkeiten zur Kontrolle der sozialen Umwelt gering sind (s.S. 121). Aber auch auf der Seite der Eltern entsteht unter bestimmten Bedingungen der Eindruck der Hilflosigkeit. Wie reagiert z.B. eine Mutter, deren Baby häufig schreit? Viele Mütter versuchen zunächst, ihr Kind zu besänftigen. Schlägt dies jedoch wiederholt fehl und erschöpft sich die Geduld allmählich, kann es durchaus sein, daß sich die Mutter nach und nach von ihrem Kind zurückzieht. Diese Reaktion kann das Schreien weiter verstärken, allerdings mit der möglichen Rückwirkung, daß sie es noch mehr mißachtet. Man konnte beobachten, daß sich Mütter ihren Babys, die sie als „schwierig" wahrnahmen, vergleichsweise seltener zuwandten, weniger mit ihnen spielten, oder Signale ihres Babys übersahen. Damit wurde aber die Entwicklung einer unsicheren Bindung begünstigt.

3.3.2.5 Wirkungen sozial-emotionaler Bindungen

Mary Ainsworth ist davon überzeugt, daß die Entwicklung einer sozial-emotionalen Bindung zwischen dem Kind und seinen Eltern im Dienste des Überlebens der Arten steht. Bei Tieren, die sich bereits unmittelbar nach der Geburt fortbewegen können, sorgt der Mechanismus der Prägung (s.S. 23 f.) dafür, daß sich Neugeborene in der Nähe eines erwachsenen Artgenossen aufhalten; ihre Chancen, das zeugungsfähige Alter zu erreichen, werden dadurch erhöht. Menschliche Babys, so erläutert Mary Ainsworth, benötigen diesen Mechanismus nicht, denn zu Beginn ihres Lebens besteht ja nicht die Gefahr, daß sie weglaufen. Sobald sie dies aber können, wird es für sie wichtig, in der Nähe des Erwachsenen zu bleiben; ihr Schutz wäre ansonsten nicht gewährleistet.

Kann ein Kind aber alltägliche Bedrohungen besser abwehren, wenn es sich durch die Entwicklung einer sozial-emotionalen Bindung ausdrücklich unter den Schutz anderer stellt? Sind die Überlebenschancen des einzelnen nicht eher dadurch erhöht, daß seine Abhängigkeit vermindert und seine Selbständigkeit gefördert wird? Ainsworth verweist in ihrer Antwort darauf, daß Mütter der sechziger Jahre von „Experten" immer wieder gemahnt wurden, ihre Kinder nicht zu sehr zu verwöhnen und deren Abhängigkeit nicht übermäßig stark werden zu lassen. Diese Ratschläge hat Ainsworth, wie sie bekundet, allerdings nie so recht verdauen können. Zu fragen ist nämlich, ob man der Entwicklung von Unabhängigkeit tatsächlich entgegenwirkt, wenn man sich dem Kind tröstend zuwendet oder wenn man es durch bestimmte Maßnahmen zu beruhigen versucht. Ainsworth hat in ihren Studien vielmehr gefunden, daß Personen, zu denen eine sozial-emotionale Bindung besteht, dem Kind helfen, sich dem weniger Vertrauten zuzuwenden, sich dem Unbekannten anzunähern. Bei Vorliegen einer solchen Bindung verbessert sich die Fähigkeit, neuartige Situationen zu erkunden und Furcht vor fremden Personen zu überwinden.

Nachdem zwölf Monate alte Kinder im Forschungsinstitut von Mary Ainsworth erstmalig in einen ihnen völlig unbekannten Raum geleitet worden waren, drängten sie sich zunächst für eine kurze Zeit an ihre Mutter (s.S. 116). Diese Zurückhaltung gegenüber einer neuen Situation hat Schutz-

Info-Kästchen 3.5:
Können sich die Entwicklungsverläufe „einfacher" und „schwieriger" Kinder voneinander unterscheiden?

Bis in die fünfziger Jahre hinein entsprach es der vorherrschenden Sichtweise der Psychologie, die Ursache für kindliche Fehlentwicklungen vor allem oder sogar ausschließlich bei den Müttern zu suchen. Der Behaviorismus mit seiner Überbetonung des Umwelteinflusses prägte zu dieser Zeit die Denkweisen auch vieler klinischer Psychologen (s.S. 13). Wenn diese Sichtweise richtig ist, sollten sich Kinder während der ersten Lebenswochen in ihrem Verhalten noch nicht nennenswert voneinander unterscheiden. Nach sorgfältigen Beobachtungen gewinnt man allerdings ein anderes Bild: Es gibt Neugeborene, die ruhig in ihren Betten liegen, Geräusche ihrer Umgebung nicht zur Kenntnis nehmen und keinen Unmut äußern, wenn sich ihre Mahlzeit einmal verspätet. Andere Kinder fallen durch heftige Arm- und Beinbewegungen auf, sie reagieren auf jede Veränderung ihrer Umgebung und schreien unerbittlich, wenn ihr Hunger nicht sofort gestillt wird. Auf diese Unterschiede wurden auch die beiden New Yorker Kinderärzte Alexander Thomas und Stella Chess aufmerksam. Kann es nicht sein, so fragten sie sich, daß auch durch das Kind selbst der Verlauf einer Entwicklung mitbestimmt wird? Zur Klärung dieser Frage begannen sie im Jahre 1956 mit ihrer „New Yorker Längsschnittstudie", in der sie 140 Kinder in ihrer Entwicklung von der Geburt bis zur Adoleszenz verfolgten.

Thomas und Chess baten Mütter, ihnen genau zu beschreiben, wie sich ihre Kinder in täglich wiederkehrenden Situationen verhielten, z.B. beim Schlafen, beim Baden, bei der Nahrungsaufnahme. Die beiden Ärzte gelangten zu der Feststellung, daß sich das Verhalten der Kinder nach neun verschiedenen Merkmalen unterscheiden ließ, so beispielsweise nach dem Aktivitätsgrad, das ist das Verhältnis ruhiger zu passiven Phasen, nach der Anpassungsbereitschaft, nach der sich Kinder schnell oder schwer auf neue Bedingungen einstellen oder nach ihrer Ablenkbarkeit, die beschreibt, wie leicht äußere Reize das Verhalten verändern.

Nach einigen Jahren gelangten Thomas und Chess zu dem Schluß, daß ihren Beobachtungen unterschiedliche Verhaltensstile oder Temperamente der Kinder zugrunde lagen. Sie teilten ihre jungen Untersuchungsteilnehmer je nach Temperament in drei verschiedene Gruppen ein: „leichte" Kinder, „schwierige" Kinder und solche, die nur langsam „in Gang" kamen und die sich schwerlich neuen Situationen anpaßten.

Unter den von ihnen regelmäßig untersuchten Kindern fanden Thomas und Chess 40 Prozent, die sie als „leicht" klassifizierten. Diese waren fast immer guter Stimmung, gewöhnten sich ohne weiteres an einen Essens- und Schlafrhythmus. An neue Nahrung oder auch an fremde Personen paßten sie sich ziemlich schnell an. Im Gegensatz dazu waren etwa 10 Prozent der Kinder „schwierig". Sie brauchten vergleichsweise viel Zeit, um sich auf Veränderungen in der Umgebung einzustellen. Neue Nahrung spuckten sie oft wieder aus. Wenn sie gewaschen wurden, sträubten sie sich. Essens- und Schlafbedürfnisse meldeten sie in unregelmäßigen Abständen an. Wenn sie einmal weinten, waren sie nur schwer zu beruhigen. Die dritte von Thomas und Chess beschriebene Gruppe umfaßte 15 Prozent der ursprünglichen Stichprobe. Auch diese Kinder zeigten Schwierigkeiten, sich an neue Situationen anzupassen. Wenn man ihnen aber genügend Zeit ließ, konnten sie sich schließlich anpassen. Die übrigen 35 Pro-

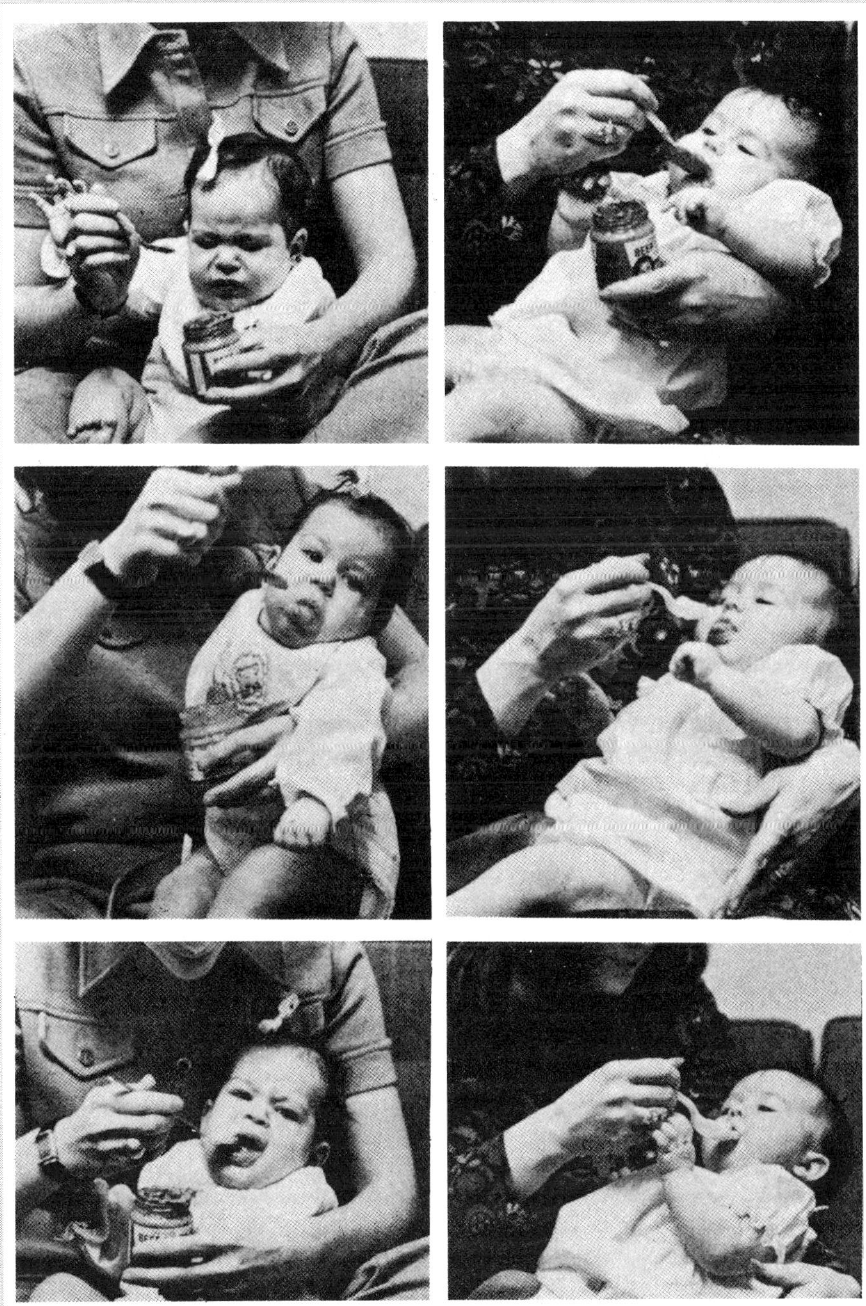

Abb. 3.18: Bereits während der ersten Lebensmonate entwickeln Kinder ziemlich überdauernde Verhaltensmerkmale, durch die sie ihren Eltern als „leicht" oder „schwierig" erscheinen.

zent der Kinder in der Untersuchungsstichprobe waren keiner der drei Gruppen klar zuzuordnen.
Thomas und Chess gingen nun davon aus, daß ein „einfaches" Kind andere Umweltbedingungen als ein „schwieriges" benötigt. Das Schlüsselwort heißt „Passung", d.h., der günstigste Entwicklungsverlauf ist zu erwarten, wenn die Eltern Anforderungen stellen, die das Kind aufgrund seiner Persönlichkeit erfüllen kann. In den Worten von Alexander Thomas und seinen Mitarbeitern: „Sofern die beiden Einflüsse miteinander harmonieren, kann man eine gesunde Entwicklung des Kindes erwarten. Sind sie aber entgegengesetzt, dann sind Verhaltensauffälligkeiten die fast sichere Folge." Eine Mutter, die z.B. besonders ehrgeizig ist, mag den „eigenen Willen" ihres Kindes stolz in dem Bewußtsein akzeptieren, daß es bereits „weiß, was es will". Nimmt sie diese Verhaltensmerkmale dagegen als „schwierig" wahr, wird sie häufiger versuchen, eine Anpassung durch wirksame Kontrollmaßnahmen zu erreichen, was aber bereits bei „schwierigen" Zweijährigen häufig nur ausgeprägten Widerstand und starke Abwehr hervorruft. Unterschiedliche Grade der Passung können unter besonderen Bedingungen sogar die Lebenschancen eines Kindes mitbestimmen, wie aus Beobachtungen an den *Masai* hervorgegangen ist.
Die *Masai* sind ein Nomadenvolk, das seit vielen Jahrhunderten das Plateau zwischen Zentralkenia und dem Süden Tansanias bewohnt. In einer kultur-vergleichenden Studie wurden jeweils zehn *Masai*-Kinder im Alter von vier und fünf Monaten ausgesucht, die nach westlichen Maßstäben die Temperamentsmerkmale „leichter" bzw. „schwieriger" Kinder aufwiesen. Einige Wochen später waren nur noch 13 Familien aufzufinden, und von sieben Eltern erfuhr man, daß das zu untersuchende Kind nicht mehr lebte. Der Vergleich der lebenden und gestorbenen Kinder ergab eine Auffälligkeit: Obwohl angenommen worden war, daß die „schwierigen" Kinder mehr gefährdet seien, waren fünf der sieben „leichten" Kinder gestorben, aber nur eins der sechs „schwierigen" Kinder. Bei der Suche nach einer Erklärung fand man, daß die *Masai* als Jägervolk traditionell Kühnheit und Selbstbewußtsein hoch bewerteten. Bei den Kindern werden entsprechende Verhaltensweisen gefördert. Damit waren „schwierige" Temperamente offenkundig im Vorteil. Zudem hatten die *Masai* zum Zeitpunkt der Untersuchung wegen einer langen Dürreperiode unter einer schweren Hungersnot zu leiden. Viele *Masai*-Mütter nahmen ihr Kind an die Brust, wenn diese danach verlangten. Dabei waren die „schwierigen" Kinder offenbar im Vorteil. Da sie sich dank ihres Temperaments lauter und nachdrücklicher meldeten als die „leichten" Kinder, wurden sie tatsächlich häufiger gestillt.
Bleiben die bei einem Neugeborenen festgestellten Temperamentsmerkmale auch für seine weitere Entwicklung kennzeichnend? Wird ein „schwieriges" Baby auch als Schulkind oder gar als Erwachsener „schwierig" bleiben? – Die vorliegenden Beobachtungen sollten Eltern beruhigen: Kinder, die zwischen dem vierten und achten Lebensmonat als „schwierig" galten, wurden als Drei- bis Siebenjährige etwas „einfacher". Umgekehrt wurden „leichtere" Kinder im gleichen Zeitraum u.U. auch etwas schwieriger. Ganz verwischten sich die Unterschiede bei den Beobachteten im Verlauf der Entwicklung allerdings nicht. Insgesamt hängt es nicht unerheblich von der elterlichen Erziehungsatmosphäre ab, wie sich „schwierige" oder „leichte" Kinder entwickeln. Die gleichen kindlichen Verhaltensmerkmale werden in unterschiedlichen Lebensabschnitten ungleich bewertet. Das zeigte sich deutlich im Falle eines Mädchens, das über viele Jahre beobachtet wurde.
Dieses Kind wurde zunächst als „schwierig"

eingestuft. Weil dem Mädchen die Anpassung schwer fiel, wurde es von seinen Eltern häufig als „dickköpfig" kritisiert und nicht selten schwer bestraft. Als Folge davon hatte das Kind immer Wutausbrüche; gegenüber Gleichaltrigen war es aggressiv. Das Mädchen mußte häufig ermahnt werden, weil es Mitschüler an den Haaren gezogen hatte. Viele Jahre lang „paßten" das Temperament des Kindes und die Anforderungen der Eltern nicht zusammen. Im Alter von zehn Jahren entwickelte sich bei dem Mädchen ein gesteigertes Interesse für Musik und Theaterspiel. Ihre Leistungen fanden bei Eltern, Lehrern und Mitschülern große Anerkennung. Jetzt war die Umwelt eher bereit, die mangelnde Anpassungsfähigkeit als Teil des künstlerischen Talents hinzunehmen. Die Beziehungen zu den Eltern besserten sich daraufhin. Verhaltensauffälligkeiten, die während der Kindheit aufgetreten waren, nahmen allmählich ab. Die mangelnde Passung während der ersten Lebensjahre verschwand, als die Eltern bereit waren, sich mit ihren Erwartungen auf das Temperament ihrer Tochter einzustellen.

funktion. Allerdings kann ein Kind, das sich vor einer fremdartigen Situation fürchtet, kaum neue Erfahrungen sammeln. Es muß sich dazu von seiner Mutter trennen. Ein normales Kind wird sich früher oder später aufgrund seiner Neugier dem Unbekannten zuwenden. In diesem Erkundungsverhalten zeigt sich für Ainsworth und ihre Mitarbeiterinnen „die angeborene Bereitschaft eines Kindes, sich für neue Gegebenheiten der Umwelt zu interessieren, sich ihnen zu nähern, sie zu untersuchen, ... mit ihnen zu spielen und mehr über die Natur der Umwelt und der darin vorfindbaren Gegenstände zu lernen".

Unter dem Schutz jener Person, zu der es eine Bindung entwickelt hat, wendet sich das Kind dem Neuen und Unbekannten zu. Dabei sammelt es Erfahrungen, durch die es in zunehmendem Maße an Selbstsicherheit gewinnt. Es lernt, Ereignisse seiner Umgebung besser vorherzusagen und ihre Bedrohlichkeit abzuschätzen. Auch in den späteren Jahren können sich Kinder, die eine sichere Bindung zu entwickeln vermochten, vergleichsweise selbstsicher mit neuartigen Situationen auseinandersetzen. Kinder mit sicherer Bindung sind noch im Vorschulalter allgemein neugieriger; sie haben offenbar mehr Freude an der Auseinandersetzung mit neuen Aufgaben, mehr Ausdauer sowie stärkere Unabhängigkeit von der Kindergärtnerin als Kinder mit unsicherer Bindung. Unter Gleichaltrigen nehmen Kinder mit sicherer Bindung vielfach Führungspositionen ein, sie sind sozial engagiert und ziehen die Aufmerksamkeit anderer auf sich. Für fremde Kinder sind sie bei ersten Begegnungen sogar dann attraktiv, wenn sie sich gar nicht ausdrücklich um Aufnahme sozialer Kontakte bemühen. Aus der engeren Bindung während der beiden ersten Lebensjahre kann sich offenbar mehr Selbständigkeit und Unabhängigkeit in den nachfolgenden Jahren entwickeln.

3.4 Spielerische Tätigkeiten

In den Untersuchungen zum Bindungsverhalten hatte Mary Ainsworth sich vor allem dafür interessiert, wie Kinder auf An- und Abwesenheit ihrer Mutter in einer fremdartigen Umgebung reagieren. Spielzeug hatte vor allem die Funktion, das Kind von seiner Mutter wegzulocken. Ainsworth interessierte sich weniger dafür, was das Kind mit dem Spielzeug anfing. Zu dieser Zeit war das kindliche Spiel ohnehin kein Thema, mit dem sich eine nennenswerte Anzahl von Psychologen beschäftigte. Diese Zurückhaltung hat wenigstens teilweise damit zu tun, daß man spielerische Tätigkeit nicht eindeutig kennzeichnen konnte. Auch heute würden viele Psychologen ebenso wie Konrad Lorenz im Jahre 1956 reagieren, der seine Leserschaft einfach bat: „Verlangt nicht von mir, daß ich eine Definition für das Spielen gebe." Dennoch konnte man sich in letzter Zeit wenigstens auf einige Merkmale spielerischer Tätigkeit einigen.

Warum spielen Kinder überhaupt? Wie hat sich das Spielen im Verlauf der Evolution entwickelt? Schließlich ist mit dem Spielen doch ein hoher Energieverbrauch, ein gesteigertes Unfallrisiko und die erhöhte Gefahr verbunden, von einem Feind entdeckt zu werden. Eine Antwort aus der Zeit der Jahrhundertwende findet auch noch in der Gegenwart allgemeine Zustimmung: Das Kind lernt im Spiel, sich an vorfindbare Gegebenheiten anzupassen.

3.4.1 Kennzeichnung des Spielens

Man führte Erwachsenen Filme vor, die Kinder bei einer Vielzahl alltäglicher Tätigkeiten zeigen. Die Aufgabe der Betrachter bestand darin, Szenen zu benennen, in denen nach ihrer Meinung gespielt wird. Es ergab sich, daß Erwachsenen eine Einigung darüber, ob ein Kind spielt oder nicht, gar nicht so schwer fällt. Obwohl sie auf ihre Aufgabe nicht besonders vorbereitet wurden, urteilten sie wenigstens teilweise nach gleichen Merkmalen wie Spielforscher. Diese würden die Beschäftigung eines Kindes mit seiner Puppe, das Klopfen mit einem Löffel auf einen Kochtopf oder das Schieben eines Miniaturautos auf dem Boden als „Spielen" bezeichnen, weil diese Tätigkeiten jeweils mehrere der folgenden Kennzeichen aufweisen:

1. *Es besteht eine Motivation „von innen heraus"*. Das Kind übt eine Tätigkeit aus, weil sie ihm Spaß macht, also nicht, um einem biologischen Bedürfnis (z.B. Hunger oder Durst) nachzukommen oder Erwartungen anderer zu erfüllen.
2. *Der Spielende beachtet die Mittel und nicht den Zweck.* Der Zweck des Spiels liegt bereits in der Tätigkeit. Da der Spielende „von der Zwangsjacke der Mittel-Zweck-Überlegungen befreit ist", kann er sein Spielmaterial jederzeit in neuartiger Weise verwenden. Er beginnt möglicherweise damit, Bausteine aufeinanderzustellen, und findet dann, daß es mehr Spaß macht, sie auf einen Lastwagen zu laden. Nachdem das Kind mehrere Male eine Leiter hinaufgeklettert ist, um über eine Rutsche wieder zurück auf den Boden zu kommen, prüft es, ob es nicht auch auf der Rutsche nach oben krabbeln kann. Obwohl das Kind nicht zum Ziel kommt, versucht es diesen Weg immer wieder; allein darin liegt der Spaß.
3. *Der Spielende kann die allgemein übliche Funktion eines Gegenstandes leugnen und ihm eine andere geben.* Der Teddy wird so behandelt, „als ob" es sich dabei um das jüngere Geschwisterkind handelt. Ein Stuhl wird nicht länger zum Sitzen benutzt, sondern wie ein Pferd behandelt. Im Vorschulalter können Kinder in Rollenspielen ziemlich grob miteinander umgehen. Der „Polizist" darf sich bei der Festnahme des „Räubers" sehr wohl aggressiv verhalten. Die Beteiligten teilen sich in einem solchen Spiel nämlich gegenseitig über Signale mit, daß sie nicht wirklich meinen, was sie tun. Der „Polizist" lächelt den „Räuber" bei der Verhaftung beispielsweise an.
4. *Die Tätigkeit eines Spielenden wird nicht von Regeln bestimmt, die ihm von außen auferlegt worden sind.* Das Kind entscheidet also selbst, was es für eine bestimmte

Zeit mit seinen Bauklötzen macht oder wie es seinen Teddy behandelt. Wenn ein Vorschulkind sich an einem Gesellschafts-„Spiel" beteiligt, spielt es nicht im hier definierten Sinne. Sofern es jedoch anfängt, den Würfel und die Steine regelwidrig, also in selbstbestimmter Weise zu verwenden (z.B. mit dem Würfel gegen die Steine „schießt"), spielt es. Definitorische Schwierigkeiten entstehen übrigens, wenn dieses Merkmal für soziale Rollenspiele angewandt wird. Ein Kind ahmt z.B. Vater oder Mutter nach und erwartet von seinem Spielpartner, daß es die Rolle des Kindes spielt.

5. *Spielen ist kein passives Konsumieren.* Es kann beispielsweise nicht vor dem Fernsehapparat stattfinden. Es ist auch kein zielloses Tun aus Langeweile. Spielen muß eine aktive Beteiligung aufweisen.

Abb. 3.19: Spielen ist eine spontane, selbstbestimmte Tätigkeit, die um ihrer selbst willen ausgeübt wird und häufig mit Umdeutungen verbunden ist.

Wenn ein Kind eine Beschäftigung spontan aufnimmt, damit kein körperliches Bedürfnis wie Hunger oder Durst befriedigt, sein Vergnügen offensichtlich im Tun selbst findet und sich keiner von außen auferlegten Regel unterwirft, sprechen Laien in hoher Übereinstimmung mit Entwicklungspsychologen vom Spielen.

3.4.2 Vom Erkundungsverhalten zum Spielen

Corinne Hutt führte drei- bis fünfjährige Kinder einzeln in einen ihnen vertrauten Raum, in dem sie eine „Wunderkiste" vorfanden. Sie war aus rotem Metall und stand auf Messingfüßen. Aus dem Metall ragte ein Hebel, an dessen Ende sich ein roter Ball befand. Die Kiste war mit einer Drehscheibe, einem Summer und einer Klingel ausgestattet. Ließ man die Kinder im Raum allein zurück, weckte die Kiste sofort ihre Neugier, denn sie wandten sich ihr unmittelbar zu. Allerdings blieben sie bei allem, was sie taten, vorsichtig; die Kinder bewahrten einen ernsten und konzentrierten Gesichtsausdruck. Diese ersten Reaktionen, so erläutert Corinne Hutt, waren durchaus nicht spielerisch. Die Kinder bemühten sich zunächst, den seltsamen Gegenstand zu erkunden. Sie schienen die Frage beantworten zu wollen: „Was macht dieser Gegenstand?"

Im Verlauf der Zeit wuchs allerdings die Vertrautheit der Kinder mit der Wunderkiste. Rein äußerlich entspannte sich der Gesichtsausdruck. Die Erkundungsphase ging zu Ende, denn nunmehr schien sich das Kind die Frage zu stellen: „Was kann ich mit diesem Gegenstand machen?" und die Antwort war offenbar: „Alles, was ich möchte." Die Beschäftigung mit der Kiste machte den Kindern offenkundig Spaß. Sie betätigten sich zunehmend kraft- und schwungvoller.

Vorsichtsmaßnahmen schienen jetzt überflüssig zu sein.

Einige Spieltheoretiker meinen, daß sich während der Erkundungsphase das Unbekannte allmählich zum Vertrauten wandelt. In der nachfolgenden Spielphase besitzt das Kind dann die Sicherheit, um sich aus dem Vertrauten etwas Neues zu schaffen. Erkundungs- und Spielphasen gehen nahtlos ineinander über. Wenn man einem Kind im Alter zwischen dem vierten und achten Lebensmonat z.B. eine Ente gibt, dann ist damit zu rechnen, daß es sie zunächst vorsichtig untersucht und erst etwas später, mit wachsender Vertrautheit, damit spielt. Es wird sie dann vielleicht über die Bettdecke schieben, damit gegen die Wand klopfen, sie kräftig zusammendrücken, um einen Quietschton zu erzeugen.

Besonders eindrucksvoll gelingt dem Kind die Schaffung von Neuem im Spiel, wenn es aufgrund seiner kognitiven Entwicklung alltägliche Geschehnisse in Form eines „Als-Ob" darstellen kann. Ein zwölf- oder dreizehn Monate altes Kind z.B. *gibt vor* zu schlafen, indem es sich hinlegt und die Augen schließt. Nach wenigen Sekunden beendet es allerdings dieses Spiel, um etwas anderes zu beginnen. Es kann sich einen Löffel in den Mund stecken und so tun, als ob es ißt. Hier werden Handlungen aus dem alltäglichen Geschehen nicht nur nachgeahmt, sondern häufig auch mit kleinen Veränderungen wiederholt.

Je älter die Kinder werden, desto deutlicher zeigt sich, wie sie sich im Spiel Neues schaffen. So beobachtet man u.a. zwischen dem 19. und dem 24. Lebensmonat häufig das Umdeuten von Gegenständen: Aus einer Muschel wird eine Tasse, aus der man trinkt, oder aus einem länglichen Baustein wird ein Auto.

3.4.3 Anwendung von Spielerfahrungen

Auf die Untersuchungen, die Wayne Dennis im Jahre 1958 in mehreren Waisenhäusern des Iran durchgeführt hat, ist bereits hingewiesen worden (s.S. 109). Viele Säuglinge waren dort seit ihrer Geburt untergebracht. Sie lebten in einer Umwelt, die ihnen nur sehr wenige Umweltanregungen bot. Im Durchschnitt hatte eine Pflegerin acht Kinder zu versorgen. Deshalb verbrachten die jungen Heiminsassen den größten Teil der Zeit in Betten, wo sie ständig auf dem Rücken lagen. Es gab keine Besuche. Spielzeug stand nicht zur Verfügung. Wie entwickelten sich die Kinder unter diesen Bedingungen?

Dennis stellte fest, daß die motorische Entwicklung außerordentlich verzögert war. Nur 42 Prozent konnten im Alter von 19 Monaten allein sitzen. Bis zum Alter von 33 Monaten hatten nicht mehr als 8 Prozent das Laufen gelernt. Wie ließen sich diese Verzögerungen erklären? Da die Ernährung zufriedenstellend war, richtete sich das Interesse von Dennis auf den Mangel an Spielgelegenheiten. Entwickelten sich die von Dennis beobachteten Heimkinder schneller, wenn man ihnen Spielmaterial zur Verfügung stellte?

Zur Klärung dieser Frage wurden Kinder im Alter zwischen 7 und 18 Monaten ausgewählt, die alle noch nicht allein sitzen konnten, auch dann nicht, wenn sie von einem Erwachsenen in eine Sitzposition gebracht wurden. Diese Kinder nahm man täglich für eine Stunde aus den Betten und gab ihnen die Gelegenheit, sich sitzend (ihre Körper stützte man durch Kissen) mit Materialien zu beschäftigen, z.B. mit einem bunten Aschenbecher, mit Plastikflaschen, frischen Blumen, farbigen Schwämmen und bunten Scheiben, die auf einem Faden aufgereiht waren. Die Erwachsenen hielten sich während der „Spielstunde" weitgehend zurück. Bereits nach einem Monat konnte Dennis einen erheblichen Entwicklungsfortschritt feststellen.

Im Spiel übt das Kind seine Fertigkeiten, um sie in einer Vielzahl von Situationen anzuwenden. Wenn man sich auf einen Spielplatz begibt, kann man an einer Rutsche vielleicht folgende Beobachtung machen: Zunächst erkundet das Kind ein solches Gerät vorsichtig. Obwohl es die mütterliche Hand hält, rutscht es noch etwas ängstlich herunter. Nach Überwindung der Erkundungsphase gewinnt aber das Spiel die Oberhand: das Kind rutscht sitzend, liegend, auf dem Bauch und auf dem Rücken zu Boden. Durch die spielerische Veränderung einer bestimmten Tätigkeit steigert das Kind seine Körperbeherrschung, die es später bei vergleichbaren Aufgaben anwenden wird. Ähnliches beobachtet man in allen Bereichen des Verhaltens, so auch beim Erlernen der Sprache, z.B. bei Wort*spielen* des Kindes.

3.5 Frühe Formen der Kommunikation

Eine der herausragenden Leistungen des Menschen ist seine Fähigkeit zu vielfältiger Kommunikation. Das Wort leitet sich aus der lateinischen Sprache ab *(communicare)* und läßt sich mit ‚teilnehmen lassen' bzw. ‚sich verständigen' übersetzen. Die Möglichkeiten des Neugeborenen, sich zu verständigen, sind selbstverständlich noch außerordentlich begrenzt. Allerdings können zumindest Mütter, Hebammen und Kinderschwestern zwischen dem Geburtsschrei, dem Schmerzschrei und dem Hungerschrei eines nur wenige Tage alten Kindes unterscheiden. Nach der Geburt vergehen aber nur wenige Monate, bis der neue Erdenbürger anfängt, sich am Prozeß des Sich-Verständigens zu beteiligen. Zumindest für das Erlernen der Sprache bringt das Neugeborene bereits sehr günstige Voraussetzungen mit.

Wenn man während der Darbietung einer menschlichen Sprache die Bewegungen eines zwei Tage alten Neugeborenen filmt, um sie anschließend Bild für Bild genau betrachten zu können, macht man eine bemerkenswerte Entdeckung: Die Bewegungen des Kopfes, der Hände, Arme und Beine weisen eine offenbar systematische Beziehung zur gesprochenen Sprache auf. Bei anderen Lauten, wie z.B. Klopfen, tritt dieses Zusammenspiel von Gehörtem und Bewegungen nicht auf. Läßt diese Beobachtung nicht den Schluß zu, daß das Neugeborene ein ererbtes Interesse für die menschliche Sprache hat?

Ein Neugeborenes muß aber noch viele Erfahrungen sammeln, bevor es in der Lage ist, in seiner Muttersprache Unterhaltungen zu führen. Was muß ein Kind im Verlauf des Spracherwerbsprozesses im einzelnen lernen? Diese Frage soll im folgenden als erstes beantwortet werden. Anschließend ist zu beschreiben, wie aus einem schreienden oder gurrenden Neugeborenen ein Kind wird, das an der Schwelle zu Zwei-Wort-Äußerungen steht.

3.5.1 Kennzeichnung der gesprochenen Sprache

Eltern, die sich für die Sprachentwicklung ihres Kindes interessieren, beachten in der Regel vor allem, welche Worte es zuerst äußert, in welchem Umfang der Wortschatz zunimmt und wann die ersten Worte in einer sinnvollen Verbindung auftreten. Sprachwissenschaftler haben jedoch darauf hingewiesen, daß zum Spracherwerb noch mehr gehört.

Jede Sprache ist zunächst einmal durch ein bestimmtes Lautsystem *(Phonologie)* gekennzeichnet. Die kleinste sinnvolle Lauteinheit, die in der gesprochenen Sprache vorkommt, bezeichnet man als *Phonem*. Mit der Veränderung dieser Einheiten erhält das Wort eine neue Bedeutung. Bei den folgenden Wörtern stellen jeweils die ersten Buchstaben Phoneme dar. Durch Austausch der Konsonanten läßt sich die Bedeutung wie folgt ändern: Fang, Gang, Hang, lang, Rang, Tang. Gleiches läßt sich durch Änderung von Vokalen erreichen: Gras, Grieß, groß, Gruß. Ein Kind hat also zu lernen, zwischen verschiedenen Phonemen zu unterscheiden. In der deutschen Sprache muß z.B. herausgehört werden, ob ein stimmhaftes s (wie in *S*eile) oder ein z (wie in *Z*eile) gesprochen wird, wenn Mißdeutungen vermieden werden sollen; zum Erlernen der spanischen Sprache bedarf es einer solchen Unterscheidung nicht. Ein klassisches Beispiel, das vom Harvard-Sprachforscher Roger Brown stammt, zeigt, daß ein Kind die richtige Lautkombination möglicherweise kennt, aber noch nicht in der Lage ist, sie auszusprechen:

Kind:	„Fis"
Brown:	„Ist das dein Fis?"
Kind:	(Brown verbessernd) „Nein, das ist mein Fis!"
Brown:	(verwirrt) „Das ist dein Fisch?"
Kind:	„Ja, mein Fis."

Jede Sprache legt durch Regeln fest, wie Phoneme zu sinnvollen Einheiten, *Morpheme* genannt, kombiniert werden dürfen. In der deutschen Sprache können Wörter z.B. mit st- oder sp-, jedoch nicht mit sh- oder sm- beginnen (was im Englischen vorkommt, wie die Beispiele *shop* bzw. *smart* zeigen). Das Wort „Kind" stellt ein Morphem dar, denn es würde seine Bedeutung verlieren, wenn man es weiter zerlegte. Die Mehrzahlform besteht aus zwei Morphemen, denn dem Wort „Kind" wird noch die Einheit „er" angehängt.

Bevor ein Kind sich mit anderen unterhalten und sie verstehen kann, muß es die Bedeutung – man spricht auch von der *Semantik* – der verwendeten Wörter gelernt haben. Wörter stehen für Gegenstände, Handlungen und Beziehungen. Die Entwicklungspsychologie interessiert sich u.a. für die Frage, wie ein Kind darauf aufmerksam wird, daß z.B. die Äußerungen der Mutter Bedeutungen tragen.

Mit einem einzigen Wort ist das Mitteilen von Nachrichten nur in einem sehr eingeschränkten Umfang möglich. In allen Sprachen dieser Welt ist deshalb die Möglichkeit vorgesehen, Wörter zu kombinieren. Dabei sind allerdings stets bestimmte Regeln zu beachten: Die *Syntax* einer Sprache benennt die Regeln, nach denen Wörter zu verändern und aneinanderzureihen sind, damit ein bestimmter Sinn zum Ausdruck gebracht wird. Wie sich an dem folgenden Beispiel ablesen läßt, erfüllt jedes Wort in einem Satz eine bestimmte Funktion.

Klaus fragt Peter
Peter fragt Klaus

Beide Sätze enthalten die gleichen Wörter; durch die Reihenfolge wird zum Ausdruck gebracht, wer wen gefragt hat. Die Regeln der Syntax in der deutschen Sprache besagen z.B., daß die Abfolge „Klaus (den) Peter fragt" nicht möglich ist. Weiterhin ist z.B. geregelt, wie Fragen im Unterschied zu Aufforderungen oder einfachen Feststellungen zu formulieren sind.

Ein Mensch, der die Regeln der Phonologie, der Semantik und der Syntax gelernt hat, kann zwar einwandfreie Sätze bilden. Dennoch besteht die Gefahr, daß er mit der Sprache nicht seine beabsichtigten Ziele erreicht. Ein Kind, das sich z.B. an seine Mutter mit der Aufforderung wendet, es wolle sofort etwas zu essen haben, könnte eine schroffe Ablehnung erhalten, weil es gegen Regeln der Höflichkeit verstoßen hat.

Auch wenn eine Mutter vom Satzaufbau her folgende Frage formuliert: „Räumst du bitte dein Zimmer auf(?)", würde sie sich ärgern, wenn das Kind mit „Nein" reagieren sollte, denn die vermeintliche Frage ist natürlich als Aufforderung zu verstehen. Vielfach läßt sich der Sinn einer Äußerung nämlich nur dann angemessen erschließen, wenn man die gesamte Situation, in die sie eingebettet ist, mitberücksichtigt. Während des dritten und vierten Lebensjahres beginnen Kinder zu lernen, was man unter welchen Umständen wie sagt, das heißt, sie lernen die Regeln der Situationsangemessenheit einer sprachlichen Aussage.

3.5.2 Entwicklung der Lautbildung

Die häufigste Lautäußerung des Babys während der ersten beiden Lebensmonate ist das Schreien; es drückt stets Unbehagen (Schmerz, Hunger) aus. Mit ihm verbindet sich aber auch eine soziale Funktion, denn die Mutter oder andere Pflegepersonen reagieren darauf sehr empfindlich. In der Regel sind sie bemüht, das Kind auf irgendeine Art wieder zu beruhigen.

Zwischen dem zweiten und dritten Lebensmonat beginnen Babys, Gurrlaute zu produzieren, die aus Vokalketten bestehen. Die „uuuuuuu-" oder „aaaaaaa"-Folgen dauern jeweils etwa 15 bis 20 Sekunden. Man hört sie vor allem nach einer Mahlzeit oder einer Schlafphase; offenbar sind sie Ausdruck einer gewissen Zufriedenheit.

In der Zeit des sechsten Lebensmonats ändern sich die Lautäußerungen in auffallender Weise. Das Kind beginnt mit dem Lallen. Es kombiniert dabei jeweils einen Konsonanten mit einem Vokal. Da es eine solche Lautfolge ständig wiederholt, spricht man auch von *Lall-Monologen.* In früheren Stadien produziert das Baby vor allem Kehllaute wie /g/ und /k/, während es später auch Laute äußert, die mit Hilfe der Lippen und Zähne zustandekommen, wie z.B. /b/ und /p/. Das „gugugugugu" oder „bababababa" hört man bei Babys in aller Welt. Sie produzieren dabei auch Laute, die in der Sprache der jeweiligen Umgebung gar nicht vorkommen, und die deshalb von Erwachsenen auch nur unzureichend nachzuahmen sind. Da sogar taube Babys diese Lall-Monologe hervorbringen, kann man davon ausgehen, daß eine genetische Steuerung zugrunde liegt. Offenbar lernt das Kind bei seinen Lall-Übungen, wie es seine Zunge, die Lippen und den Kehlkopf kontrollieren kann.

Früher oder später setzen sich allerdings die steuernden Einflüsse der Umwelt durch. In der Zeit zwischen dem achten und zehnten Lebensmonat hört man mit zunehmender Häufigkeit Laute, die in der jeweiligen Sprach-Umgebung vorkommen. Eine weitere Äußerung verdient, beachtet zu werden: das Kind beginnt, wiederholt bestimmte Lautbildungen in einer klar erkennbaren Absicht zu verwenden. Es zeigt z.B. auf etwas und versucht, mit dem gleichzeitigen Aussprechen von „da" die Aufmerksamkeit eines Erwachsenen zu gewinnen.

3.5.3 Die Einübung sozialer Regeln

Bei einem Gespräch übernimmt üblicherweise jeder der Beteiligten abwechselnd die Rolle des Zuhörenden und des Mitteilenden. Woher weiß man aber, wer von beiden gerade das Wort hat? Damit das Abwechseln funktioniert, bedienen sich Gesprächsteilnehmer zahlreicher nicht-sprachlicher Signale. So wendet z.B. der Sprecher zu Beginn seiner Äußerungen – vermutlich um sich besser konzentrieren zu können – typischerweise seinen Blick vom Partner ab. Gegen Ende sieht er sein Gegenüber wieder an, um ihn zur Erwiderung herauszufordern.

Der Zuhörer dagegen richtet seinen Blick während der Ausführungen auf den Sprecher, um ihm zu zeigen, daß er aufmerksam und interessiert ist.

Der Ablauf eines Gesprächs erfolgt somit nach bestimmten Regeln, die jeder Teilnehmer – wenigstens bis zu einem gewissen Grade – beherrschen muß. Auf welche Weise wird nun einem Kind vermittelt, daß man in einem Gespräch abwechseln muß, daß man nicht spricht, wenn der Partner noch nicht ausgeredet hat, daß man sich mit Hilfe nicht-sprachlicher Signale über den Ablauf des Gesprächs verständigt? Von welchem Alter an gestaltet ein junger Mensch den Ablauf sozialer Kontakte aktiv mit? Zur Beantwortung solcher Fragen muß man sich genauer ansehen, was die Mutter während ihrer Beschäftigung mit dem Kind tut, und wie dieses darauf reagiert.

In den ersten Lebensmonaten eines Kindes wird der Ablauf einer „Kontaktepisode" noch weitgehend vom Erwachsenen bestimmt. Das Kind liefert vor allem Anlässe zum Reagieren; es verhält sich aber keineswegs völlig passiv. Zwischen dem dritten und sechsten Lebensmonat bringt das Kind seine Gurr- und Lallaute mit Vorliebe dann hervor, wenn die Mutter oder ein anderer Erwachsener mit ihm spricht. Das Kind erweckt den Eindruck, einfach „mitreden" zu wollen. Es wartet allerdings nicht, bis die Mutter aufhört zu sprechen, denn es beherrscht während der ersten beiden Lebensjahre noch nicht den Rollenwechsel vom Mitteilenden zum Zuhörer und umgekehrt. Die Lautäußerungen erfolgen nach Belieben und die Mutter paßt sich entsprechend an.

Dennoch neigen Mütter oder andere Betreuer dazu, Kinder bereits während der ersten Lebenswochen so zu behandeln, als wären sie echte Gesprächspartner. Jede Äußerung, jede Regung eines Babys wird aufmerksam registriert und als „Antwort" gewertet. Wenn ein Kind nicht reagiert, wartet die Mutter einen Augenblick, bis sie irgendeine Reaktion zum Anlaß nehmen kann, ihre „Unterhaltung" fortzusetzen, wie in dem folgenden Beispiel:

Mutter:	Hallo, lach doch 'mal! (klopft sanft gegen die Rippen)
Kind:	(gähnt)
Mutter:	Müde bist du? Du bist heute zu früh aufgewacht.
Kind:	(öffnet die Faust)
Mutter:	(berührt die Hand des Kindes) Was siehst du denn? Siehst du etwas?
Kind:	(umfaßt Finger der Mutter)
Mutter:	Ach, das wolltest du.

Da Babys in regelmäßigen Abständen das Trinken unterbrechen, nutzen Mütter oft die Pausen, um das Baby z.B. zu streicheln oder anzusprechen. Umgekehrt kann auch die Mutter bewirken, daß das Kind aufhört zu saugen, wie in dem folgenden Protokollausschnitt Daniel Sterns. Er beschreibt eine „Kontaktepisode", in der eine Mutter ihrem drei Monate alten Kind die Flasche gibt: Die Mutter verhält sich zunächst ruhig, und das Kind ist ausschließlich mit dem Trinken beschäftigt. Das ändert sich jedoch sofort, als die Mutter einige Worte an den Säugling richtet. Das Baby unterbricht daraufhin das Saugen und gibt den Gummisauger frei. Schwache Zeichen eines Lächelns werden sichtbar. Sofort hört die Mutter zu sprechen auf, und – während sie das Gesicht ihres Kindes betrachtet, die Augen etwas mehr öffnet und ihre Augenbrauen anhebt – schaut sie das Kind an. Für einen Augenblick herrscht bewegungslose Stille. Dann spricht die Mutter das Baby mit einem leisen „He!" an. Dabei öffnen sich ihre Augen noch weiter, auch ihre Augenbrauen heben sich etwas mehr. Sie hebt den Kopf und nähert sich wieder dem Säugling, dessen Augen sich ebenfalls weiter öffnen. Er neigt seinen

Kopf etwas, und während er zu einem breiteren Lächeln ansetzt, fällt ihm der Gummisauger aus dem Mund. Die Mutter reagiert auf diese Veränderungen sofort: „Ja, hallo! ... haallo! ... haaallo!" – ihre Stimme hebt sich allmählich und die Vokale werden mit jedem Hallo länger gesprochen. Auf jede Wiederholung der Mutter reagiert das Kind mit mehr Freude. Doch plötzlich pausiert die Mutter, ihr Gesicht entspannt sich wieder; beide betrachten einander erwartungsvoll. Die Erregung nimmt dabei auf beiden Seiten allmählich wieder ab. Doch bevor sie völlig verschwunden ist, ergreift das Baby nunmehr die Initiative. Es bewegt den Kopf etwas nach vorne, wirft die Hände nach oben, während gleichzeitig ein breites Lächeln auf seinem Gesicht abzulesen ist. Diese Reaktion läßt die Mutter unverzüglich wieder aktiv werden. Sie nähert sich dem Kind etwas, öffnet den Mund und sagt mit strahlenden Augen: „Oooooo .... möchtest Du denn spielen? .... jaaa? ....." Stern hat beobachtet, daß sich solche Kontakt-Episoden mehrfach am Tage wiederholen können.

Abb. 3.20: In Kontakten mit der Mutter lernt das Kind die Regeln des Abwechselns und wie man durch Veränderung der Blickrichtung Mitteilungen an seinen Partner macht.

Das Einüben sozialer Regeln erfolgt allerdings nicht nur im sprachlichen Wechselspiel. Erinnert sei nur an das bekannte Guck-Guck-Spiel, in dem sich der ältere Spielpartner zunächst vor dem Kind versteckt, um plötzlich mit einer Begrüßung aufzutauchen. Ein bedeutsames Kennzeichen dieses Spiels ist das Abwechseln. Zunächst handelt der Spielpartner und das Kind beobachtet ihn. Sodann reagiert das Kind – unter Beobachtung seines Mitspielers mit freudiger Erregung. Bevor diese ganz abgeklungen ist, geht die aktive Rolle wieder auf den älteren Spielpartner über usw. – Phantasievolle Eltern kennen viele weitere Beschäftigungen, die sie zunächst einmal zur Unterhaltung des Kindes erfunden haben. Häufig ist ihnen gar nicht bewußt, daß solche Spiele eine wichtige Funktion erfüllen; sie machen Kinder mit den Regeln des sozialen Miteinanders vertraut. Jenseits des zweiten Geburtstags werden die Lernergebnisse dieser Übungsanregungen erkennbar: Die Kinder unterbrechen ihre Mutter immer weniger. Sie fangen an, ihre Sprachäußerungen mit denen ihrer Mutter abzustimmen und beginnen, aktiver auf den Ablauf der Kontakte einzuwirken.

Die Berücksichtigung anderer Regeln des sozialen Kontakts läßt sich sogar noch früher nachweisen: Bereits im Alter von zwölf Monaten blickt das Kind in der Regel seine Mutter an, wenn sie etwas zu ihm sagt. Nach dem 18. Lebensmonat beobachtet man immer häufiger, daß das Kind zum Ende eines Beitrags seine Mutter ansieht, um ihr zu signalisieren, daß sie nunmehr das Wort hat. Gegen Ende des zweiten Lebensjahres verwenden Kinder Blicksignale fast ebenso wie Erwachsene. Die Kleinen wissen nunmehr auch, was es heißt, wenn die Mutter sie zum Schluß ihrer Ausführung wieder ansieht.

3.5.4 Das Einwort-Stadium

Wann verwendet das Kind zum ersten Mal ein Wort, um damit etwas Bestimmtes zu bezeichnen? In welchem Alter verstehen Kinder die Bedeutung eines gesprochenen Wortes? Wenn man sich mit solchen Fragen an Eltern wendet, dann erfährt man nicht selten von ihnen, daß ihr Kind schon lange Zeit vor seinem ersten Geburtstag „alles verstehen" konnte. Auch das erste Wort wollen sie manchmal bereits im achten oder neunten Lebensmonat ihres Kindes ausgemacht haben. Kann man sich aber auf diese Auskünfte wirklich verlassen?

Es ist keineswegs ungewöhnlich, daß ein acht oder neun Monate altes Kind „mama" oder „papa" lallt. Allerdings garantiert selbst das wiederholte Auftreten dieser Lautäußerung keineswegs, daß das Kind damit die gewünschte Bedeutung verbindet. Wie aus der eindrucksvollen Biographie der blind und taub geborenen Helen Keller hervorgegangen ist, kann man Worte nachahmen, ohne sie gleichzeitig mit Sinn zu füllen (siehe Info-Kästchen 3.6).

Somit steht man beim Studium der kindlichen Sprachentwicklung vor der Schwierigkeit, den Zeitpunkt zu bestimmen, an dem ein Wort erstmalig sinnvoll verwendet wird, und inwieweit das Kind die Sprache seiner Umwelt versteht. Wenn es beispielsweise von der Mutter gefragt wird „Wo ist die Puppe?", dann mag es seinen Blick zwar zutreffend auf die Puppe richten, vielleicht zeigt es auch mit dem Finger in die richtige Richtung; worauf hat das Kind nun aber wirklich reagiert? Die Mutter hat zwar eine Frage sprachlich formuliert, diese aber zusätzlich mit Gesten untermauert, indem sie auf die Puppe gezeigt oder ihre Augen dorthin gerichtet hat. Ein zehn Monate altes Kind kann tatsächlich die Absicht der Mutter erschließen; es muß dazu die Worte gar nicht verstehen, denn es nutzt die zahlreichen nicht-sprachlichen Hinweise der Situation.

Die ersten Worte des Kindes, die sich eindeutig auf einen Gegenstand oder auf ein Ereignis beziehen, treten in der Regel kurz vor oder nach dem ersten Geburtstag auf. Diese Äußerungen weisen noch wenig Gemeinsamkeiten mit den entsprechenden Wörtern der Erwachsenensprache auf. So verwendet das Kind z.B. „ba" für Ball, „Ga" für Stock oder „ham" für ‚Ich möchte haben'. Man könnte annehmen, daß nach Überschreitung der Schwelle zum ersten Wort viele weitere folgen. Das trifft jedoch nicht zu. Es müssen noch etwa drei bis vier Monate vergehen, bevor sich der Wortschatz auf zehn Wörter steigert. Erst danach verläuft der Spracherwerb wesentlich schneller.

Gibt es Wörter, für die sich das Kind zu Beginn seines Spracherwerbs besonders interessiert, oder greift es willkürlich einige der Wörter heraus, die es in seiner Umwelt gehört hat? Katherine Nelson studierte die ersten 50 Wörter von drei Kindern. Kinder lernen bestimmte Wörter offenkundig bevorzugt. Die Äußerungen bezogen sich gehäuft auf Personen, Tiere oder Gegenstände, die für die Kinder eine besondere und nachvollziehbare Bedeutung besaßen (wie z.B. Vater, Mutter, Hund [bzw. dessen Name], Puppe oder Milch). Dagegen „lernen sie nicht die Namen von Gegenständen, die einfach ‚da' sind, wie Tische, Teller, Handtücher, Gras oder die Heizung. Mit wenigen Ausnahmen handelt sich bei den protokollierten Wörtern um Begriffe, die sich auf bewegliche oder solche Gegenstände beziehen, mit denen man hantieren kann ...." Die ersten Wörter, die das Kind verwendet, bilden also ab, wofür es sich interessiert: es sind Dinge, die sich bewegen, ein Geräusch machen oder mit denen man etwas tun kann.

Info-Kästchen 3.6:
Wie die blind-taube Helen Keller entdeckte, daß alles einen Namen hat.

In dramatischer Weise berichtet Helen Keller, die im Alter von 17 Monaten infolge einer Infektion ihr Seh- und Hörvermögen verloren hatte, wie sie im Alter von sieben Jahren plötzlich zu der Einsicht gelangte, daß Wörter etwas bedeuten. Damit die Tochter mit der Zeichensprache vertraut werden konnte, hatten ihre Eltern eine Lehrerin eingestellt. Miss Annie Sullivan verbrachte viele Stunden damit, ihrer Schülerin Begriffe wie z.B. „Hut", „Tasse", „sitzen", „stehen" usw. in die Hand zu buchstabieren. Sehr bald hatte der Unterricht Erfolge. Als Helen eines Tages ein Stück Kuchen haben wollte, buchstabierte sie ihrer Lehrerin das Wort „K-u-c-h-e-n" in die Hand. Helen war sich zu diesem Zeitpunkt noch nicht darüber im klaren, daß die Lehrerin sich mit ihr über Worte verständigen wollte. „Ich bewegte einfach meine Finger in affenartiger Nachahmung". Miss Sullivan schien nicht verständlich machen zu können, daß Gegenstände „Namen" tragen. Doch dann kam das dramatische Erlebnis an der Pumpe: Die Lehrerin hielt Helens Hand in das fließende Wasser. Was sie in Gegenwart ihrer Lehrerin weiterhin wahrnahm, schildert Helen Keller wie folgt: „Während der kühle Strom über eine meiner Hände sprudelte, buchstabierte sie mir in die andere das Wort *Wasser*, zuerst langsam, dann schnell. Ich stand still, mit gespannter Aufmerksamkeit die Bewegung ihrer Finger verfolgend. Mit einem Male durchzuckte mich eine nebelhafte, verschwommene Erinnerung, ein Blitz des zurückkehrenden Denkens und das Geheimis der Sprache lag plötzlich offen vor mir. Ich wußte jetzt, daß „Wasser" jenes wundervolle, kühle Etwas bedeutete, das über meine Hand strömte. Dieses lebendige Wort erweckte meine Seele zum Leben, spendete ihr Licht, Hoffnung, Freude, befreite sie von ihren Fesseln! Zwar waren ihr immer noch Schranken gesetzt, aber Schranken, die mit der Zeit weggeräumt werden konnten. Ich verließ den Brunnen voller Lernbegier. Jedes Ding hatte eine Bezeichnung. ... Ich lernte an diesem Tag eine große Menge Wörter. Ich erinnere mich nicht mehr an alle, aber ich weiß, daß ‚Mutter', ‚Vater', ‚Schwester', ‚Lehrer' unter ihnen waren – Wörter, die die Welt für mich erblühen ließen. ... Es dürfte schwer gewesen sein, ein glücklicheres Kind als mich zu finden."

Abb. 3.21:
Helen Keller mit ihrer Lehrerin
Miss Annie Sullivan um 1890

3.4.5 Das Erlernen von Bedeutungen

Die dramaturgisch aufbereitete Biographie läßt auf eine bemerkenswerte Gedächtnisleistung Helen Kellers schließen. Sie benennt Zeitpunkt und Umstände, unter denen ihr schlagartig auffiel, daß die in ihre Hand buchstabierten Zeichen etwas bedeuteten. Auch das Kleinkind macht irgendwann die Entdeckung, daß Lautsymbole Bedeutung tragen können. Über die zugrundeliegenden Prozesse wissen Entwicklungspsychologen allerdings nur sehr wenig. Bevor das Kind die ersten Wörter sinnvoll benutzt, will es offenbar die Bezeichnungen für Beobachtetes erfahren. Dies wird besonders beim *Zeigen* deutlich.

Kinder beginnen etwa im Alter zwischen acht und neun Monaten, auf Ereignisse oder Gegenstände zu zeigen, die ihnen auffallen. So wird ihr Interesse z.B. von einem bellenden Hund geweckt. Was veranlaßt das Kind nun darauf zu zeigen? Will es andere auf das Gesehene aufmerksam machen? Dann müßte es sich doch durch einen Blick vergewissern, daß diese überhaupt reagieren. Das Kind scheint zu diesem frühen Stadium des Zeigens jedoch kein soziales Interesse zu haben; es nimmt z.B. keinen Augenkontakt zu der Person auf, die es begleitet. Es ist zu vermuten, daß das Kind sich zunächst nur darin übt, sich auf das Gezeigte zu konzentrieren. Ein etwas älteres Kind beabsichtigt mit dem Zeigen aber offenbar mehr. Im Alter von einem Jahr richtet es gleichzeitig seinen Blick auf den Erwachsenen, als wolle es sich vergewissern, daß dieser wirklich reagiert. Will das Kind aber womöglich nur Aufmerksamkeit erregen? Das läßt sich nicht ganz ausschließen. Die meisten Mütter begnügen sich allerdings nicht damit, dem Kind nur ihre Aufmerksamkeit zu schenken. Sie versuchen herauszufinden, worauf sich das kindliche Interesse richtet, um das Ereignis dann zu benennen und zu beschreiben. Kurz bevor ein Kind sein erstes Wort äußert, zeigt es also auch durch seine Gestik, daß es zur Kommunikation, zum Sich-Verständigen, bereit ist.

Abb. 3.22: Gegen Ende des ersten Lebensjahres läßt sich u.a. an der Gestik des Zeigens ablesen, daß das Kind zur Kommunikation bereit ist.

Eine Besonderheit der Kommunikation besteht darin, daß man sich nicht nur über eine einzigartige Gegebenheit, also z.B. über *den* Vater oder über *die* Katze des Nachbarn verständigt. Viele Namen stehen vielmehr für eine Kategorie. Die Bezeichnung „Hund" oder „Wauwau" gilt nicht nur für das eigene Haustier, sondern für sämtliche Tiere, die bestimmte Merkmale gemeinsam besitzen. Wie lernt das Kind aber diese Kategorie-Bezeichnungen (Begriffe)? Was versetzt es irgendwann in die Lage, einen Hund, den es noch nie zuvor gesehen hat, richtig zu benennen, oder eines Tages einen Hund von einer Katze zu unterscheiden?

Sprachwissenschaftler geben hierauf verschiedene Antworten. Zwar studieren sie die Fehler, die dem Kind beim Sprechen unterlaufen. Strittig ist aber, worauf diese Fehler zurückzuführen sind. Von besonderem Interesse ist u.a. ein Fehler, den man als „Überdehnung" (Übergeneralisierung) bezeichnet. Wenn ein Kind z.B. den Begriff Hund nicht nur für das eigene bellende Haustier, sondern ebenso für Katzen, Pferde und Elefanten verwendet, dann erfolgt eine Überdehnung, denn es bezieht den Begriff auch auf Tierarten, für die die Sprache des Erwachsenen unterschiedliche Namen vorsieht. Warum neigt ein Kind zu solchen Überdehnungen?

Einige Sprachwissenschaftler meinen, daß Kinder z.B. bei einem Hund zunächst nur ein oder mehrere auffallende Merkmale des Tieres beachten, wie die Größe, das Fell oder die vier Beine. Wenn ein Kind nun entscheidet, daß die Kennzeichen für Hund „vier Beine und Fell" sind, kann es diese Bezeichnung auch für Katzen und Pferde verwenden. Sobald es jedoch auf das Bellen als Merkmal aufmerksam wird, wird es die Bezeichnung ‚Hund' nicht mehr auf Katzen ausdehnen. Mit der Hinzufügung weiterer Merkmale vermindert sich die Anzahl der Fehler, die dem Kind fortan bei Verwendung der Bezeichnung ‚Hund' unterlaufen.

Andere Sprachwissenschaftler bezweifeln, daß schon ein- bis zweijährige Kinder mit Hilfe so abstrakter Merkmale wie ‚Zweibeinigkeit' oder ‚Größe' ihr Begriffsverständnis entwickeln. Könnte es nicht sein, daß Kinder von dem Hund, den sie beobachten, eine zunächst einfache, im Laufe der Zeit aber zunehmend komplexe bildliche Vorstellung entwickeln? Bei Begegnung mit einer tatsächlichen Katze vergleichen sie das Gesehene mit ihrem Vorstellungsbild, das sie für einen Hund entworfen haben. Entdekken sie eine große Ähnlichkeit, dann bezeichnen sie das Tier als ‚Hund'. Wenn sie später ihr Vorstellungsbild verfeinern und zusätzlich ein Bild von der Katze zur Verfügung haben, geben sie dem Gesehenen den zutreffenden Namen ‚Katze'.

Eine dritte Möglichkeit zur Erklärung von Überdehnungsfehlern besagt, daß Kinder bereits ziemlich früh in ihrer Entwicklung Hunde, Katzen und vielleicht noch weitere Tierarten voneinander zu unterscheiden vermögen. Das Kind könne dennoch ein Pferd als ‚Hund' bezeichnen, weil ihm einfach die Bezeichnung ‚Pferd' noch nicht zur Verfügung steht. Wenn man aber demselben Kind nach Vorlage mehrerer Tierbilder die Frage stellt, wo der Hund ist, reagiert es womöglich richtig.

Die drei Erklärungen müssen einander keineswegs ausschließen. Wahrscheinlich lernt das Kind, Wörter zunächst mit einfachen Vorstellungsbildern in Beziehung zu setzen. Bei diesen Bildern können einige Merkmale stärker als andere ausgeprägt sein. Beides –Vorstellungsbild und Merkmal – hilft dem Kind, Unterscheidungen zu treffen. Wenn ihm aber etwas begegnet, wofür es noch keinen geeigneten Namen besitzt, wählt es sich jenen aus, der dem Gesehenen noch am nächsten kommt.

Überdehnungen sind kein ausschließliches Kennzeichen des Spracherwerbs in der frühen Kindheit. Fehler dieser Art treten auch in den nachfolgenden Jahren auf. Das weitere Studium konzentriert sich jedoch nicht nur auf Überdehnungsfehler; es fragt insbesondere danach, wie die Regeln der Syntax erschlossen werden. Irgendwann gegen Ende der frühen Kindheit werden Wörter kombiniert. Im nachfolgenden Kapitel wird der weitere Verlauf des Spracherwerbs im anschließenden Entwicklungsabschnitt dargestellt.

Literatur zur Erweiterung des Wissens und zur Vertiefung:

Baumgärtel, F. (1982): *Spiel und Spielentwicklung*. In: Wieczerkowski, W. & Zur Oeveste, H.Ü. (Hrg.): *Lehrbuch der Entwicklungspsychologie*. Düsseldorf: Schwann, S. 211-230

Keller, H. & Meyer, H.J. (1982): *Psychologie der frühesten Kindheit*. Stuttgart: Kohlhammer

Stoppart, M. (1984): *Das große Ravensburger Babybuch*. Ein Handbuch für junge Eltern. Ravensburg: Maier

Sutton-Smith, B. & Sutton-Smith, S. (1986): *Hoppe, hoppe, Reiter*. Die Bedeutung von Kinder-Eltern-Spielen. München: Piper

4. Kapitel

Das Vorschulalter

Als Jean Piagets Tochter Jacqueline 15 Monate alt war, machte ihr Vater eine aufschlußreiche Beobachtung: Während des Spiels hatte sich ein Bein ihrer Clownpuppe im Ausschnitt ihres Kleides verhakt. Erst nach mehreren Versuchen bekam sie das Bein frei. Daraufhin betrachtete Jacqueline zunächst ihre rechte Hand für eine kurze Zeit; dann knickte sie den Zeigefinger ab, vermutlich um sich auf diese Weise das Bein des Clowns darzustellen. Anschließend versuchte Jacqueline, den Finger ebenso wie zuvor das Bein der Puppe in den Ausschnitt ihres Kleides zu stecken. Für Piaget war diese Beobachtung vor allem deshalb bemerkenswert, weil seine Tochter ihren Finger offenbar als „Symbol" benutzt hatte. Ein Symbol kann ein Wort, ein Gegenstand, eine bildliche Darstellung oder eine Bewegung sein und jeweils für etwas anderes stehen. Eine Nationalflagge steht z.B. für ein Land, und das Wort Bleistift steht für einen Gegenstand, mit dem man schreiben kann. Jacqueline tat so, „als ob" ihr Finger das Bein des Clowns war.

Piagets Tochter Jacqueline benutzte offenkundig ihren Finger, um sich das Bein symbolisch darzustellen. Etwa einen Monat später machte Piaget eine weitere Beobachtung: Jacqueline hatte mit angesehen, wie ein kleiner Junge während eines Wutanfalls schrie, seinen Laufstall weiterschob und wütend mit den Füßen auf den Boden stampfte. Jacqueline ahmte dieses Verhalten nicht sofort nach, aber einen Tag später und abermals nach einer Woche, als der kleine Junge zu Besuch kam. Piagets Tochter muß also in der Lage gewesen sein, die beobachtete Handlungsabfolge zu „verinnerlichen", denn sie ahmte das Gesehene ja verzögert nach.

Sobald ein Kind in der Lage ist, sich eine Gegebenheit, eine Handlung oder ein Ereignis ausschließlich „im Kopf", d.h. gedanklich abzubilden, hat es einen Entwicklungsschritt vollzogen, durch den sich ihm völlig neue Wege eröffnen. Das Kind ist nunmehr in der Lage, über konkrete Ereignisse auf der Ebene der Vorstellungen nachzudenken; Geschehnisse müssen nicht mehr unmittelbar vor dem Kind ablaufen. Damit beginnt nach Piaget zwischen dem 16. und 24. Lebensmonat die *voroperationale* Phase, die nach seiner Meinung im Alter von etwa sieben Jahren enden wird. Das Kind verbessert in diesem Zeitraum seine Fähigkeit, symbolisch zu denken, ohne allerdings – wie Piaget meinte – stets den Regeln der Erwachsenenlogik zu folgen. Ist das Vorschulkind oder der Erstkläßler in seinen Überlegungen aber tatsächlich so „unlogisch", wie Piaget dachte? Es wird in den nachfolgenden Abschnitten über einige Beobachtungen zu berichten sein, die die Logik des Kindes in einem etwas anderen Licht erscheinen lassen. Piaget führte die vermeintlich unlogischen Gedankengänge des Kindes auf Unreife der kognitiven Funktionen zurück. Einige Psychologen meinen jedoch, mit Reifungsprozessen würde zu wenig erklärt. Nach ihrer Meinung unterscheidet sich das Problemlösungsverhalten von Kindern und Erwachsenen vor allem deshalb, weil sie Informationen noch nicht so schnell und wirkungsvoll wie Erwachsene aufnehmen und verarbeiten können.

Zu Beginn der voroperationalen Phase oder – wie sie hier genannt wird – des Vorschulalters, zeigt sich auch im Spracherwerb ein bemerkenswerter Fortschritt. Das Kind fügt zum ersten Mal zwei Wörter zusammen. Es bildet „Zwei-Wort-Sätze", die es vermutlich nie in seiner Umwelt gehört hat. Die Fortschritte der nächsten Jahre sind eindrucksvoll. Bereits im Alter von etwa fünf Jahren beherrscht das Kind praktisch seine Muttersprache. Wie ist es dem Kind möglich, innerhalb eines Zeitraums von nur wenigen Jahren ein derartig komplexes System wie die Sprache zu lernen? Diese Frage beschäftigt die Sprachpsychologie bereits seit Jahrzehnten. Über einige ihrer Erkenntnisse wird im vorliegenden Kapitel berichtet.

Im Altersabschnitt zwischen 18 Monaten und 6 oder 7 Jahren vollziehen sich aber nicht nur gewaltige Veränderungen im kognitiven Bereich. Der nachfolgende Abschnitt informiert über das Körperwachstum in der voroperationalen Phase, weiterhin über die soziale Entwicklung im Vorschulalter. Während das Kind in den ersten beiden Lebensjahren vor allem Kontakt zu seiner Mutter und zu weiteren Familienmitgliedern hatte, gewinnen nunmehr die Gleichaltrigen eine wachsende Bedeutung.

4.1 Einige Kennzeichen körperlicher Entwicklung

Das Kind hat während der ersten 24 Monate seines Lebens einen beachtlichen Wachstumsschub erfahren. Mit einer Körpergröße von etwa 90 cm ist es jetzt ungefähr halb so groß wie ein Erwachsener. So schnell wie während der ersten sechs Lebensmonate wird es niemals wieder wachsen. Jeden Tag hat sich in diesem Zeitraum sein Körpergewicht um durchschnittlich zwei Gramm erhöht. „Wenn sich das Wachstum in der Geschwindigkeit fortsetzen würde, die für die ersten sechs Lebensmonate gilt, müßte der typische Zehnjährige ungefähr 30,5 Meter groß sein und etwa 218.000 Tonnen wiegen. Das ist so groß wie ein fünfzehnstöckiges Bürohaus und zwanzigmal schwerer", stellte Robert McCall einmal fest. Dieses Schicksal bleibt dem Kind erspart, weil sich das Wachstum allmählich verlangsamt. Zwischen dem sechsten Monat und dem

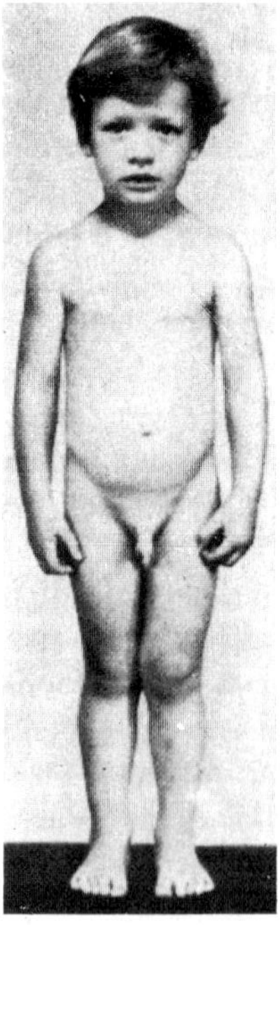

Abb. 4.1:
Die körperliche Gestalt eines Dreijährigen (sog. Kleinkindform)

Info-Kästchen 4.1:
Entsteht Fettleibigkeit durch falsche Ernährung in den ersten Lebensmonaten?

Eine viel beachtete Erklärung für fettleibige Menschen (mit einem Körpergewicht, das mehr als zwanzig Prozent über dem Idealgewicht liegt) lautet, daß es sog. kritische Phasen in der Bildung von Fettzellen gibt. Danach entstehen Fettzellen vor allem in einem Zeitraum, der im letzten Schwangerschaftsdrittel beginnt und vor Beginn des dritten Lebensjahres endet. Eine weitere kritische Phase liegt im Zeitraum des Wachstumsschubs zu Beginn der Pubertät (s.S. 236). Bei übermäßiger Nahrungsaufnahme während der beiden kritischen Phasen erhöht sich die Anzahl neuer Fettzellen stark. Eine einmal gebildete Fettzelle ist später nicht mehr zu beseitigen. Ein Erwachsener erhöht also sein Körpergewicht durch Auffüllen der Fettzellen; er nimmt ab, indem er ihren Inhalt, nicht aber deren Anzahl vermindert.

Die Beobachtung von Kindern über längere Zeiträume zeigt jedoch, daß die Erklärung mit Hilfe der Bildung von Fettzellen in kritischen Phasen keineswegs ausreicht, denn Übergewichtigkeit bei einem jüngeren Kind bleibt nicht immer bis ins Erwachsenenalter bestehen. Zudem waren viele fettleibige Erwachsene während ihrer Kindheit und Jugendzeit schlank. Erst zwischen dem sechsten und zehnten Lebensjahr wächst die Wahrscheinlichkeit, daß übermäßiges Körpergewicht im Erwachsenenalter erhalten bleibt. Vierzig Prozent der Kinder, die im Alter von sieben Jahren fettleibig sind, werden auch als Erwachsene übergewichtig sein. Während der Grundschulzeit wird Essen zu einer Gewohnheit, der nicht mehr ohne weiteres entgegenzuwirken ist. Allerdings besteht zwischen dem Essen und dem Körpergewicht kein eindeutiger Zusammenhang, denn man hat fettleibige Personen gefunden, die nicht mehr Nahrung zu sich nehmen als normalgewichtige. Aufschlußreiche Informationen liefern weiterhin japanische Jugendliche, die sich auf Ringerwettbewerbe vorbereiten, deren Tradition bereits auf das Jahr 642 n.Chr. zurückgeht. Der als *Sumo* Rin

Abb. 4.2: Erfolgreiche japanische *Sumo*-Ringer müssen dick sein.

ger bezeichnete Sportler, der sich bemüht, seinen Gegner aus dem Ring zu stoßen, kann nur zum Ziel kommen, wenn er über ein hohes Körpergewicht verfügt. In einer besonderen Schule lernt der *Sumo*-Ringer, täglich bis zu 6.000 Kalorien zu sich zu nehmen. Trotz eines sehr intensiven Trainings entwickelt er nach einigen Jahren den erstrebten kolossalen Körperumfang, jedoch um den Preis einer geringen Lebenserwartung. Das Körpergewicht eines Menschen hängt offenbar von zahlreichen Einflüssen ab.

Studien an Tieren, an eineiigen sowie zweieiigen Zwillingen, an Adoptivkindern und ihren Eltern sprechen dafür, daß die Entwicklung des Körpergewichts eine genetische Grundlage besitzt. Adoptivkinder erreichen die gleiche Gewichtsklasse wie ihre biologischen Eltern; häufig unterscheiden sie sich darin aber von ihren Pflegeeltern. Deren Vorbild spielte offenbar nur eine untergeordnete Rolle.

Eine in jüngerer Zeit viel beachtete Theorie geht davon aus, daß der Stoffwechsel eines Organismus jeweils durch einen „Stellwert" gesteuert wird. Man vermutet, daß es im Gehirn einen bislang unentdeckten Mechanismus gibt, der das Verbrennen von Kalorien regelt. Wenn der für einen Menschen kennzeichnende Wert eine hohe Einstellung aufweist, müßte dieser erheblich strenger fasten als ein anderer mit geringerer Einstellung, um die gleiche Gewichtsmenge abzunehmen. In einer englischen Untersuchung beobachtete man, daß die Hälfte der Kinder von stark übergewichtigen Müttern drei Monate nach der Geburt vor allem durch eine starke Minderung ihres Energieverbrauchs zu kennzeichnen waren. Dieses Ergebnis wirft die Möglichkeit auf, daß der Stellwert bereits während der ersten Lebensmonate eines Kindes funktioniert. „Unsere Ergebnisse", so stellen Susan Roberts und die Mitglieder ihrer Arbeitsgruppe zusammenfassend fest, „lassen vermuten, daß die wirksamste Maßnahme zur Verhinderung von Übergewichtigkeit bei besonders anfälligen Kindern in der Steigerung ihres Energieverbrauchs, weniger in der Verminderung ihrer Energieaufnahme liegt". Welche Rolle die körperliche Aktivität spielt, zeigte sich bei Mädchen, die man beim Volleyball beobachtet hatte. Übergewichtige Teilnehmerinnen standen oder saßen meistens während des Spiels. Demgegenüber waren Mädchen mit normalem Gewicht sehr viel häufiger mit Laufen, Springen oder damit beschäftigt, den Ball abzustoßen. Wenn sich erst einmal Fettleibigkeit entwickelt hat, schränkt sie offenbar die Aktivität ein und damit beginnt ein Teufelskreis.

Obwohl das Körpergewicht also von vielen Faktoren abhängt, die sich der unmittelbaren Kontrolle des einzelnen entziehen, lautet die allgemeine Empfehlung an Eltern nicht, sich jeglicher Einflußnahme auf das Eßverhalten ihrer Kinder zu enthalten. Man sollte vielmehr alles tun, um Übergewichtigkeit zu verhindern, die – vor allem im Erwachsenenalter – das Entstehen von Herz- und Nierenkrankheiten, von hohem Blutdruck, Zuckerkrankheit usw. fördern kann. Fettleibigkeit wirkt sich zumeist auch ungünstig auf das Selbstbild aus und ist häufig die Ursache für soziale Ablehnung durch Gleichaltrige. Solchen Folgen kann man bis zu einem gewissen Grade entgegenwirken, denn das Eßverhalten wird auch von Einstellungen und Gewohnheiten bestimmt, und auf diese Entwicklung kann man, ebenso wie auf die Bereitschaft zur körperlichen Betätigung, bereits in der Frühen Kindheit Einfluß nehmen.

dritten Lebensjahr steigt sein Gewicht täglich im Durchschnitt nur noch um 0,35 Gramm und zwischen dem dritten und sechsten Lebensjahr sinkt dieser Wert auf 0,15 Gramm in jeweils 24 Stunden, sofern keine Stoffwechselstörungen vorliegen und wenn die Nahrungsaufnahme dem Bedarf angepaßt wird.

Zwischen dem zweiten und dritten Lebensjahr wird das Kind allmählich den „Babyspeck" und damit die zahlreichen Körperrundungen verlieren. Spätestens beim Fünfjährigen sind der hervortretende Bauch des Kleinkindes und das rundliche Gesicht verschwunden.

Auch die motorische Entwicklung ist nach Abschluß der Frühen Kindheit noch nicht abgeschlossen. In der englischen Sprache bezeichnet man das Kind, das gerade Laufen gelernt hat, als *„Toddler"*, also etwa „Tappender". Wegen des unsicheren Ganges wird dieser immer wieder ermahnt, „vorsichtig" oder „nicht so schnell" zu laufen. Aber spätestens mit dem dritten Lebensjahr ist die Unsicherheit verschwunden. Dem Kind bereitet es nun keine Schwierigkeiten mehr, auf einer geraden Linie entlang zu gehen. Es kann mit beiden Füßen hüpfen und landet sicher wieder auf dem Boden. Mit fünf Jahren bewegt sich ein Kind schon fast wie ein Erwachsener.

Erwähnenswert sind auch Fortschritte in der Feinmotorik: Dreijährigen gelingt es in der Regel noch nicht, ihre Kleidung zuzuknöpfen, ihre Schuhe zuzubinden oder mit der Schere etwas auszuschneiden. Zwei Jahre später bereiten dem Kind solche Aufgaben kaum noch nennenswerte Schwierigkeiten.

4.2 Entwicklung der Sprache

Im vorausgegangenen Kapitel wurde beschrieben, wie die Entwicklung der Kommunikation bei einem Neugeborenen damit beginnt, daß es durch Schreien allenfalls mitteilt, ob es hungrig ist, Schmerzen oder andere unangenehme Empfindungen hat. Um die Zeit des ersten Geburtstags verwendet das Kind zum ersten Mal ein Wort sinnvoll. Es erweitert seinen Wortschatz während der nächsten sechs Monate nur sehr langsam, danach aber mit bis zu 60 Wörtern oder mehr im Monat erheblich schneller. Etwa im Alter von 18 Monaten bilden Kinder zum ersten Mal Zweiwortsätze. Dies ist ein wichtiger Schritt: Wer jemals eine Fremdsprache zu erlernen hatte, schaut vermutlich neidvoll auf die Sprachentwicklung des Kindes. Etwa mit 28 Monaten wird es Dreiwortsätze sprechen, und einige Zeit nach seinem dritten Geburtstag äußert es Sätze beachtlicher Komplexität. Das fünfjährige Kind kann schon fast wie ein Erwachsener Wünsche äußern, etwas vorschlagen, Fragen beantworten und sogar Begründungen für sein Verhalten geben. Es scheint ihm keine Schwierigkeiten zu bereiten, zwischen grammatikalisch richtigen und falschen Sätzen zu unterscheiden. Die Erweiterung des Wortschatzes steht hinter dieser imponierenden Entwicklung nicht zurück: Zu Beginn der Schulzeit beherrscht das Kind im Durchschnitt 2.500 Wörter.

Worauf ist es zurückzuführen, daß ein Kind innerhalb eines vergleichsweise kurzen Zeitraums ein so kompliziertes System wie die menschliche Sprache erlernt? Eine vielbeachtete Antwort auf diese Frage gab zunächst der Behaviorist Burrhus Frederic Skinner, der davon überzeugt war, daß der Spracherwerb sich ausschließlich lernpsychologisch erklären läßt. Nicht weit entfernt von seinem Dienstzimmer in der Harvard-Universität fand sich Skinners schärfster Kritiker, Noam Chomsky, der in einer sehr scharfen Buchbesprechung eine ganz andere Auffassung vertrat: Chomsky ging davon aus, daß ein Mensch bereits die grundlegenden Sprachregeln mit auf die Welt bringe. Das Kind müsse nur der Sprache ausgesetzt werden, damit das bereits vorhandene System für den Spracherwerb aktiviert werde. Wie so häufig in der Psychologie liegt die angemessene Erklärung zwischen diesen extremen Positionen. Danach vollzieht sich der Spracherwerb als das Ergebnis einer Wechselwirkung zwischen dem Kind und seiner Umwelt.

4.2.1 Die lernpsychologische Erklärung

Wenn ein Kind lallt, dann bleiben die Eltern – wie Skinner richtig beobachtet hatte – keineswegs immer teilnahmslos. Sofern das Kind z.B. „pa-pa-pa-pa" lallt, reagieren Vater oder Mutter mit Aufmerksamkeitszuwendung und Freude. Aufgrund dieser Reaktion erhöht sich die Wahrscheinlichkeit, daß die Äußerung „pa-pa" in Zukunft häufiger auftritt. Allerdings werden sich Vater oder Mutter nicht lange damit zufrieden geben, daß das Kind „papa" nur wiederholt. Sehr bald freuen sie sich nur noch dann, wenn diese Äußerung in Gegenwart des Vaters erfolgt. In einer anderen Situation könnte das Kind zufälligerweise „mi-mi" lallen. Die Eltern hören diese Äußerung und da sie vermuten, daß das Kind gerne Milch haben möchte, eilen sie, um diesen vermeintlichen Wunsch zu erfüllen. Nachdem sich diese Abfolge mehrfach wiederholt hat, erwartet Skinner ein erhöhtes Auftreten von „mi- mi", wenn das Kind durstig ist und Milch haben möchte. Im Laufe der Zeit erhöhen die Eltern allerdings ihre Anforderungen, denn sie reagieren nur noch auf Äußerungen, die sich dem Klangbild *Milch* allmählich nähern. Dadurch wird aus „mi-mi" schließlich „Milch".

Auch auf die Frage, wie aus Wörtern Sätze entstehen, vermochten die Behavioristen eine Antwort zu geben, zumal da Albert Bandura und andere inzwischen auf die Bedeutung der „Imitation" hingewiesen hatten. Demnach braucht das Kind im einfachsten Fall die Sätze, die es in seiner Umwelt hört, nur im Gedächtnis zu speichern, um sie in geeigneten Situationen wieder abzurufen. Sollte der Spracherwerb tatsächlich auf diese Weise erfolgen, dann müßte das Kind – einer einschlägigen Schätzung für die englische Sprache zufolge – zunächst etwa 2^{100} Sätze von 20 Wörtern hören, bevor es die Sprache hören und verstehen könnte. Wie unerfüllbar diese Voraussetzung ist, erkennt man eindrucksvoll, wenn man sich vergegenwärtigt, daß diese Lernleistung, nach den Worten von George Miller und seinen Mitarbeitern, „während einer 100 Jahre dauernden Kindheit ohne Unterbrechungen zum Schlafen und Essen" erfolgen müßte. „Dazu müßte jede Wortreihe nach einer einzigen Vorgabe sofort behalten werden."

Wäre es nicht aber möglich, daß das Kind wenigstens diejenigen Sätze behält, die es einmal gehört hat? Sollte es Sprache tatsächlich auf diesem Wege erlernen können, dann müßte es ausreichen, das Kind vor einen Fernsehapparat mit entsprechendem Fremdsprachenprogramm zu setzen. Holländische Kinder, die dicht an der Grenze zur Bundesrepublik wohnen, sehen z.B. sehr häufig das Deutsche Fernsehen. Obwohl einige von ihnen auf diese Weise täglich Erfahrungen mit deutschen Sprachvorbildern haben, reicht für sie diese Grundlage zum Erlernen des Deutschen als Fremdsprache allein nicht aus. Keines der untersuchten Kinder konnte auf diesem Wege deutsche Sprachkenntnisse erwerben. Zu grundsätzlich gleichen Feststellungen gelangte man nach Untersuchung eines Kindes, das selbst über ein gesundes Gehör verfügte, aber bei tauben Eltern lebte. Vater und Mutter verständigten sich nur in der Zeichensprache. Das Kind hatte niemals Kontakt mit normal sprechenden Menschen.

In der Hoffnung, er würde auf diese Weise die gesprochene Sprache lernen, setzten sie ihren Sohn täglich für mehrere Stunden vor den Bildschirm. Im Alter von drei Jahren beherrschte das Kind zwar die Zeichensprache; aber es konnte nicht sprechen.

Wenn ein Kind einer Sprache wie beim Fernsehen nur passiv ausgesetzt ist, vermag es zwar seinen Wortschatz in der Muttersprache zu erweitern, es kann aber keine neue Sprache erlernen. Wie sieht es aber in einem normalen Elternhaus aus, in dem Personen dem Kind handelnd und sprechend gegenübertreten? Die Beobachtung solcher Situationen ergab, daß Sprachäußerungen zwar imitiert werden; allerdings führten sie zu Ergebnissen, die nicht mit den Auffassungen der Behavioristen übereinstimmen. Wenn die Mutter z.B. auf den Vater zeigt und dazu sagt: „Sieh 'mal, da kommt unser Papa!", dann antwortet das Kind womöglich „da Papa!". In solchen abgekürzten Sprechweisen – man spricht von einem *Telegramm-Stil* – wiederholt das Kind hauptsächlich das Substantiv, das Verb und gelegentlich auch ein verwendetes Adjektiv. Präpositionen (z.B. auf, unter, über), Konjunktionen (aber, und, oder), Artikel (bestimmte und unbestimmte) sowie Pluralformen fehlen praktisch völlig. Das Kind wiederholt offensichtlich nur Wörter mit hohem Informationswert. Es wählt somit aktiv aus und imitiert nicht mechanisch (allerdings ist anzunehmen, daß die Mutter durch die Betonung bestimmter Wörter den Auswahlprozeß etwas unterstützt).

Im übrigen finden sich in Sprachäußerungen von Kindern häufig Formulierungen, die sie niemals zuvor in ihrer Umgebung gehört haben dürften. Das gilt z.B. für typische Fehler, die mit hoher Wahrscheinlichkeit keine Imitationen darstellen. Das Kind bildet z.B. von *Hund* fälschlich die Mehrzahlform *Hünder* oder spricht von *gingte* statt von *ging*. Solche Fehler lassen den Schluß zu, daß den ersten Sprachäußerungen eines Kindes Regeln zugrunde liegen, die das Kind in den genannten Beispielen – grammatikalisch falsch – verallgemeinert.

Die Lernbedingungen, unter denen das Kind seine Sprache lernt, sind auf jeden Fall komplizierter, als Skinner zunächst angenommen hatte. Wenn ein Kind fälschlich behauptet „Ich sieh Peter", dann antwortet die Mutter möglicherweise, das sei nicht Peter, sondern Klaus. Auf den grammatikalischen Fehler geht sie vielleicht gar nicht ein. Allerdings sollte man nicht den Schluß ziehen, das Kind würde überhaupt keine Rückmeldungen für seine Sprachäußerungen erhalten. Zwar nehmen Erwachsene zu vielen fehlerhaften Sätzen (nach einer Schätzung in 60 bis 70 Prozent der Fälle) keinerlei Stellung; ihre gelegentlichen Reaktionen könnten für den Spracherwerb dennoch sehr bedeutsam sein: so sprechen Erwachsene z. B. häufiger richtige als fehlerhafte Sätze des Kindes nach. Wenn Sätze Unvollkommenheiten in der Aussprache oder in der Grammatik aufweisen, sind Erwachsene – insbesondere Eltern – eher als im Falle einwandfreier Sprachäußerungen bereit, sie in berichtigter oder erweiterter Form zu wiederholen. Bei sprachlichen Unrichtigkeiten können sich Erwachsene weiterhin mit Verständnisfragen an das Kind wenden, wie in dem folgenden Gesprächsausschnitt:

Kind: Mein Lehrer haltete die Kaninchen und wir streichelten sie.
Mutter: Sagtest Du, Dein Lehrer hielt die Baby-Kaninchen?
Kind: Ja.
Mutter: Was sagtest Du, was tat er?
Kind: Er haltete die Baby-Kaninchen und wir streichelten sie.
Mutter: Sagtest Du, er hielt sie fest?
Kind: Nein, er haltete sie ganz locker.

Solche Beispiele weisen darauf hin, daß

Abb. 4.3: Viele kindlichen Sprachäußerungen stellen keine Imitation entsprechender Vorbilder dar. Wie gelegentliche Fehler zeigen, entstehen sie vielmehr durch die Anwendung von Regeln (Cartoon übersetzt vom Autor).

Erwachsene fehlerhafte Sprachäußerungen keineswegs vollkommen überhören, wie zahlreiche Sprachforscher bis zur jüngeren Vergangenheit angenommen haben. Auf die Frage, was ein Kind innerhalb eines Zeitraums von vier bis fünf Jahren und ohne systematischen Unterricht befähigt, grammatikalisch richtige und situationsangemessene Sätze zu bilden, läßt sich immer noch keine voll befriedigende Antwort geben. Wenn lernpsychologische Erklärungen nicht ausreichen, gibt es stets eine gesteigerte Neigung, auf angeborene Mechanismen zurückzugreifen.

4.2.2 Biologische Erklärungsansätze

Es ist ungewiß, ob das im ersten Kapitel geschilderte „Experiment" des ägyptischen Königs Psammetichos, Kinder ohne Sprachanregungen aufwachsen zu lassen (s.S. 28 f.), tatsächlich stattgefunden hat. Aus heutiger Sicht kann ein Mensch, dem jegliche Sprachanregungen vorenthalten werden, keine Sprache entwickeln. Wie reagiert aber ein Kind, wenn es nur Wortäußerungen hört, die nach sehr dürftigen Regeln kombiniert werden? Eine solche Bedingung hat es während der Kolonialzeit häufiger gegeben.

In zahlreichen bevölkerungsarmen Küstenstreifen und auf Inseln innerhalb des Tropengürtels wurden zwischen 1500 und 1900 von Engländern, Franzosen, Holländern, Spaniern und Portugiesen viele bevölkerungsarme Gegenden „erobert", um sie landwirtschaftlich zu nutzen. Die Kolonialherren holten billige Arbeitskräfte aus verschiedenen Teilen Afrikas und Indiens zur Arbeit auf die Felder. Wie verständigten sich aber die Arbeiter, die jeweils sehr verschiedene Muttersprachen beherrschten?

Unter normalen Bedingungen lernen Einwanderer jene Sprache, die in ihrer neuen Umgebung jeweils vorherrscht. Da Sklaven und Zwangsarbeiter jedoch mit den Kolonialherren kaum in Kontakt traten, verständigten sie sich in *Pidgin,* einer Sprache mit sehr wenigen Wörtern und einer sehr einfachen Grammatik. Jeder Sprecher reiht die Worte in einer ihm eigenen Weise aneinander. Vielfach bestehen die „Sätze" nur aus Ketten von Haupt-, Tätigkeits- und Eigenschaftswörtern. Welche Sprache entwickelten nun die Kinder einer *Pidgin*-Sprachgemeinschaft, die keine erkennbaren grammatikalischen Regeln zur Verfügung stellte? Sie übernahmen nicht das Zeichensystem ihrer Umwelt, vielmehr nutzten sie das Gehörte, um eine neue, die sog. *kreolische* Sprache zu entwickeln. Sie besteht aus einem ziemlich komplexen Regelsystem, das von allen Kindern der Sprachgemeinschaft angewendet wurde. Interessanterweise zeigt die Untersuchung kreolischer Sprachen, die sich in verschiedenen Gegenden dieser Erde unabhängig voneinander entwickelten, zahlreiche übereinstimmende Regelhaftigkeiten. Worauf sind diese Gemeinsamkeiten zurückzuführen? Wie läßt sich erklären, daß bei den Kindern der Einwanderer eine Sprache entstand, die sich in den nachfolgenden Generationen kaum noch veränderte? Man vermutet, daß der Erwerb einer ersten Sprache von einer „natürlichen" oder gar angeborenen Grammatik mitbestimmt wird, die vor allem dann deutlich in Erscheinung tritt, wenn – wie bei den oben genannten Einwanderern – kein Vorbild für die Regeln der Grammatik zur Verfügung steht.

Die Auffassung, daß der Spracherwerb weitgehend biologisch gesteuert wird, wurde erstmalig nachdrücklich von Noam Chomsky vertreten. Er erkannte die engen Grenzen, die der behavioristische Erklärungsansatz insbesondere für den Spracherwerb anbot. Kinder lernen die Grammatik einer Sprache, so erklärte Chomsky, weil sie dafür bestimmte genetische Voraussetzungen mitbringen. Er stützte seine Behauptung mit dem Hinweis, daß außer dem Menschen kein Lebewesen über eine annähernd vergleichbare Sprachfähigkeit verfüge. Wie in Info-Kästchen 4.2 nachzulesen ist, versuchen Psychologen bereits seit Jahrzehnten, die Grundlage dieser Behauptung zu erschüttern. Chomsky meint weiterhin, das menschliche Gehirn sei speziell für den Spracherwerb geschaffen. Im übrigen weise die Sprachentwicklung bei Kindern in der ganzen Welt auffallende Gemeinsamkeiten (sog. *Universalien*) auf. Wäre keine biologische Grundlage vorhanden, könnte die Sprache wegen ihrer hohen Komplexität gar nicht erworben werden.

4.2.2.1 Sprachentwicklung und Gehirn

Als der 64 Jahre alte Facharzt Dr. J. R. im Rahmen einer klinischen Untersuchung gefragt wird, was er heute schon getan habe, gibt er folgende Antwort: „Ich kann ja nicht, ich kann was anders, ich kann nicht eine nach der anderen. ..ich kann, ich kann nicht, nein ... etwas ist da, aber wo ... rauh, Moment, warum ... sagt man nicht?" Wie läßt sich erklären, daß ein Mann, der neben seiner Arbeit an Patienten mehrere Aufsätze in

Fachzeitschriften veröffentlicht hatte, eine sprachlich derartig verworrene Antwort gab? Der Krankengeschichte ist zu entnehmen, daß der Arzt etwa ein Jahr vor diesem Gespräch einen Schlaganfall erlitten hatte, durch den bestimmte Teile des Gehirns beeinträchtigt worden waren. Ausdruck dieser Schädigung ist eine *Aphasie*, das ist ein Verlust des Sprechvermögens oder des Sprachverständnisses.

Als erster wurde der Landarzt Marc Dax im Jahre 1836 auf diesen Zusammenhang aufmerksam, nachdem er vierzig Patienten eingehender studiert hatte, die Opfer eines Schlaganfalls geworden waren. Sie zeigten alle Sprachstörungen und gleichzeitig Schädigungen des Gehirns auf der linken Seite. Wie weitere Studien an Menschen mit Hirnschädigungen (z.B. wegen eines Unfalls, infolge eines Tumors oder wegen vorübergehender Unterversorgung des Gehirns mit Sauerstoff nach einem Schlaganfall) ergaben, lassen sich tatsächlich bei 95 Prozent aller Rechtshänder auf der linken Seite des Gehirns Flächen nachweisen, die heute als Sprachzentren gelten.

Abbildung 4.5 zeigt das von dem Französischen Chirurgen Pierre-Paul Broca entdeckte Broca-Sprachzentrum, das vor allem die Sprach*produktion* kontrolliert; das von dem Deutschen Neurologen Carl Wernicke erstmalig beschriebene Wernicke-Sprachzentrum spielt u.a. beim *Verständnis* von Sprache eine bedeutsame Rolle.

4.2.2.2 Kritische oder sensible Phasen in der Sprachentwicklung?

Welche Folgen ergeben sich, wenn die Sprachzentren des Gehirns geschädigt sind oder – aus irgendwelchen medizinischen Gründen – sogar operativ entfernt werden müssen? Nach Eric Lenneberg hängt die Antwort von dem Alter des Betroffenen ab.

Info-Kästchen 4.2: Wo liegen die Grenzen der Sprachfähigkeit bei Menschenaffen?

Vor mehr als vierzig Jahren unternahm das Ehepaar Keith und Cathy Hayes den für damalige Verhältnisse zweifellos ungewöhnlichen Versuch, einem jungen Schimpansen mit dem Namen Viki das Sprechen beizubringen. Nach sehr intensivem, sechsjährigem Training war das Tier in der Lage, die englischen Wörter *„cup"* und *„up"* sowie (etwas undeutlicher) *„mama"* und *„papa"* zu sprechen. Viki hatte sogar gelernt, die Lippen mit den eigenen Fingern zusammenzudrücken, damit sie den Buchstaben m in *„mama"* aussprechen konnte. Belegt dieses Ergebnis, daß Schimpansen die menschliche Sprache nicht zu erlernen vermögen? – Tatsächlich ist der Schimpanse nicht mit dem gleichen Sprechapparat wie der Mensch ausgestattet. Biologische Bedingungen setzen ihm folglich bei der Bildung von Sprachlauten sehr enge Grenzen.
Da sich aber Schimpansen in ihrer natürlichen Umgebung auch durch ihre Gestik verständigen, fragte ein anderes Forscherpaar, Allen und Beatrice Gardner, ob Schimpansen nicht die Zeichensprache der Taubstummen erlernen könnten, da diese sich vornehmlich der Gestik bedient, denn dabei erfolgen ja Mitteilungen auf der Ebene des Gestikulierens. Dieser 1966 begonnene Versuch schien erfolgreicher: Die „Schülerin", die Schimpansin Washoe (benannt nach der Grafschaft in Nevada, in der die Gardners lebten), lernte weit mehr als 130 Zeichen, die sie sogar sinnvoll zu kombinieren vermochte. Sie konnte nicht nur Aufforderungen geben, wie z.B. „Schnell, gib Zahnbürste". Sie traf auch Feststellungen über sich selbst, z.B. „Washoe traurig"; sie gelangte sogar zu neuen Konstruktionen. Bevor sie das Zeichen für „Ente" gelernt hatte, fügte Washoe die Zeichen für ‚Wasser' und ‚Vogel' zusammen. Menschenaf-

fen, so fand man bald heraus, können Verärgerung zum Ausdruck bringen, sie zeigen Humor in ihren Äußerungen und versuchen ihre Trainer zu täuschen. Sie verständigen sich sogar untereinander in der Zeichensprache und bringen einander Zeichen bei. Ähnelt somit die Sprachfähigkeit eines Schimpansen oder Gorillas der eines Kindes? Die Diskussion dauert an. Kritiker haben z.B. darauf hingewiesen, daß Kinder zwei Wörter stets nach bestimmten Regeln kombinieren; Affen täten dies nicht. Allerdings, so lautet die Entgegnung, fordert die Zeichensprache auch nicht so feste Regeln wie die gesprochene Sprache. Herbert Terrace wurde nach eigenen Versuchen darauf aufmerksam, daß sein Schimpanse, Nim, niemals eigene Sätze erfand. Die Zeichenkombinationen wären stets Imitationen ihrer Trainer oder durch deren Gestik nahegelegt worden. Im übrigen nutzte Nim die Sprache sehr stark zweckgebunden. Terrace gewann keine Hinweise, daß sein Schimpanse – im Unterschied zu menschlichen Kindern – Spaß daran hatte, neue Wörter zu lernen oder Sprache lediglich zu verwenden, um Informationen auszutauschen. Das menschliche Kind verwendet beispielsweise Wörter, um damit die Aufmerksamkeit der Eltern zu erregen oder aus der einfachen Freude, etwas Beobachtetes gemeinsam betrachten zu können.

Ein weiterer Unterschied zu menschlichen Kindern bestand darin, daß Nim nicht über das Zwei-Wort-Stadium hinauskam. Er reihte zwar gelegentlich mehr als zwei Zeichen aneinander, ohne dadurch allerdings das bereits Gesagte genauer oder besser zu fassen; er wiederholte lediglich, was er durch die beiden Zeichen bereits zum Ausdruck gebrachte hatte.

Sicher ist aber, daß Schimpanse und Gorilla lernen können, sich mit dem Menschen oder untereinander über meist sehr konkrete Erfahrungen zu verständigen. Ob sie allerdings die Sprache aus Lust an der gemeinsamen Verständigung verwenden, erscheint – im Augenblick jedenfalls – sehr fraglich. Terrace erhielt auch keine Hinweise, daß Nim das Geben und Nehmen in der Unterhaltung erlernte, denn er wurde von seinem Schimpansen häufig unterbrochen, wenn er ihm gerade etwas sagte.

Abb. 4.4: Schimpansen können sich in der Zeichensprache miteinander verständigen.

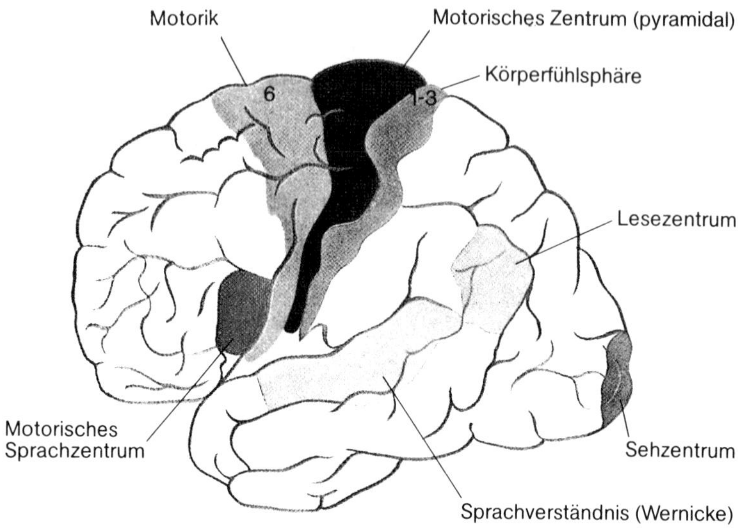

Abb. 4.5: Die Sprachzentren des menschlichen Gehirns

Je jünger das Gehirn ist, desto besser kann es die Funktion bestimmter zerstörter Teile ausgleichen. Man beobachtete z.B. die Entwicklung eines Kindes, dem im Alter von fünf Jahren die gesamte linke Hirnrinde entfernt werden mußte. Es dauerte mehrere Jahre, bis diesem Patienten normales Sprechen möglich wurde. Im Alter von 26 waren ihm jedoch eine überdurchschnittliche Intelligenz und sehr gute Sprachfähigkeit zu bescheinigen. Wenn die übrigen Hirnteile gesund sind, können Aphasien aufgrund einer Hirnschädigung vor dem Alter von acht Jahren demnach wieder überwunden werden. Tritt diese Sprachstörung nach dem achten Lebensjahr auf, läßt sie sich vielfach nicht mehr voll beseitigen. Nach Eintritt der Reifezeit verschwindet die „Plastizität" des Gehirns völlig. Wenn also bei einem Kind vor der Pubertät die Sprachzentren geschädigt werden, dann kann die rechte Seite des Gehirns die ausgefallenen Funktionen wenigstens noch bis zu einem gewissen Grade ersetzen. Demgegenüber müssen Erwachsene damit rechnen, daß sie sich von einer Schädigung ihrer Sprachzentren nicht wieder erholen.

Hat die hohe Plastizität des Gehirns zu Beginn des individuellen Lebens auch etwas mit der Leichtigkeit zu tun, eine Sprache zu erlernen? Lenneberg ist davon überzeugt, daß die ersten Lebensjahre eine „kritische Phase" (s.S. 24) für den Spracherwerb darstellen. Während Erwachsene häufig beklagen, daß ihnen das Erlernen einer Fremdsprache erhebliche Mühen bereitet, scheinen Kinder die gleiche Aufgabe „fast wie von selbst" zu bewältigen. Stehen die alltäglichen Erfahrungen somit in Übereinstimmung mit den Behauptungen Lennebergs? Die Nachforschungen, die der Klärung dieser Frage gewidmet waren, legen es nahe, zwischen dem Erlernen der Muttersprache, der ersten Sprache und weiteren Sprachen zu unterscheiden.

Die Prüfung der Frage, ob die erste Sprache auch noch nach Beginn der Reifezeit erlernt werden könne, ist kaum möglich,

Info-Kästchen 4.3:
Kann ein Mensch nach Einsetzen der Reifezeit noch seine Muttersprache erwerben?

Im November 1970 gelang es in Los Angeles einer fast blinden Mutter, mit ihrer Tochter aus dem Haus eines völlig gestörten Mannes zu entfliehen. Er hatte die beiden mehr als ein Jahrzehnt lang tyrannisiert und auf grausamste Weise mißhandelt. Die Geburt der Tochter im Jahre 1957 war ohne Komplikationen und die Entwicklung während der ersten sechs Lebensmonate normal verlaufen. Allerdings wurde das Mädchen während der ersten zwanzig Lebensmonate unzureichend ernährt und wenig beachtet. Danach begannen die eigentlichen Torturen. Einer Bemerkung des Kinderarztes entnahm der Vater fälschlich, das Kind würde fortan intellektuell weit hinter seiner Altersgruppe zurückbleiben. Der Vater beschloß daraufhin, seine Tochter von allen Mitmenschen zu isolieren. Susan Curtiss schildert das Leben des Kindes, das in der Fachwelt unter dem Namen Genie bekannt ist, wie folgt: „... Genie war eingesperrt in einem kleinen Schlafraum, auf einem Kinderstühlchen angegurtet. ... Im unbekleideten Zustand ... blieb Genie nichts anderes übrig ... als zu sitzen, festgebunden, Stunde für Stunde, oft bis in die Nacht, Tag für Tag, Monat für Monat, Jahr für Jahr. Zur Nacht wurde sie, sofern man sie nicht vergaß, aus dem Gurt befreit, allerdings nur, um sie abermals einzupferchen – sie kam in einen Schlafsack, den der Vater so zuband, daß sich die Arme nicht bewegen ließen. ... So eingezwängt wurde sie in eine Kinderkrippe gelegt, in der sie von oben und von der Seite von Maschendraht umgeben war."

Während der gesamten Zeit der Mißhandlung durfte niemand mit Genie sprechen. Die Mutter hielt sich bei ihr täglich nur wenige Minuten auf, um sie mit einer breiartigen Kindernahrung zu füttern. Genie hatte auch keine Gelegenheit, Sprache über Rundfunk oder Fernsehen zu hören. Wenn sie irgendwelche Laute von sich gab, kam der geräuschempfindliche Vater zu ihr, um sie mit Schlägen zu bestrafen. Dabei gebärdete er sich wie ein wilder Hund, der seine Zähne zeigte, bellte und heulte.

Unmittelbar nach ihrer Befreiung wog das emotional stark gestörte Mädchen etwa 27 kg. Genie konnte nicht gehen oder aufrecht stehen. Sie sprach kein Wort und schien auch nichts zu verstehen. Sofort setzten medizinische Maßnahmen ein. Ihre Körpergröße und ihr Gewicht nahmen daraufhin zu. Sehr bald setzte ihre sexuelle Reife ein. Besonderes Interesse verdienen die Ergebnisse des Sprachtrainings, das im Alter von 13 Jahren und 7 Monaten einsetzte. Innerhalb von acht Monaten erlernte das Mädchen alle englischen Phoneme. Genie erwarb einen Sprachschatz von etwa 200 Wörtern. Ebenso wie Zweijährige äußerte sie sich in einem Telegramm-Stil, d.h., sie benutzte zumeist keine Hilfsverben (wie in „ich *habe* gegessen"), vielfach ließ sie persönliche Fürwörter aus (z.B. „nicht Frühstück essen"). Wörter wie *dies* und *das* kamen praktisch nicht vor. Man hörte von ihr auch keine Sätze, die – wie bei Fragen – eine Umstellung erforderten.

Nach etwa sieben Jahren glich die sprachliche Ausdrucksweise des inzwischen einundzwanzig Jahre alten Mädchens etwa der einer Drei- bis Vierjährigen. Genie war aber in der Lage, sich selbständig in der Nachbarschaft zurechtzufinden und den Bus zu ihrer Schule zu benutzen. Ihren Pflegeeltern brachte sie emotionale Zuwendung entgegen und gelegentlich berichtete sie ihnen, woran sie sich aus ihrer Kindheit erinnerte. – Ihr Vater wurde wegen Kindesmißhandlung vor Gericht gestellt. Er erschoß sich jedoch an dem Tag, als er zum ersten Mal vor seinen Richter treten sollte.

weil sie Bedingungen voraussetzt, die in der Regel nicht vorliegen. Eine Ausnahme sind Kinder, die unter extrem ungünstigen Bedingungen aufwachsen mußten. Ein Beispiel liefert das Mädchen Genie, über das Info-Kästchen 4.3 Einzelheiten mitteilt.

Genie war nach den vorliegenden Unterlagen vor Beginn ihrer Mißhandlung intellektuell nicht auffällig. Dem Mädchen gab man nach seiner Befreiung im Alter von dreizehneinhalb Jahren vielleicht das intensivste Sprachtraining, das jemals ein Mensch erhalten hat. Im Gegensatz zu den Vorhersagen Lennebergs konnte Genie das Englische bis zu einem gewissen Grade jedoch erlernen. Allerdings sprach sie im Alter von neunzehn Jahren trotz der günstigen Bedingungen noch nicht einmal wie eine typische Fünfjährige. Somit widerlegte Genie zwar Lennebergs Behauptung, nach dem Beginn der Reifezeit sei eine erste Sprache nicht mehr zu erlernen. Ihr Fall stärkt aber die Vermutung, daß es eine sensible Phase für den Erwerb der *ersten* Sprache gibt, die nach Meinung einiger Autoren sogar um das Alter von fünf Jahren endet. Nach Abschluß dieser Phase sind dem Erwerb einer ersten Sprache offenbar unüberwindbare Grenzen gesetzt.

Lenneberg behauptet weiterhin, Kinder könnten während der Zeit hoher Plastizität des Gehirns Fremdsprachen ohne Schwierigkeiten erwerben und diese jeweils akzentfrei sprechen. Trifft es wirklich zu, daß Jugendliche oder Erwachsene eine zweite Sprache danach nur noch unter erheblichen Schwierigkeiten lernen? Man hat Familien beobachtet, die als Muttersprache Englisch beherrschten, als sie in die Niederlande einwanderten. Nach Lennebergs Auffassung hätten die jüngsten Familienmitglieder Holländisch am schnellsten lernen müssen. Das war aber nicht der Fall. Die Drei- bis Fünfjährigen waren nämlich die langsamsten im Spracherwerb. Die Zwölf- bis Fünfzehnjährigen und die Eltern machten demgegenüber während der ersten drei Monate ihres Aufenthalts in Holland die größten Fortschritte. Am Ende des ersten Jahres nach der Einwanderung beherrschten die Acht- bis Zehnjährigen sowie die Zwölf- bis Fünfzehnjährigen die neue Sprache am besten. Diese Erfahrungen aus Holland lassen sich durch viele weitere Beobachtungen ergänzen. Bei einem intensiven Training benötigen Erwachsene nur etwa 250 bis 500 Unterrichtsstunden, um eine Sprache einigermaßen zufriedenstellend sprechen zu können. Die Grammatik lernen Kinder und Erwachsene im allgemeinen gleich schnell; den Wortschatz erweitern Erwachsene sogar noch schneller. Lediglich die Aussprache lernen Kinder häufig besser; aber auch Erwachsene können Fremdsprachen akzentfrei sprechen lernen.

4.2.2.3 *Spracherwerbsmechanismus und Universalien*

Die beachtliche Leistung eines Kindes, in kürzester Zeit eine Sprache in einer Umwelt zu lernen, in der Erwachsene häufig nachlässig und in unvollständigen Sätzen sprechen, wäre nach Chomskys Überzeugung gar nicht möglich, wenn das menschliche Gehirn nicht über einen – wie er es nennt – angeborenen „Spracherwerbsmechanismus" verfügte. Danach ist der Mensch genetisch wie ein Computer programmiert, auf sprachliche Äußerungen zu achten und das Gehörte auf phonologische, semantische und syntaktische Regelhaftigkeiten hin zu untersuchen. Ebenso wie ein Neugeborenes offenkundig programmiert sei, bei Betrachtung einer Figur zunächst jene Teile zu beachten, die sie begrenzen (s.S. 103 f.), könne es auf Regelmäßigkeiten von Sprachäußerungen achten. Angeborene Mechanismen ermöglichen einem Menschen danach nicht nur, die Struktur einer Sprache zu verstehen, es sind auch

Strategien vorhanden, Regelhaftigkeiten und Besonderheiten einer Sprache zu entdecken.

Wie kommt es aber, daß das Kind offenkundig etwas zuwege bringt, was den Sprachwissenschaftlern bis zur Gegenwart nicht gelungen ist? Diese haben nämlich noch längst nicht alle Regeln der Grammatik ausfindig gemacht, die ein Kind bereits in der Vorschulzeit anzuwenden weiß. Chomsky antwortet darauf, der Mensch brauche während seiner ersten Lebensjahre keineswegs alle Regeln zu lernen, denn er verfüge ja bereits über angeborenes Wissen. Zwar ist dem Kind nicht von vornherein bekannt, welche Besonderheiten z.B. das Deutsche im Unterschied zum Russischen und Chinesischen aufweise; aber – so behauptet Chomsky weiter – allen Sprachen dieser Erde liege etwas Gemeinsames zugrunde und diese sog. *Universalien* seien es, auf die das Kind seinen Spracherwerb aufbauen könne. Im Erbgut eines jeden Neugeborenen befände sich eine universelle Grammatik und sie enthalte Regeln, die sämtlichen Sprachen gemeinsam sind. Man müsse nur diese Universalien ausfindig machen und dann wisse man, mit welchen angeborenen Sprachkenntnissen ein Mensch auf die Welt komme.

Chomsky hat richtig erkannt, daß die in den fünfziger Jahren bekannten behavioristisch geprägten Lerntheorien nicht ausreichen, um den Spracherwerb eines Kindes befriedigend zu verstehen. Er „erklärte" allerdings Rätselhaftes mit angeborenen Mechanismen. Welche „angeborenen Mechanismen" nun aber welche Regelhaftigkeiten aufdecken, wird damit keineswegs beantwortet. Außerdem unterschätzen Sprachforscher gelegentlich die Tatsache, daß Sprechen eine soziale Verhaltensweise darstellt, die sich in wechselseitigen sozialen Kontakten entwickelt.

4.2.3 Die Rolle zwischenmenschlicher Kontakte beim Spracherwerb

Noam Chomsky behauptete, der Spracherwerb des Kindes könne gar nicht durch Imitation erwachsener Vorbilder erfolgen, denn deren Sprache sei viel zu komplex; man höre viele grammatikalisch falsche, unvollendete und zudem noch nachlässig gesprochene Sätze. Es ist sicherlich richtig, daß Menschen bei der gegenseitigen Übermittlung von Informationen im Alltag häufig keine mustergültigen Sätze hervorbringen. Wissen sie aber, daß sie sich gegenüber Kindern anders verhalten müssen? Das ist vermutlich der Fall, denn, ob in den USA oder in Deutschland, in Lettland oder in einem arabischen Land, in Thailand oder Japan, überall auf der Erde verändern (erhöhen) Mütter, Väter, Großeltern, Geschwister und andere Personen ihre Stimmlage, sobald sie sich an Babys wenden. Erwachsene stellen sich nicht nur durch einen Wechsel ihrer Stimmlage auf ihren Kontaktpartner ein; sie passen auch ihr Sprachverhalten an. Die besondere Art und Weise, zu kleinen Kindern zu sprechen, hat man auch als „Ammensprache" bezeichnet. Der Begriff ist hier beizubehalten, obwohl er einen entscheidenden Nachteil hat: Er bringt nicht zum Ausdruck, daß sich ihrer fast sämtliche Erwachsene bedienen.

Wenn das Kind zu sprechen beginnt, verwenden Eltern häufig nur Ein-Wort-Sätze. Selbst wenn sie einen längeren Satz sprechen, heben sie ein Wort besonders heraus. So sagen sie zum Kind z.B. „Da ist die M-i-l-ch", indem sie die ersten Wörter sehr schnell sprechen und das Wort *Milch* nicht nur besonders betonen, sondern auch in die Länge ziehen. Möglicherweise wird das betonte Wort noch ein oder mehrere Male nach einer jeweils kurzen Pause wiederholt. Neben schlichten Feststellungen besteht ein großer Teil der Ammensprache z.B. gegenüber Zweijährigen aus Fragen („Wo ist der Ball?") und einfachen Aufforderungen („Gib' ihn mir"), die mehrfach wiederholt werden. Dabei pflegen die Erwachsenen das Kind genau zu beobachten: Sobald es irgendwelche Hinweise dafür gibt, daß es etwas nicht verstanden hat, wird die Feststellung wiederholt, häufig allerdings mit einem einfacheren und kürzeren Satz. Verfolgt man die Ammensprache von Müttern über einen etwas längeren Zeitraum, dann stellt man fest, daß die Sätze allmählich länger und komplexer werden. Wenn das Kind einen Zwei-Wort-Satz äußert, hört es von seiner Mutter häufig eine Antwort, die seine Aussage erweitert. So entgegnet die Mutter z.B. auf „Hund ißt" mit der Feststellung: „Ja, der Hund ißt seinen Knochen."

Eltern tun also offenbar etwas, was ein Fernsehgerät nicht kann. Sie bedienen sich einer Sprache, die den jeweils erreichten Stand der kindlichen Sprachentwicklung berücksichtigt und zu Antworten auffordert. Bedienen sich Väter und Mütter der Ammensprache vor allem in der ausdrücklichen Absicht, die Sprachentwicklung ihres Kindes zu fördern? Der Sprachwissenschaftler Roger Brown meint, die Hauptabsicht der Eltern liege darin, sich gegenüber ihrem Sohn oder ihrer Tochter verständlich zu machen. Danach geht es den Eltern weniger darum, die sprachlichen Leistungen ihrer Kinder zu steigern. Sie bemühen sich vielmehr vorrangig darum, die Möglichkeiten zur gemeinsamen Verständigung zu erweitern, selbst besser verstanden zu werden.

4.3 Entwicklung des Denkens nach Jean Piaget

Zu Beginn der zwanziger Jahre war Piaget im Pariser Binet-Institut damit beschäftigt, Antworten zu bewerten, die Kinder auf Fragen eines Tests von Sir Cyril Burt über schlußfolgerndes Denken gegeben hatten. In einem Interview erinnert Piaget sich an eine für ihn bedeutsame Erfahrung: „Obgleich Burts Tests diagnostisch sicherlich ihre Vorteile hatten, merkte ich von den ersten Befragungen an, daß es im Hinblick auf die Anzahl der Erfolge und Mißerfolge sehr viel interessanter war, die Gründe für das Versagen zu finden. Somit verwickelte ich meine Versuchspersonen in Gespräche, die das Muster psychiatrischer Fragen hatten. Ich wollte etwas über den Denkprozeß herausfinden, der ihren richtigen, besonders aber ihren falschen Antworten zugrunde lag. ... Ich hatte endlich mein Forschungsgebiet gefunden." Die Art der Befragung, die Piaget entwickelte, die sog. *Klinische Methode*, stellt eine Form des Interviews dar, bei der es jeweils von der Antwort des Kindes abhängt, wie weiter gefragt wird. Piaget kam zugute, daß er bei seinen vorausgegangenen Studien an der Sorbonne (der Pariser Universität) als Teilnehmer eines Seminars über Psychopathologie gelernt hatte, Patienten mit psychischen Auffälligkeiten zu interviewen.

Aus den Antworten seiner Interviews mit Kindern erschloß Piaget, daß das kindliche Denken einige Besonderheiten aufwies, auf die im folgenden ausführlicher eingegangen wird.

4.3.1 Klassifikationen in der voroperationalen Phase

Jean Piaget führte das folgende Interview mit einem Kind im Vorschulalter:

Piaget: Bewegt sich die Sonne?
Kind: Wenn man geht, folgt sie. Wenn man sich umdreht, dreht sie sich auch um. Folgt sie dir nicht auch?
Piaget: Warum bewegt sie sich?
Kind: Weil, wenn man spazieren geht, geht sie auch.
Piaget: Warum geht sie?

Kind: Sie will hören, was wir sagen.
Piaget: Ist sie lebendig?
Kind: Natürlich, sonst würde sie uns nicht folgen können, sie könnte nicht scheinen.

Wie kann das Kind zu dem Schluß kommen, die Sonne folge Spaziergängern, weil sie hören will, was diese sagen? Warum erklärt ein anderes Kind, der Mond verstecke sich hinter den Wolken, weil er friert? Piaget antwortet darauf, dies sei eine Folge des voroperationalen Denkens, das man besonders ausgeprägt im Alter zwischen zwei und vier Jahren findet. Er spricht auch von *vor*begrifflichem Denken, weil Vorschulkinder Begriffe anders als Erwachsene oder ältere Kinder definieren. Ein Begriff ist auf gedanklicher Ebene eine Klasse, in die sich alles einordnen läßt, was bestimmte Merkmale gemeinsam aufweist. Alle Gegenstände, die z.B. die Merkmale *dreidimensional*, *rund* und *schwer* besitzen, lassen sich unter dem Begriff „Kugel" zusammenfassen, also: klassifizieren. Dabei ist jedes der genannten Merkmale von Bedeutung; wenn sich auch nur eines ändert, muß eine andere Klassifikation vorgenommen werden. Ein Gegenstand, der z.B. die Merkmale *dreidimensional*, *rund* und *leicht* aufweist, stellt zumeist ein Beispiel der begrifflichen Klasse „Ball" dar. Das Kind im Vorschulalter – so meinte Piaget entdeckt zu haben – klassifiziert Beobachtetes häufig nicht wie ein Erwachsener, weil es andere Merkmale für die Einordnung benutzt. Dadurch ziehen beide aus den gleichen Ereignissen unterschiedliche Schlußfolgerungen.

Das Vorschulkind, das in dem oben wiedergegebenen Interview befragt wurde, hat wahrscheinlich in der Bewegung der Sonne einen Ausdruck von Lebendigkeit gesehen. Es konnte deshalb den Schluß ziehen, daß Menschen und Tiere lebendig sind, *weil* sie sich bewegen. Da das Kind auf die Bewegung der Sonne angesprochen wurde, leitete es aus seinem Verständnis ab, daß sie lebendig ist. Was liegt näher, dem so wahrgenommenen Himmelskörper Eigenschaften zuzuschreiben, die man bereits von Lebewesen kennt: sie sind neugierig, und sie können auch frieren.

Das von Piaget interviewte Kind klassifizierte offenbar die Sonne als Lebewesen. Etwas Vergleichbares lag vielleicht einer Äußerung zugrunde, die Piaget bei seiner Tochter Jacqueline auffiel. Sie hatte Fieber und wollte gerne Apfelsinen haben. Die Eltern mußten dem Mädchen jedoch erklären, daß diese Früchte noch nicht reif seien: „Man kann sie noch nicht essen. Sie haben noch nicht ihre schöne gelbe Farbe." Anfänglich schien sich Jacqueline mit dieser Erklärung zufrieden zu geben. Als sie jedoch kurze Zeit später ihren Kamillentee trank, meinte sie: „Der Kamillentee ist nicht grün; er ist schon gelb. Ich möchte Apfelsinen." Offenbar macht es für Jacqueline keinen Unterschied, ob es sich um Tee oder Apfelsinen handelt: Es kommt nur darauf an, ob etwas im Augenblick eßbar ist – und das ist es dann, wenn es „schon gelb" ist. Wenn also der Tee gelb ist, dann muß es auch die Apfelsine sein. Auf der Grundlage ihrer vorbegrifflichen Denkweise berücksichtigt Jacqueline noch nicht, daß Kamillentee und Apfelsinen sich in zahlreichen Merkmalen voneinander unterscheiden und daß die Reife oder Genießbarkeit keine übergeordnete gemeinsame Klasse für alle Nahrungsmittel ist.

Man kann sich leicht davon überzeugen, daß Kinder im vorbegrifflichen Alter das Merkmal, nach dem sie klassifizieren, häufiger wechseln. Wenn man ihnen z.B. geometrische Figuren mit der Aufforderung aushändigt, diejenigen nebeneinander zu legen, die gleich aussehen, dann erhält man möglicherweise eine Reihe, wie sie in Abbildung 4.6 dargestellt ist.

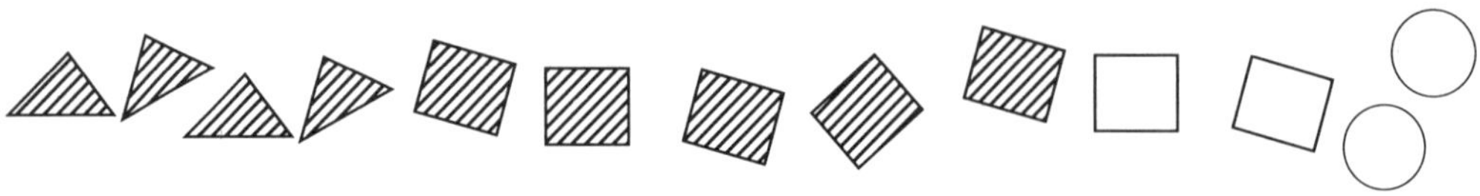

Abb. 4.6: Ein Vorschulkind sollte geometrische Figuren nebeneinander legen, die „gleich aussehen". Es hat wiederholt das Merkmal geändert, nach dem es ordnete.

Nach der fünften Figur wird offenbar das Formmerkmal Dreieckigkeit durch Viereckigkeit ersetzt. Anschließend bleibt die Form zwar im Blick, aber das Farbmerkmal wird geändert, bis schließlich die Quadratform zugunsten der Kreisform aufgegeben wird.

4.3.2 Egozentrismus

Wenn sich eine Familie z.B. zum Essen an einen Tisch setzt, dann wissen Erwachsene, daß sie je nach ihrem Sitzplatz den Tisch unterschiedlich sehen. Verfügen aber auch schon Vorschulkinder über diese Einsicht? – Könnte sich das drei oder vier Jahre alte Kind womöglich sogar vorstellen, wie der gedeckte Tisch aus der Sicht des Vaters oder der Mutter aussieht? Piaget gelangte auf Grund seiner Beobachtungen zu dem Schluß, daß Kinder der vorbegrifflichen Phase *egozentrisch* sind: Sie betrachten die Welt stets nur von ihrem eigenen Blickwinkel aus.

Nach Piaget fehlt ihnen die Einsicht, daß sich für andere Menschen Sichtweisen ergeben, die von den eigenen abweichen. Piaget bezog diesen „Egozentrismus" aber nicht nur auf die visuelle Wahrnehmung. Er vermutete, daß es für sie auch schwierig ist, irgendeine innere Erfahrung anderer Menschen wahrzunehmen und zu verstehen. Folglich behauptete Piaget, Kinder seien vor Erreichung ihres siebenten oder achten Lebensjahres nicht in der Lage, Denk- und Urteilsweisen sowie Gefühle anderer Menschen zu berücksichtigen.

Wenn z.B. eine Mutter ihr dreijähriges Kind auffordert, sich mit den Händen die Augen zuzuhalten, dann wird sie auf die Frage „Kann *ich* Dich jetzt sehen?" wahrscheinlich ein „Nein" als Antwort erhalten. Für Piaget drückt sich darin kindlicher Egozentrismus aus. Nach seiner Überzeugung steht hinter dem „Nein" die für das voroperationale Denken typische Auffassung, daß auch die Mutter *nichts* sehen könne, wenn sich das Kind seine Augen zuhält. – Geht Piaget mit dieser Schlußfolgerung aber nicht zu weit? Glaubt das Kind wirklich, es brauche nur die Augen zu schließen, damit andere Menschen nichts mehr sehen? – Das ist kaum anzunehmen, denn hätte die Mutter ihr Kind nach dem Verdekken seiner Augen gefragt, ob sie seine Arme oder sein Stofftier jetzt sehen könne, dann wäre seine Antwort vermutlich „Ja" gewesen. Kinder lernen nämlich bereits während ihrer ersten Lebensjahre, daß ihr „Ich" in der Gegend der Augen angesiedelt ist. Die Mutter ermahnt ihren Sohn oder ihre Tochter z.B. häufig mit den Worten: „Sieh mich an, wenn ich mit Dir spreche." Der Mutter reicht es aber nicht, wenn es seinen Blick daraufhin auf ihre Rumpfpartien oder Arme richtet. Vielmehr erwartet man vom Kind, daß es seinen Gesprächspartner *in die Augen blickt.*

Unter diesen Umständen ist die Schlußfolgerung nachvollziehbar, daß „ich nicht sichtbar sein kann, wenn meine Augen verdeckt sind".

Es läßt sich auf vielfache Weise belegen, daß Vorschulkinder keineswegs so egozentrisch sind, wie Piaget angenommen hat. In zahlreichen Situationen können sie sich vorstellen, was andere Menschen von ihren jeweiligen Standorten aus sehen. Kinder im Alter zwischen 12 und 24 Monaten scheinen nicht davon auszugehen, daß die Interaktionspartner ihre Mitteilungen stets verstehen. Aus diesem Grunde beobachten sie deren Reaktionen sehr sorgfältig. Eine einfache Prüfung der „egozentrischen" Einstellung eines Kindes kann man leicht durchführen, indem man eine Papptafel auf der einen Seite z.B. mit dem Bild eines Hundes, auf der anderen Seite mit einer Katzenfigur beklebt. Nachdem sich das Kind mit dieser Tafel hinreichend vertraut gemacht hat, kann die Prüfung beginnen. Man hält die senkrechte Tafel so, daß das Kind jeweils nur ein Tier sieht. Wenn Dreijährigen beispielsweise die Katze zugewendet ist, dann können fast alle erschließen, daß ihr Gegenüber nur den Hund sieht.

Es gibt weitere Alltagsbeobachtungen, die Auskunft darüber geben, daß sich Kinder durchaus in andere hineinversetzen können, die also den kindlichen Egozentrismus in der von Piaget beschriebenen Weise widerlegen. Man beobachtete Zweieinhalbjährige, die die Vorlage beim Zeigen von Bildern dem Adressaten zugedreht haben. Vorschulkinder sprechen lauter, wenn sich ihr Ansprechpartner von ihnen entfernt und sie äußern sehr viel einfachere und kürzere Sätze, wenn sie sich nicht an ein älteres Kind oder einen Erwachsenen, sondern z.B. an ein Zweijähriges wenden.

Solche Beobachtungen widerlegen keineswegs, daß sich – vor allem jüngere Kinder – im Alltag oft egozentrisch verhalten. Sie sind sich nicht immer bewußt, daß ein Mitmensch etwas anderes sieht, weiß oder fühlt als sie selbst. Zu beachten ist aber, daß die Überwindung des eigenen Standpunktes Erfahrungen voraussetzt, über die ein Kind womöglich noch nicht verfügt. Piaget stellte seinen jungen Versuchspersonen teilweise so schwierige Fragen, daß er sie damit einfach überforderte. War Piaget frei von „Egozentrismus", wenn ihm verborgen blieb, daß einige Antworten in dieser Situation weniger die Grenzen des kindlichen Denkens, wohl aber mangelnde Erfahrungen abbildeten?

4.3.3 Untersuchungen zum Erhaltungsbegriff

Bleibt die Menge einer Plastilinmasse *erhalten*, wenn man aus einem „Ball" eine „Wurst" formt? Was passiert mit Pfennigen, die in einer Reihe aufgereiht sind: Erhöht sich ihre Menge, wenn man den Abstand zwischen den Münzen vergrößert? Solche Fragen richtete Piaget an Kinder. Dabei ging es stets um den „Erhaltungs-" oder „Invarianzbegriff", das Verständnis also, daß sich eine Menge nicht ändert, wenn man ihr nichts hinzufügt oder wegnimmt. Wie kam Piaget dazu, nach derartigen Zusammenhängen zu fragen? „Zuerst", so meinte er, „entdeckte ich das Problem der Erhaltung, als ich mit Epileptikern zwischen 10 und 15 Jahren arbeitete. Ich wollte einen der Beobachtung zugänglichen Weg finden, um sie von normalen Kindern unterscheiden zu können." Piaget zeigte ihnen vier Münzen, die in einer Reihe lagen, und unter jede Münze legte er eine Perle, so daß eine weitere Reihe entstand. Danach entfernte er eine Münze; vergrößerte aber den Abstand der übrigen drei. Lagen vor den Kindern nun mehr Münzen oder mehr Perlen? „Die epileptischen Kinder sagten, sie hätten mehr

Münzen als Perlen. Kein Hinweis, daß sie Verständnis für die Erhaltung gewonnen hatten. Ich dachte", so schilderte Piaget die damalige Situation weiter, „ich hätte eine Methode zur Unterscheidung von normalen und anomalen Kindern gefunden. Ich setzte dann meine Arbeit mit normalen Kindern fort und entdeckte, daß allen Kindern der Erhaltungsbegriff fehlte."

Ein sehr bekannt gewordener Versuch Piagets beginnt damit, daß einem Kind zwei Glasbehälter mit einem bestimmten Durchmesser vorgestellt werden. Nachdem die jungen Versuchspersonen anerkannt haben, daß beide Gefäße die gleiche Menge eines Getränks enthalten, schüttet man vor ihren Augen den Inhalt des einen Gefäßes in ein höheres mit geringerem Durchmesser (siehe Abbildung 4.7). Nach ausreichender Gelegenheit des Kindes, die beiden unterschiedlich hohen Flüssigkeitssäulen zu betrachten, folgt die entscheidende Frage: „In welchem Gefäß befindet sich jetzt mehr Flüssigkeit?" Nach Piagets Befunden antworten Kinder im Alter von sechs bis sieben Jahren in der Regel, daß sich nach dem Umschütten in dem schmalen hohen Behälter mehr Flüssigkeit befindet als in dem mit niedriger aber breiter Flüssigkeitssäule. – Warum erkennen die Befragten offenkundig nicht, daß sich die Menge durch das Umschütten nicht verändert hat, also „erhalten" geblieben ist?

Nach Piagets Auffassung können Kinder bis zum Alter von sechs bis sieben Jahren nicht operational denken. Zur Bewältigung der Umschüttaufgabe seien nämlich folgende zwei Operationen erforderlich, die Kinder in diesem Alter nicht beherrschen: Reversibilität und Dezentrierung.

Ein acht oder neun Jahre altes Kind löst das Umschüttproblem ohne Schwierigkeiten. Es erläutert seine Antwort damit, daß man die Flüssigkeit aus dem hohen und breiten Behälter ja nur zurückzugießen brauche. Dann könne man feststellen, daß das flache, breite Gefäß wieder genauso voll wie ursprünglich sei. Dieses Kind hat also den Umschüttvorgang gedanklich in umgekehrter Richtung ablaufen lassen. Die gedankliche Umkehrung, „Reversibilität" genannt, ist nach Piagets Überzeugung erst in der operationalen Phase zu leisten.

Abb. 4.7: Piagets klassischer Versuch zum Erhaltungs- oder Invarianzbegriff: Welches Gefäß enthält mehr Flüssigkeit?

Im Umschüttversuch haben die jungen Versuchspersonen offenbar weiterhin beachtet, daß die Flüssigkeitssäule in dem schmalen Glas höher als in dem breiten Gefäß war. Sie ließen dabei aber unberücksichtigt, daß sich als Ausgleich die Breite der Flüssigkeitssäule verringerte. Im Prozeß der Urteilsfindung konzentrierten sie sich nur auf das Merkmal Höhe. Piaget hält diese „Zentrierung" für ein wesentliches Merkmal des voroperationalen Denkens. Er meint damit die Neigung, in einer Problemsituation nur ein Merkmal zu beachten, während eine angemessene Problembewältigung die gleichzeitige Berücksichtigung mehrerer Merkmale fordern würde.

Piaget war davon überzeugt, daß Kinder während der voroperationalen Phase, d.h. also vor dem sechsten oder siebenten Lebensjahr, nicht in der Lage sind, die Umschüttaufgabe zu lösen. Aber vielleicht läßt sich diese Fähigkeit ja durch ein gezieltes Training vorverlegen. Piaget hat sich bis kurz vor seinem Tode als außerordentlich unbeugsam in dieser Frage gezeigt und sie stets verneint. Vor allem bei amerikanischen Psychologen stieß er jedoch mit seinen Aussagen auf Zweifel. Seine Kritiker führten inzwischen weit mehr als tausend Untersuchungen durch; keineswegs immer mit dem gleichen Erfolg.

Piagets Behauptungen wurden in jüngster Zeit durch ein sog. *Identitätstraining* überprüft. Mit Hilfe spezieller Übungen sollen Kinder lernen, sich beim Vergleich zweier Mengen nicht von deren Aussehen leiten zu lassen. Bevor ein Kind z.B. bei der Umschüttaufgabe eine Antwort gibt, wird ihm gesagt: „Wenn man Flüssigkeit aus diesem hohen dünnen Glas in dieses flache breite Glas gießt, dann mag es so aussehen, als sei daraus mehr Wasser geworden. In Wirklichkeit ist es aber die gleiche Menge Wasser, denn aus beiden Gläsern könnte man gleich viel trinken." Vierjährige, die ein solches Training erhalten hatten, waren daraufhin in der Lage, die Umschüttaufgabe richtig zu lösen. Piaget würde einwenden, daß die trainierten Kinder nur mechanisch eine Antwort nachsprechen, die sie vergleichsweise oberflächlich gelernt haben. Richtig ist zwar, daß die vierjährigen Kinder die Aufgabe nicht lösen, indem sie logische Operationen vollziehen. Andererseits waren die meisten Vierjährigen (75%) noch mehrere Monate nach Beendigung der Trainingsphase in der Lage, nicht nur die spezielle Aufgabe richtig zu beantworten; vielmehr bewältigten sie auch andere ähnliche Probleme, die ihnen noch unbekannt waren.

4.4 Entwicklung des Denkens aus informationstheoretischer Sicht

Jean Piaget beobachtete und beschrieb, wie ein Kind mit wachsendem Alter Probleme verschiedener Art bewältigt. Fortschritte in der Denkentwicklung ließen sich, so Piaget, auf den Einfluß von Reifungsprozessen zurückführen. Sie bestimmen nach seinem Verständnis die Intelligenzentwicklung und damit die Art und Weise des Kindes, sich mit seiner Umwelt auseinanderzusetzen. Von ihnen hängt auch ab, wie das Kind seine Lernerfahrungen verwerten kann.

Eine wachsende Anzahl von Entwicklungspsychologen meinte jedoch, daß durch Berufung auf Reifungsprozesse zuwenig erklärt wird. Sie wollten genauer wissen, wie das Kind ein Problem wahrnimmt, wie es dabei auf Kenntnisse in seinem Gedächtnis zurückgreift, wie es Informationen verarbeitet, um zu einer Lösung zu gelangen usw. In nachfolgenden Abschnitten dieses Kapitels wird anhand ausgewählter Beispiele dargestellt, wie lern- und informationstheoretisch ausgerichtete Psychologen Fortschritte in der Denkentwicklung von Kindern erklären.

4.4.1 Eine Piaget-Aufgabe informationstheoretisch betrachtet

In einem bekannten Experiment zeigte Piaget einem Kind eine Schachtel, in der sich zwanzig (achtzehn braune und zwei weiße) Holzperlen befanden. Zwischen Piaget und einem Kind in der voroperationalen Phase entwickelte sich z.B. folgender Dialog:

Piaget: Sind alle Perlen aus Holz?
Kind: Ja.
Piaget: Sind in der Schachtel mehr Holzperlen oder mehr weiße Perlen?
Kind: Mehr braune, weil dort nur zwei weiße sind.
Piaget: Sind die weißen Perlen aus Holz?
Kind: Ja.
Piaget: Auch die braunen?
Kind: Ja.
Piaget: Sind da also mehr Holzperlen oder mehr braune Perlen?
Kind: Mehr braune.

Kinder in der voroperationalen Phase sind nach Piagets Befunden in der Lage, braune und weiße Perlen miteinander zu vergleichen. Sie erkennen auch, daß sowohl die weißen wie auch die braunen Perlen aus Holz gefertigt sind. Sie versagen aber, wenn sie die Teilmenge der braunen mit der Gesamtmenge der Holzperlen vergleichen sollen. Wie läßt sich ein solches Antwortverhalten erklären, ohne auf kognitive Unreife zurückzugreifen?

Ein Lernpsychologe wie Robert Gagné würde auf die Schwierigkeit der Aufgabe verweisen und hinzufügen, daß ihre Lösung von mehreren *Lernvoraussetzungen* abhängt, die durch eine Aufgabenanalyse ermittelt werden könnten. Dabei ist vor allem zu klären, ob das Kind die sprachliche Formulierung der Aufgabe überhaupt versteht. Sind die Kinder mit den verwendeten Begriffen vertraut? Wissen sie genau, was von ihnen erwartet wird? Piaget hat solchen Fragen häufig zu wenig Beachtung geschenkt. So fällt z.B. Kindern im Alter zwischen drei und fünf Jahren die Lösung der Perlen-Aufgabe sehr viel leichter, wenn man nicht fragt: „Sind mehr Holzperlen da *oder* mehr braune Perlen in der Schachtel?" sondern: „Sind mehr braune Perlen *oder* sind von allen Perlen in der Schachtel mehr ganz aus Holz?" Wenn man Bauklötze anstelle von Holzperlen verwendet, lautet eine Aufgabe, die auch Fünfjährige bewältigen: „Wer hat mehr Klötze zum spielen: jemand, dem die braunen Klötze gehören, oder jemand, dem *der Stapel* Klötze gehört?"

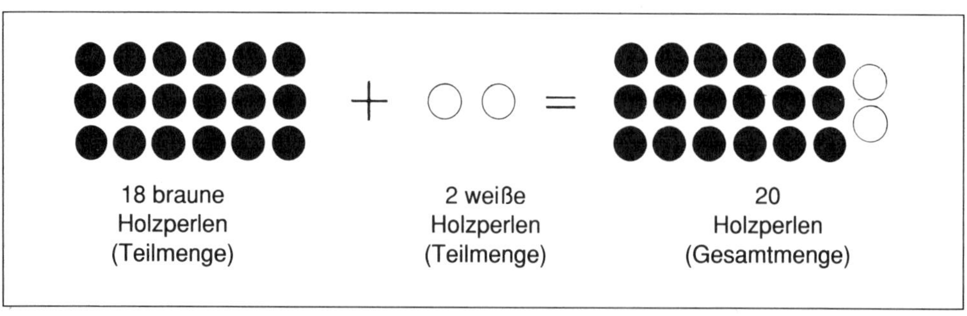

Abb. 4.8: Eine Piaget-Aufgabe, die einen Vergleich von Teil- und Gesamtmenge fordert.

Wie sehr es vor allem sprachliche Verständnisprobleme waren, an denen Piagets junge Versuchsteilnehmer scheiterten, läßt sich an einer weiteren Aufgabe zeigen. Piaget legte Vorschulkindern zwei Stöcke gleicher Länge vor. Wie in Abbildung 4.9 gezeigt, lagen sie zunächst parallel untereinander. Ändert sich nach Meinung der Kinder ihre Länge, wenn sie gegeneinander verschoben werden?

Nach Piaget erkennt das Kind ab dem Alter von sechs oder sieben Jahren, daß sich die Länge der Stöcke nicht verändert, wenn man sie in eine neue Anordnung bringt. Ist es früher, im Vorschulalter, tatsächlich zu dieser Erkenntnis nicht in der Lage? Haben Vier- oder Fünfjährige vielleicht nur sprachliche Schwierigkeiten, ihr Wissen mitzuteilen? Das läßt sich überprüfen, indem die sprachlichen Anforderungen in den Aufgaben deutlich verringert werden. Man stellt Kästchen unterschiedlicher Länge zur Verfügung. Dann läßt man sich zeigen, in welche Kästchen die Stöcke am besten passen, die zunächst wie in Abbildung 4.9 (links) angeordnet sind. Wenn man nun die Stöcke wie in Abbildung 4.9 (rechts) verschiebt, müßten Kinder im Alter zwischen $3\frac{1}{2}$ und $5\frac{1}{2}$ Jahren gemäß den Vorhersagen Piagets Kästchen unterschiedlicher Größen

Abb. 4.9: Aufgabenbeispiel aus Piagets Untersuchungen zur Erhaltung der Länge.

als passend auswählen. Tatsächlich ordnen sie jedoch richtig zu. Das Urteil der Kinder läßt den Schluß zu, daß die meisten von der Unveränderlichkeit der Länge ausgehen. Sie haben offenbar nicht nur ein einziges Merkmal der Aufgabe im Blick (Zentrieren) und lassen sich von der Darstellungsart nicht täuschen. Die entscheidenden Schwierigkeiten der Vorschulkinder liegen im Verständnis solcher Begriffe wie „gleiche Länge" oder „länger als". Formuliert man die Aufgabenstellung um, dann ist das Stock-Problem für viele Vorschulkinder lösbar.

Auch in der Perlen-Aufgabe setzte Piaget das Beherrschen mehrerer Begriffe und die Erfassung ihrer Beziehungen zueinander voraus, wenn er danach fragte, welche der beiden Mengen aus *mehr* Perlen bestehe: die Teilmenge der *braunen* oder die Gesamtmenge, die *alle* umfaßt? Das Verständnis der verwendeten Begriffe spielt auch eine entscheidende Rolle, wenn das Kind seine weitere Vorgehensweise planen muß. Es kann sich dafür entscheiden, zunächst die weißen und anschließend alle Perlen zu zählen. Das Ergebnis muß dann im Gedächtnis bereit gehalten werden, denn anschließend sind beide Teilmengen miteinander und die braune Teilmenge mit der Gesamtmenge zu vergleichen. Bei all diesen Schritten – Entdeckung der Schlüsselbegriffe, Entwicklung eines Planes, Zählen und Vergleichen von Mengen – können dem Kind mehrere Fehler unterlaufen, von denen jeder zu einer falschen Antwort führt.

4.4.2 Einige Schritte in der Informationsverarbeitung

Wenn man sich einmal klar macht, was ein Kind tun muß, um sich mit einer typischen Piaget-Aufgabe auseinanderzusetzen, dann wird deutlich, daß zahlreiche kognitive Prozesse ablaufen müssen. Aus der Fülle der Fragen, die sich auf diese Prozesse beziehen, lassen sich hier nur drei auswählen:

- Wie wird das Kind auf die Teile einer Aufgabe *aufmerksam*, die zur Lösungsfindung besonders wichtig sind?
- Welche Möglichkeiten stellt das *Gedächtnis* dem Kind zur Verfügung, um die wesentlichen Bestandteile eines Problems zu behalten?
- Wie nutzt das Kind das bereits *vorhandene Wissen*, um seine Kenntnisse zu verarbeiten?

4.4.2.1 Aufnehmen von Informationen durch Zuwendung von Aufmerksamkeit

Wenn man Kinder im Alter von zwei oder drei Jahren vor einem Fernsehapparat beobachtet, wird man feststellen, daß sie die Sendung jeweils nur für kurze Intervalle verfolgen. Sie richten ihre Aufmerksamkeit auch dann nicht für längere Zeit auf den Bildschirm, wenn ein Programm abläuft, das sich – wie z.B. die *Sesamstraße* – ausdrücklich an junge Zuschauer wendet. Alle möglichen Ereignisse in der Umwelt können von einer gerade aufgenommenen Tätigkeit ablenken: die Kinder wenden sich anderen Personen in ihrer Nähe zu, hören ihnen kurz zu, sprechen zu ihnen, und wenden sich anschließend – nur für kürzere Zeit – einem Spielzeug und dann wieder dem Fernsehapparat zu. Ein typischer Dreijähriger bewegt sich von einer Sache zur anderen, impulsiv reagiert er auf alles, was ihm gerade auffällt. Er wird hauptsächlich von seiner Neugier getrieben. Da ein Kind dieses Alters kein systematischer Beobachter ist, können bei ihm Eindrücke entstehen, die das tatsächliche Geschehen nur unzureichend oder sogar fehlerhaft abbilden; es entstehen also ungenaue Gedächtnisinhalte, die u.U. längere Zeit erhalten bleiben. Den Erinnerungen an diese frühe Zeit sollte man deshalb mißtrauen. Wie Info-Kästchen 4.4 berichtet, mußte auch Jean Piaget einmal einen Gedächtnisinhalt korrigieren, der sehr früh in seinem Leben entstanden war. Ebenso unzuverlässig sind die Beobachtungen Sechsjähriger. In gewisser Hinsicht verdienen sie aber bereits, als kleine Forscher bezeichnet zu werden: Sie untersuchen ihre Umwelt nämlich in einer planvollen Weise, ohne ihr Ziel dabei aus den Augen zu verlieren.

Die „Flüchtigkeit" jüngerer Kinder zeigt sich auch bei Aufgaben, die sehr genaues Beobachten fordern. Wenn man ihnen z.B. jeweils zwei Häuser vorlegt, die entweder völlig gleich aussehen oder sich durch kleine Einzelheiten unterscheiden, wie in Abbildung 4.10, dann gibt das Studium ihrer Augenbewegungen aufschlußreiche Hinweise.

Kinder, die jünger als sechs Jahre alt waren, ließen keine Planung bei der Aufgabenlösung erkennen: Sie verglichen nicht z.B. jedes Fensterpaar eines nach dem anderen und ließen auch häufiger eines aus. Sie betrachteten oft nur Teile eines Fensters und gaben ihre Antworten, bevor sie sich ausreichend informiert hatten. Demgegenüber verglichen Sechsjährige und ältere Kinder sorgfältig jedes Fenster und seine Besonderheiten; oft blickten sie mehrfach hin und her, offenbar um sich zu vergewissern, daß sie nichts übersehen haben. In der Regel

Abb. 4.10: Wie gehen Kinder vor, wenn sie beurteilen sollen, ob diese Häuser gleich oder unterschiedlich sind?

Info-Kästchen 4.4:
Ist Piaget einmal das Opfer einer Kindesentführung gewesen?

Jean Piaget erfuhr als Fünfzehnjähriger sehr eindrucksvoll, wie wenig er sich auf Gedächtnisinhalte aus seiner frühesten Kindheit verlassen konnte. Lange Zeit war er fest davon überzeugt, daß sich das folgende Erlebnis tatsächlich zugetragen hatte: Als das Kindermädchen ihn, den kleinen Jean, im Kinderwagen angeschnallt über die Champs-Élysées schob, versuchte ein Mann ihn zu kidnappen. Piaget meinte sich zu erinnern, daß sich das Kindermädchen schützend zwischen ihn und den Mann gestellt hatte. Das Gedächtnis vermittelte Piaget sogar noch ein undeutliches Bild von den Schrammen im Gesicht der Beschützerin. „Es gab einen Auflauf, ein Polizist mit kleiner Pelerine und weißem Stab kam heran, worauf der Kerl die Flucht ergriff." Sehr viel später, Piaget war inzwischen fünfzehn Jahre alt, erhielten die Eltern Piagets einen reuevollen Brief, in dem das ehemalige Kindermädchen die Entführungsgeschichte als ihre Erfindung widerrief. Sie teilte ihren Eintritt in die Heilsarmee mit und wollte hiermit ihre frühere Verfehlung bekennen. Sie schickte den Eltern die Uhr zurück, die sie damals als Belohnung für ihr mutiges Verhalten bekommen hatte. „Ich mußte also als Kind diese Geschichte gehört haben," so vermutet Piaget, „an die meine Eltern glaubten. In der Form einer bildlichen Erinnerung habe ich sie in die Vergangenheit projiziert. So ist die Geschichte also eine Erinnerung an eine Erinnerung, allerdings eine falsche." Die offenkundig unzutreffende Erinnerung regte Piaget später an, die Zuverlässigkeit des kindlichen Gedächtnisses zu erforschen.

ließen sie sich sehr viel mehr Zeit als die Vorschulkinder.

Es gibt Aufgaben, die große Konzentration fordern. Unter einer solchen Bedingung ist die Wahrnehmung hoch selektiv, d.h., man richtet die Aufmerksamkeit nur auf jene Reizgegebenheiten, die für die Lösung bedeutsam erscheinen; alles andere bleibt unbeachtet. Ein extremes Beispiel für selektive Aufmerksamkeit lieferte einmal ein Chirurg, von dem behauptet wird, er habe während einer schwierigen Operation nicht bemerkt, daß ein Teil der Saaldecke heruntergekommen war. Er soll davon erst Kenntnis genommen haben, als seine Assistenten ihm Trümmerteile zeigten, die den halben Operationssaal bedeckten. Können auch schon Kinder ihre Aufmerksamkeit einschränken und konzentriert auf bestimmte Ausschnitte des Wahrnehmungsfeldes richten?

Zur Klärung dieser Frage zeigte man Schülern vierter, sechster und achter Schuljahre Bilder mit Tieren und forderte sie auf, sich zu merken, an welchem Ort diese verdeckt abgelegt wurden. Bei der anschließenden Behaltensprüfung fielen die Leistungen um so besser aus, je älter die Schüler waren. Jedes Bild stellte neben einem Tier noch einen Haushaltsgegenstand (Telefon, Stuhl, Tisch, Fernsehapparat usw.) dar, auf den man bei der Aufforderung, sich das Material einzuprägen, nicht ausdrücklich hingewiesen hatte. Als aber bei der Behaltensprüfung nach diesen Gegenständen gefragt wurde, waren die jüngeren Schüler jeweils den älteren überlegen. Die Steigerung der Konzentrationsleistung hat demnach ihren Preis. Kinder können sich im Verlauf der Schulzeit immer stärker auf das konzentrieren, was ihnen beachtenswert erscheint; dabei entgeht ihrer Aufmerksamkeit aber das, was sie für unwesentlich halten. Die Grundschüler konzentrierten sich zwar weniger auf die Tiere als die älteren Jahrgänge; sie beschäftigten sich aber auch mit den scheinbar unwesentlichen Bildinhalten, denn an diese konnten sie sich bei der Behaltensprüfung sehr viel besser als die Dreizehnjährigen erinnern.

4.4.2.2 Speichern von Informationen

Nachdem Informationen unter Aufmerksamkeitszuwendung dem kognitiven System zugeführt worden sind, stellt sich das Problem, sie so zu speichern, daß sie wieder abzurufen sind. Die Verhältnisse lassen sich mit einer Bibliothek vergleichen. Nachdem Bücher angeliefert worden sind, muß der Bibliothekar sie „kodieren", d.h. unter Berücksichtigung der jeweiligen Inhalte entscheiden, in welche Kategorie sie einzuordnen sind, damit Interessenten sie finden können.

Frühe Formen des Gedächtnisses sind bereits bei Neugeborenen vorhanden. Es ließe sich beispielsweise sonst nicht erklären, daß ihnen nach mehreren Darbietungen ein einfaches Schachbrettmuster langweilig erscheint (s.S. 90). Wenn sie im Alter von drei Monaten lernen, ein über ihrem Bett hängendes Mobile in Bewegung zu setzen, können sie sich zumindest nach zwei bis vier Wochen noch erinnern, wie man das macht. Kurze Zeit später gelingt es ihnen auch, Fotografien von Gesichtern wiederzuerkennen. Allerdings scheinen bei älteren Kindern solche frühen Erfahrungen nicht mehr abrufbar zu sein.

Es gibt Berichte von einem Zwei- und einem Dreijährigen, die beide über Einzelereignisse berichteten, die sie im Alter zwischen 14 und 15 Monaten erlebt hatten und deren Richtigkeit von den Eltern bestätigt wurde. Je älter die Kinder werden, desto häufiger sprechen sie über zurückliegende Erlebnisse. Wenn man allerdings die Behaltensleistungen eines Vorschulkindes mit denen eines Schülers oder Erwachsenen vergleicht, dann schneiden die Jüngeren ziemlich schlecht ab. Warum gelingt es Vier- oder Fünfjährigen noch nicht so gut, Informationen in ihr Gedächtnis aufzunehmen und später wieder abzurufen? Welche Entwicklungsbedingungen sind dafür verantwortlich, daß sich das Behalten in den nachfolgenden Jahren ständig verbessert?

Psychologen früherer Jahrzehnte haben das Gedächtnis mit einem Behälter verglichen, dessen Fassungsvermögen sich im Verlauf der Entwicklung vergrößert. In neuerer Zeit sammelte man jedoch zahlreiche Beobachtungen, die mit dieser Vorstellung nicht zu vereinbaren sind. Unter bestimmten Bedingungen haben nämlich jüngere Kinder gleiche oder sogar bessere Behaltensleistungen als ältere. Deshalb mußte die Behälter-Erklärung aufgegeben werden. An ihre Stelle trat der Begriff der „Gedächtnisstrategie"; er umfaßt Maßnahmen, mit denen man sich das Einprägen und Behalten erleichtert. Menschen unterscheiden sich in der Kenntnis und Anwendung von Gedächtnisstrategien. Bereits Zweijährige benutzen Techniken, um das Behalten zu unterstützen. Wenn man vor ihren Augen z.B. ein Spielzeug versteckt, dann versuchen sie, ihren Blick darauf gerichtet zu halten oder ihre Hand auf die Schachtel zu legen, in der sich das Spielzeug befindet. Vorschulkinder können sich Informationen schneller und dauerhafter einprägen, wenn man sie in der Anwendung von Gedächtnisstrategien unterweist, die spontan nur von Älteren angewendet werden. Allerdings garantiert die Kenntnis von Gedächtnisstrategien noch nicht deren Nutzung. Wovon hängt es ab, ob ein Mensch sich Gedächtnisstrategien aneignet und spontan einsetzt? Die Vermutung liegt nahe, daß die Schule, die den Schüler ständig zum Einprägen von Lernmaterial auffordert und regelmäßig Behaltensprüfungen durchführt, einen wesentlichen Einfluß auf die Gedächtnisentwicklung nimmt.

4.4.2.2.1 Gedächtnisstrategien

Ältere Schüler und Erwachsene kennen zahlreiche Möglichkeiten, um sich das Einprägen von Lernmaterial zu erleichtern und das Behalten zu fördern. Was tun sie z.B., wenn sie vor der Aufgabe stehen, sich folgende Begriffe einzuprägen: *Hammer, Hose, Hemd, Katze, Zange, Hut, Hund, Schraubenzieher, Pferd?* – Sie können sich diese Begriffe laut oder leise so häufig *wiederholen*, bis sie in der Lage sind, diese ohne Nachlesen aus dem Gedächtnis wiederzugeben. Weiterhin besteht die Möglichkeit, das Lernmaterial zu *organisieren*, d.h. nach einem Merkmal (Farbe, Anfangsbuchstabe, Bedeutung, Verwendbarkeit usw.) zu klassifizieren. Die Wörter des eben genannten Beispiels lassen sich nach bestimmten Oberbegriffen ordnen, denn einige bezeichnen Bekleidungsgegenstände (Hemd, Hose, Hut), weitere gehören in die Klasse der Werkzeuge (Hammer, Zange, Schraubenzieher) und andere schließlich sind Tiernamen (Hund, Katze, Pferd). Bedienen sich auch bereits jüngere Kinder solcher Strategien, wenn sie sich etwas einprägen wollen?

John Flavell und seine Mitarbeiter gehörten zu den ersten, die sich für diese Frage interessierten. Sie setzten ihren Versuchspersonen – Kinder im Alter von fünf, sieben und zehn Jahren – Sturzhelme auf. Dann zeigten sie ihnen Bilder, auf denen vertraute Gegenstände wie z.B. ein Apfel, ein Kamm und eine Eule dargestellt waren. Der Versuchsleiter erklärte den Versuchsteilnehmern, er werde nacheinander auf bestimmte Bilder zeigen, die sie sich in der angegebenen Reihenfolge merken sollten. Nach dem letzten Bild mußte sofort das undurchsichtige Visier heruntergeklappt werden. Als nach fünfzehn Sekunden die Gedächtnisleistungen geprüft wurden, erzielten die Zehnjährigen die besten, die Fünfjährigen die schwächsten Ergebnisse. Steht hinter diesem Befund eine unterschiedliche Verwendung von Gedächtnisstrategien? Ein Beobachter, der Fachmann für Lippenlesen war, sollte diese Frage klären helfen. Er stellte fest, daß fast alle Zehnjährigen nach der Einprägung und vor der Prüfung das Lernmaterial leise vor sich hersprachen. Von den Siebenjährigen taten dies mehr als die Hälfte. Nur sehr wenige der Fünfjährigen wiederholten das Gedächtnismaterial.

Hatte aber das „Wiederholen im Kopf" bei diesen Kindern überhaupt etwas mit den Behaltensleistungen zu tun? Flavell und seine Mitarbeiter gingen auch dieser Frage nach. Sie machten Fünfjährige mit der Strategie des Wiederholens vertraut. Wie sich zeigte, fiel es den Kindern nicht schwer, diese Lektion zu lernen. Wenn man sie daraufhin aufforderte, sich weitere Inhalte mit Hilfe des Wiederholens einzuprägen, dann blieben ihre Behaltensleistungen hinter älteren Kindern nicht mehr zurück. Bedeutet dieses Ergebnis, daß sich nach einem vergleichsweise kurzen Training Grundschüler beim Einprägen von Gedächtnismaterial ebenso wie Erwachsene verhalten können? Gestützt auf seine Befunde müßte Flavell diese Frage verneinen. Jüngere Kinder können zwar sehr schnell das Wiederholen im Kopf lernen; sie tun dies aber nicht spontan, sondern müssen dazu, vor allem wenn sie jünger als sechs Jahre sind, ausdrücklich aufgefordert werden. Wenn jüngere Kinder Einprägungsmaterial wiederholen, tun sie das zumeist sehr mechanisch, d.h., sie sagen sich das Wort einfach mehrfach auf, während ältere Schüler dazu neigen, nicht nur neue, sondern auch frühere Informationen zu wiederholen.

Ebensowenig würden Grundschüler der unteren Klassen von sich aus Lernmaterial nach Oberbegriffen ordnen. Eine solche Strategie findet man normalerweise nicht vor dem neunten oder zehnten Lebensjahr. Jüngere Kinder kommen zwar zumeist der Aufforderung nach, Wörter vor dem Einprägen zu organisieren; ihre Gedächtnisleistungen steigen entsprechend an. Allerdings geben sie diese Strategie wieder auf, wenn man sie nicht ausdrücklich daran erinnert.

4.4.2.2.2 Wissensgrundlage

John Flavell meint, man könne sich das Funktionieren des Gedächtnisses am besten verdeutlichen, wenn man es mit „der archäologischen Rekonstruktion einer alten Zivilisation" vergleicht. Bei Ausgrabungen findet man u.a. Ruinen, Tonscherben, offenkundig bearbeitete Steine usw. Aber wie paßt das alles zusammen? Viele Funde sind nur noch teilweise erhalten. Sie müssen ergänzt und wieder zusammengefügt werden. Was waren das für Menschen, deren Spuren man aufdeckte? Von welcher Kultur waren sie beeinflußt? Wie haben sie gelebt? Wozu dienten die bearbeiteten Steine? Wer über die entsprechende Zivilisation nichts weiß, wird solche Fragen kaum beantworten können. Der Laie gleicht in einer solchen Situation einem Menschen, der sinnlose Silben zu lernen hat. Das Material läßt sich schwer einprägen; es wird auch schnell wieder vergessen. Was sich für den Laien lediglich als eine Scherbe darstellt, wird für den erfahrenen Archäologen zu einem Teilstück, das sich sinnvoll in ein für die damalige Zeit typisches Gefäß einordnen läßt. Der Stein mit seiner eigenwilligen Form ist für den Fachmann ein Werkzeug, von dem er in seiner Praxis schon sehr viele Beispiele kennengelernt hat. Sein langjährig erworbenes Wissen hilft ihm, aus Einzelstücken sinnvolles Material werden zu lassen, das sich nicht nur leicht einprägt, sondern gleichzeitig gut vor dem Vergessen geschützt ist.

Die Gedächtnisleistungen eines Kindes hängen davon ab, inwieweit ihm das bereits vorhandene Wissen hilft, neues Lernmaterial sinnvoll einzuordnen. Wegen ihres umfangreicheren Erfahrungsschatzes sind dabei ältere Kinder jüngeren in der Regel überlegen. Letztlich hängt es aber nicht so sehr vom Alter, wohl aber von der Art und dem Umfang der jeweils vorliegenden Erfahrungen ab, wieviel Zeit für das Einprägen benötigt und wie schnell das Gelernte wieder vergessen wird. Wie aus Info-Kästchen 4.5 hervorgeht, können zwanzigjährige Studenten von zehnjährigen Schülern in den Gedächtnisleistungen erheblich übertroffen werden, wenn das Lernmaterial einem Bereich entstammt, der den Jüngeren durch entsprechende Erfahrungen vertraut, den Älteren dagegen weitgehend unbekannt ist.

4.4.2.2.3 Der Einfluß der Schule

Bei einem Vergleich der Gedächtnisleistungen übertreffen Schüler in der Regel Vorschulkinder um so mehr, je länger sie bereits zur Schule gehen. Die Schule hat also einen wesentlichen Anteil an dieser Verbesserung. Falls der formale Unterricht z.B. die Entdekkung und Anwendung von Gedächtnisstrategien fördert, dürfte sich der Anstieg der Behaltensleistungen mit wachsendem Alter nur bei Kindern zeigen, die eine Schule besuchen. Trifft das aber tatsächlich zu? Haben Menschen, die niemals an Unterrichtsstunden teilgenommen haben, wirklich geringere Gedächtnisleistungen? Psychologen sind in viele Länder gereist, in denen Bewohner ohne Schulerfahrungen aufwuchsen, so z.B. nach Marokko, Liberia, Peru und zu den Eskimos, um darauf eine Antwort zu erhalten.

Info-Kästchen 4.5:
Haben Schachspieler ein besonders gutes Gedächtnis geerbt?

Wenn man einem Menschen, der mit dem Schachspiel wenig vertraut ist, die in Abbildung 4.11 dargestellte Figurenanordnung fünf Sekunden lang darbietet, dann wird er sich anschließend nur an wenige Figuren und ihre Positionen erinnern können. Schachspieler, die der Meisterklasse angehören, haben mit einer solchen Gedächtnisaufgabe offenbar keine Schwierigkeiten. Sie werden auch nicht überfordert, wenn sie mehrere Figurenanordnungen auswendig lernen sollen. Läßt sich aus solchen Beobachtungen der Schluß ziehen, daß diese herausragenden Spieler über ein ungewöhnlich gutes Gedächtnis verfügen? Allgemein trifft dies sicherlich nicht zu, denn wenn man ihnen Figurenanordnungen vorlegt, die praktisch in keinem Schachspiel vorkommen, dann erbringen sie die gleichen Behaltensleistungen wie Nichtspieler. Das gute Spezialgedächtnis der Schachspieler hängt offenbar mit ihren bisherigen Spielerfahrungen zusammen. Man hat geschätzt, daß ein Meisterspieler zwischen 10.000 und 50.000 Stunden seines Lebens damit verbringt, seine Aufmerksamkeit auf Figurenanordnungen zu richten. Infolgedessen sind in seinem Gedächtnis wahrscheinlich zwischen 10.000 und 100.000 Schachmuster dauerhaft gespeichert. Offenbar ermöglicht das aufgrund umfangreicher Erfahrungen entstandene Wissen das schnelle Einprägen von Anordnungen wie in Abbildung 4.11.

Hängt die Schnelligkeit des Einprägens von Gedächtnismaterial und die Dauer des Behaltens auch bereits in jüngeren Lebensjahren von der Wissensgrundlage ab? Micheline Chi bat zehnjährige Kinder, die bereits an regionalen Schachwettbewerben teilnahmen, und Studenten, die kaum Erfahrungen im Schachspielen hatten, sich Figurenanordnungen einzuprägen. Die Jüngeren übertrafen die Älteren eindeutig. Infolge ihres umfangreichen Erfahrungsschatzes auf diesem Spezialgebiet gelang es den Zehnjährigen offenbar schnell, die einzelnen Figuren und ihre Positionen zu „organisieren". Hatte Chi vielleicht die Zehnjährigen mit Studenten verglichen, die ein schwaches Gedächtnis besaßen?

Chi ging auch dieser Frage nach, indem sie beide Gruppen aufforderte, sich Ziffern einzuprägen. Bei dieser Aufgabe waren die Älteren eindeutig besser. Offenbar konnten sie bei dieser zweiten Gedächtnisaufgabe Strategien einsetzen, die den Jüngeren noch nicht zur Verfügung standen.

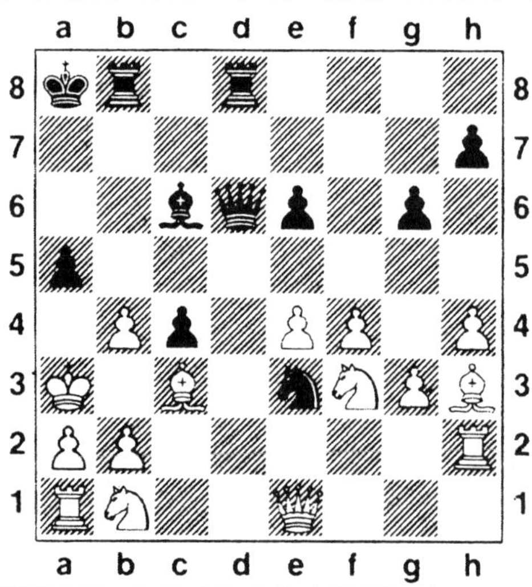

Abb. 4.11: Figurenanordnung, die sich Spieler der Meisterklasse in weniger als 5 Sekunden einprägen.

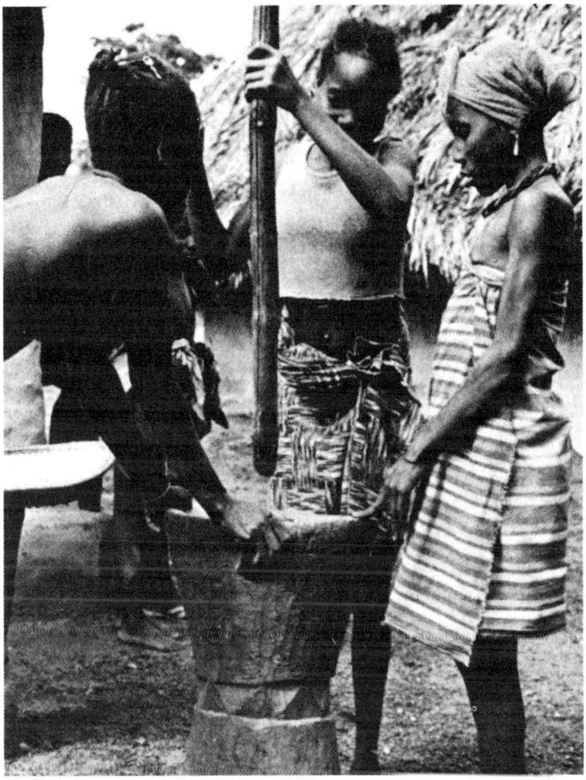

Abb. 4.12: Angehörige des *Kpelle*-Stammes in Liberia, die am Schulunterricht teilgenommen haben, zeigten bessere Gedächtnisleistungen als andere ohne Schulerfahrungen.

Schüler sind offenbar Gleichaltrigen überall auf der Welt in den Gedächtnisleistungen überlegen, wenn man von ihnen z.B. das Einprägen sinnloser Silben (z.B. Dew, Fap, Tuw), von Wörterlisten (z.B. Land, Fahrrad, fünfzehn, aber, Hindenburg) oder Wortpaaren (z.B. Hut-Tisch, Fenster-Himmel, Auto-Laterne) verlangt. Aus dem Unterricht kennt man solche Aufgaben, denn welcher Schüler mußte während seiner Schullaufbahn nicht Geschichtszahlen, Hauptstädte, unregelmäßige Verben oder das Periodische System in der Chemie auswendig lernen. Bei solchen Anforderungen müssen Gedächtnisstrategien entwickelt werden, die man auch zum Erlernen sinnloser Silben oder Wörterlisten einsetzen kann. Menschen ohne Schulerfahrung wissen ebensowenig wie Fünfjährige, wie man derartiges Lernmaterial zu organisieren hat. Wenn man jedoch Gedächtnisaufgaben prüft, die im Alltag eines Menschen vorkommen, dann verschwinden die Leistungsunterschiede. Wenn es also gilt, sich an zurückliegende Ereignisse zu erinnern, wenn man beurteilen soll, ob man einen bestimmten Gegenstand früher schon einmal gesehen hat oder wenn man sich einprägen muß, an welcher Stelle bekannte Gegenstände in einer vertrauten Umgebung versteckt worden sind, dann bedarf es keiner Schulerfahrung, um solche Gedächtnisaufgaben ziemlich fehlerfrei auszuführen.

4.4.2.3 Die Verarbeitung vorliegender Informationen

Robert Siegler gab seinen Versuchspersonen eine typische Piaget-Aufgabe: Er zeigte ihnen einen Waagebalken, an dessen Hebelarmen auf beiden Seiten in gleichen Abständen Stifte angebracht waren, an denen sich Metallgewichte (in Form von Ringen) befestigen lassen (s. Abbildung 4.13).

Jeder Erwachsene weiß, daß es grundsätzlich zwei Möglichkeiten gibt, den Waagebalken aus seinem Gleichgewicht zu bringen. Entweder belastet man einen Hebelarm mit mehr Gewichten als den anderen oder man verwendet zwar die gleiche Anzahl von Gewichten auf beiden Seiten, man hängt sie aber auf der einen Seite näher zum Mittelpunkt ein als auf der anderen. Siegler benutzte einen Waagebalken, der sich in waagerechter Position feststellen ließ. Nachdem Gewichte auf beiden Seiten verteilt waren, mußte der Versuchsteilnehmer vorhersagen, nach welcher Seite sich der Balken neigen wird. Sind bereits Kinder in der Lage, das physikalische Ereignis richtig zu beurteilen? Piaget würde die Frage entschieden verneinen: Bevor sie nicht das elfte oder zwölfte Lebensjahr erreichen, haben sie nach seiner Überzeugung nicht das erforderliche Verständnis für physikalische Beziehungen. Diese reifungsorientierte Antwort empfand Siegler jedoch als unbefriedigend. Er bezweifelte nicht, daß Kinder Schwierigkeiten haben, bestimmte physikalische Ereignisse richtig vorherzusagen; er wollte aber genauer wissen, woran sie scheitern. Dafür muß man zunächst herausfinden, welche *Regeln* bei der Lösung einer Problemsituation berücksichtigt werden. Aus Gründen der Überschaubarkeit sollen im folgenden nur zwei von insgesamt vier Regeln eingehender betrachtet werden.

In einer seiner Studien fand Siegler heraus, daß bei der Hälfte der Vierjährigen und bei allen Fünfjährigen den Antworten die folgende *Regel 1* zugrunde lag: „Wenn die Anzahl der Gewichte auf beiden Seiten gleich ist, bleibt der Balken waagerecht. Wenn eine Seite mehr Gewichte hat, dann senkt sich dort der Balken. „Wenn man nun von einem fünf Jahre alten Kind weiß, daß es seine Antworten zum Waagebalken stets *nur* an dieser Regel ausrichtet, dann läßt sich vorhersagen, welche Aufgaben es richtig und welche es falsch beantwortet. Als Beispiel sollen die folgenden Aufgaben der Abbildung 4.13 gelten.

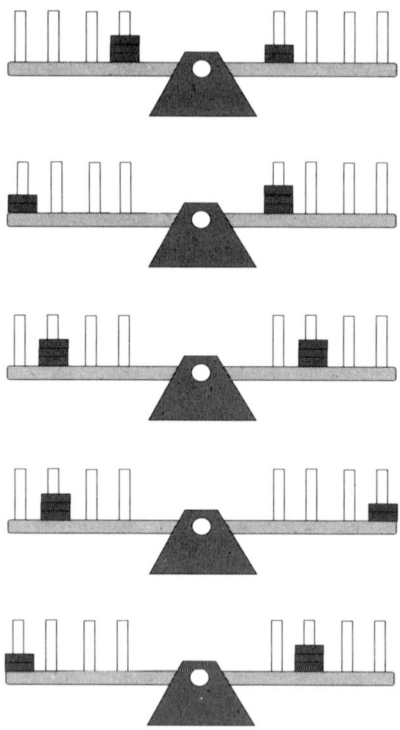

Abb. 4.13: Fünf Aufgaben mit dem Waagebalken: Bleibt der Balken waagerecht, wenn die Sperre gelöst wird? Nach welcher Seite wird er sich ggf. neigen? Welche Aufgaben können Fünf- und Achtjährige richtig beantworten?

Die erste Aufgabe wird der Fünfjährige richtig beantworten, denn er stellt fest, daß auf der linken Seite mehr Gewichte sind; dort wird sich der Balken neigen. Bei der zweiten Aufgabe dürfte er zu dem falschen Ergebnis kommen, daß der rechte Arm schwerer ist. Die dritte Aufgabe wird den Fünfjährigen zu dem Schluß führen, daß der Balken im Gleichgewicht bleibt, obwohl tatsächlich eine Neigung auf der linken Seite erfolgt. Bei der vierten Aufgabe kann er zur richtigen Antwort kommen, obwohl ein Teil der Acht- bis Zehnjährigen daran scheitert. Der Jüngere zählt nur die Gewichte und läßt den Abstand zur Mitte noch unberücksichtigt. Der Ältere beachtet zwar den Abstand der Ringe und ihre Anzahl; er weiß aber noch nicht, wie er beide in ein Verhältnis zu bringen hat; deshalb kann er sich bei seiner Antwort nur noch auf das Raten verlassen – dabei werden auch richtige Antworten sein. Bei Aufgabe fünf ist nach der genannten Regel 1 mit einer Falschantwort zu rechnen.

Achtjährige Kinder orientieren sich u.a. an einer *zweiten Regel* (eine dritte bei ihnen nachweisbare Regel bleibt hier außer Betracht). Ist die Anzahl der Ringe auf beiden Seiten unterschiedlich, dann urteilen sie nur nach dem Gewicht. Wenn die Anzahl der Ringe auf beiden Seiten gleich ist, beachten sie den Abstand der Ringe vom Mittelpunkt. Welche Antworten wären demnach bei den Aufgaben der obigen Abbildung 4.13 zu erwarten?

Die erste Aufgabe lösen die Achtjährigen im allgemeinen richtig. Bei der zweiten Aufgabe versagen sie, weil sie entsprechend ihrer Regel dem Abstand keine Beachtung schenken. Im Gegensatz zu jüngeren Kindern urteilt der Achtjährige bei Aufgabe 3 richtig, denn wegen der Gleichheit der Gewichte berücksichtigt er ja die Entfernung vom Mittelpunkt. Die vierte Aufgabe gelingt dem Achtjährigen, ohne den Abstand berücksichtigt zu haben. Da bei den Aufgaben 2 bis 5 die Entfernung zusätzlich zum Gewicht beachtet werden muß, ist bei einem Achtjährigen, der nur Regel 2 anwendet, nicht mit einer voll befriedigenden richtigen Antwort zu rechnen.

Siegler geht also davon aus, daß zur Bewältigung einer Aufgabe bestimmte Regeln angewandt werden. Die meisten dreijährigen Kinder sind z.B. nicht in der Lage, die ersten Aufgaben der Abbildung 4.13 zu lösen, weil sie mit Regel 1 noch nicht vertraut sind. Wie würden Kinder dieses Alters aber auf ein Training reagieren, durch das sie anhand geeigneter Beispiele erfahren, welche Rolle das Gewicht beim Waagebalken spielt? Es war für Siegler naheliegend, dieser Frage nachzugehen. Er lenkte die Aufmerksamkeit seiner Versuchspersonen planmäßig auf Veränderungen des Gewichts. Er ließ die Dreijährigen das Beobachtete jeweils erklären („Warum ging diese Seite nach unten?"). Tatsächlich können Dreijährige auf diese Weise die zum Verständnis bestimmter Aufgaben erforderliche Regel 1 lernen und anwenden.

Selbstverständlich ist Entwicklungspsychologen, die – wie Siegler– einen informationstheorischen Erklärungsansatz vertreten, nicht entgangen, daß Kinder im Verlauf der Entwicklung auch ohne ein systematisches Training lernen, zahlreiche Ereignisse z.B. aus dem Bereich der Physik zu erklären. Wodurch kommen solche offenbar spontan auftretenden Veränderungen in der Entwicklung aber zustande? Auf diese Frage haben die Informationstheoretiker noch keine befriedigende Antwort. Dem Interessierten bleibt gegenwärtig nichts anderes übrig, als sich noch einmal in die Werke Jean Piagets zu vertiefen.

4.5 Entdeckung der eigenen Person

Der französische Philosoph und Mathematiker René Descartes (1596-1650) schrieb in seinem Werk *Meditationen über die Grundlagen der Philosophie* den bekannten Satz „Ich denke, also bin ich." In ihren alltäglichen Gedanken und Überlegungen dürften sich die meisten Menschen nur in Ausnahmefällen zweifelnd mit der Frage beschäftigen, ob sie tatsächlich existieren. Wo hat dieses Wissen über die eigene Person aber seine Wurzeln?

Piaget beobachtete bei seiner drei Monate alten Tochter Jacqueline offenkundiges Erstaunen darüber, daß ihre Hände, nachdem sie vorübergehend aus dem Blickfeld geraten waren, plötzlich wieder auftauchen konnten. Im Alter von vier oder fünf Monaten schlägt ein Baby vielleicht zufällig gegen eine in Reichweite hängende Glocke, die dann läutet. Jetzt bemüht sich das Kind, die auslösende Verhaltensweise zu wiederholen. Wann wird ein Kind darauf aufmerksam, daß es selbst die Bewegung seiner Hände kontrollieren kann? Ähnliche Fragen gelten für Kontakte im mitmenschlichen Bereich: Wie aus den Beobachtungen Daniel Sterns hervorging, über die im letzten Kapitel berichtet wurde (s.S. 121 f.), kann eine sensible Mutter ihrem Kind die Erfahrung vermitteln, daß sie seine Signale versteht und auf sie reagiert. Auf diese Weise gewinnt das Kind ein gewisses Maß an Kontrolle über einen Mitmenschen. Wann aber schließt das Kind aufgrund solcher Erfahrungen auf die eigene, von anderen unabhängige Existenz? Wann entdeckt das Kind sein eigenes Ich, das mit Hilfe seines Körpers Erfahrungen machen und Veränderungen in der Umwelt herbeiführen kann? Es ist nicht davon auszugehen, daß die Entdeckung der eigenen Person plötzlich und unvermittelt erfolgt. Sicherlich handelt es sich dabei um das Ergebnis eines länger dauernden Erfahrungsprozesses; erst in jüngerer Zeit erforschen Entwicklungspsychologen diesen Prozeß.

Nach der Entdeckung der eigenen Person ergeben sich für das Kind zahlreiche weitere Fragen. So wird es z.B. darauf aufmerksam, daß auf dieser Erde einige Menschen männlich und andere weiblich sind; damit stellt sich die Frage nach der eigenen Geschlechtszugehörigkeit. Menschen unterscheiden sich offenbar auch nach ihrem Alter. Sie können mehr oder weniger „begabt" sein, hohe oder geringere Anforderungen an sich stellen usw. Mit der Entdeckung solcher Unterschiede ist stets die Frage verknüpft, wie das eigene *Ich* einzuordnen ist. Eine Entwicklungspsychologie, die danach fragt, wie und unter welchen Bedingungen Kinder ihr Selbstbild bestimmen und entdecken, stellt sich eine ungemein komplexe Aufgabe. Diese kann im folgenden nur anhand einer sehr kleinen Auswahl von Untersuchungsergebnissen vorgestellt werden.

4.5.1 Das Erkennen der eigenen Person

Ein Erwachsener vor einem Spiegel weiß, daß er seinem eigenen Spiegelbild gegenübersteht. Setzt dieses Wissen einen anspruchsvollen Erkenntnisprozeß voraus? Können auch Tiere sich im Spiegelbild erkennen? Gordon Gallup hatte einen bemerkenswerten Einfall, um diese Frage zu klären. Er ließ Schimpansen zunächst drei Tage lang Erfahrungen mit Spiegeln sammeln. Unter Narkose strich er ihnen dann helle rote Farbe auf die Stirn, die völlig geruchlos war und keine Hautreizungen bewirkte. Nur das Spiegelbild konnte sie somit über die Veränderungen am eigenen Kopf informieren. Würden die Tiere diese bemerken? Nach ihrem Aufwachen beobachtete Gallup deren Reaktionen. Tatsächlich ließ sich ihr gesteigertes Interesse am eigenen Spiegelbild beobachten: Intensiv betasteten sie die rote Stelle, um unmittelbar darauf die Fingerspitzen zu riechen und zu betrachten. Die Schimpansen haben sich im Spiegel offenbar selbst erkannt. Eine komplexere kognitive Leistung kommt in dem gezeigten Verhalten jedenfalls zum Ausdruck.

Wann sind Kinder frühestens in der Lage, sich selbst im Spiegel zu erkennen? Während der ersten drei Monate geben Babys keinerlei Hinweise für ein Interesse am eigenen Spiegelbild. Das ändert sich zwischen dem fünften und achten Lebensmonat, denn nunmehr starren sie ihr Abbild an oder lächeln ihm sogar zu; nichts deutet aber daraufhin, daß sie sich selbst erkennen. Setzt das Erkennen der eigenen Person vielleicht Verständnis für die Funktionsweise eines Spiegels voraus? Das ist sicherlich der Fall; aber es muß noch etwas hinzukommen, denn wenn ein Kind kurz vor seinem ersten Geburtstag im Spiegelbild ein attraktives Spielzeug entdeckt, dann kann es dessen tatsächlichen Standort offenbar erschließen; es greift nicht in das Spiegelbild. Diese Reaktion läßt den Schluß zu, daß das Einjährige ein gewisses Verständnis für die Funktion eines Spiegels entwickelt hat. Dennoch vergehen noch einige Monate, bis ein Kind sicher erkennt, daß es sich beim Spiegelbild um die eigene Person handelt, denn nur wenige Kinder nehmen im Alter von fünfzehn Monaten, fast alle aber zwischen dem 21. und 24. Lebensmonat eine im Spiegel entdeckte rote Stelle auf der eigenen Stirn zum Anlaß, sie mit der eigenen Hand zu berühren. Wenn die Mutter ihren etwa zweijährigen Sohn oder ihre Tochter vor den Spiegel stellt, wird sie auf die Frage, „Wer ist das?" die richtige Antwort hören. Das Kind antwortet entweder „ich" oder nennt seinen Namen.

Abb. 4.14: Zwischen dem 21. und 24. Lebensmonat wissen Kinder, daß sie ihre eigene Person im Spiegelbild betrachten.

4.5.2 Entdeckung weiterer Merkmale der eigenen Person

Nach der Entdeckung des eigenen Ich weiß das Kind zwar, daß es von anderen Menschen eine gewisse Unabhängigkeit besitzt. Wo sind aber die Grenzen für eigene Entscheidungen? Das Kind wird diese Frage in den folgenden Monaten testen. Es beginnt ein Abschnitt in der Entwicklung, der nach der traditionellen Kinderpsychologie etwa ein Jahr dauert und die Bezeichnung „Trotzalter" erhalten hat. Das Kind erprobt in dieser Phase, inwieweit es sich gegenüber den Forderungen der Erwachsenen durchsetzen kann, es „lotet" seinen Freiraum aus. Gleichzeitig entdeckt es, daß Menschen sich bezüglich zahlreicher Merkmale unterscheiden. So gibt es z.B. Jungen und Mädchen, jüngere und ältere Menschen. Das Kind muß auf solche Kategorien zunächst einmal aufmerksam werden, bevor es sich die Frage beantworten kann, in welche Kategorie es jeweils selbst gehört. Wie solche Prozesse verlaufen, soll am Beispiel der Geschlechts- und Alterskategorie einmal etwas ausführlicher untersucht werden.

4.5.2.1 Entdeckung des eigenen Geschlechts

Wenn man zweijährige Kinder fragt, ob sie ein Junge oder Mädchen sind, dann wird nur etwa die Hälfte von ihnen richtig antworten. Ein halbes Jahr später können fast dreiviertel zutreffend Auskunft über ihr eigenes Geschlecht geben. Für die Dreijährigen bereitet eine solche Frage keine Schwierigkeit mehr. Nach welchen Merkmalen nehmen sie die Einteilung in männlich und weiblich aber vor? Selbst Kinder, die mit unbekleideten Körpern vertraut sind, berücksichtigen keine anatomischen Unterscheidungsmerkmale; sie stützen ihr Urteil vielmehr auf so oberflächliche Gegebenheiten wie z.B. Kleidung, Haartracht oder bevorzugtes Spielzeug. Was wird aber aus einem Jungen, der lange Haare hat und Röcke trägt? Lawrence Kohlberg, der diese Frage vielen Vorschulkindern stellte, erhielt fast immer die gleiche Antwort: Aus Jungen können Mädchen werden und umgekehrt, sofern sie sich nur entsprechend verhalten bzw. anziehen. Das Vorschulkind identifiziert sich folglich zwar mit seiner Jungen- bzw. Mädchenrolle; es weiß aber nicht, daß das bereits im Moment der Empfängnis biologisch festgelegte Geschlecht – wenn man einmal von Ausnahmen absieht, die Info-Kästchen 4.6 darstellt – während des gesamten weiteren Lebenslaufes nicht mehr zu ändern ist.

Wenn sich Kinder während des Vorschulalters besonders strikt an das halten, was nach ihrer Meinung typisch für Jungen und Mädchen ist, dann steht dahinter vielleicht das Bemühen, der Gefahr einer Veränderung des eigenen Geschlechts entgegenzuwirken. Für vier- und fünfjährige Kinder stellen männliche und weibliche Rollen Gegensätze dar. Jungen dieses Alters lehnen es deshalb häufig ab, etwas zu tun oder etwas anzuziehen, was nach ihrer Auffassung mit weiblichen Merkmalen behaftet ist. Mädchen verhalten sich – mit umgekehrtem Vorzeichen – entsprechend. Erst zwischen dem fünften und siebenten Lebensjahr entwickelt sich die Überzeugung, daß sich das Geschlecht eines Menschen nicht mehr ändern wird. Interessanterweise gibt es dabei eine bemerkenswerte Abfolge: Kinder wissen früh, daß ihr eigenes Geschlecht das gleiche bleiben wird und erst später merken sie, daß diese Unveränderlichkeit auch für andere Menschen gilt.

Was bewirkt das Hineinwachsen in die eigene Geschlechtsrolle? Woher wissen Jungen und Mädchen, welches die angemessene Darstellung ihrer Geschlechtszugehörigkeit ist? Nachdem ein Kind im Alter von sechs oder sieben Jahren kognitiv erfaßt hat, daß sich Menschen in „männlich" bzw. „weiblich" und folglich in Kategorien einteilen lassen, die sich im Verlauf des individuellen Lebens nicht ändern, ist nach Kohlbergs Überzeugung die motivationale Grundlage für das Hineinwachsen in die eigene Geschlechtsrolle gelegt: „Ich bin ein Junge. Ich möchte tun, was Jungen tun, denn die Gelegenheit, etwas Jungenhaftes zu tun, wirkt befriedigend." Sechs- oder Siebenjährige interessieren sich für andere, die ihnen gute Vorbilder für die eigene Geschlechtsrolle zu sein scheinen. Sie erwerben auf diese Weise diejenigen Werte, Interessen und Verhaltensweisen, die mit ihrem eigenen Geschlecht übereinstimmen.

Wie läßt sich aber Kohlbergs Antwort damit vereinbaren, daß Kinder bereits im Alter zwischen 18 Monaten und 3 Jahren geschlechtsspezifische Verhaltensweisen zeigen? Wenn man Beobachtungen in häuslicher Umgebung durchführt, wird man feststellen, daß Jungen dieses Alters bereits das Spiel mit Bauklötzen oder Autos bevorzugen, während Mädchen sich lieber mit Puppen beschäftigen, stärker an Kleidung interessiert sind und auch vergleichsweise häufiger Tanzbewegungen ausführen. Zwei-

Info-Kästchen 4.6:
Läßt sich die eigene Geschlechtsrolle entgegen der genetisch bestimmten Geschlechtszugehörigkeit eines Menschen korrigieren?

Die eineiigen männlichen Zwillinge waren gesund auf die Welt gekommen. Als jedoch sieben Monate später eine Beschneidung durchgeführt wurde, kam es bei der Operation zu einem tragischen Unfall. Der Chirurg benutzte anstelle eines herkömmlichen Messers ein elektrisches Schneidegerät. Als sich die Vorhaut nach einem wiederholten Versuch nicht löste, erhöhte der Arzt die Stromstärke. Daraufhin verbrannte der größte Teil des Penis. Von den Ärzten hörten die Eltern, daß es keine Möglichkeit gab, die Folgen dieses Unfalls rückgängig zu machen. Es blieb nur noch der medizinische Rat, den Jungen fortan als Mädchen zu erziehen und das Kind mit Hilfe eines nochmaligen chirurgischen Eingriffs äußerlich mit einem weiblichen Geschlechtsorgan auszustatten. Nach einigem Zaudern fanden sich die Eltern schließlich bereit, dieser Empfehlung zu folgen. Zwei Psychologen, John Money und Anke Ehrhardt standen der Familie beratend zur Seite. Bis zum siebenten Lebensjahr konnten sie das Schicksal dieses Kindes verfolgen. Obwohl seine Körperzellen natürlich weiterhin XY-Chromosomen enthielten, war aus diesem Zwilling in vielerlei Hinsicht ein „Mädchen" geworden. Die Mutter hatte sich bemüht, das Kind betont weiblich zu kleiden; ebenso ließ sie das Haar wachsen. Wenige Jahre später, noch vor der Einschulung, berichtete die Mutter, daß ihre „Tochter" viel lieber Kleider als Hosen anzog. Das Kind war von seinem langen Haar begeistert und konnte sich stundenlang mit dessen Pflege beschäftigen. Im Unterschied zum Bruder, den Schmutz nicht zu kümmern schien, beeindruckte das „Mädchen" ihre Mutter mit ihrer Ordnung und Sauberkeit.

Ist aus solchen Beobachtungen zu schließen, daß lediglich das Verhalten der Umwelt darüber bestimmt, ob ein Kind in die männliche oder weibliche Geschlechtsrolle hineinwächst? John Money will den Einfluß der Biologie nicht ausschließen. Er meint aber, die Geschlechtsidentifikation eines Menschen hinge entscheidend von den sozialen Erfahrungen während der ersten drei Lebensjahre ab. Er stützt sich bei seiner Antwort vor allem auf Beobachtungen an *Hermaphroditen*, deren Geschlechtszugehörigkeit nach der Geburt nicht eindeutig bestimmbar ist (die Bezeichnung Hermaphrodit ergibt sich aus den Namen des griechischen Götterboten Hermes und der Liebesgöttin Aphrodite, deren Vereinigung man die Entstehung eines zweigeschlechtlichen Gottes zuschrieb). Einige Trägerinnen von XX-Chromosomen sind z.B. von ihren Eltern fälschlich zunächst als Jungen behandelt worden. Aufschlußreich ist die Entwicklung solcher Menschen, bei denen man den Irrtum in der Geschlechtsbestimmung irgendwann aufdeckte.

Mit Hilfe chirurgischer Maßnahmen wurden weibliche Körpermerkmale eindeutig hervorgehoben und die Umwelt behandelte das Kind fortan als Mädchen. Erfolgte diese Geschlechtszuweisung durch die Umwelt vor dem dritten Lebensjahr, so ergaben sich keine Anpassungsschwierigkeiten. Es entwickelten sich Menschen, die wie normale Mädchen dachten, fühlten oder handelten (einige zeigten zwar Merkmale, die man als „jungenhaft" bezeichnen könnte; allerdings ist man sich über die Entstehungsbedingungen noch nicht ganz im klaren). Wurden diese Kinder demgegenüber erst nach dem dritten Lebensjahr von der Umwelt als Mädchen behandelt, gab es fast immer Anpassungsschwierigkeiten.

Wie läßt sich die Behauptung, daß die ersten drei Lebensjahre (wahrscheinlich vor allem die Zeit zwischen dem 18. Lebensmonat und dem dritten Geburtstag) für die

Identifikation mit einer Geschlechtsrolle entscheidend sind, mit der Tatsache vereinbaren, daß einige Menschen im Erwachsenenalter ihre Geschlechtszugehörigkeit ganz bewußt wechseln wollen? Dies gilt z.B. für George Jörgensen, dessen Geschlechtsumwandlung in Kopenhagen zum ersten Mal internationales Aufsehen erregte; aus dem ehemaligen amerikanischen Soldaten wurde im Jahre 1954 Christine Jörgensen.

Der britische Schriftsteller James Morris, bekannt durch zahlreiche Reiseschilderungen (im Jahre 1953 begleitete er z.B. als Korrespondent der Londoner „Times" die Mount-Everest-Expedition unter Leitung von Hillary), hat in einer Biographie selbst geschildert, wie aus ihm – einem Vater von fünf Kindern – im Alter von 46 Jahren die Frau Jan Morris wurde. Den Erinnerungen solcher Personen ist zu entnehmen, daß der heimliche Wunsch, ein Mädchen statt ein Junge zu sein, bereits während des dritten Lebensjahres entstanden war. „Ich war drei oder vielleicht vier Jahre alt, als mir klar wurde, daß ich in den falschen Körper hineingeboren bin und tatsächlich ein Mädchen sein sollte. Ich kann mich an diesen Augenblick noch gut erinnern. Es ist die früheste Erinnerung meines Lebens." Biologisch waren Morris sowie Personen gleichen Schicksals männlich; aber sie identifizierten sich seit ihrer frühen Kindheit mit der weiblichen Geschlechtsrolle.

Abb. 4.15: Aus James Morris wurde Jan Morris.

jährige können zahlreiche Spielsachen bereits danach einteilen, ob sie Jungen oder Mädchen gehören. Dreijährige geben Auskunft darüber, was Mädchen im Unterschied zu Jungen tun.

Das Hineinwachsen in die eigene Geschlechtsrolle beginnt also in einem Altersabschnitt, in dem das Kind die Veränderbarkeit des eigenen Geschlechts durchaus noch für möglich hält. Es weiß aber, ob es ein Junge oder ein Mädchen ist und von den Eltern, von anderen Erwachsenen und Kindern wird es auf vielfältige Weise ermutigt, sich dem eigenen Geschlecht entsprechend zu verhalten. Ein Mädchen, das wahrnimmt, daß die soziale Umwelt von ihm weibliche Verhaltensweisen erwartet, wird sich – für Jungen gilt Entsprechendes – um die Erfüllung der jeweiligen Umwelterwartungen bemühen.

4.5.2.2 Beachtung von Altersunterschieden

Während das Geschlecht eines Menschen das ganze Leben hindurch gleich bleibt, verändert sich das Lebensalter. Deshalb gelingt es einem Kind erst vergleichsweise spät, sich in bezug auf das eigene Alter zu klassifizieren. Das Alter spielt im sozialen Geschehen aber eine sehr wichtige Rolle. Tatsächlich sind Babys schon vom sechsten Monat an zu groben Altersunterscheidungen in der Lage, denn die Annäherung eines unbekannten Kindes scheint sie weniger zu beunruhigen als die eines fremden Erwachsenen. Aber erst im Alter zwischen dem dritten und fünften Lebensjahr gelingt es Kindern ziemlich treffsicher, Fotos nach Altersabschnitten der dargestellten Personen zu sortieren, d.h. jeweils zu entscheiden, ob es sich um *kleine* (Altersbereich: 3 bis 6 Jahre) oder um *große* Jungen und Mädchen (Altersbereich 7 bis 13), um Mütter und Väter (Altersbereich: 14 bis 49 Jahre) oder um Omas und Opas (Altersbereich: 50 Jahre oder älter) handelt.

Darf aus solchen Beobachtungen der Schluß gezogen werden, daß Kinder bereits vor Schuleintritt mit dem Altersbegriff vertraut sind? Sicherlich können viele Dreijährige zutreffend Auskunft über ihr Alter geben. Wissen sie aber wirklich, was damit gemeint ist? Aufschlußreich ist die Antwort der viereinhalbjährigen Rom auf die Frage Piagets, wie alt ihre Schwester sei.

Rom: Ich weiß nicht.
Piaget: Ist sie ein kleines Baby?
Rom: Nein, sie kann schon gehen.
Piaget: Wer von euch beiden ist älter?
Rom: Ich.
Piaget: Warum?
Rom: Ich bin größer.
Piaget: Ist Deine Mutter älter als Du?
Rom: Ja.
Piaget: Ist Deine Großmama älter als Deine Mama?
Rom: Nein, sie sind gleich alt, glaub' ich.
Piaget: Sie ist nicht älter als Deine Mama?
Rom: O nein.
Piaget: Wird Deine Großmama jedes Jahr älter?
Rom: Sie bleibt gleich.
Piaget: Und Deine Mama?
Rom: Die bleibt auch gleich.
Piaget: Und Du?
Rom: Nein, ich werde älter.

Dieser Unterhaltung läßt sich entnehmen, daß Rom das Alter mit der Körpergröße gleich setzt. Wer noch wächst, wird älter; folglich bleibt das Alter von Mutter und Großmutter unverändert. Piaget meint, daß sich erst nach Beendigung der voroperationalen Phase ein gewisses Verständnis für das Lebensalter entwickelt. Auch ein sieben- oder achtjähriges Kind hat aber möglicherweise immer noch Schwierigkeiten zu verstehen, daß ein jüngeres Kind später geboren ist als ein älteres.

4.5.3 Anfänge der Leistungsmotivation

Wenn man einem Kind im Alter von etwa zwei Jahren zeigt, wie man Bausteine aufeinanderstellen kann, dann will es dies vermutlich nachahmen. Wie reagiert das Kind, wenn sein Turm bei einer bestimmten Höhe aus dem Gleichgewicht gerät und umkippt? Meistens bereitet ihm dieser Effekt Spaß, denn es setzt sofort zu einem neuen Turmbau an und freut sich abermals über das Umfallen seines Werkes. Es geht dem Kind offensichtlich nicht darum, einen möglichst hohen Turm zu bauen. Motiviert wird das Kind vielmehr von der Tätigkeit selbst und dem dadurch ausgelösten Effekt, dem lauten Einsturz.

Wenn man die gleiche Spielsituation zehn oder zwölf Monate später noch einmal schafft, verhält sich das Kind wahrscheinlich ganz anders. Jetzt scheint ihm der Einsturz seines Turmes keine Freude mehr zu bereiten, denn es reagiert betrübt auf das Umfallen seines Bauwerkes. Worauf ist diese veränderte Reaktionsweise in verschiedenen Altersstufen zurückzuführen?

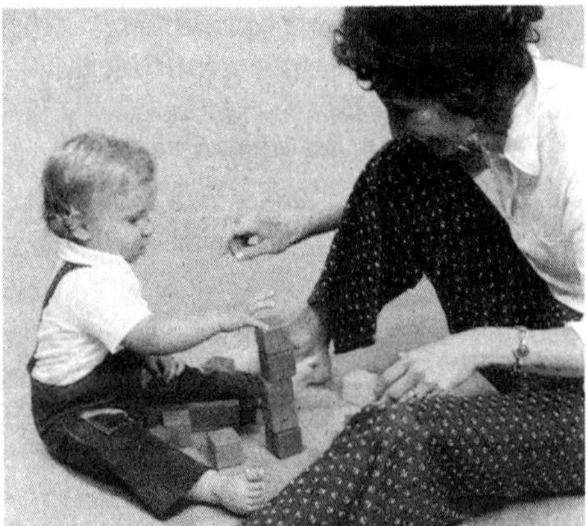

Abb. 4.16: Zeigt das Kind Stolz oder Freude, wenn es den Turm erfolgreich nachbaut?

Das achtzehn Monate alte Kind, das aus Klötzen einen Turm baut und sich anschließend über dessen Umstürzen freut, hat einfach Spaß an seinem Tun und an den Wirkungen, die sich damit herbeiführen lassen. Für Karl Bühler ist eine solche Tätigkeit Ausdruck von „Funktionslust". Man kann mit dem Psychoanalytiker Robert White auch von „Wirksamkeitsmotivation" sprechen. Nach White entstand diese Motivation im Verlauf der Evolution und ist erbbiologisch bei vielen Lebewesen verankert; sie ziele auf eine Steigerung der „Kompetenz" des Individuums: sie rege also Tätigkeiten an, mit denen eine bessere Anpassung des Menschen an seine Umgebung erreicht wird. Die Chancen zum Überleben verbessern sich auf diese Weise.

Man kann physikalische und soziale Ereignisse nur dann kontrollieren, wenn man die Regeln kennt, die ihnen zugrunde liegen. Ihre Erkundung erfolgt bereits beim Neugeborenen, also während der ersten Lebenswochen eines Menschen (s.S. 101 f.). Mit der Entwicklung des Greifens, Kriechens, Laufens, Sprechens und Denkens eröffnen sich dem Kind ständig neue Möglichkeiten, Kenntnisse über die Welt zu erlangen. Eltern, die sorgfältig ihre Kinder beobachten, erhalten unzählige Belege für das Bemühen des Kindes, mit dem Vorgefundenen zu experimentieren, um es zu erforschen. Man denke an das Kind, das mit bemerkenswerter Ausdauer seine Puppe immer wieder aus dem Bett wirft, das nicht müde wird, mit einem Baustein auf den Tisch zu klopfen, dem es offenbar unendliches Vergnügen bereitet, einen Deckel auf den Blechtopf zu klappen, dem das ständige Hin- und Herschieben seines Spielzeugautos nicht langweilig zu werden scheint usw.

Das achtzehn Monate alte Kind baut einen Turm, weil ihm das Hantieren mit den Bausteinen Spaß macht und weil es sich über das Umkippen seiner Konstruktion freut. Könnte man das Kind auch anregen, einen Turm möglichst schnell, z.B. im Wettstreit mit einem Spielpartner zu bauen? Das dürfte nicht gelingen, denn vor Abschluß des zweiten Lebensjahres verstehen Kinder gar nicht, worauf es bei einem Wettbewerb ankommt; sie spielen lieber mit den Klötzen, als einen Turm unter Zeitdruck zu bauen.

Im Verlauf der weiteren kognitiven Entwicklung änden sich aber die Reaktionen vieler Kinder unter Wettstreitbedingungen. Zwar mag auch noch ein Dreijähriger Schwierigkeiten haben, genau zu verstehen, worauf es in einer solchen Situation ankommt; er reagiert aber sehr wohl mit Stolz, wenn man ihm mitteilt, er habe gewonnen, ist vielleicht traurig oder beschämt, wenn er hört, er habe verloren. Welche kognitiven Entwicklungen machen solche emotionalen Reaktionen möglich?

Wenn ein Kind Stolz oder Freude darüber zum Ausdruck bringt, daß es einen besonders hohen Turm gebaut hat, oder wenn es sich enttäuscht zeigt, daß dieser früher als erwartet umgefallen ist, dann wird sein Verhalten nicht mehr nur von Funktionslust bestimmt. Es handelt sich vielmehr um frühe Anzeichen der Leistungsmotivation. Man reagiert nämlich nur dann mit Stolz oder Beschämung, wenn man wahrnimmt, daß ein Handlungsergebnis etwas über die eigene Tüchtigkeit aussagt. Unter welchen Bedingungen ist das aber der Fall? Wann kann ein Handlungsergebnis als Leistung anerkannt werden?

Wenn ein Kind während seines zweiten Lebensjahres Bausteine aufeinanderstellt, erbringt es noch keine Leistung. Es hat nämlich kein Ziel im Auge, das es erreichen oder verfehlen kann. Viele Dreijährige, die einen Turm im Wettbewerb bauen, wollen schneller als ihr Spielgegner fertig werden, um auf diese Weise ihre Tüchtigkeit zu erfahren. Diese Funktion erfüllen nur Aufgaben, die weder zu schwierig noch zu leicht sind und bei denen folglich nicht sicher vorherzusagen ist, ob sie zu bewältigen sein werden oder nicht. Nachdem ein Handlungsergebnis vorliegt, stellt sich für das Kind die Frage, ob es bei der Aufgabe erfolgreich war oder versagt hat. Zu dem Zweck vergleicht es sein Handlungsergebnis mit dem des Mitspielers. Dieser „soziale Vergleich" ermöglicht dem Kind, seine Bauleistung zu bewerten. Das Bewerten ist eine wichtige Voraussetzung zum Erleben von Stolz oder Freude, Beschämung oder Enttäuschung. Erst die Wahrnehmung, aus einer Spielrunde besser als der Gegner hervorgegangen zu sein, gibt Anlaß für eine positive Gefühlsreaktion.

In einer Wettbewerbssituation ergibt sich die Bewertung eines Handlungsergebnisses infolge eines sozialen Vergleichs. Einen solchen führt das Vorschulkind aber nur durch, wenn ihm das Spielergebnis des Gegners unmittelbar und anschaulich vorliegt. Erst im Verlauf der Grundschulzeit beobachtet man allmählich häufiger, daß Kinder ihre Tüchtigkeit bestimmen, indem sie ihre eigenen Leistungsergebnisse mit denen anderer in Beziehung setzen. Welche Möglichkeiten bleiben dem Vorschulkind aber zur Bewertung seiner Handlungsergebnisse, wenn es den sozialen Vergleich in der Regel noch nicht heranzieht? Es kann ein vorliegendes Ergebnis mit Erfahrungen vergleichen, die es mit ähnlichen Aufgaben bereits früher gesammelt hat. Wenn es stolz erzählt, es könne sich schon alleine anziehen oder es sei bereits in der Lage, selbständig einzukaufen, dann hat es wahrscheinlich im Blick, daß ihm solche Aufgaben vor einiger Zeit noch nicht gelangen. Außerdem hört es von Eltern oder anderen Personen, ob es seine Aufgaben gut erledigt hat. In der Feststellung, besser geworden zu sein, liegt der entscheidende Anreiz.

Die unvermeidlich täglich auftretenden Erfolge und Mißerfolge könnte das Kind grundsätzlich mit den jeweiligen Aufgabenschwierigkeiten erklären. Ein Versagen wäre dann die Folge einer zu schweren Aufgabe („das geht nicht"), während die Aufgabe bei einem Erfolg leicht war. Irgendwann während der kritischen Zeit zwischen drei und fünf Jahren wird das Kind Erfolge und Mißerfolge aber nicht nur auf Aufgabenschwierigkeiten zurückführen, sondern darin auch Ergebnisse entsprechender Tüchtigkeitsunterschiede sehen. Diese Tüchtigkeit bezieht sich zunächst auf engere Aufgabenbereiche („Ich kann gut schwimmen", „ich kann gut malen"). Erst nach dem siebenten Lebensjahr erklärt sich das Kind Leistungsergebnisse zunehmend mit seinen Fähigkeiten im Sinne allgemeiner, ziemlich stabiler Merkmale.

4.5.4 Die Hinwendung zu Gleichaltrigen

Willard Hartup von der Universität Minnesota machte als erster besonders nachdrücklich darauf aufmerksam, daß Gleichaltrige bereits im Vorschulalter entscheidenden Einfluß auf die Entwicklung eines jungen Menschen nehmen. Wie gelangte er zu dieser Erkenntnis? – Das war reiner Zufall, sagt Hartup. Sein Interesse entstand im Jahre 1961, als sein Sohn Grant den Kindergarten besuchte. Bei der Hin- und Rückfahrt war er stets mit Janet, der Tochter eines Kollegen, zusammen. Den Müttern fiel irgendwann auf, wie häufig sich die Kinder über einen Jungen namens David unterhielten, der sie völlig einzuschüchtern schien. Immer wieder beschäftigte Grant und Janet der Gedanke, wie sie es David „mal so richtig heimzahlen" könnten. Hartup war beeindruckt von der Bedeutung, die zwei Kinder einem vermeintlichen Bösewicht zuwiesen. Deshalb entschloß er sich schließlich, den Kindergarten zu besuchen. Er wollte sich dort einmal selbst von David ein Bild machen. Er fand einen Jungen vor, der tatsächlich ein kleiner Teufel sein konnte, der aber von Janet und Grant regelrecht verschlungen wurde, wenn er nett zu ihnen war. David schien über eine hohe Intelligenz und eine ausgeprägte soziale Geschicklichkeit zu verfügen. Seine Beobachtungen verstärkten Hartups Neugier noch mehr: „Was hat ein Kind an sich, das andere Kinder veranlaßt, sich um seine Aufmerksamkeit und seine Zustimmung zu bemühen, obwohl sie ihn gleichzeitig fürchten?"

Hartup beschäftigte sich immer noch mit dieser Frage, als ihn eine Studentin besuchte. Was weiß man in der Psychologie darüber, so wollte sie von ihm wissen, wie Kinder Gleichaltrige motivieren? Die Antwort war: „Wir wissen nichts. Eine Reihe von Psychologen studierte den Einfluß elterlicher Zustimmung und Aufmerksamkeitszuwendung auf Kinder. Aber keiner hatte untersucht, wie Kinder von Kindern beeinflußt werden." Hartup war entschlossen, die Informationslücken zu schließen. Er ließ seiner ersten Veröffentlichung über Freundschaftsbeziehungen im Jahre 1964 viele weitere folgen; er gilt heute als unangefochtene Autorität auf diesem Gebiet.

Inzwischen weiß man, daß ein Kind bereits ziemlich früh in seinem Leben Kontakte zu Gleichaltrigen aufnimmt und entsprechend Sozialerfahrungen sammelt. Bevor aber über die Entwicklung des Sozialverhaltens berichtet wird, soll der Frage nachgegangen werden, welche Rolle Gleichaltrige für den einzelnen spielen.

4.5.4.1 Die Funktion von Gleichaltrigen

Mit welchen Folgen für die weitere Entwicklung muß man rechnen, wenn ein Kind zu Beginn seines Lebens nur soziale Kontakte zu seiner Mutter hat? In den Primaten-Labors der Universität Wisconsin suchte man nach einer Antwort, indem man Rhesus-

Äffchen während der ersten Lebensmonate ausschließlich mit ihrer Mutter, aber getrennt von Gleichaltrigen aufwachsen ließ. Zur eigenen Mutter entwickelten diese Tiere die üblichen sozial-emotionalen Bindungen; sie umarmten sie häufig und erkundeten bei ihrer Anwesenheit – ebenso wie menschliche Kinder (s.S. 123 f.) – ihre Umgebung. Auffälligkeiten zeigten sich erst später, als diese Tiere Zugang zu einer normalen Affen-Gruppe erhielten; denn auf deren Mitglieder reagierten sie ungewöhnlich aggressiv. Ihnen gelang es nicht, Spielpartnerschaften aufzubauen. Sie waren zumeist sozial isoliert. Törichterweise griffen sie sogar Tiere an, die ihnen in ihrer Kraft weit überlegen waren. Auch ihre Angriffslust gegenüber jüngeren und schwächeren Tieren galt als abnorm.

Diese Beobachtungen lassen vermuten, daß soziale Fehlentwicklungen entstehen, wenn ein Kind während der ersten Lebensjahre keine Gelegenheit erhält, Erfahrungen mit Gleichaltrigen zu sammeln. Können diese womöglich sogar die Eltern ersetzen? Man ging in Wisconsin auch dieser Frage nach, indem man Rhesus-Äffchen für mehrere Monate nach der Geburt ausschließlich mit Gleichaltrigen, aber ohne Mutter aufwachsen ließ. Diese Tiere entwickelten untereinander sehr enge Bindungen. Sie besaßen eine ausgeprägte Vorliebe für engen Körperkontakt (s. Abb. 4.17). Ihre außergewöhnliche Furchtsamkeit und Schreckhaftigkeit ließ sie nur sehr zurückhaltend die Umgebung erkunden. Ansonsten unterschieden sie sich nicht erheblich von Tieren, die zu Beginn ihres Lebens normale Kontakte zur Mutter und zu Gleichaltrigen kennengelernt hatten. Hier ist in Erinnerung zu rufen, daß auch die von Anna Freud und Sophie Dann beobachteten jungen Opfer nationalsozialistischer Brutalität in der Gemeinsamkeit mit Gleichaltrigen einen Weg gefunden hatten, frühe Mutter-Entbehrungen zu überwinden (s.S. 117 f.).

Für eine normale Familie stellt sich nicht so sehr die Frage, ob Eltern und Gleichaltrige einander ersetzen können. Von großerem Interesse ist, ob der Kontakt mit Gleichaltrigen Sozialerfahrungen ermöglicht, die eine Familie nicht anbietet. Willard Hartup meint, es gäbe eine solche Ergänzungsfunktion, weil sich soziale Kontakte unter Gleichaltrigen in mehrfacher Hinsicht von denen unterscheiden, die zwischen einem Kind und weiteren Familienangehörigen stattfinden. Würde z.B. eine Mutter ebenso auf David

Abb. 4.17:
Affen, die gemeinsam ohne ihre Mütter aufgewachsen sind, entwickeln intensive Bindungen untereinander.

reagieren, wie Tony in dem folgenden Zwiegespräch, das einmal in einem Kindergarten mitgehört worden ist?

David: Magst Du mein Bild?
Tony: Nein.
David: Du mußt es mögen.
Tony: Wenn ich nicht will, muß ich es nicht mögen.
David: Warum?
Tony: Weil ich es nicht mag. Darum!

Wenn Davids Kontaktpartner in dieser Episode der Vater oder die Mutter gewesen wäre, hätte er vielleicht eine anerkennende Stellungnahme erhalten, denn während seiner ersten drei Lebensjahre wurde er vermutlich von seinen Eltern für vieles, was er tat, gelobt. Durch Tonys Reaktion erfährt David, daß das soziale Verhalten von Altersgenossen offenbar von anderen Regeln bestimmt wird, als das von Eltern. David lernt aber noch mehr: Durch Tonys Reaktion ist ein Konflikt entstanden. Auseinandersetzungen haben David und Tony zwar bereits zu Hause kennengelernt. Wegen der ungleichen Machtverhältnisse wurden Meinungsverschiedenheiten mit Eltern oder älteren Geschwistern jedoch häufig einseitig von den Stärkeren entschieden. Der Kindergarten gibt David dagegen Gelegenheit zum Kontakt mit Gleichaltrigen, die ihm in ihrer sozialen Macht nicht entscheidend unter- oder überlegen sind. Konflikte mit ihnen lassen sich nicht mehr so ohne weiteres einseitig erledigen. Um sie zu bewältigen, müssen spezielle Strategien eingesetzt werden. Diese werden offenbar nur in einem mühsamen und zeitraubenden Prozeß erworben. Man hat einmal festgestellt, daß Fünfjährige vergleichsweise häufig, nämlich täglich etwa zwanzigmal, mit ihren Sozialpartnern in einen Konflikt geraten. Sollten diese Angaben den tatsächlichen Verhältnissen nur näherungsweise entsprechen, dann muß das Kind in einem Jahr über 7000 Konflikte allein mit Gleichaltrigen durchstehen. Das ist eine eindrucksvolle Erfahrungsgrundlage!

Weil es in ihr keine vorgegebene Autorität gibt, kann die Gruppe der Gleichaltrigen für ihre Mitglieder Erfahrungsfelder bereitstellen, von denen Willard Hartup nur einige weitere herausgreift: „Wie kann eine Moral der Gegenseitigkeit aus einem autoritären sozialen Umfeld wie dem einer Familie entstehen? Wie kann sexuelles Verhalten in einer Umgebung gelernt werden, die durch Autorität einschränkt? Wie kann man durch ausschließliche Kontakte mit Erwachsenen die Fürsorge erlernen, die die jüngere Generation benötigt? ... Nein, Vater und Mutter können nicht ihre Funktion als Eltern erfüllen und gleichzeitig die Entstehung des Gebens und Nehmens fördern, das für die Entwicklung sozialer Fähigkeiten notwendig ist."

Die Altersgruppe hilft ihren Mitgliedern weiterhin, sich selbst kennenzulernen. Wie soll das Kind grundsätzlich lernen, ob es ein guter Zeichner ist, ob es groß oder klein, klug oder dumm ist? Zweifellos kann man in sein Urteil Stellungnahmen anderer mit einbeziehen. Ein Kind hätte jedoch bei der Entwicklung eines Selbstbildes Schwierigkeiten, wenn es sich nicht mit Gleichaltrigen vergleichen könnte. Wenn David und Tony wissen, welche Bilder andere Kinder zeichnen, erfahren sie mehr über ihr eigenes Können, als wenn sie sich nur auf einen Vergleich mit den Eltern beschränken müßten.

Sobald David und Tony die Schule besuchen, müssen sie sich mit weiteren Anforderungen auseinandersetzen. Wer hilft ihnen, wenn sie einmal versagen? Ist Schule tatsächlich so wichtig, wie Lehrer und Eltern das häufig behaupten? Reagiert der Lehrer nicht manchmal etwas ungerecht? Wie hat man eine Mutter zu beurteilen, die Hausaufgaben höher bewertet als das Spielen? Es mag für den einzelnen Schüler entlastend sein, wenn er solche Fragen einmal mit Seinesgleichen besprechen kann. Vielleicht hört er dabei, daß seine Freunde auch Ärger bekommen, wenn sie Vaters und Mutters Wünsche nicht erfüllen. Möglicherweise kommt man nach einer Unterhaltung zu dem Schluß, daß die Anforderungen des Mathematiklehrers wirklich unangemessen hoch sind. Mit vielen Sorgen findet man bei Gleichaltrigen ein besseres Verständnis als z.B. bei Eltern, die sich mit ganz anderen Nöten auseinanderzusetzen haben. Wenn das Gespräch mit Gleichaltrigen hilft, Ängste abzubauen, wenn man von diesen hört, daß man viele Schwierigkeiten mit anderen teilt, dann kann dies entlasten und eine Voraussetzung dafür sein, anstehende Probleme zu bewältigen. Gleichaltrige können auf diese Weise auch therapeutische Funktionen übernehmen.

4.5.4.2 Entwicklung sozialer Tüchtigkeit

Als vor mehr als fünfzig Jahren Mildred Parten 34 zwei bis fünf Jahre alte Kinder in freien Spielsituationen beobachtete, schien die Entwicklung sozialer Verhaltensweisen in Spielsituationen eine geordnete und leicht überschaubare Abfolge darzustellen. Nach den damals vorgelegten Befunden herrschte bei den jüngsten Kindern zunächst das Einzelspiel vor. Die Kleinen beschäftigten sich mit verschiedenen Gegenständen und nahmen keine Notiz davon, daß sich Kinder in ihrer Nähe befanden. Zwei- und Dreijährige konnten auch nebeneinander das gleiche spielen, ohne Kontakt miteinander aufzunehmen. Erst mit drei und noch deutlicher mit vier Jahren registrierte Parten kooperatives Spielen, d.h. die Kinder taten etwas miteinander, halfen einander, übernahmen verschiedene Rollen, verfolgten gemeinsame Ziele usw. Läßt sich aus solchen Beobachtungen nun ableiten, daß das Interesse eines Kindes für Gleichaltrige frühestens im Alter von drei Jahren entsteht? Das wäre sicherlich ein Fehlschluß.

Bereits im Alter von sechs Monaten tauschen Kinder Signale aus: sie lachen einander an, berühren sich und wechseln sich in Lautäußerungen ab. In entspannten Situationen wenden sich acht oder neun Monate alte Kinder sogar häufiger einem Gleichaltrigen als ihrer eigenen Mutter zu. Dennoch sind die Kontaktepisoden nur kurz. Wenn sich nämlich ein Kind einem anderen zuwendet, schenkt ihm dieses mit hoher Wahrscheinlichkeit keine Beachtung. Soziale Beziehungen entwickeln sich offenbar noch nicht über das Zusammensein, sondern über gemeinsames Tun. Man zeigt dem Partner sein Spielzeug, überläßt es ihm sogar und holt es wieder zurück. Die überwiegende Anzahl der sozialen Kontakte ist freundlich oder friedlich. Erst nach Entdeckung des eigenen Selbst und dem daraus erwachsenen Streben nach Unabhängigkeit gegen Ende des zweiten Lebensjahres (s.S. 175) streitet man auch mit einem anderen Kind, wenn dieses einem etwas wegnimmt oder attraktives Spielzeug besitzt.

Die sozialen Kontakte zwischen Zwei- und vielen Dreijährigen sind deshalb vergleichsweise kurz, weil die Regel des sozialen Austausches noch nicht angewandt wird. Ein Mensch gewinnt dadurch Attraktivität, daß er einem Sozialpartner etwas zu bieten hat, was dieser schätzt. Wenn der Sozialpartner aber Wertvolles nicht nur nimmt, sondern Entsprechendes auch zurückgibt, ist die Voraussetzung für dauerhaftere Kontakte oder sogar Freundschaften gegeben. – Sind Kinder im Vorschulalter zur Anwendung dieser Austauschregel bereits in der Lage? In einer seiner ersten Untersuchungen über das Verhalten von Gleichaltrigen ging Hartup dieser Frage in einem Kindergarten nach. Er stellte fest, daß viele Vierjährige auf die

Wünsche anderer eingehen können. Sie teilen ihre Spielsachen, wechseln sich ab, loben und helfen einander. Allerdings unterscheiden sich die Kinder erheblich in ihrer sozialen Geschicklichkeit. Viele sind offenkundig bemüht, „Geben" und „Nehmen" in einem Gleichgewicht zu halten, denn Hartup stellte fest, daß ein Kind insgesamt soviel Anerkennung, Zustimmung und Unterstützung erhält, wie es anderen gegeben hatte. Beliebte Kinder beherrschen die Austauschregel am besten. Ihre größere soziale Geschicklichkeit ist ihnen auch bei der Aufnahme neuer Kontakte behilflich: Als Schüler einmal vorspielen sollten, wie sie sich gegenüber einem neuen Kind in der Klasse verhalten würden, begrüßten die beliebten Schüler den Neuen häufiger („Hallo, wie heißt du denn?"), sie stellten ihm mehr Fragen („Wo wohnst du denn?") und machten mehr Vorschläge für gemeinsame Unternehmungen („Wollen wir nach der Schule schwimmen gehen?").

Es ist in der Regel eine komplizierte Aufgabe, in eine bereits funktionierende Spielgruppe aufgenommen zu werden. Wiederum zeigt sich, daß Kinder, die hoch auf einer Beliebtheitsskala eingeordnet sind, eine derartige Situation besser bewältigen als ihre weniger beliebten Alterskameraden. Kinder geringer sozialer Geschicklichkeit verfügen nicht über die Strategien, die ihnen Zugang zu ihresgleichen eröffnen. Häufig werden sie von der Gruppe der Gleichaltrigen sogar zurückgewiesen. Es ist ihnen folglich erschwert, jene sozialen Erfahrungen zu gewinnen, derer sie besonders dringlich bedürfen. Über eine Möglichkeit, diese Kinder aus ihrer sozialen Isolation herauszuholen, berichtet Info-Kästchen 4.7.

4.6 Prosoziale Verhaltensweisen

Beobachtungen in Kindergärten bestätigen, daß Streitereien zwischen ihren jungen Besuchern zur Tagesordnung gehören. Viele von ihnen beherrschen aber auch die sozialen Regeln des Gebens und Nehmens bereits in einem beachtenswerten Umfang. Es gibt Vorschulkinder, die bereit sind, ihr Spielzeug zu teilen, sich anerkennend über die Beiträge anderer zu äußern und die zu wissen scheinen, daß zum Miteinanderauskommen auch das Abwechseln gehört. Sie verhalten sich damit prosozial, d.h., sie helfen anderen, wenden sich ihnen fürsorglich zu usw. Was veranlaßt aber Kinder dazu, Spielzeug oder Süßigkeiten zu teilen? Weshalb äußern sie sich anerkennend über die Beiträge anderer? Man hat untersucht, wie Kinder reagieren, wenn Sozialpartner Kummer oder Hilfsbedürftigkeit zum Ausdruck bringen. Lassen sich jüngere Kinder von solchen Signalen überhaupt ansprechen? Darf man von ihnen Hilfe erwarten? Die Antwort hängt nicht nur vom Alter des Kindes ab; denn unter Gleichaltrigen gibt es erhebliche Unterschiede im prosozialen Verhalten. Können diese wenigstens teilweise durch die unterschiedliche Erziehung im Elternhaus erklärt werden oder sind sie ein festes durch Erziehungsbedingungen nicht veränderbares Persönlichkeitsmerkmal?

4.6.1 Frühe Formen prosozialen Verhaltens

Häufig befinden sich Kinder noch in den Anfängen ihrer Sprachentwicklung, wenn sie von ihren Eltern bereits ermahnt werden, ihre Spielsachen mit anderen zu teilen, auf die Wünsche ihrer „Freunde" einzugehen oder diesen zu helfen. Kann z.B. ein Zweijähriges dies eigentlich schon verstehen?

Info-Kästchen 4.7:
Wie kann man sozial isolierten Kindern mit jungen Therapeuten helfen?

Wenn Rhesus-Affen nach ihrer Geburt sozial völlig isoliert, also ohne irgendwelche Kontakte zu Artgenossen, aufwachsen müssen, entwickeln sie auffällige Symptome. Wenn man sie nach sechs oder zwölf Monaten mit Artgenossen zusammenbringt, ist ihr Verhalten völlig gestört. Sie ziehen sich zurück, bringen sich Bißwunden bei und verfallen häufig in Schaukelbewegungen. Sie spielen nicht mit anderen Tieren und wehren sich nicht, wenn sie von diesen angegriffen werden. Gibt es Möglichkeiten, solche sozialen Fehlentwicklungen wieder zu beseitigen?
Im Primaten-Labor der Universität Wisconsin versuchten Harry Harlow und seine Mitarbeiter zunächst, den gestörten Tieren zu helfen, indem sie angemessenes soziales Verhalten belohnten und unerwünschte Reaktionen bestraften. Sie hatten keinen Erfolg. Dann brachte man diese Tiere mit Artgenossen in Kontakt, die mehrere Monate später geboren und anschließend normal aufgewachsen waren. Anders als beim Kontakt mit Gleichaltrigen wurden die gestörten Tiere von diesen Jüngeren nicht angegriffen, sondern häufig umklammert (s. Abbildung 4.18). Das ständige Schaukeln und Beißen hörte daraufhin sehr bald auf. Die jungen Tiere wirkten wie Therapeuten, denn sie brachten ihre „Klienten" dazu, sich im Käfig umherzubewegen, die Räumlichkeiten zu erkunden. Schließlich wurden sie sogar Spielpartner. Nach mehreren Monaten war es praktisch nicht mehr möglich, ursprünglich isoliert und normal aufgewachsene Tiere zu unterscheiden.
Willard Hartup war von diesen Ergebnissen fasziniert. Er fragte sich, ob die von Harlow angewandte Therapie auch menschlichen Kindern helfen könnte. Er fand in Kindertagesstätten 24 sozial isolierte Kinder, die außerodentlich wenig Kontakte zu anderen hatten. Die Hälfte dieser Kinder lud er dann ein, sich zehnmal für jeweils zwanzig Minuten mit einem gleichaltrigen „Therapeuten" zu treffen. Die verbleibenden Kinder lernten jeweils für die gleiche Zeitdauer einen „Therapeuten" kennen, der zehn bis zwanzig Monate jünger war. Als Hartup später

Abb. 4.18: Ein junger „Therapeut" umklammert ein depressives, isoliert aufgewachsenes Tier.

diese Kinder noch einmal in der Tagesstätte besuchte, hatten alle eindeutig mehr Kontakte als vor der „Therapie". Die Erfolge waren aber besonders ausgeprägt bei jenen Kindern, die sich mit einem *jüngeren* „Therapeuten" getroffen hatten; im Vergleich zu früher hatte sich die Anzahl ihrer Sozialkontakte verdoppelt und das Repertoire war erweitert: Man sah diese Kinder nunmehr, wie sie andere Kinder lobten, sie anlächelten, ihnen Mut machten, sich schützend vor sie stellten und kooperierten. „Wir entdeckten etwas", so stellt Hartup zusammenfassend fest, „was viele Pädagogen vermutet haben: daß ein scheues, unreifes Kind in einer Gruppe mit jüngeren Kindern bessere Entwicklungsbedingungen vorfindet als mit Gleichaltrigen oder älteren Kindern."

Sind kleine Kinder nicht überfordert, wenn man ihnen bereits Fürsorge für andere abverlangt?

Man hat Mütter gebeten, über einen längeren Zeitraum zu beobachten, wie ihre Kinder auf „Kummer" bei anderen reagierten. Von einer Mutter wurde z.B. folgende Beobachtung festgehalten: Gerald war schlecht gelaunt. Schließlich fing er sogar an, laut zu schluchzen; er wollte gar nicht wieder aufhören. Jan machte unermüdlich den Versuch, ihn aufzuheitern. Die Mutter versuchte, Jan zu erklären, daß Gerald sich an jenem Tag schlecht fühle, weil er eine Spritze bekommen habe. Jan sah seine Mutter daraufhin an, als verstünde er jetzt, daß Gerald weinte, weil er unglücklich war. Er lief zu Gerald, um seinen Arm zu streicheln, sagte „Jan lieb" und brachte ihm darauf immer neues Spielzeug. Wie alt muß ein Kind sein, um – wie Jan – das Leid anderer zu erkennen und sich dann fürsorglich zu verhalten? Die Beobachtung bezieht sich auf einen Jungen, der damals noch nicht einmal zwei Jahre alt war.

Vor allem nach dem achtzehnten Lebensmonat versuchen Kinder immer häufiger, anderen zu helfen. Der Kummer anderer wird in diesem frühen Lebensabschnitt allerdings mindestens genauso häufig übersehen. Wenn sie die Traurigkeit eines Gleichaltrigen bemerken, reagieren Kinder manchmal auch mit Lachen, manchmal schlagen sie auf den ohnehin schon Hilfsbedürftigen noch ein oder sie laufen einfach davon.

Sind Kinder aber in einer guten Stimmungslage, dann sind sie eher bereit, zu helfen, zu teilen oder etwas gemeinsam zu tun. Kinder können zwar sehr früh mitfühlend sein; ihr Hauptproblem besteht jedoch darin, daß sie nicht wissen, was sie tun sollen. Häufig geben sie dem anderen, was ihnen selbst in der gleichen Situation am meisten helfen würde. Ein 13 Monate altes Kind holte beispielsweise seine eigene Mutter, als ein Gleichaltriger zu weinen begann, obwohl dessen Mutter ebenfalls anwesend war. Ein anderes Kind glaubte offenkundig, einen traurig aussehenden Erwachsenen mit seiner geliebten Puppe trösten zu können.

4.6.2 Erklärung prosozialer Verhaltensweisen

Prosoziale Verhaltensweisen finden sich nicht nur beim Menschen; auch Tiere liefern viele Belege gegenseitiger Hilfe und Fürsorge. So beobachtete man beispielsweise Schimpansen, die nach Entdeckung einer neuen Futterquelle zunächst andere Tiere herbeiriefen, bevor sie selbst zu fressen begannen. Von Delphinen wird berichtet, daß sie verwundeten Erwachsenen geholfen und Menschen vor dem Ertrinken gerettet haben, indem sie diese zum Atmen an die Wasseroberfläche hoben. Ist nach solchen Beobachtungen nicht die Vermutung naheliegend, daß gegenseitige Hilfe und soziale Fürsorge zumindest bei höheren Säugetieren genetisch verankert ist? Diese Auffassung wird vielfach vertreten, sie läßt sich aber für den Menschen kaum befriedigend überprüfen.

Lernpsychologen versuchten, Unterschiede in der Bereitschaft zu prosozialem Verhalten auf Umwelteinwirkungen zurückzuführen. Wenn ein Kind z.B. für Hilfeleistungen eine Belohnung erhält, dann steigt die Wahrscheinlichkeit für Hilfsbereitschaft. Handeln Menschen somit nur prosozial, weil sie hoffen, auf diese Weise einen persönlichen Vorteil zu erlangen oder Bestrafung zu vermeiden? Solchen Fragen gingen Nancy Eisenberg-Berg und Cynthia Neal einmal nach, indem sie Vorschulkinder zwölf Wochen lang täglich vier Stunden beobachteten. Jedesmal, wenn ein Kind Spielzeug mit anderen teilte, einem Gleichaltrigen half oder diesen zu trösten versuchte, wurde es unmittelbar darauf von ihnen gefragt „Warum hast du das getan?" oder „Warum hast du Jan das gegeben?" Den Antworten ließen sich nie Hinweise entnehmen, daß sich die Vier- bis Fünfjährigen von Erwachsenen dazu gedrängt fühlten oder von diesen eine Anerkennung erwarteten; denn zur Begründung gaben sie an: „weil ich wollte" oder „weil er mein Freund ist". Sie gaben einem Mädchen etwas zu essen, „weil es hungrig war". Solche Antworten sowie zahlreiche Ausdrucksmerkmale schienen nach Meinung von Eisenberg-Berg und Neal auf „ein ursprünglich empathisches Interesse", also ein natürliches Mitgefühl der Kinder hinzuweisen.

Wenn ein Mensch bei anderen Gefühle wahrnimmt und diese daraufhin miterlebt, spricht man von *Empathie*. Wer ist nicht schon einmal zusammengezuckt, wenn er beobachtet hat, wie sich ein Unglücklicher seinen Finger in einer Tür einklemmte? Fröhlichkeit kann ebenso wie Traurigkeit ansteckend wirken. Bereits beim Neugeborenen gibt es möglicherweise empathische Prozesse, denn sie stimmen häufig unmittelbar ein, wenn sie Babygeschrei in ihrer Nachbarschaft hören.

Empathische Reaktionen lassen sich also bereits ziemlich früh im Leben eines Kindes beobachten. Die miterlebte Traurigkeit veranlaßt allerdings erst dann prosoziales Verhalten, wenn sie mit der Erkenntnis einhergeht, daß es die Situation des anderen ist, die das Gefühl ausgelöst hat. Der noch nicht einmal zweijährige Jan, von dem oben die Rede war, hatte offenbar nicht nur die Traurigkeit von Gerald miterlebt, er mußte zusätzlich wenigstens eine Ahnung davon gehabt haben, daß irgendetwas die Niedergeschlagenheit *bei seinem Freund* hervorgerufen hatte. Auch Vorschulkindern fällt es noch schwer, für die Gefühle anderer, die sie miterleben, eine angemessene Erklärung zu finden. Damit hängt es wahrscheinlich zusammen, daß die Beziehung zwischen empathischer Reaktionsfähigkeit und Bereitschaft zum prosozialen Verhalten erst im Verlauf des Schulalters eindeutiger wird.

4.6.3 Förderung prosozialer Einstellungen

Die beiden Kinder spielen in der Nähe ihrer Mutter. Eines von ihnen, Anna, fängt plötzlich an zu weinen, weil sie von ihrer Schwester kräftig an den Haaren gerissen worden war. Wie reagiert die Mutter darauf? Sie könnte den Vorfall einfach ignorieren oder lediglich ein paar besänftigende Worte äußern („Ist nicht so schlimm."). Sie kann auch ohne Erklärung ein Verbot aussprechen („Laß das!"), eine Bestrafung vornehmen, die Schwester etwas weiter von Anna wegschicken oder aber prosoziales Verhalten vorführen, indem sie die weinende Anna auf den Arm nimmt und zu trösten versucht. Hängt es von den Reaktionen der Eltern ab, ob die Entwicklung prosozialer Einstellungen beim Kinde mehr oder weniger gefördert wird? Was vermittelt eine Mutter beispielsweise ihrem Kind, wenn sie nach dem Vorfall ruft: „Sieh 'mal, was du getan hast! Merkst du denn nicht, daß du Anna weh getan hast – zieh' ja nicht wieder an den Haaren!"

Der Äußerung ist zunächst zu entnehmen, daß sich die Mutter bemüht, ihren Standpunkt eindeutig klar zu machen. Sie bringt die Regel, daß man andere nicht an den Haaren ziehen darf, unmißverständlich zum Ausdruck. Sicherlich wird die Mutter zahlreiche weitere Gelegenheiten haben, dem Kind ihre moralische Überzeugung zu bekunden: Jeder Mitmensch hat einen Anspruch auf Unversehrtheit und Schutz.

Das Kind erfährt von seiner Mutter nicht nur, daß es Anna nicht an den Haaren ziehen darf, es merkt auch, daß die Reaktion der Mutter keiner Willkür oder Augenblickslaune entsprungen ist. Sie erläutert nämlich ihr Verbot, indem sie auf die schmerzhaften Folgen für Anna hinweist. Der Angreifer soll sich das Fühlen und Denken eines anderen Menschen verdeutlichen, sich in dessen Rolle versetzen. Damit fördert die Mutter wahrscheinlich die Empathie bei ihrem Kind. Manchmal regen Eltern die kleinen „Übeltäter" darüber hinaus zu einer Art Wiedergutmachung gegenüber dem Opfer an. Solche Reaktionsweisen eines Erwachsenen sind „Opfer-zentriert"; das Kind wird angeregt, die sozialen Folgen seines Tuns zu bedenken.

In Elternhäusern, in denen bevorzugt Opfer-zentriert reagiert wird, finden sich relativ häufig Kinder, die eine vergleichsweise starke Hilfsbereitschaft zeigen, empathischer sind und sensibler auf die Wünsche anderer eingehen. Das gilt vor allem, wenn in den Elternhäusern ein warmes und liebevolles Familienklima vorherrscht. „Machtbestimmte Disziplinarmaßnahmen" bestehen dagegen aus Bestrafung oder Liebesentzug. Sie wecken eher feindselige Gefühle und lösen Angst aus. Sie regen das Kind nicht an, sich mit der Erlebnislage anderer Menschen zu beschäftigen. Häufig strafende Eltern sind für das Kind im übrigen kein Vorbild für prosoziales Verhalten; statt dessen führen sie Aggressionen vor.

Prosoziale Einstellungen lassen sich beim Kind nur wecken, wenn ihm entsprechendes Verhalten vorgelebt wird und eine liebevolle und freundliche häusliche Atmosphäre die Bereitschaft weckt, sich mit den Vorbildern zu identifizieren. Perry London hat einmal Christen gefragt, warum sie während der nationalsozialistischen Herrschaft verfolgten Juden geholfen haben. Fast alle berichteten von ihren engen Beziehungen zu Eltern mit festen moralischen Grundsätzen, die stets in Übereinstimmung mit diesen Überzeugungen gehandelt hätten (siehe hierzu auch Info-Kästchen 5.5).

Literatur zur Erweiterung des Wissens und zur Vertiefung:

Buggle, F. (1985): *Die Entwicklungspsychologie Jean Piaget's.* Stuttgart: Kohlhammer

Szagun, G. (1986): *Sprachentwicklung beim Kind.* Eine Einführung (3. Aufl.). München: Psychologie Verlags Union

Wieczerkowski, W. (1984): Spracherwerb und Sprachentwicklung. In: Wieczerkowski, W. & Zur Oeveste, H. Ü. (Hrg.): *Lehrbuch der Entwicklungspsychologie.* Düsseldorf: Schwann, S. 241-318

5. Kapitel

Die Schulkindzeit

Wenn Eltern ihre Kinder zum Schulbeginn auf dem Weg zur ersten Unterrichtsstunde begleiten, dann spüren sie in der Regel, daß dies für ihre Söhne oder ihre Töchter ein entscheidender Lebensabschnitt ist. Zwar haben viele der „A-B-C-Schützen" bereits als Besucher eines Kindergartens täglich mehrere Stunden außerhalb des Elternhauses verbracht; die Schule bringt das Kind aber doch stärker der Erwachsenenwelt näher, weil sie – sehr viel mehr als vorschulische Einrichtungen – Tugenden wie „Arbeiten", „Pflichterfüllung" und Übernahme von „Verantwortung" fördert und fordert. Info-Kästchen 5.1 berichtet von den Erfahrungen eines Lehrers, der sich für bestimmte Dokumente des Schularchivs interessierte. Bei seinen „Studien" wurde er auf eine Grundschullehrerin aufmerksam, die auf die Schüler offenbar anders als die derzeitigen Kolleginnen und Kollegen gewirkt haben mußte. Sein Bericht ist zwar keine wissenschaftliche Untersuchung; dennoch stützt er die Mahnung, die Bedeutung des Anfangsunterrichts für die weitere Schullaufbahn eines Kindes nicht zu unterschätzen.

Der Schulanfang fällt in fast allen Gesellschaften in die Zeit zwischen dem fünften und siebenten Lebensjahr. Sind in diesem Alter Voraussetzungen erfüllt, die ein systematischer Unterricht nun einmal fordert, oder wird mit einem willkürlich festgesetzten Zeitpunkt für den Schulbeginn ein „wesentlicher Wandel" der kindlichen Entwicklung erst eingeleitet?

Sicherlich sind Veränderungen, die normalerweise zwischen dem fünften und siebenten Lebensjahr zu beobachten sind, nicht einseitig auf innere Prozesse, wie z.B. die Reifung, oder auf den Beginn der Schulzeit zurückzuführen; beides wirkt zusammen. Dennoch ist beachtenswert, daß auch in Gesellschaften, die keine allgemeine Schulpflicht kennen, das siebente oder achte Lebensjahr als Einschnitt betrachtet wird. Bevor in Deutschland das „1. Regulativ über die Beschäftigung jugendlicher Arbeiter in Fabriken" im Jahre 1838 in Kraft gesetzt wurde, war es keine Seltenheit, daß Kinder im heutigen Grundschulalter 12 bis 16 Stunden in Bergwerken oder Fabriken arbeiten mußten. Im Jahre 1838 wurde geregelt, daß solche Beschäftigungen nicht vor dem 9. Lebensjahr, ab 1853 nicht vor dem 12. Lebensjahr erfolgen durften.

Und wie reagieren nicht-industrielle Gesellschaften der Gegenwart auf Kinder, wenn diese das Alter zwischen fünf und sieben Jahren erreichen? Ein eingehendes Studium von Gesellschaften mit traditionellen Lebensformen in sämtlichen Kontinenten zeigt, daß sich während dieses Alterszeitraums praktisch überall die Einstellung verändert; den Kindern werden neue Rollen zugewiesen, und man überträgt ihnen erheblich höhere Verantwortung. Sie müssen für

Info-Kästchen 5.1:
Wie lange profitieren Schüler von ihrer ersten Lehrerin?

Eigil Pedersen besuchte als Schüler zu Beginn der vierziger Jahre eine Grundschule im Nordosten der USA. Das Gebäude - es sah eher wie eine Festung aus - befand sich in der ärmsten Gegend einer Großstadt. Es lag unmittelbar an den Schienen einer Eisenbahn. In Pedersens Beschreibung heißt es weiterhin: „Dem Haupteingang gegenüber versperrten die Gebäude eines Bordells, dürftig als Wohnungen getarnt, den Blick auf einen Schuttabladeplatz." Viele Schüler waren hochgradig aggressiv und verhaltensauffällig. Kinder, die nicht anders zu kontrollieren waren, wurden mit einem Riemen gezüchtigt. Nach den Angaben in den Dokumenten des Schularchivs wurde diese Strafe etwa 500 Mal in einem Jahr durchgeführt.

Zu Beginn der fünfziger Jahre kehrte Eigil Pedersen an diese Schule als Lehrer zurück. Eine Frage bewegte ihn sehr bald: Warum erreicht nur ein sehr kleiner Teil der Kinder einen regulären Schulabschluß? Warum brechen die meisten Schüler ihre Ausbildung vorzeitig ab? Liegt es an den vergleichsweise geringen Leistungen dieser Schüler in Intelligenztests? Die Archive gestatteten Pedersen, diese Frage zu klären. Aber die vorgefundenen Aufzeichnungen gaben ihm z.B. auch Aufschlüsse über das Elternhaus der Schüler; sie ermöglichten ihm, Zusammenhänge zwischen Intelligenz-Quotient und Schulzensur zu bestimmen und vieles mehr. Pedersen besuchte zusätzlich einige ehemalige Schüler, um herauszufinden, welchen Weg sie als Erwachsene eingeschlagen hatten. Er interessierte sich u.a. für ihre Schulkarriere, welchen Beruf sie ausübten und welche Wohnung sie sich leisten konnten. Als er sich daraufhin die Daten genauer ansah, fiel ihm etwas auf, was ihn so faszinierte, daß er sein „Forschungsprogramm" veränderte. Diejenigen Schüler, die als Erwachsene vergleichsweise erfolgreich waren, hatten zu Beginn ihrer Grundschulzeit alle am Unterricht einer Lehrerin teilgenommen, die Pedersen unter dem Pseudonym Miss A vorstellt. Über einen Zeitraum von 34 Jahren fanden sich Eintragungen von ihr in den Archiven. Wer war diese Miss A? Hatte Miss A einen Anfangsunterricht durchgeführt, dessen positive Wirkungen bis hin ins Erwachsenenalter nachweisbar waren?

Mit Hilfe der Archivdaten ließ sich in der Tat Beachtliches ermitteln: Die Schüler von Miss A hatten erheblich bessere Zensuren als diejenigen anderer Lehrer. Beurteilte sie vielleicht zu mild? Nein, denn die meisten Schüler von Miss A bewahrten ihren Notenvorsprung in den weiteren Schulstufen bei anderen Lehrern und in veränderten Klassenzusammensetzungen. Da die Lehrer den Eltern mehrere Male im Jahr einen Bericht über die Anstrengungsbereitschaft und Initiative ihrer Kinder zu geben hatten, war es aufgrund der Aufzeichnungen möglich, ihre Angaben vom ersten bis zum siebenten Schuljahr zu verfolgen. Wiederum zeigte sich, daß die Schüler von Miss A, obgleich bei anderen Lehrern und mit anderen Schülern zusammen, in jedem Schuljahr günstigere Beurteilungen erhielten als andere, die ihre Schullaufbahn nicht mit Miss A begonnen hatten. Wurden Miss A vielleicht nur Schüler zugewiesen, die von vornherein günstigere Lernvoraussetzungen mitbrachten? Es gab zwar kleine Unterschiede zwischen den Schülern von Miss A und jenen anderer Anfangsklassen; sie reichten aber nicht aus, um Unterschiede zu erklären, die besonders deutlich im Erwachsenenalter sichtbar wurden. Im übrigen war es eine durchgängige Politik der Schule, Kinder unterschiedlichster Voraussetzungen gleichmäßig auf alle Lehrer zu verteilen.

Um zu erfahren, ob Miss A ihre Schüler anders behandelte als ihre Kolleginnen und Kollegen, hätte Eigil Pedersen am liebsten an den Unterrichtsstunden von Miss A teilgenommen. Das war leider nicht mehr möglich, denn sie befand sich zum Zeitpunkt seiner Nachforschungen im Endstadium einer schweren Krankheit. Die verbleibenden Informationsquellen bestätigten aber die Vermutung, daß sie eine außergewöhnliche Lehrerin gewesen sein mußte. Alle nach 25 Jahren interviewten ehemaligen Schüler konnten sich gut an ihre erste Lehrerin erinnern. Keiner hatte ihren Namen vergessen. Und auch Miss A konnte sich nach zwanzig Jahren noch an alle ihre Schüler und deren Namen erinnern. Zwei Drittel ihrer Ehemaligen klassifizierten sie als „sehr gute" oder „ausgezeichnete" Lehrerin. Nicht einmal jeder Dritte der Mitschüler aus den Parallelklassen war zur gleichen Bewertung seiner Lehrer bereit. „Von denjenigen, die *nicht* Schüler in der Klasse von Miss A gewesen waren", stellt Pedersen fest, „hatten 31 Prozent keine Erinnerungen daran, wen sie als ersten Lehrer gehabt hatten. Weniger als die Hälfte vermochte die Lehrkraft ihres ersten Schuljahres richtig zu identifizieren, und vier benannten sogar Miss A fälschlich als ihre Lehrerin."

Ein Journalist, der durch Pedersen auf diese Lehrerin aufmerksam geworden war, ergänzte durch systematische Befragungen ehemaliger Schüler das Bild von Miss A: Sie bewahrte Kontrolle allein durch die Kraft ihrer Persönlichkeit und durch die offenkundige Zuneigung, die sie ihren Kindern entgegenbrachte. Weder verlor sie jemals die Nerven, noch mußte sie auf Strafmaßnahmen zurückgreifen. Die Schüler mochten die unterschiedlichsten Hintergründe oder Fähigkeiten besitzen; jeder Schüler hatte am Ende des ersten Schuljahres mit dem Lesen begonnen. Wenn Kinder einmal ihr Imbißpäckchen vergessen hatten, teilte Miss A ihre Mahlzeit mit ihnen. In aller Regel blieb sie nach dem regulären Unterricht in der Schule, um sich mit denen zu beschäftigen, die ihre Hilfe benötigten. Das Geheimnis ihres Wirkens faßte ein ehemaliger Kollege so zusammen: „Wie sie unterrichtete? Mit sehr viel Liebe!" und – so ergänzte Pedersen – „mit sehr viel Vertrauen in die Kinder und mit harter Arbeit". Wenn ein Schüler seine Schullaufbahn mit Miss A beginnen konnte, war er zu beneiden, denn Pedersen traf keinen ehemaligen Schüler von Miss A, der im späteren Leben versagt hatte. Pedersen selbst hatte Glück im Unglück: Ihm blieb der spätere Erfolg nicht versagt, obwohl er während seines erstes Schuljahres in der Parallelklasse von Miss A gewesen war.

Abb. 5.1: Noch zu Beginn dieses Jahrhunderts mußten Kinder in Fabriken, Bergwerken usw. wie Erwachsene zum Lebensunterhalt der Familien beitragen.

jüngere Geschwister sorgen, das Vieh hüten, Arbeiten im Haus oder in der Landwirtschaft übernehmen. Auch bei Völkern ohne gesetzliche Schulpflicht wird erwartet, daß Kinder im Alter zwischen fünf und sieben Jahren zu unterrichten sind. Sie erhalten von Erwachsenen ein formales Training, und die „Lehrlinge" können das jeweils Beobachtete nachahmen.

Die Entwicklung eines Kindes wird durch den Schulbesuch entscheidend bestimmt. Deshalb wird in diesem Kapitel vom Alter des Schulkindes gesprochen. Es ist ein Zeitraum, den man scherzhaft auch als das Alter der „lockeren Zähne" bezeichnet. Er beginnt mit dem Alter von etwa sechs oder sieben Jahren und endet, nachdem sämtliche Milchzähne durch dauerhafte Zähne (mit Ausnahme der Weisheitszähne) ersetzt wurden, also etwa mit dem elften Lebensjahr.

Die Veränderungen der körperlichen Proportionen, die sich vor Schuleintritt bei den meisten Kindern vollziehen, sind besonders auffällig. Nicht zu übersehen sind auch Fortschritte in der intellektuellen Entwicklung. Fragt man ein Schulkind, ob sich die Menge der Flüssigkeit ändert, wenn man sie von einem kleineren in ein größeres Gefäß gießt (Piagets Versuch, s.S. 160 f.), dann versteht es möglicherweise nicht einmal mehr, wie man an der Erhaltung der Menge überhaupt zweifeln kann. Die neuen Möglichkeiten des eigenen Denkens führen auch zu veränderten Moralurteilen: Ist ein Mensch für jeden Fehler schuldig zu sprechen oder muß man auch seine Motivation und die näheren Umstände berücksichtigen, bevor man seine Tat beurteilen kann? Diese Überlegung stellt ein Schüler in der Regel im Unterschied zu einem Vorschulkind an. Über die Entwicklung des moralischen Urteils informiert das vorliegende Kapitel und über die wachsende Bedeutung, die Gleichaltrige im Leben eines Schulkindes spielen.

5.1 Einige Kennzeichen körperlicher Entwicklung

Vor einigen Jahrzehnten spielte die Frage, ob ein Kind „schulreif" ist, also die Voraussetzungen erfüllt, auf die nun einmal der Unterricht des ersten Schuljahres aufbaut, eine erheblich größere Rolle als in der Gegenwart. Wilfried Zeller fand damals große Aufmerksamkeit, als er ein Verfahren anbot, die „Schulreifeprüfung" erheblich zu vereinfachen; seine Methode forderte vor allem eine sorgfältige Beachtung der körperlichen Gestalt eines Kindes.

Ein „schulunreifes" Kind, so lehrte Zeller, sei körperlich an seiner „Kleinkindform" zu erkennen. Typisch dafür ist der im Vergleich zum Rumpf immer noch sehr große Kopf mit einem schmalen Hals. Die große, gewölbte und vorragende Stirn fällt bei der Kleinkindform ebenso auf wie die schmächtige Kinnpartie. Der zylindrisch-walzenförmige Rumpf ist deutlich länger als die Arme und Beine.

Bei vielen Kindern läßt sich im Verlauf des sechsten Lebensjahres eine Veränderung beobachten, die nach Zeller einen „Ersten Gestaltwandel" einleitet und aus dem schließlich die „Schulkindform" hervorgeht (siehe Abbildung 5.2). Mit Eintritt dieses Gestaltwandels beginnen Arme und Beine verstärkt zu wachsen. Der Rumpf nimmt eher einen elliptischen Durchmesser an und es bildet sich die Taille aus. Im Gegensatz zu der mehr rundlichen Kleinkindform besitzt das Schulkind einen sehr viel schlankeren und gestreckteren Körperbau. Der große vorstehende Bauch des Kleinkindes wird kleiner und flacher.

Zeller fand nicht zuletzt deshalb große Beachtung, weil er behauptete, aus der körperlichen Entwicklung eines Kindes ließe sich auch die seelisch-geistige erschließen. Inzwischen weiß man, daß eine solche Parallelität – wenn überhaupt vorhanden – nur schwach ausgeprägt ist. Wenn also ein Kind in seiner körperlichen Entwicklung vorauseilt, bedeutet dies noch lange nicht, daß auch seine intellektuelle Entwicklung beschleunigt ist.

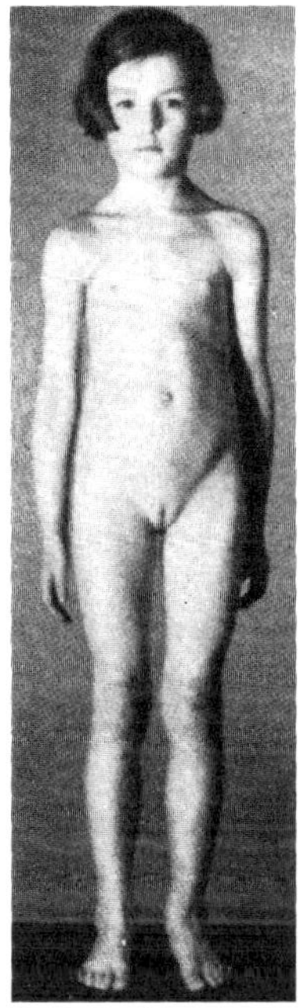

Abb. 5.2: Der Körperbau des Schulkindes (sog. Schulkindform). Er unterscheidet sich von dem des Vorschulkindes, der sog. Kleinkindform (s. Abbildung 4.1, S. 142, zum Vergleich).

5.2 Entwicklung kognitiver Funktionen

Jean Piaget behauptete, ein Kind könne Aufgaben mit logischen Denkanforderungen nicht vor dem sechsten oder siebenten Geburtstag bewältigen. Kritiker setzten daraufhin aufwendige Forschungsprogramme in Gang, um Piagets Aussage zu überprüfen. Ist es ihnen durch ihre Untersuchungen nun tatsächlich gelungen, Piagets Position zu erschüttern? Hatte Piaget tatsächlich unrecht mit der Behauptung, den Sieben- bis Elfjährigen stünden Denkmöglichkeiten zur Verfügung, zu denen ein Vorschulkind nicht fähig ist? Vielleicht läßt sich die Auseinandersetzung zwischen Piaget und seinen Kritikern entschärfen, wenn man berücksichtigt, daß die Verständigung der beiden Seiten durch ein Mißverständnis belastet ist.

5.2.1 Das konkret operationale Denken

Wenn man vor den Augen eines Vorschulkindes aus einem Glas mit breitem Durchmesser Flüssigkeit in ein schmales hohes Gefäß gießt, erklärt das „voroperationale" Kind, die Menge der Flüssigkeit habe sich verändert (s.S. 160). Wenn man vor ihm 16 weiße und 4 braune Holzperlen auf den Tisch legt und fragt, ob es mehr weiße oder mehr Holzperlen sieht, wird es sich wahrscheinlich in seiner Antwort für „mehr weiße Perlen" entscheiden (s.S. 162). Stellt man Siebenjährigen die gleiche Aufgabe, dann ruft bei vielen Kindern womöglich bereits die Frage, ob sich die Menge der Flüssigkeit nach dem Umgießen verändert habe, Erstaunen hervor. Natürlich, so erklären sie, verändert sich eine Menge so lange nicht, wie man ihr nichts hinzufügt oder etwas wegnimmt. Auch die Perlenaufgabe bereitet vielen Siebenjährigen keine Schwierigkeiten. Sie sind offenkundig in der Lage, Teilmengen (weiße bzw. braune Perlen) mit einer Gesamtmenge (Holzperlen) zu vergleichen.

Man kann wohl davon ausgehen, daß der Siebenjährige den gleichen Wahrnehmungseindruck hat wie das Vorschulkind. Für beide sieht es so aus, als enthalte das eine Gefäß mehr Flüssigkeit als das andere. Dennoch gelangt das Schulkind zu der Feststellung, daß beide Behälter mit der gleichen Menge gefüllt sind. Was veranlaßt einen Sieben- oder Achtjährigen aber, sein Wahrnehmungsurteil zu korrigieren? Für Piaget zeigt sich in der Äußerung des Schulkindes ein entscheidender Fortschritt im Denken. Im Alter zwischen sechs und sieben Jahren, so erläutert er, beginnt die Phase der konkreten Operationen, „konkret", weil das Denken immer noch sehr stark der dinglichen Gegenstandswelt verhaftet ist und einer Anschauungsgrundlage bedarf. Einen Entwicklungsfortschritt bedeutet es allerdings, daß dem Kind nunmehr die Operation der *Reversibilität* zur Verfügung steht: es ist jetzt in der Lage, beobachtete Ereignisabfolgen gedanklich umzukehren. „Wenn man das Wasser wieder in den ursprünglichen Behälter zurückgießt", so begründet es seine Antwort, „dann wird dieser wieder genauso voll wie vorher." Durch die Operation der „Kompensation" gelangt das Kind zu der Einsicht, daß der geringere Durchmesser der Flüssigkeitssäule durch größere Höhe ausgeglichen wird. Das Schulkind achtet somit gleichzeitig auf mehrere Merkmale.

Die Perlenaufgabe bewältigt das Schulkind, weil es erkennt, daß jedes Element (jede einzelne Perle) *gleichzeitig* in mehrere Klassen einzuordnen ist und daß die Klassen untereinander bestimmte logische Beziehungen aufweisen. Einige Perlen gehören z.B. in die Klasse der braunen, andere in die der weißen Perlen. Eine braune Perle kann nicht gleichzeitig in die Klasse der weißen Perlen gehören und umgekehrt. Die weißen Perlen gehören aber zusammen mit den braunen Perlen der Klasse der Holzperlen an. Dagegen erkennt ein Vorschulkind nach Piaget einfach nicht, daß eine Perle gleichzeitig in mehrere Klassen gehören kann, weil es noch dem voroperationalen Denken verhaftet ist. Es versteht ebensowenig, daß ein Mann gleichzeitig Vater, Bruder, Sohn und Onkel sein kann.

Piagets Erklärungen forderten Widerspruch heraus; die Zweifel der Kritiker konzentrierten sich vor allem auf die von Piaget mitgeteilten Altersangaben. Versagten Piagets Vorschulkinder vielleicht nur deshalb bei der Perlenaufgabe oder dem Umschüttproblem, weil ihnen wesentliche Lernvoraussetzungen fehlten? Zur Überprüfung ihrer Vermutung zerlegten die informationstheoretisch orientierten Kritiker typische

Piaget-Aufgaben in ihre Bestandteile. Sie wollten damit herausfinden, welche Kenntnisse von den Teilaufgaben jeweils gefordert wurden. Sodann entwickelten sie Trainingsprogramme, in deren Verlauf die Vorschulkinder schrittweise auf die jeweiligen Anforderungen der Aufgaben vorbereitet wurden (s. S. 172f.). Man wies sie dabei darauf hin, was besonders wichtig ist und worauf sie besonders achten mußten. Man half ihnen, die Menge der Informationen zu handhaben und zu verarbeiten. Man übte mit ihnen, wie sich etwas durch „Wiederholungen im Kopf" besser einprägen läßt usw. Es wurde im vierten Kapitel ausführlicher dargelegt (s.S. 161 f.), daß sich mit solchen Trainingsprogrammen „Erfolge" erzielen lassen.

Ist demnach der Schluß zu ziehen, daß Vorschulkinder nur deshalb bei typischen Piaget-Aufgaben versagen, weil ihnen bestimmte Lernvoraussetzungen fehlen, die allerdings grundsätzlich zu vermitteln wären? Deanna Kuhn verneint diese Frage. Die Piaget-Kritiker hatten – wie Kuhn es nennt – vor allem das „Ausführen von Strategien" im Blick. Prozesse, die das „Auswählen von Strategien" betreffen, wurden dagegen kaum berücksichtigt. Was Kuhn mit dieser Unterscheidung meint, läßt sich mit Hilfe eines Vergleichs erläutern.

Wenn ein junger Mensch vor dem Problem steht, von Frankfurt aus in die italienische Hauptstadt zu gelangen, dann kann man ihm eine Strategie nennen, die ihm sehr genau beschreibt, was er tun muß, um sein Ziel zu erreichen. Er braucht die Empfehlungen dann nur noch schrittweise in die Tat umzusetzen. Er vollzieht – wie Kuhn es nennt – eine Strategieausführung. Eine ganz andere Aufgabensituation liegt dagegen vor, wenn er bei seiner Reiseplanung berücksichtigen muß, „daß viele Wege nach Rom führen", denn jetzt hat er eine Strategie auszuwählen. Er muß sich entscheiden, welche von zahlreichen Routen er nehmen will und welches von mehreren möglichen Verkehrsmitteln seinen Wünschen am meisten entspricht. Dabei hat er Kosten- und Zeitgesichtspunkte, touristische Interessen, Anforderungen an den Komfort usw. zu *bewerten*, bevor er eine Entscheidung trifft. Die Freiheit der Wahl wird allerdings durch eine Festlegung eingeschränkt: er muß letztlich in Rom ankommen.

Man kann Vorschulkindern offenkundig vermitteln, welche Strategien zur Lösung der Perlenaufgabe oder der Umschüttaufgabe führen. Vier- und Fünfjährige sind auch in der Lage, solche Strategien auszuführen. Die jungen Versuchsteilnehmer Piagets standen allerdings vor einer schwierigeren Aufgabensituation, denn ihnen wurden die Lösungsschritte nicht ausdrücklich vorgegeben; sie hatten selbst herauszufinden, welche Strategien zur richtigen Antwort führen. Um aber eine Strategie auszuwählen, die sich für die Lösung eines Problems eignet, hat der Lösungssuchende sowohl die Strategie wie auch das Problem zu verstehen; und er muß ebenso Klarheit darüber besitzen, wie Strategie und Problem zueinander passen, betont Deanna Kuhn. Es reicht also nicht aus, Lösungswege zu kennen.

Besonders interessiert war Piaget auch daran, ob ein Vorschulkind bereits erkennt, daß die Antwort auf eine Frage im Einklang mit Regeln (z.B. der Logik) stehen muß. Sieben- und achtjährige Kinder korrigieren ihr Wahrnehmungsurteil, weil sie wissen, daß eine Masse gleich bleibt, der man nichts hinzufügt oder wegnimmt. Tun dies auch schon Vorschulkinder? Kritiker versuchten auch diese Behauptung Piagets zu erschüttern. Sie führten Nachprüfungen durch, wie z.B. in folgendem Experiment: Man stellte Kindern Aufgaben, die zu logischen Überlegungen herausfordern sollten. So setzte man sie beispielsweise vor kleine Spielzeughäuser mit jeweils zwei Eingangstüren. Die jungen Versuchspersonen sollten dann nach einem

Haus suchen, in dem hinter *jeder* Tür ein Mensch-wohnt (Aufgabe 1). Um ein solches Haus herauszufinden, muß das Kind – nach Entdeckung eines Bewohners hinter der ersten Tür – auch die zweite Tür öffnen. Bei einer anderen Aufgabe wurde das Kind aufgefordert, bei der Suche nach einem Haus zu helfen, in dem jemand wohnt (Aufgabe 2). Findet man nach Öffnung der ersten Tür einen Bewohner vor, dann braucht man die vorhandene zweite Tür nicht mehr zu öffnen, um das gesuchte Haus sicher zu entdecken. Wenn Kinder bei Auseinandersetzung mit Aufgabe 1, nicht dagegen bei Aufgabe 2 (unter der genannten Bedingung) die zweite Tür öffnen wollen, ist zu vermuten, daß sie logische Schlußfolgerungen angestellt haben. Bei Beobachtung mehrerer Altersgruppen erhält man bei einigen Dreijährigen bereits Hinweise für spontane logische Überlegungen. In den folgenden Jahren wächst die Bereitschaft zur Berücksichtigung logischer Regeln allmählich, bis solche Schlußfolgerungen bei Siebenjährigen offenbar ziemlich sicher beherrscht werden. Abermals zeigt sich also, daß Vorschulkinder – im Gegensatz zu den Annahmen Piagets – logische Schlußfolgerungen anstellen können. Sie geben im Vergleich zu Älteren dennoch häufig falsche Antworten, weil sie vielfach nicht bereit sind, spontan Regeln der Logik zu berücksichtigen.

Ein Schulkind, das z.B. die Umschüttaufgabe bewältigt, muß keineswegs bei allen Aufgabenarten erfolgreich sein, die das Verständnis von Invarianz, also das Verständnis der Unveränderlichkeit, der Konstanz, einer Menge prüfen, der man nichts hinzufügt oder wegnimmt. Nach vorliegenden Beobachtungen werden einige Aufgaben in einem jüngeren Alter, andere erst später richtig beantwortet (s. Tabelle 5.1).

Warum „wissen" Kinder bereits im Alter von sechs oder sieben Jahren, daß sich die Menge Plastilin nicht ändert, wenn man sie lediglich umformt, während sie erst mehrere Jahre später erkennen, daß diese beiden Formen die gleiche Menge Wasser verdrängen? Betrachtet man sich die Aufgaben etwas genauer, dann wird man auf ihre unterschiedliche Komplexität aufmerksam. Die Volumen-Aufgabe ist offensichtlich vergleichsweise komplex. Das Kind muß sich nämlich zum einen vergegenwärtigen, daß trotz des unterschiedlichen Aussehens sowohl die Plastilinmasse als auch die Flüssigkeitsmenge unverändert bleiben. Zum anderen hat es zu prüfen, ob zwischen Flüssigkeit und Masse irgendwelche Beziehungen bestehen, die bei der Lösung zu berücksichtigen sind.

Ein Mensch mag zwar von einem bestimmten Alter an wissen, daß sich eine Menge nicht ändert, solange man nichts hinzufügt oder wegnimmt. Allerdings entscheidet die Aufgabensituation mit, ob dieses Wissen auch zum Tragen kommt. Sogar Erwachsene machen keineswegs immer von Kenntnissen Gebrauch, die sie mit Sicherheit im Verlauf ihrer Grundschulzeit erworben haben (s. Info-Kästchen 5.2).

5.2.2 Kenntnisse über eigene kognitive Prozesse und deren Steuerung

Natürlich können Vorschulkinder lernen, Fragen zum Umschüttproblem oder zur Perlenaufgabe richtig zu beantworten. Solche „Leistungen" gelingen in der Regel aber nur nach speziellen Trainingsprogrammen. Dabei fordert man von den Teilnehmern nicht, selbständig Lösungswege auszuwählen, denn die Schritte werden ihnen ja im einzelnen vorgegeben. Auch die Frage, ob er die Problemsituation verstanden hat, braucht sich der Trainingsteilnehmer nicht zu stellen, denn diese Prüfung ist in die Verantwortung des Versuchsleiters gelegt. Sind jüngere Kinder überhaupt bereit oder in der Lage,

Tab. 5.1: Einige typische Versuche zur Prüfung des Verständnisses von Gleichheit (Konstanz)

Konstanz der Flüssigkeitsmenge

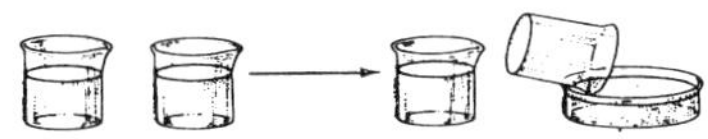

Zwei gleiche Becher werden bis zum gleichen Abstand vom oberen Rand mit Flüssigkeit gefüllt.	Die Flüssigkeit aus einem Becher wird in einen zweiten mit anderem Durchmesser gegossen. Das Kind wird gefragt, ob die beiden gefüllten Gefäße die gleiche Menge Flüssigkeit enthalten.	Kinder zwischen 6 und 7 Jahren erkennen, daß die unterschiedlich geformten Gefäße die gleiche Menge Flüssigkeit enthalten.

Konstanz der Masse

Zwei gleich große Bälle aus Plastilin werden hergestellt. Das Kind stimmt zu, daß sie die gleiche Menge Plastilin enthalten.	Der eine Ball wird zu einer „Wurst" umgeformt.	Kinder im Alter zwischen 6 und 7 erkennen, daß sich „Ball" und „Wurst" bezüglich der Menge Plastilin nicht voneinander unterscheiden.

Konstanz der Zahl

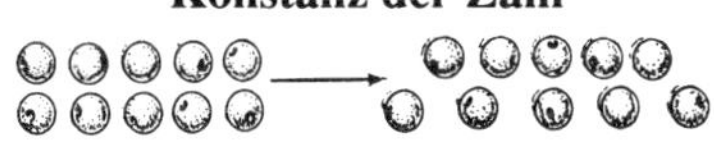

Das Kind sieht zwei Perlenreihen und stellt fest, daß beide gleich groß sind.	Die eine Reihe wird länger durch größeren Abstand zwischen den Perlen.	Kinder vom 6. bis 7. Jahr an erkennen, daß beide Reihen die gleiche Anzahl Perlen enthalten.

Konstanz der Länge

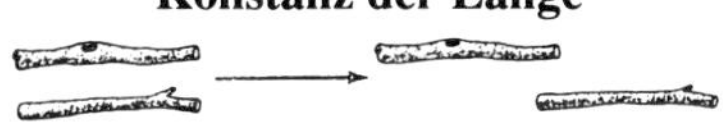

Dem Kind werden zwei Stäbe gleicher Länge gezeigt. Das Kind bestätigt, daß sie gleich lang sind.	Einer der Stöcke wird nach rechts verschoben. Das Kind wird gefragt, ob sie immer noch gleich lang sind.	Kinder im Alter von 6 bis 7 Jahren erkennen, daß sich die Länge der Stäbe auch durch ihre Verschiebung nicht ändert.

Konstanz der Fläche

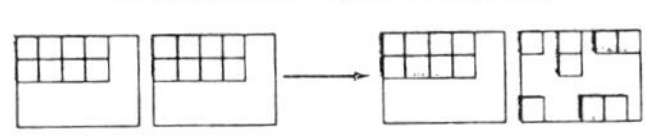

Das Kind sieht zwei gleich große Flächen, auf denen sich in übereinstimmender Anordnung Quadrate gleicher Anzahl befinden. Das Kind erkennt, daß der Anteil der nicht bedeckten Fläche auf beiden Vorlagen gleich groß ist.	Die Quadrate auf der einen Fläche werden anders angeordnet.	Kinder vom 9. oder 10. Jahr an erkennen, daß die Größe der nicht bedeckten Fläche in beiden Vorlagen gleich groß ist.

Konstanz des Volumens

Zwei gleichgroße Bälle aus Plastilin werden in zwei gleiche Glasbehälter getan, die nach Beurteilung des Kindes jeweils die gleiche Menge Flüssigkeit enthalten. Das Kind sieht, wie sich der Wasserspiegel in beiden Behältern auf ein neues Niveau hebt.	Aus dem einen Behälter wird ein Plastilinball genommen, andersartig geformt und auf das Gefäß gelegt. Das Kind wird gefragt, wie sich der Wasserspiegel verändert, wenn die neu geformte Masse in die Flüssigkeit getan wird.	Kinder im Alter von 9 bis 12 Jahren erkennen, daß sich der Wasserspiegel nicht verändert, so lange die Plastilinmasse nur umgeformt wird.

Info-Kästchen 5.2: Wieviel wiegt ein Kilo Federn?

Es gibt ein Rätsel, das sich bei Schulkindern bereits seit vielen Generationen großer Beliebtheit erfreut: Was wiegt mehr: „Ein Kilo Eisen oder ein Kilo Federn?" Eine falsche Antwort muß nicht notwendigerweise Wissenslücken zeigen. Auf Grund vorliegender Erfahrungen ist für viele Menschen Eisen eng mit der Eigenschaft „schwer" verbunden, während sie fast automatisch bei Federn mit der Kennzeichnung „leicht" reagieren („federleicht"). Die Begriffe sind gedanklich so eng verknüpft, daß die Frage nach dem Gewicht in der Aufgabe leicht übersehen wird.

Lassen sich Erwachsene in grundsätzlich gleicher Weise täuschen? Können auch Studenten noch zu der „voroperationalen" Antwort „verführt" werden, daß sich durch Verformung einer Plastilinmasse deren Gewicht verändert?

Vernon Hall und Richard Kingsley gingen dieser Frage nach. Studenten bestätigten ihnen zunächst, daß eine Menge auch dann gleich bleibt, wenn sich ihre Form ändert. Im anschließenden Versuch legte der Versuchsleiter zwei Plastilin-Bälle auf eine Waage, um zu zeigen, daß beide gleich viel wiegen. Aus dem einen Ball wurde anschließend eine Feder geformt. *Heimlich* wurde dabei etwas Masse entfernt. Schließlich legte der Versuchsleiter *Ball* und *Feder* noch einmal auf die Waage. Wie erklärten sich die Studenten, daß die veränderte Plastilinform weniger wog als der „Ball"? Nur vier von siebzehn Studenten gaben die richtige oder eine zumindest plausible Antwort, indem sie entweder folgerten, daß die Plastilinmenge geringer oder daß die Waage ungenau war. Der Rest erklärte sich das Beobachtete u.a. damit, daß „Ball" und „Feder" unterschiedliche Schwerpunkte haben mußten, für den „Ball" eine geringere Dichte gelte, die „Feder" hingegen eine größere Oberfläche oder ein geringeres spezifisches Gewicht habe.

Hall und Kingsley beobachteten Erwachsene, die Schwierigkeiten hatten, die Unveränderlichkeit der Menge bei Formänderung einer Plastilinmasse zu erkennen. Zeigen sich entsprechende Unsicherheiten auch bei anderen Invarianz-Problemen? Zur Klärung dieser Frage wandte man sich in einer anderen Untersuchung an Studenten, die im Durchschnitt 18 Jahre alt waren: „Wann wiegen Sie am meisten? Wenn Sie sich bücken oder wenn Sie gerade stehen? Wenn Sie senkrecht stehen oder waagerecht liegen? Wenn Ihnen warm ist oder wenn Sie frieren?" Die Art der Frage war absichtlich etwas irreführend formuliert, denn sie erweckt den Anschein, als ob nur eine der zur Auswahl stehenden beiden Möglichkeiten richtig sei. Zwei Drittel der Befragten ließen sich beeinflussen und gaben eine falsche Antwort.

Was antworten Studenten, wenn man ihnen zunächst eine offenkundig unangemessene Frage stellte: Man zeigte ihnen

sich zu fragen, ob sie den Kern des jeweiligen Problems verstanden haben?

Man könnte zur Beantwortung dieser Frage z.B. vor Beginn eines Gesellschaftsspiels Regeln erläutern und dabei wesentliche Informationen auslassen. Merken Vorschulkinder, daß ihr Kenntnisstand für das Spiel gar nicht ausreicht? Die meisten Schüler der ersten Grundschulklasse behaupten zunächst einmal, sie hätten alles verstanden. Erst beim Spielen entdecken sie, wie unzureichend ihr Regelwissen ist. Demgegenüber prüfen Schüler der dritten Klasse bereits vor Spielbeginn spontan, ob sie alles das Bild eines Hundes, um sich daraufhin bei ihnen zu erkundigen „Warum ist das eine Katze?" Die meisten Studenten reagierten richtig mit der Feststellung, daß das keine Katze, sondern ein Hund sei. Man hatte sie also „vorgewarnt", daß der Versuchsleiter ihnen auch irreführende Fragen stellen konnte. Waren sie nach dieser Vorwarnung eher zu der Aussage bereit, ihr Körpergewicht sei unveränderlich? Nein, denn wiederum „irrten" sich fast zwei Drittel der Befragten, indem sie abermals antworteten, ihr Gewicht könne unter einer der genannten Bedingungen höher sein als unter der anderen.

Auch Erwachsene zeigen demnach Mängel in der Beantwortung von Fragen, die nach Piaget konkret operationales Denken voraussetzen. Vermutlich hatten die Versuchspersonen Lücken in ihrem theoretischen Wissen oder Schwierigkeiten in dessen Anwendung. Wenn der Mensch sich – wie die Studenten in dem Versuch von Hall und Kingsley – in einer verwirrenden Situation befindet, dann prüft er auch solche Erklärungsmöglichkeiten, die nach vorliegenden Erfahrungen als sehr unwahrscheinlich gelten. Dies kann zu Scheinerklärungen und Aberglauben führen – aber auch zu neuen und kreativen Erklärungen. Könnte dies nicht – so fragen Hall und Kingsley – vielleicht das Entscheidende für wissenschaftlichen Fortschritt sein?

verstanden haben. Wahrscheinlich führen sie das Spiel nach den ihnen bekannten Regeln gedanklich schon einmal aus. Wenn sie dabei Kenntnislücken entdecken, erfragen sie die fehlenden Informationen.

Ähnliches beobachtet man, wenn man Kindern einfache Geschichten erzählt, die einen Widerspruch enthalten (so berichtet man beispielsweise von einem Kind, das auf dem Weg zum Einkaufen einen Geldbeutel verloren hat. Gleich darauf heißt es dann, daß dasselbe Kind an der Kasse seinen Geldbeutel aus der Tasche nahm und bezahlte). Grundsätzlich sind bereits Vierjährige in der Lage, solche widersprüchlichen Ereignisabfolgen zu erkennen. Wenn sie allerdings nicht ausdrücklich dazu aufgefordert werden, unterlassen sie es aber häufig, eine Erzählung auf mögliche Widersprüche hin zu überprüfen.

Kritiker haben darauf hingewiesen, daß Vorschulkinder deshalb bei den Piaget-Aufgaben versagen, weil die Anforderungen an das Gedächtnis zu hoch sind. Nachdem man die Aufgaben so geändert hatte, daß weniger behalten werden mußte, konnten Vorschulkinder die Aufgaben bewältigen. Wiederum ist aber zu fragen, ob man damit Piaget gerecht geworden ist. Entscheidend ist doch nicht so sehr die Speicherfähigkeit des Gedächtnisses an sich, sondern die Frage, ob ein Kind die Grenzen seines Behaltens kennt und spontan bereit ist, Maßnahmen zu ergreifen, um die Unzulänglichkeiten auszugleichen. Machen sich Vorschulkinder über die Leistungsfähigkeit ihres Gedächtnisses überhaupt Gedanken?

Wenn man Fünfjährige fragt, ob sie manchmal etwas vergessen, dann antwortet etwa jedes dritte Kind mit „nein". Wie viele von zehn Bildern mit vertrauten Gegenständen (Schere, Haus usw.) glauben sie, sich einprägen zu können? Vorschulkinder können durchaus behaupten, sie würden kein einziges vergessen. Wer die Leistungsfähigkeit seines Gedächtnisses aber derart überschätzt, macht sich wohl keine Gedanken über das Vergessen.

Urteile über das eigene Verständnis oder das Wissen über das Funktionieren des eigenen Gedächtnisses sind Beispiele für *Metakognitionen* (das griechische Wort

„meta", „hinter", „nächst" bezeichnet hier also im Sinne von Metakognition ein Wissen (Kognition), das über das Wissen selbst hinausgeht, also das Wissen über das Wissen). Mit diesem sehr allgemeinen Begriff bezeichnet man zum einen Kenntnisse, die ein Mensch von seinen eigenen kognitiven Prozessen hat, also z.B. von seiner Aufmerksamkeit, seinem Denken, seinen Plänen, seinen Einprägungsprozessen usw. Zum anderen gehört zur Metakognition auch die Steuerung dieser Prozesse. Metakognitionen über das Gedächtnis und dessen Funktionieren bezeichnet man zumeist mit dem spezielleren Begriff *Metagedächtnis*.

Das Vorschulkind kommt im Vergleich zum Schüler seltener in Situationen, in denen es auf die Grenzen seines Gedächtnisses aufmerksam wird. Damit entfällt der Druck, z.B. Gedächtnisstützen zu entwikkeln, durch die das Einprägen zu fördern wäre. Allerdings bedeutet dies nicht, daß Fünfjährige gar nichts über die Arbeitsweise ihres Gedächtnisses wissen. Ihnen ist z.B. bekannt, daß bestimmte Bedingungen (Lärm) das Einprägen erschweren oder daß die Schwierigkeit einer Aufgabe mit der Menge des zu behaltenden Materials steigt. Wie begrenzt aber ihr Wissen noch ist, zeigt sich bei der Antwort auf die folgende Frage: „Stell dir vor, du möchtest morgen mit deinem Freund Rollschuh laufen und möchtest etwas tun, damit du an deine Rollschuh denkst. Was kannst du tun, damit du deine Rollschuhe am nächsten Morgen nicht vergißt?" Jedem dritten befragten Vorschulkind fiel überhaupt nichts ein, um das Vergessen der Rollschuhe zu verhindern; fast die Hälfte hatte einen einzigen Vorschlag. Im Laufe der Grundschulzeit erhöhte sich aber nicht nur die Anzahl der Ideen, sondern auch der Einfallsreichtum. Von den Schülern des dritten Schuljahres nannte fast die Hälfte wenigstens eine mögliche Gedächtnisstütze, während die übrigen zwei bis vier Einfälle hatten; einige wollten z.B. die Mutter bitten, sie rechtzeitig zu erinnern. Andere schlugen vor, die Rollschuhe vor dem Einschlafen neben die Schultasche zu stellen oder einen Zettel als Gedächtnisstütze zu schreiben.

Siebenjährige wissen zumeist, daß ihnen Notizen helfen können, etwas zu behalten. Allerdings beherrschen sie diese Strategie zumeist noch unvollkommen, denn auf die Frage, wo sie ihren Zettel aufbewahren, damit dieser sie auch wirklich erinnert, reagieren sie noch sehr hilflos. Erst zwischen neun und elf Jahren weiß man, daß nur ein auffällig plazierter Zettel zuverlässig erinnern kann.

Es reicht also nicht aus, Einsicht in die Arbeitsweise seines Gedächtnisses zu haben und zu wissen, welche Maßnahmen grundsätzlich als Einprägungshilfe zur Verfügung stehen. Ein umfangreiches metakognitives Wissen allein garantiert noch keine gesteigerten Behaltensleistungen. Zusätzlich muß man wissen, *welche* Einprägungshilfe für *welche* Aufgabe besonders geeignet ist.

Der Erwerb von Kenntnissen über die eigenen Kognitionen und ihre Kontrolle verbessert im Verlauf des Schulalters die Voraussetzungen des Kindes, sich mit Problemen verschiedener Art erfolgreich auseinanderzusetzen. Beim Vergleich der Leistungen von Angehörigen desselben Jahrgangs wird man aber stets auf erhebliche Leistungsunterschiede aufmerksam. Um sie zu erklären, greift man bevorzugt auf den Begriff der „intellektuellen Fähigkeit" zurück. Was darunter zu verstehen ist, soll im folgenden näher skizziert werden.

5.2.3 Über Intelligenz und ihre Entwicklung

Jean Piaget wollte herausfinden, wie Kinder und Jugendliche ihr Wissen von dieser Welt aufbauen. Deshalb versuchte er, allgemeine

Prinzipien der intellektuellen Entwicklung aufzudecken. Wenn zwei Kinder gleichen Alters bei Auseinandersetzung mit Piaget-Aufgaben unterschiedliche Leistungen zeigten, dann bildete sich in solchen Ergebnissen für Piaget allenfalls ab, daß junge Menschen auf dem Weg zur kognitiven Reife nicht immer gleich schnell vorankommen.

Sollte sich die psychologische Forschung für die Leistungsunterschiede, die spätestens in der Grundschule unübersehbar werden und die sich im weiteren Verlauf der Schulzeit sogar noch vergrößern, nicht interessieren? Warum haben einige Schüler offenbar keine Schwierigkeiten, die Anforderungen des Unterrichts zu erfüllen, während andere ständig versagen? Die Antwort muß komplex sein. Sie hat zu berücksichtigen, daß das Leistungsverhalten des einzelnen von vielen Bedingungen abhängt. Sowohl Experten wie auch Nicht-Fachleute beachten diese Vielfalt, wenn sie vor der Aufgabe stehen, eine Erklärung für Leistungsunterschiede abzugeben. Der Bedingung „Intelligenz" schreiben sie jedoch alle große Bedeutung zu.

Tatsächlich wird kaum ein Kind seine Schullaufbahn beenden, ohne nicht wenigstens einmal Erfahrungen mit einem „Intelligenztest" gemacht zu haben. Vielfach werden Entscheidungen beim Übergang auf eine weiterführende Schule mit den Ergebnissen solcher Tests abgesichert. Größere Abweichungen eines Schülers vom Leistungsdurchschnitt erklärt man zwar auch mit „Fleiß" und „Ausdauer" oder mit „Faulheit" und „starker Ablenkbarkeit"; häufiger noch spekuliert man über die Intelligenzhöhe.

Angesichts der offenkundigen praktischen Bedeutung dieses psychologischen Begriffs ist deshalb wichtig, welches Wissen und welche Annahmen die Psychologie über die Intelligenz und ihre Entwicklung hat. Es ist zu klären, was Intelligenztests eigentlich messen. Liegt mit dem Ergebnis dieser Tests – z.B. dem Intelligenz-Quotienten (IQ) – tatsächlich ein zuverlässiger psychologischer Wert vor, von dem häufig behauptet wird, er bestimme die Lebenschancen eines Menschen entscheidend mit?

5.2.3.1 Zur Kennzeichnung der Intelligenz

Im Jahre 1921 gab eine renommierte Zeitschrift zur Pädagogischen Psychologie 14 Pädagogen und Psychologen die Gelegenheit, auf mehreren Seiten darzulegen, was sie jeweils unter „Intelligenz" verstehen. Aus den Beiträgen entnimmt man, daß sich die Experten keineswegs einig waren. Nach ihren Vorstellungen ist Intelligenz die ‚Fähigkeit zum abstrakten Denken und zum Lernen'; sie eröffnet die ‚Lernmöglichkeiten, sich an eine neue Umgebung bzw. angemessen an neue Lebenssituationen anzupassen', sie schafft die ‚Voraussetzungen für den Erwerb von Wissen und seine Verarbeitung', durch sie ‚lernt man, von seinen Erfahrungen zu profitieren'. Wie wenig es mit dieser Zusammenschau gelungen war, dem Intelligenzbegriff mehr Klarheit zu verleihen, wurde drei Jahre später deutlich, als ein anerkannter Psychologe – Edward Lee Thorndike – sich abermals an einer Definition versuchte. „Als erste Annäherung", so schrieb er, „ist Intelligenz als die Qualität des menschlichen Geistes (oder Gehirns oder Verhaltens, wenn man das vorzieht) zu definieren, durch die sich Aristoteles, Plato, Thucydides und ähnliche von Athener Idioten ihrer Tage unterschieden haben, oder durch die sich Rechtsanwälte, Ärzte, Wissenschaftler, Gelehrte und Redakteure mit anerkannt höchsten Fähigkeiten und gleichen Alters ... am meisten von gleichaltrigen Idioten in Irrenanstalten unterscheiden."

Der Versuch von Experten, Auffassungsunterschiede über den Intelligenzbegriff durch Diskussionen zu verringern, war erfolglos. Hatte man sich aber womöglich nur mißverstanden? Schließlich stimmten doch die Ergebnisse mehrerer Intelligenztests sehr viel mehr überein, als nach den unterschiedlichen Orientierungen der jeweiligen Autoren zu vermuten war. Diese Tatsache ließ theoretische Diskussionen zunächst in den Hintergrund treten. Statt dessen konzentrierte man sich darauf, „brauchbare" Tests zu entwickeln. Interessenten mußten sich mit der Auskunft zufrieden geben, daß „Intelligenz das ist, was Intelligenztests messen". Als Folge dieser Entwicklung entstand außerhalb von Fachkreisen vielfach der Eindruck, Intelligenz lasse sich ebenso wie z.B. die Körpergröße oder das Gewicht messen. Tatsächlich ist Intelligenz etwas Abstraktes und nicht etwas konkret Faßbares, das man – wie Geld – abzählen kann.

Der Begriff Intelligenz wird verwendet, um „intelligentes" Verhalten zu erklären. Welches Verhalten ist aber intelligent? Wenn man Experten heute diese Frage vorlegt, unterscheiden sich ihre Antworten noch genau so wie die der Kollegen im Jahre 1921. Aus den verschiedenen Sichtweisen von Intelligenz sei deshalb eine herausgegriffen, die so allgemein ist, daß sie wahrscheinlich noch von den meisten Intelligenzforschern mitzutragen wäre: Intelligenz gestattet es einem Lebewesen, sich neuen Umweltgegebenheiten anzupassen. Vermag sich ein Mensch aber dank seiner Intelligenz an jede Umwelt in gleicher Weise anzupassen oder gelingt ihm die Anpassung an einige Umwelten besser als an andere? Die Antwort auf diese Frage ist für eine Entwicklungspsychologie von großem Interesse, denn ein Mensch hat sich im Verlauf seines Lebens – im Kindergarten, in der Schule, in der Ausbildung und in verschiedenen beruflichen Positionen – wiederholt mit neuen Situationen auseinanderzusetzen. Wenn aber Intelligenz die unterschiedliche Anpassungsfähigkeit an neue Situationen mitbestimmt, dann sollten sich aus der Entwicklung der Intelligenz wichtige Hinweise über die Anpassungsfähigkeit in einem späteren Lebensalter gewinnen lassen. Ob das zutrifft, hat man u.a. mit Hilfe von Intelligenztests, auch IQ-Tests genannt, zu klären versucht, als deren Vater Alfred Binet gilt.

5.2.3.1.1 Die Messung der Intelligenz durch IQ-Tests

Der französische Psychologe Alfred Binet (1857-1911) hatte sich bereits seit langem für das Schicksal von Kindern interessiert, die durch einen normalen Unterricht nicht zu fördern waren und daher häufig von der Schule gewiesen wurden. Binet drängte die Behörden, Schüler mit Lernschwierigkeiten nicht einfach abzuschieben, sondern sie vorher eingehend zu untersuchen. Sofern sich dabei herausstellte, daß eine Förderung grundsätzlich möglich war, sollten sie in Sonderklassen eingewiesen werden. Binets Bemühungen blieben nicht erfolglos. Das Pariser Ministerium für Öffentlichen Unterricht berief im Jahre 1904 eine Kommission, der auch Binet angehörte. Sie erhielt den

Abb. 5.3: Alfred Binet im Kreise seiner Töchter

Auftrag, Empfehlungen zur Förderung lernschwacher Schüler auszuarbeiten. Die Einrichtung dieser Kommission mit Binet als Mitglied war ein Ereignis von großer Tragweite in der Geschichte der Testpsychologie.

Wie aber konnte eine solche Untersuchung aussehen? Testähnliche Verfahren lagen bereits in beachtlicher Anzahl vor. Der Engländer Sir Francis Galton hatte sich bei seiner Suche nach Instrumenten zur Messung der „allgemeinen geistigen Fähigkeit" u.a. auf die Leistungsfähigkeit der Sinnesorgane konzentriert, denn er schrieb: „Die einzige Information, die uns über die Außenereignisse erreicht, scheint durch die Pforten der Sinnesorgane zu uns zu gelangen. Und je empfindlicher die Sinnesorgane auf Unterschiede reagieren können, desto breiter ist die Grundlage, die unserem Beurteilungsvermögen und unserer Intelligenz zur Verfügung steht." Vielen Zeitgenossen Galtons fiel es jedoch schwer, in den Ergebnissen seiner Prüfungen der Sinnestüchtigkeit geistige Fähigkeiten wiederzuerkennen, zumal da die Resultate nicht mit den Lehrerurteilen über ihre Schüler übereinstimmten. Deshalb suchte Binet nach Aufgaben anderer Art. In Zusammenarbeit mit dem Arzt Theodore Simon brachte Binet im Jahre 1905 schließlich ein Prüfverfahren heraus, das man als den ersten Intelligenztest bezeichnen kann. Binet wandte seinerzeit Konstruktionstechniken an, die in grundsätzlicher Form auch noch heute gültig sind.

Jeder Autor hat, bevor er mit der Konstruktion eines Intelligenztests beginnen kann, ebenso wie Binet eine Vorstellung von dem, was er Intelligenz nennt. Er versucht dann, Aufgaben zu erstellen, die diesen Vorstellungen möglichst gut entsprechen. Binet z.B. legte besonderen Wert auf die Prüfung von Urteilsfähigkeit, Verständnis und schlußfolgerndem Denken. Einige Beispielaufgaben seiner „Skala" für Drei- bis Dreizehnjährige veranschaulichen, was er und sein Mitarbeiter unter Intelligenz verstanden: Dreijährige Kinder wurden z.B. aufgefordert, auf ihre Nase, ihre Augen und ihren Mund zu zeigen. Vierjährigen legte man zwei Geraden von fünf und sechs cm Länge vor, und fragte sie, welche länger ist. Fünfjährige hatten fünf Münzen abzuzählen. Sechsjährige sollten ihre rechte Hand zeigen oder auf ihr linkes Ohr. Zu den Aufgaben für Siebenjährige gehörte ein Bild, auf dem ein fehlendes Teil zu entdecken war. Ein achtjähriges Kind sollte mit Feder und Tinte einen kurzen Satz nach Diktat schreiben, von Neunjährigen wurde erwartet, daß sie Wochentage und Monate kannten.

Nach Zusammenstellung der Testaufgaben kann die erste Anwendung erfolgen. Dem Prüfling werden die ausgewählten Aufgaben vorgelegt, und anschließend bestimmt man die Anzahl seiner richtigen Antworten. Was besagt es aber, wenn ein Kind z.B. 20, 25 oder 30 Punkte erzielt? Ist ein Kind als „sehr intelligent" zu bezeichnen, wenn es alle Fragen eines Tests richtig beantwortet? Welche Schlüsse sind zu ziehen, wenn z.B. nur 10 Prozent der Aufgaben gelöst wurden? Dies verweist auf die Schwierigkeiten, mit der eine psychologische Messung behaftet ist. Ein absoluter Nullpunkt, den man aus der Messung physikalischer Merkmale, Länge, Gewicht, Zeit oder auch Temperatur, kennt, ist bei psychologischen Merkmalen nicht bestimmbar. Binet bewältigte dieses Problem, weil er zum einen ja tatsächlich nur am Vergleich des einzelnen mit seiner jeweiligen Altersgruppe interessiert war (hat das lernschwierige Kind seine Probleme, weil es gegenüber seinen Altersgenossen wirklich „zurückgeblieben" ist?). Zum anderen ging er davon aus, daß – zumindest während der Kindheit – die Intelligenz mit dem Alter zunimmt. Wenn ein sechsjähriger Schüler nur genausoviele Aufgaben richtig beantwortete wie der Durchschnitt der Fünfjährigen, dann hatte er nach Binets Verständnis ein „Intelligenzalter" von fünf Jahren. Erreichte er dagegen die gleiche Punktzahl wie die Mehrheit der Achtjährigen, besaß der Sechsjährige ein Intelligenzalter von acht.

Solange man sich mit der Intelligenzprüfung auf Kinder beschränkt, ist die Unterscheidung nach Intelligenzalter (zwar nicht problemlos, aber wenigstens) durchführbar. Was macht aber ein Testautor, der bei der Entwicklung eines Intelligenztests für Erwachsene keine Aufgaben findet, mit denen sich die Leistungen verschiedener Lebensalter unterscheiden lassen? So erreicht beispielsweise der Durchschnitt der Zwanzigjährigen die gleiche Punktzahl wie die Mehrheit der Neunzehnjährigen. David Wechsler, ein klinischer Psychologe, der seinerzeit am Bellevue Hospital in New York arbeitete, löste dieses Problem, indem er die Frage umformulierte. Er griff eine Annahme auf, die insofern problematisch ist, als sie sich grundsätzlich jeglicher Überprüfung entzieht: Er nahm an, daß die Intelligenz, ebenso wie z.B. die Körpergröße, in der Bevölkerung eine Normalverteilung aufweist, d.h., für jedes Lebensalter gibt es eine Durchschnittsintelligenz, ihr wird ein Intelligenz-Quotient von 100 zugeordnet, und es gibt nach beiden Seiten mehr oder weniger große symmetrische Abweichungen, die durch ein Standardmaß (die sog. Standardabweichung von 15 Punkten) beschrieben werden können. Mit dem Intelligenz-Quotienten sollte zum Ausdruck gebracht werden, wie stark ein Testergebnis vom Durchschnitt der jeweiligen Altersgruppe abweicht. Einem Intelligenz-Quotienten von 85 liegt z.B. eine Leistung zugrunde, die nur von etwa 16 Prozent der Angehörigen einer Altersgruppe noch *unter*schritten wird. Ein IQ von 115 bezieht sich auf einen Punktwert, der von ungefähr 16 Prozent der Altersgruppe *über*troffen wird.

Durch den IQ wird einem Prüfling auf der Grundlage seines Testergebnisses ein Standort in einer Reihe von Personen zugewiesen, die bei der Person mit dem geringsten Punktwert beginnt, dann ansteigt und schließlich bei demjenigen endet, der im Vergleich zu seiner Altersgruppe die meisten oder sogar sämtliche Testaufgaben richtig beantwortet hat. Der IQ ist also kein absoluter Wert, sondern eine relative Größe, die sich aus einem Vergleich mit einer ganz bestimmten Gruppe ergibt (sog. Abweichungs-IQ). Das wissen aber im allgemeinen nur die Fachleute. Haben diese aber alles getan, um der Entstehung von Mißverständnissen im Zusammenhang mit Intelligenz-Tests vorzubeugen?

Wenn man Alfred Binets Zielsetzungen mit denen heutiger Anwender von Intelligenztests vergleicht, dann wird man auf beachtenswerte Unterschiede aufmerksam. Binet wollte mit Hilfe seiner Intelligenztests möglichst schnell herausfinden, welche Kinder in der Schule Lernschwierigkeiten entwickeln. Tests sollten ihn bei der Beantwortung der Frage unterstützen, welche Hilfen ein Kind zur Überwindung von Problemen benötigt, die im Verlauf eines normalen Unterrichts entstehen. Binets Hauptanliegen bestand also darin, die Förderungsmöglichkeiten vor allem für jene Schüler zu verbessern, die den Anforderungen des Unterrichts nicht entsprachen. Seine Nachfolger entwickelten dagegen häufig Prüfverfahren, die keine Hinweise zur Überwindung von Lernschwierigkeiten enthielten. Statt dessen sollten die Ergebnisse Auslesemaßnahmen unterstützen, bei denen man – ebenfalls im Unterschied zu Binet – die Intelligenz als Persönlichkeitsmerkmal auffaßt, das sich im Verlauf des individuellen Lebenslaufes möglichst wenig verändert.

5.2.3.1.2 Zur Stabilität des IQ

Während Alfred Binet in Paris an der Entwicklung und Verbesserung seiner Testaufgaben arbeitete, wurden die Vereinigten Staaten von Amerika gerade von einer großen Einwanderungswelle überschwemmt. Bei den Ankömmlingen handelte es sich überwiegend um Menschen ost- und südeuropäischer Herkunft. Das war neu, denn zuvor hatten vor allem Engländer, Iren, Deutsche und Skandinavier die Reise über den Atlantik unternommen, um ihr Glück in der Neuen Welt zu suchen. Die nunmehr eintreffenden Polen, Russen, Italiener usw. wurden aber keineswegs mit offenen Armen begrüßt. Nicht nur aus ökonomischen Gründen gab es unter den bereits Eingesessenen starke Kräfte, die der „Überfremdung" entgegenzuwirken versuchten. Mit welcher Begründung sollte man aber die Bewerber um die amerikanische Staatsbürgerschaft zurückweisen? Führende Köpfe dieser Abwehrfront erkannten sehr schnell die Nützlichkeit der Binet-Tests. Es wurde erreicht, daß die Neuankömmlinge unmittelbar nach ihrer Ankunft auf Ellis Island getestet wurden. Die Ergebnisse erfüllten die Erwartungen. Da die von der langen Reise erschöpften Prüflinge weder über die notwendigen englischen Sprachkenntnisse noch über das in den Fragen geforderte kulturspezifische Wissen verfügten, konnten sie nur Leistungen erbringen, die nach Meinung der Psychologen als „schwachsinnig" zu gelten hatten. Erstmalig waren Intelligenztests als Ausleseverfahren in den Dienst von Diskriminierung und Unterdrückung gestellt worden.

Wenn man den Auffassungen Binets gefolgt wäre, hätte man die Tests genutzt, um den Einwanderern das Hineinwachsen in die amerikanische Gesellschaft zu erleichtern. Dies stand jedoch nicht im Einklang mit den Interessen der damals einflußreichen Front, deren Mitglieder sich als Wahrer nationaler Interessen verstanden. Um wirkungsvoll vor der Gefahr eines allgemeinen Intelligenzrückganges auf amerikanischem Boden warnen zu können, leugnete man einfach die ungünstigen Prüfbedingungen und erklärte stattdessen die Unterschiede in den Testleistungen als „erbbedingt". Die Genetik wurde für die Behauptung bemüht, daß die Intelligenz eines Menschen während eines individuellen Lebens praktisch unverändert bleibe. Wäre Binet nicht im Jahre 1911 gestorben, hätte ihn die Verwendung seiner Tests in Amerika sicherlich sehr getroffen, denn er hatte sich bereits zu Lebzeiten kritisch mit „einigen modernen Philosophen" auseinandergesetzt, die Intelligenz als eine unabänderliche Größe sahen, „eine Größe, die sich nicht anheben läßt". Er war zum Kampf gegen solche Auffassungen entschlossen, denn er schrieb: „Wir müssen protestieren und gegen einen solchen brutalen Pessimismus etwas tun."

Der Frage nach der Entwicklung der Intelligenz gingen Psychologen in mehreren Längsschnittuntersuchungen nach. Man verwendete aber in diesen Studien Intelligenztests, deren leitendes Konstruktionsprinzip niemals die Veränderung des zu prüfenden Merkmals gewesen ist. Bereits bei der Entwicklung der Tests ließ man sich von der Annahme leiten, daß nicht die Schwankung des IQ, sondern dessen Konstanz im individuellen Lebenslauf die „natürliche" Norm darstellt. Trotzdem sind die Ergebnisse dieser Längsschnittuntersuchungen nicht geeignet, die Auffassung Binets zu widerlegen. In einer Studie, in der man 140 Kinder zwischen $2\frac{1}{2}$ und 17 Jahren regelmäßig getestet hatte, zeigten mehr als die Hälfte beträchtliche Abweichungen von einem konstanten Verlauf der Intelligenz. Es ergab sich, daß die IQ-Werte in der Zeit zwischen dem sechsten und achtzehnten Lebensjahr um 20 Punkte und mehr hin- und herschwankten. Jedes siebte Kind zeigte IQ-Veränderungen von wenigstens 40 Punkten. Wenn ein Kind bei einer Testwiederholung einen anderen Punktwert erreicht, dann kann das als (quantitative oder qualitative) Veränderung der Intelligenz erklärt werden. Dem höheren oder geringeren IQ läßt sich aber eigentlich nur entnehmen, daß das Leistungsergebnis eines Getesteten *im Vergleich zum Durchschnitt seiner Altersgruppe* nicht das gleiche geblieben ist! Auf die Frage, *warum* diese Veränderung erfolgt ist, gibt es zwar zahlreiche, aber noch keineswegs allgemein anerkannte Antworten.

Hinzu kommt, daß Menschen mit fortschreitendem Lebensalter unterschiedliche Fähigkeiten entwickeln, sich jenen Bedingungen anzupassen, die mit einer Intelligenztestprüfung nun einmal verbunden sind (z.B. unter Zeitdruck arbeiten). Läßt ein solches Testergebnis aber auch Vorhersagen über die Leistungsfähigkeit in anderen Bereichen zu? Ist dem IQ eines Schülers zu entnehmen, welche Erfolge dieser einmal in seinem Berufsleben erzielen wird? Bevor sich auf diese Frage eine Antwort geben läßt, soll eine Möglichkeit dargestellt werden, die Beziehung von Intelligenz und Umwelt zu sehen.

5.2.3.1.3 Die Umweltbedingtheit intelligenten Verhaltens

Warum erzielen einige Menschen in einem Intelligenztest bessere Ergebnisse als andere? Bilden sich hier vielleicht Unterschiede in der Grundausstattung – man könnte auch sagen, in der *Hardware* – ab? Dieser Begriff entstammt der Welt des Computers. *Hardware* verwendet man auch als Bezeichnung für die Bauteile eines Elektronenrechners, durch die die Aufnahme, Verarbeitung und Speicherung von Daten grundsätzlich möglich wird. Sicherlich hat es etwas mit der *Hardware* zu tun, wenn Menschen Leistungen erbringen können, zu denen Tiere nicht fähig sind. Wie sind aber IQ-Unterschiede – z.B. bei Schülern gleichen Alters – zu erklären? Verfügen einige von ihnen über eine bessere *Hardware* als andere? Spekulationen über diese Möglichkeit gibt es seit Beginn dieses Jahrhunderts; sie sind auch in der jüngeren Vergangenheit nicht verstummt.

Vor allem in jüngerer Zeit haben allerdings einige Intelligenzforscher nach Unterschieden in der *Software* gesucht; sie meinen damit die „Programme", nach denen Menschen Informationen verarbeiten. Ihr Blick richtet sich dabei auf kognitive Prozesse, von denen im vierten Kapitel bereits die Rede war (s.S. 161 f.). Wenn man sich aber ausschließlich mit den Voraussetzungen und kognitiven Prozessen *im* Menschen beschäftigt, wird man nur ein sehr eingeschränktes Verständnis von der menschlichen Intelligenz gewinnen können. Das jedenfalls ist die Überzeugung von Robert Sternberg.

Auch Sternberg sieht in der Intelligenz die Fähigkeit, sich neuen Gegebenheiten in der Umwelt anzupassen. Es besteht nach seiner Überzeugung keine Möglichkeit, das Wesen der Intelligenz jemals voll zu verstehen, wenn man nicht berücksichtigt, wie die Umwelt daran beteiligt ist. Man darf bei einer Forscherpersönlichkeit wie Robert Sternberg hohe Intelligenz annehmen, denn er arbeitete erfolgreich in einer hoch geachteten wissenschaftlichen Forschungsstätte des modernen Amerika (er ist Professor an der Yale-Universität). Welchen Platz hätte er sich aber in einer Gesellschaft erobern können, die irgendwo in Australien oder Afrika ein Nomadendasein führt und davon lebt, daß tüchtige Jäger mit Pfeil und Bogen eine ausreichende Anzahl von Tieren erlegen? Natürlich ist die Frage nicht beantwortbar. Mit Sternberg kann man aber nicht davon ausgehen, daß Fertigkeiten, die eine intelligente Anpassung an die eine Bedingung ermöglichen, mit jenen übereinstimmen müssen, die in einer ganz anderen gefordert werden.

Die meisten modernen Gesellschaften befinden sich in einem ständigen Prozeß der Umgestaltung. Viele Arbeitsplätze von heute sind nicht mehr mit denen von gestern zu vergleichen. Wenn beispielsweise eine wachsende Zahl von Arbeiten auf Computer übergeht, werden mit der Programmierung bzw. Handhabung dieser Maschinen Anforderungen gestellt, die in der Vergangenheit in geringerem Maße oder gar nicht gefordert wurden. Angesichts veränderter Anforderungen kann man nicht sicher sein, ob jemand, der in der Vergangenheit gute Anpassungsleistungen erbringen konnte, sich auch in der Zukunft bewähren wird. Eine Umwelt gibt nämlich jeweils vor, welche Verhaltensweisen im Sinne von Anpassung intelligent sind und welche nicht. Der Mensch ist diesen Vorgaben allerdings nicht passiv ausgeliefert. Er ist aktiv am Prozeß seiner Nischen-Auswahl (s.S. 64) beteiligt. Zwar besitzt niemand vollständige Kontrolle über die Bedingungen, unter denen er lebt; „aber", so stellt Sternberg fest, „die meisten Menschen haben etwas Kontrolle, vielleicht sogar mehr als sie meinen. ... Wo es ihnen möglich ist, werden intelligentere Menschen jene Umwelten auswählen, ... in denen sie sich intelligenter verhalten können. Wenn sie solche Umwelten nicht auswählen können, werden sie versuchen, die Umwelt, in der sie sich befinden, so umzugestalten, daß diese sie mehr begünstigt." Solange „Intelligenztests" die Anpassungsfähigkeit an verschiedene Situationen vernachlässigen, solange sie die Geschicklichkeit des einzelnen außer acht lassen, sich jene Umwelten auszuwählen, die den eigenen Fertigkeiten entsprechen, erscheint es wenig sinnvoll, aus ihren Ergebnissen Vorhersagen über die Bewältigung zukünftiger Situationen abzuleiten.

5.2.3.1.4 Die Vorhersage des Lebenserfolgs durch Intelligenztests

Jeder Mensch erlebt in seinem Leben Bedingungen, denen er sich besser oder auch weniger gut anpassen kann. Herausragende Leistungen während der Schulzeit garantieren noch lange nicht entsprechende Erfolge im späteren Berufsleben. Während die Übereinstimmungen zwischen Schulleistungen und Intelligenztestergebnissen noch ziemlich hoch sind (was nicht überrascht, denn die meisten Intelligenztests werden so konstruiert, daß sie dem Lehrerurteil nicht widersprechen), ist der Zusammenhang von Intelligenztests und Berufserfolg sehr gering. Diese Feststellung wird auch nicht durch die Ergebnisse einer sehr bekannten Längsschnittuntersuchung widerlegt, nach denen sich aus Kindern mit extrem hohen Intelligenz-Quotienten überwiegend Erwachsene mit herausragenden beruflichen Erfolgen entwickelten (siehe Info-Kästchen 5.3).

Warum gelingt es nur unzureichend, den Erfolg im praktischen Leben aufgrund von IQ-Tests vorherzusagen? Nach Befragung von erfolgreichen Geschäftsleuten und Psychologen gelangte Sternberg zu dem Schluß, daß diese Personen über Kenntnisse verfügen, die kein Intelligenztest berücksichtigt und die ihnen in keinem formalen Unterricht vermittelt worden sind; dieses „stillschweigende" Wissen wird üblicherweise noch nicht einmal in Sprache umgesetzt. Die Befragten besaßen z.B. ein hohes Maß an Selbstkontrolle, d.h., sie wußten, wie sie sich selbst zu motivieren hatten, sie konnten die täglich anfallenden Aufgaben nach der Wichtigkeit einstufen und sich Prioritäten setzen. Diese Personen hatten gute Kenntnisse in der Menschenführung, d.h., sie konnten Stärken und Schwächen anderer richtig einschätzen und wußten, wie sich die Arbeitszufriedenheit ihrer Mitarbeiter erhöhen ließ. Schließlich erwiesen sich die befragten Personen als sehr geschickt in der Lenkung ihrer eigenen Karriere, d.h., sie wußten ihren eigenen Wert zu „vermarkten" und sich gegenüber ihren Vorgesetzten in positiver Weise darzustellen.

Es ist auffallend, wie häufig soziale Faktoren in Anspruch genommen werden, um berufliche Erfolge zu erklären. Laien sind offenbar sehr viel stärker als Intelligenzforscher bereit, soziale Tüchtigkeit als Merkmal der Intelligenz zu sehen. Robert Sternberg erkundigte sich bei wartenden Reisenden auf einem Bahnsteig, bei Besuchern eines Supermarktes und bei Studenten, die er im Lesesaal einer größeren Universitätsbibliothek antraf, nach ihrem Verständnis von Intelligenz. Viele ihrer Vorstellungen stimmten mit denen von Psychologen überein, die ausgewiesene Forscher auf dem Gebiet der Intelligenz waren. Allerdings gab es einen bemerkenswerten Unterschied: Für Laien gehört zur Intelligenz auch soziale Tüchtigkeit. Danach muß man z.B. „eine Antenne" für die Wünsche und Erwartungen anderer haben, man sollte nicht nur gegenüber sich selbst, sondern auch gegenüber seinem Mitmenschen offen und ehrlich sein können und diese in ihrem „So-sein" akzeptieren können. Vermutlich könnte man danach beruflichen Erfolg besser durch Intelligenztests vorhersagen, die auch die soziale Tüchtigkeit erfassen.

5.2.4 Fähigkeit und Anstrengung in der Selbst-Wahrnehmung

Wenn man Fünf- oder Sechsjährige fragt, warum Kinder zur Schule gehen, dann antworten sie vielfach, daß man dort etwas lernen muß. Sie wissen, daß dort Anforderungen gestellt werden, die sie zu erfüllen haben. Die Erfahrung, daß man Aufgaben übernehmen muß, ist ihnen keineswegs fremd. Sie sind auch in der Lage, Erfolgsfreude zu erleben. „Ich kann schon lesen", erklärt ein Schulanfänger stolz. „Schreiben", so ergänzt er vielleicht, „kann ich noch nicht so gut." Kinder, die noch nicht sieben Jahre alt sind, berücksichtigen in ihren Antworten vor allem, ob sie eine bestimmte Aufgabe „können" oder nicht.

Warum erbringen einige Schüler bessere Leistungen als andere? Schulanfänger benutzen in ihrer Antwort natürlich keine psychologischen Begriffe wie z.B. Intelligenz. Sie gehen aber offenkundig von bestimmten Zusammenhängen aus. Ein Erstkläßler erklärt z.B.: „Kluge Leute arbeiten, dumme nicht". Von einem Schüler des zweiten Schuljahres hört man: „Ich tue lieber viel, denn ich möchte klüger werden." Solche Äußerungen, die für Grundschüler typisch sind, machen deutlich, daß nach ihrem Verständnis Klugheit und Dummheit offenbar Merkmale darstellen, die man beeinflussen kann. Wenn man nämlich arbeitet und seine Aufgaben übt, kann man „klüger" werden. Wer dagegen nichts tut, bleibt „dumm".

Wenn man die Äußerungen von Grundschülern etwas anspruchsvoller formuliert, läßt sich feststellen, daß sie sehr wohl Fähigkeitsunterschiede berücksichtigen. Nach ihrem Verständnis kann man aber auf die eigene Fähigkeit Einfluß nehmen, indem man sich mehr oder weniger anstrengt. Fähigkeit wird somit nicht als ein stabiles, sondern als kontrollierbares und damit auch veränderbares Persönlichkeitsmerkmal gesehen. Zumindest jüngere Grundschüler glauben, daß sie in der Lage sind, ihr Können und ihre Fähigkeit zu steigern, wenn sie sich nur „anstrengen".

Das Kind muß jedoch im herkömmlichen Schulsystem ständig die Erfahrung machen, daß seine Leistungen mit denen der Mitschüler verglichen werden. Durch Lehrerbewertungen, die auf Grund eines sozialen Vergleichs entstehen, erfahren einige Kinder gehäuft, daß sie bessere Leistungen als ein Teil ihrer Mitschüler erbringen, während andere wiederholt erleben, daß ihre Zensuren vergleichsweise schlecht ausfallen. Vor diesem Erfahrungshintergrund lernt das Kind, daß sich Fähigkeit auch durch Vergleich mit anderen definieren läßt. Die schulische Bewertungspraxis ist darauf angelegt, dem Schüler eher ein konstantes Fähigkeitskonzept nahezulegen: der einzelne wird immer wieder mit denselben Klassenkameraden verglichen. Deshalb verstehen ältere Kinder unter Fähigkeit ein Merkmal, welches das Leistungsverhalten entscheidend mitbestimmt und das im Verlauf der Zeit ziemlich unverändert bleibt.

Ein Schüler, der sich am Ende der Grundschulzeit oder in einer weiterführenden Schule befindet, hat somit eine differenzierte Vorstellung von seinen Fähigkeiten entwickelt. Er kann in ihnen zum einen Merkmale sehen, die sich durch Übung verändern lassen; er vermag sie aber auch als stabil wahrzunehmen. Schüler lassen sich danach unterscheiden, welche Sichtweise sie bevorzugen. Die Unterschiede treten vor allem zutage, wenn bei Auseinandersetzung mit einer Lernaufgabe Schwierigkeiten auftreten. Kinder mit einer verstärkten Neigung, Fähigkeiten als veränderlich zu sehen, stellen die Frage „Wie kann ich es schaffen?" - „Was muß ich tun, um zum Ziel zu kommen?" Sie bemühen sich um die Überwindung der Schwierigkeiten, auch bei Fehlschlägen. Andere, die ihre Fähigkeit unter sozialer Perspektive vor allem als unveränderlich sehen, fragen dagegen: „Kann ich es überhaupt schaffen?" – „Was muß ich tun, um meine Tüchtigkeit darzustellen oder den Eindruck geringer Fähigkeit zu vermeiden?" Ein Schüler, der sein Können vor allem durch den sozialen Vergleich bestimmt, neigt im Falle von Mißerfolgen – vor allem bei geringer Fähigkeitseinschätzung – schneller zum Aufgeben.

Beim sozialen Vergleich – insbesondere in Wettbewerbssituationen – kommt es darauf an, anderen gegenüber als tüchtig zu erscheinen oder – wenn das nicht möglich ist – den Eindruck mangelnder Fähigkeit zu vermeiden. Spätestens gegen Ende der Grundschulzeit können Kinder Fähigkeit auch als ein Persönlichkeitsmerkmal sehen, das sich auf Grund der jeweils erbrachten Anstrengungen und Leistungsergebnisse erschließen läßt. Beim sozialen Vergleich erscheint man als sehr befähigt, wenn man schwierige Aufgaben mit wenig Anstrengung bewältigt. Läßt sich unter diesem Verständnis aber nicht eine wahrgenommene geringe Begabung durch erhöhte Anstrengungen ausgleichen? Sicherlich hat man eine verbesserte Chance, wenn man sich besonders intensiv auf eine Leistungsanforderung vorbereitet. Versagt man allerdings trotz erheblicher Anstrengungen, bleibt nur der Schluß auf geringe Fähigkeit (was man ja vermeiden möchte). Um dieser Erklärung des Versagens möglichst aus dem Wege zu gehen, behaupten ältere Schüler nach einer mißlungenen Klassenarbeit häufig, sie hätten sich auch gar nicht angestrengt. Wenn der soziale Vergleich als Bewertungsmaßstab der Leistung herangezogen wird, ist Anstrengungseinsatz offenkundig mit Risiken behaftet.

5.3 Die soziale Welt des Schulkindes

Nach christlicher Überzeugung ist die Hinwendung zum Mitmenschen Gottes Wille, denn „es ist nicht gut, daß der Mensch allein sei" (Moses 2:18). Wie aber bereits das Kind im Vorschulalter täglich in zahlreichen und vielfältigen Konflikten erfährt, ist der Weg aus dem Alleinsein keineswegs einfach. Welche Bedeutung soziale Kontakte für die Entwicklung haben, zeigen Beobachtungen aus isolierten Wohngegenden. Kinder, die z.B. im Østerdal, einem außerordentlich dünn besiedelten Gebiet Ost-Norwegens leben, verbringen den größten Teil des Tages damit, allein zu spielen oder andere zu beobachten. Obwohl sie vom siebenten Lebensjahr an dreimal in der Woche die Schule besuchen, bleibt - wegen der langen Fahrzeit mit dem Milchwagen - nach dem Unterricht keine Zeit, soziale Kontakte zu Gleichaltrigen zu entwickeln. Noch im Alter von neun Jahren fällt es solchen Kindern außerordentlich schwer, sich in die Rolle eines Mitmenschen zu versetzen.

Außergewöhnlich gute Gelegenheiten zum Sammeln sozialer Erfahrungen haben dagegen Kinder, die - zumeist wegen der Berufstätigkeit ihrer Mütter - von frühestem Alter an in Tagesstätten Kontakt zu Gleichaltrigen haben. In einigen Ländern kommen Schulungsprogramme hinzu, die das Miteinander zum Vorbild erheben. Beispielsweise wurde in China ein Programm entwickelt, in dem ein Kinderbuch „Heute bin ich im Dienst" verwendet wird; Abbildung 5.4 zeigt ein Beispiel: In zahlreichen Episoden erfährt der junge Chinese, welche sozialen

Wir erwachen und stehen auf.
Und kleiden uns sorgsam an.
„Laß mich Deine offenen Haare flechten".
Es ist schön, sich gegenseitig zu helfen.

Und nun räumen wir Tische und Stühle
auf und legen Bücher und Spielsachen weg.
Für morgen ist alles in Ordnung,
für unsere Freunde, die Stubendienst haben, gibt es somit keine Probleme.

Verpflichtungen ihm als Mitglied einer Gemeinschaft erwachsen. Er wird systematisch auf Regeln des Miteinander aufmerksam gemacht.

Die Mehrheit der Kinder, die in westlichen Industrienationen aufwächst, lernt nicht die Einsamkeit der Bewohner von Østerdal kennen. Sie nehmen auch nicht an Programmen teil, die - wie in China - ausdrücklich auf die Förderung der sozialen Fertigkeit zielen. Wie verläuft bei diesen Kindern die Hinwendung zum Gleichaltrigen? Es erscheint sinnvoll, in der Beantwortung solcher Fragen, zwischen Freundschaft und Beliebtheit (Popularität) zu unterscheiden. Eine Freundschaft liegt vor, wenn zwei Menschen einander Sympathie entgegenbringen. Die Beliebtheit eines Kindes hängt dagegen davon ab, wieviel Sympathie ihm von der Gruppe der Gleichaltrigen insgesamt entgegengebracht wird. Ein Kind ist unbeliebt, wenn die meisten Gleichaltrigen es ablehnen. Ein Kind kann demnach zwar unbeliebt sein (es ist nur wenigen sympathisch), aber gleichzeitig eine freundschaftliche Beziehung zu einem anderen haben. Ebenso ist es

Nach unserem Mittagsschlaf gibt
es Erfrischungen.
Tung-tung reicht die Süßigkeiten und ich
lasse die Kekse herumgehen.
Die großen und schönen gebe ich
den anderen Kindern,
die kleinen behalte ich selber.

Wir steigen nicht auf Bäume und Fenster
Wir achten sorgsam auf das Spielzeug, das uns allen gehört.
Wir schaukeln sanft mit unserem Holzpferd
Wenn jemand herunterfällt, gehe ich zu ihm, um ihm zu helfen.

Abb. 5.4: Ausschnitt aus dem chinesischen Kinderbuch „Heute bin ich im Dienst", erzählt von Yang LI und Liang KO

Info-Kästchen 5.3:
Lassen sich für Schulkinder mit extrem hohen Intelligenz-Quotienten bessere Lebenschancen voraussagen?

Lewis Terman erhielt im Jahre 1921 von der Stadt New York den Auftrag, die Entwicklung von Kindern mit besonders hoher intellektueller Leistungsfähigkeit zu studieren. Er bat deshalb Lehrer, ihm u.a. jeweils die drei besten Schüler einer Klasse zu nennen. Es entstand eine Stichprobe von mehr als 1.500 Hochbegabten mit Intelligenz-Quotienten über 140, in der Spitze bis 200, die anschließend in regelmäßigen Abständen bis zur Gegenwart untersucht wurden. Zu Beginn der Studie waren die Kinder im Durchschnitt 11 Jahre alt und befanden sich – im Gegensatz zu den damaligen Erwartungen – in körperlich bester Verfassung; sie besaßen hohe soziale Fertigkeiten und hatten keinerlei Anpassungsschwierigkeiten.

Als Erwachsene leisteten diese Hochbegabten Herausragendes. Insgesamt meldeten sie über 100 Patente an; ihrem Kreis entstammten mehr als 2000 wissenschaftliche Berichte und sie schrieben über 100 Bücher. Fünfundachtzig von hundert der Hochbegabten hatten Positionen wie Manager eines führenden Unternehmens, Universitäts-Professor, Arzt, Rechtsanwalt, Schriftsteller usw. Kann man in diesem Berufserfolg das Ergebnis einer hohen Intelligenz sehen? Waren sie also so erfolgreich, *weil* sie hochintelligent waren?

David McClelland, der sich kritisch mit der Terman-Studie auseinandergesetzt hat, verneint diese Frage: „Ich möchte so nachdrücklich wie möglich feststellen, daß Termans Studien *nicht* eindeutig belegen, daß es die von Intelligenztests gemessene Fähigkeit ist, die für den größeren Erfolg der Kinder mit hohem IQ verantwortlich ist (d.h. diesen verursacht hat). ... Ebenso wäre die Schlußfolgerung berechtigt (obwohl auch sie nicht belegt ist), daß Söhne der Reichen, Mächtigen und Gebildeten günstigere Voraussetzungen für Beruf, Ehe und soziale Entwicklung besaßen, weil sie materielle Vorteile besaßen. Termans Studien könnten lediglich zeigen, daß die Reichen und Mächtigen mehr Möglichkeiten haben und deshalb mehr im Leben erreichen. ... Wenn er einer einflußreichen Elite angehört (die hohen sozio-ökonomischen Status besitzt), wird einem jungen Menschen nicht nur geholfen, zur Universität zu gehen. Durch Kontakte der Familie erhält er auch Zugang zu beruflichen Stellungen, und sie verhilft ihm bereits als Kind zu den Zeugnissen, die den Weg zu bestimmten Positionen eröffnen."

Es läßt sich anhand der von Lewis Terman mitgeteilten Daten zeigen, welche Rolle die Familie für den Erfolg ihrer Kinder spielt. Er faßte 150 Mitglieder seiner Stichprobe, die beruflich am erfolgreichsten waren, in einer A-Gruppe zusammen und verglich sie mit den Mitgliedern einer vergleichsweise erfolglosen C-Gruppe. Diese beiden Gruppen unterschieden sich bezüglich ihres mittleren Intelligenz-Quotienten (IQ 150) nicht. Die Bildungsgänge waren jedoch für die Angehörigen der A-Gruppe günstiger als für die der C-Gruppe: Während 90 Prozent der A-Gruppe ein akademisches Studium abschlossen, gelang dies nur etwa 30 Prozent der C-Gruppe. Der Vergleich der Familien ergab einige auffallende Hinweise. So hatten z.B. die Väter der A-Gruppen-Kinder eine bessere Schulausbildung und höhere berufliche Positionen als die der C-Gruppe. Die A-Kinder fanden in ihrem Zuhause vergleichsweise viele Bücher vor, die Eltern nahmen mehr aktiven Anteil an ihren schulischen Arbeiten. Bei Eltern der C-Gruppen-Kinder kamen Scheidungen zweimal so häufig vor.

möglich, daß einem Kind viele Sympathien entgegengebracht werden, obwohl es keinen besonderen Freund hat.

Bereits im Kindergarten unterscheiden sich die jungen Besucher nach ihrer Beliebtheit. Einige Kinder sind gesuchte Kontaktpartner, während andere offenkundig keinen Weg finden, ihre soziale Isolation zu überwinden. Was bestimmt die Popularität eines Kindes und welche Möglichkeiten gibt es, denen zu helfen, die nur Zurückweisung erfahren?

5.3.1 Unterschiedliche Grade der Beliebtheit

Wenn man sich über den Grad sozialer Anziehung informieren will, der in einem Kindergarten oder einer Schulklasse besteht, kann man ein sog. *Soziogramm* erheben. Dabei stellt man Fragen der folgenden Art: „Wer gehört zu deinen besten Freunden?" „Wen magst du aus deiner Klasse am liebsten?" „Mit wem spielst du besonders gerne?" Die Ergebnisse einer Befragung lassen sich übersichtlich, wie in Abbildung 5.5 dargestellt, ordnen.

Durch die Pfeilrichtung wird jeweils angezeigt, welches Kind von einem anderen benannt worden ist. Der „Star" ist offenkundig Thorsten, denn insgesamt sechs Kinder haben ihn gewählt. Das Soziogramm zeigt zudem, daß sich in der befragten Gruppe auch zwei isolierte Kinder befinden. Alexander und Wiebke erhielten keine einzige Stimme von den übrigen Kindern. Wodurch ist es Thorsten gelungen, sich einen hohen Platz in der Rangordnung der Beliebtheit zu sichern? Weshalb werden Alexander und Wiebke von anderen nicht benannt? Sind sie durch ihr Verhalten oder wegen ihres Ausse-

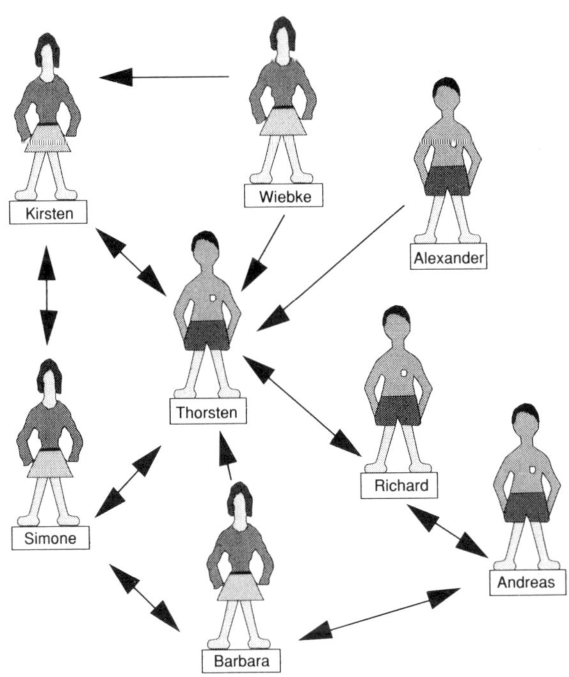

Abb. 5.5: Ein Soziogramm zur Beschreibung sozialer Beziehungen zwischen mehreren Kindern.

hens in die soziale Isolation gedrängt worden? Die Beantwortung solcher Fragen stützt sich auf Beobachtungen in zahlreichen Kindergärten und Schulen.

Wenn es sich bei Thorsten um einen typischen Schüler mit großer Beliebtheit handelt, dann wird er sich in seinen sozialen Kontakten mit anderen überwiegend freundlich verhalten. Bereits als Vorschulkind stellt er seinen Sozialpartnern Fragen, hört aufmerksam zu, wenn sie ihm etwas erzählen, äußert sich anerkennend über deren Beiträge und ist u.a. bereit, Spielsachen mit ihnen zu teilen. Er hat wahrscheinlich eine überdurchschnittliche Intelligenz und gehört in der Schule zu den besseren Schülern seiner Klasse. Wie viele beliebte Kinder wird er vermutlich gut aussehen.

Auch Alexander und Wiebke haben wahrscheinlich einiges gemeinsam. Von sozial isolierten Kindern weiß man, daß sie sich anderen gegenüber häufig unfreundlich und aggressiv verhalten. Sie werden wahrscheinlich nicht besonders gut aussehen und in der Schule eher schwache Leistungen erbringen. Solche Merkmale besagen allerdings nichts über die Ursache-Wirkungs-Bedingungen. Verhalten sich unbeliebte Kinder unfreundlich und aggressiv und werden sie deshalb isoliert oder reagieren sie so auf ihre Klassenkameraden, weil diese sie nicht akzeptieren? Dies läßt sich auf der Grundlage kurzfristiger Beobachtungen nicht sicher beantworten. Man weiß aber, daß isolierte Kinder sozial weniger geschickt sind.

Man beobachtete beliebte und isolierte Kinder, wie sie sich in folgender alltäglichen Situation verhielten: Sie treffen jeweils einzeln auf eine Spielgruppe, an der sie gerne teilnehmen möchten. Welche Wege beschreiten sie, um aufgenommen zu werden? Kinder hohen Beliebtheitsgrades beobachten zunächst die Gruppe unauffällig. Typischerweise stellen sie dann nach einiger Zeit Fragen oder liefern Anregungen, die zum Spiel passend sind und keinesfalls stören. Auch unbeliebte Kinder versuchen die Aufnahme durch Fragen zu erreichen. Sie stellen sich dabei aber weniger geschickt an, wie das folgende Beispiel zeigt. Janette und Vera, Kinder eines zweiten Schuljahres, sind damit beschäftigt, sich Spielsteine auszusuchen. In dieser Situation versucht die gleichaltrige Wiebke, ein Kind geringer Beliebtheit, sich zu ihnen zu gesellen:

Janette:	Gut, ich möchte diesen noch 'mal haben.
Wiebke:	Das macht Spaß, nicht?
Janette:	(zu Vera): Willst du diesen noch 'mal nehmen?
Vera:	Ich möchte diesen.
Wiebke:	Dies ist ein schöner Raum, nicht?
Janette:	(zu Vera): Hier, du kannst doch diesen haben.
Wiebke:	Dies ist ein schöner Tisch, nicht?
Janette:	Nimm deinen.

Wiebke versucht also wiederholt, die Aufmerksamkeit auf sich zu ziehen. Janette und Vera lassen sich jedoch nicht von ihrer Tätigkeit ablenken; sie ignorieren Wiebke einfach. Wie verhält sich ein Kind geringer Beliebtheit, nachdem andere es zurückgewiesen haben? Vielleicht spielt es – wie so häufig – für sich allein. Es wäre ebenso möglich, daß es aggressiv reagiert: es schlägt auf jene ein, die seine Wünsche vereiteln oder es versucht, ihnen das Spiel wegzunehmen.

Das Schicksal, von Gleichaltrigen zurückgewiesen zu werden, trifft vergleichsweise häufig Einzelkinder oder Erstgeborene. Vielleicht finden weitere Geschwister vielfach Bedingungen vor, in denen sie häufig zum Nachgeben gezwungen werden; möglicherweise gelingt es ihnen oft erst nach geschickten Verhandlungen, älteren Geschwistern Zugeständnisse abzuringen.

Wenn die geringe Beliebtheit eines Kindes in mangelndem sozialen Geschick wurzelt, wird es nicht nur in der Schule, sondern ebenso in der Spielgruppe zurückgewiesen. Damit befindet es sich in einem wahren Teufelskreis. Wie soll es unter diesen Umständen noch Erfahrungen sammeln, die es besonders dringend benötigt? Wenn ein Kind einmal nachhaltig von Gleichaltrigen zurückgewiesen wurde, muß es befürchten, auch in Zukunft sozial isoliert zu bleiben. Eine solche Aussicht darf nicht einfach hingenommen werden; denn bisherige Untersuchungen lassen dramatische Konsequenzen – vom vorzeitigen Schulabbruch bis zu schweren sozialen Konflikten – möglich erscheinen. Über Hilfen für sozial isolierte Kinder berichtet Info-Kästchen 5.4.

5.3.2 Entwicklung freundschaftlicher Beziehungen

In seinem Buch „Nikomachische Ethik" nennt Aristoteles die Freundschaft „eine Trefflichkeit menschlichen Wesens". „Sie ist", so führt er weiter aus, „in Hinsicht auf das Leben (in der Gemeinschaft) höchst notwendig. Denn ohne Freunde möchte niemand leben, auch wenn er die übrigen Güter alle zusammen besäße ... In Armut und sonstigem Mißgeschick gelten Freunde als die einzige Zuflucht." Kinder des Vorschulalters und der ersten Grundschuljahre nennen ihre bevorzugten Spiel- und sonstigen Kontaktpartner gelegentlich „Freunde"; dennoch verbinden sie mit diesem Begriff noch nicht die Merkmale, die Aristoteles als wesentlich erachtete. Erst im Verlauf der Schulzeit erkennen viele Kinder, wie „notwendig" Freunde sind, auf die sie auch im Falle eines „Mißgeschicks" verlassen können, mit denen sie ebenso private Gedanken auszutauschen vermögen und mit denen sich diskutieren läßt. Welches sind die Vorläufer einer echten Freundschaftsbeziehung im Sinne von Aristoteles? Welche Bedingungen und Erfahrungen ebnen den Weg zur Schließung von Freundschaften? Für die Entwicklung der Voraussetzungen, Mitmenschen als Freunde gewinnen und halten zu können, sind die Grundschuljahre zweifellos besonders wichtig.

5.3.2.1 Freundschaft aus der Sicht verschiedener Lebensalter

Durch eingehende Befragungen versuchte Robert Selman herauszufinden, was Menschen unterschiedlichen Alters unter Freundschaft verstehen. Er stellte fest, daß sich die Bedeutung dieses Begriffs vor allem in den Grundschuljahren ziemlich schnell ändert. Wenn Zwölfjährige oder noch ältere von einem Freund oder einer Freundin sprechen, dann verstehen sie darunter etwas anderes als z.B. ein Achtjähriger. Nach den Worten von Robert Selman ist ein enger Freund im Vorschulalter jemand, „der in der Nähe wohnt und mit dem man zu einem bestimmten Zeitpunkt gerade spielt. Freundschaft ist eher eine Spielpartnerschaft."

„Warum ist Peter oder Susanne dein Freund bzw. deine Freundin?" wollte Selman von den jüngsten Teilnehmern seiner Befragung wissen. Antworten wie die beiden folgenden erhielt er von Kindern im Alter zwischen drei und sieben Jahren: „Er ist mein Freund, weil ich mit ihm in seiner Sandkiste spielen darf." „Sie ist meine Freundin, weil sie im gleichen Haus wie ich wohnt." Wer also attraktives Spielzeug anzubieten hat, zufälligerweise in der Nachbarschaft wohnt oder gerade der Spielpartner ist, besitzt gute Chancen, von einem Vorschulkind als Freund bezeichnet zu werden. Beobachtungen im Kindergarten ergeben zwar, daß die meisten Jungen und Mädchen häufiger zusammen als allein spielen. Im

Info-Kästchen 5.4:
Wie hilft man Kindern, die von ihrer Altersgruppe zurückgewiesen werden?

Wenn man unbeliebten und von der Altersgruppe zurückgewiesenen Kindern helfen will, muß man versuchen, ihre sozialen Kontakte zu ändern. Hierzu hat Steven Asher von der Universität Illinois ein Trainingsprogramm entwickelt, das darauf zielt, Grundregeln des Miteinanders zu vermitteln. Zunächst bat Asher Mitglieder dritter und vierter Schuljahre, jeden Mitschüler danach zu beurteilen, wie gerne sie mit ihm in der Schule (1) spielen und (2) zusammenarbeiten möchten. Kinder, die bei dieser Befragung die ungünstigste Beurteilung erhielten, wurden für ein Training ausgewählt. Jede Sitzung begann damit, daß ein Erwachsener die Kinder einzeln im Gespräch über Grundregeln des sozialen Miteinanders informierte. Anschließend erhielten die Kinder Gelegenheit, das Gelernte im Kontakt mit einem Gleichaltrigen mittlerer Beliebtheit zu üben. Einige Beobachtungen aus dieser praktischen Übungsphase besprach der Trainingsleiter vor Abschluß jeder Sitzung noch einmal einzeln mit dem Kind.

Die zweite Sitzung begann z.B. damit, daß der Trainer sich beim Kind erkundigte, wie ihm das gemeinsame Spiel beim letzten Mal gefallen hatte. Sodann wurde das Training mit folgenden Worten fortgesetzt:

Trainer: So, ich habe mir 'mal überlegt, wie es Spaß macht, ein Spiel mit jemand anders zu spielen. Einige Dinge sind dabei sehr wichtig. Du solltest mit deinem Spielpartner zusammenarbeiten
Weißt du, was Zusammenarbeit ist? Kannst du mir das 'mal in deinen Worten erklären?

Kind: Ääh, etwas gemeinsam machen.

Trainer: Ja, etwas gemeinsam machen. Nun laß uns einmal annehmen, wir beide spielen jetzt das Spiel, das du das letzte Mal gespielt hast. Was war das noch?

Kind: Bilder malen.

Trainer: Ja, richtig. Dann nenn mir doch 'mal ein Beispiel für „etwas gemeinsam machen" beim Bilder-Mal-Spiel.

Kind: Ich würde Ihnen auch 'mal die Malstifte geben.

Trainer: Richtig, du würdest die Stifte mit mir teilen. Das ist ein Beispiel für ‚etwas gemeinsam machen'. ... Kannst du mir auch ein Beispiel nennen, in dem man kein „Gemeinsamkeit-Machen" zeigt?

Kind: Wenn man alle Stifte für sich behält.

Trainer: Macht es Spaß, wenn man alle Stifte selbst behält?

Kind: Nein.

Trainer: Du würdest also nicht alle Stifte nehmen. Du würdest statt dessen alles gemeinsam machen, indem du mit mir deine Stifte teilst. Fallen dir noch mehr Beispiele ein ...? (nach einer Pause). Nun, wie wär's mit Abwechseln? ... O.k. ich möchte, daß du einige unserer Ideen 'mal ausprobierst, wenn du (Name des Spiels) mit (Name des Kindes) spielst.

Es folgt das gemeinsame Spiel und danach noch einmal ein Einzelgespräch mit dem Trainer: „Konntest du einige der Ideen, über die wir gesprochen haben, ausprobieren?
Meinst du, daß das Spiel mit (anderem Kind) Spaß gemacht hat?" Vor Abschluß

der Sitzung werden die jeweiligen Begriffe noch einmal wiederholt.

Kinder geringer Beliebtheit wurden nicht nur über Kooperation (abwechseln, teilen) informiert. In den anderen Sitzungen lernten sie weitere Begriffe kennen: Teilnehmen (wie man anfängt, aufmerksam ist), miteinander sprechen (dem Teilnehmer etwas sagen, zuhören) und gegenseitige Anerkennung (den anderen ansehen, ihn anlächeln).

Wenige Tage nach Abschluß des Trainings bat Asher noch einmal sämtliche Schulkinder um Einschätzung, wie gerne sie mit jedem ihrer Klassenkameraden zusammen (1) spielen und (2) arbeiten möchten. Es ergab sich, daß die Einschätzungen der trainierten Kinder als Spielpartner nun erheblich günstiger ausfielen; in bezug auf die 2. Frage hatte sich allerdings nichts geändert. Dabei ist zu beachten, daß das Training darauf zielte, soziales Verhalten beim Spielen zu verbessern. Die günstigere Einschätzung war sogar noch ein Jahr später nachzuweisen, als sich die Mitgliedschaft in den Klassen erheblich verändert hatte. Die Einschätzung der Beliebtheit rangierte jetzt nur noch ein wenig unter dem Durchschnitt der Klasse. Offenbar war es gelungen, die Kinder aus dem Teufelskreis zu befreien. Konnten die Kinder ihre Beliebtheit steigern, weil man in Trainingssitzungen ihre soziale Geschicklichkeit gefördert hatte? Das war vermutlich der Fall. Den Kindern wurde wahrscheinlich erstmalig klar, daß sie etwas daran ändern konnten, was andere über sie dachten. In einer der letzten Sitzungen rief ein Kind plötzlich während eines Gesprächs mit dem Trainer aus: „Sie meinen, ob andere mich leiden mögen oder nicht, hängt davon ab, was ich tue?"

allgemeinen werden die Spielkontakte mit einem oder wenigen Partnern aber spätestens nach etwa zehn Minuten plötzlich beendet, indem einer sich einfach abwendet. Selbst wenn man einige Kinder häufiger beim gemeinsamen Spiel sieht, kann man bei solchen kurzfristigen Kontakten noch nicht von Freundschaften sprechen; in der Regel machen sich die Beteiligten nicht klar, daß der jeweils andere eigene Wünsche und Gefühle hat.

Ein Fortschritt im Verständnis von Freundschaft liegt vor, wenn das Kind bei anderen Wünsche und Vorstellungen wahrnehmen kann. Spielpartner finden sich zusammen, weil sie ein gemeinsames Interesse entdeckt haben. „Peter ist mein Freund," so erklären Kinder in diesem Stadium der Entwicklung, „weil wir ein Auto bauen wollen." Was passiert aber, wenn Peter im weiteren Verlauf des Kontakts etwas macht, was seinem Spielpartner nicht mehr gefällt? Dann wird die Freundschaft kurzerhand beendet. „Peter ist nicht mehr mein Freund", so lautet die Erklärung, „denn er macht nicht das, was ich will." Freundschaft wird somit als „Einbahnstraße" gesehen. Die bei dieser Sichtweise unvermeidlich auftretenden Konflikte beenden eine „Freundschaft" vorübergehend, wobei die Schuld immer beim anderen liegt. Diese „Einbahnstraßen"-Sichtweise hat Selman bei Kindern im Alter zwischen fünf und acht Jahren beobachtet.

Selman traf aber auch Sechsjährige, für die ein Freund nicht nur jemand ist, „der das tut, was ich will." Einige Kinder dieses Alters haben bereits Verständnis dafür entwickelt, daß eine soziale Beziehung nicht lange Bestand haben kann, wenn daraus nur Nutzen gezogen wird; man muß auch selbst etwas geben. „Freunde", so hört man jetzt, „helfen einander", „sie wechseln sich ab" und müssen in der Lage sein, sich zu einigen. „Wenn du dies für mich tust, dann tue ich dafür auch das für dich," so hört man sie häufig verhandeln. Dennoch stellt dieses Verständnis von Freundschaft, das man bei Sechs- bis Zwölfjährigen findet, etwas dar, was Selman als „Gut-Wetter-Beziehung" kennzeichnet. Sie halten nur solange zusammen, wie sie mit Annehmlichkeiten für die Beteiligten verbunden ist. Streitigkeiten sind in der Regel der Anlaß, sich voneinander zu trennen. Als die zehnjährige Bettina beispielsweise nach ihren Freundinnen gefragt wird, zählt sie u.a. Martha auf. „Ich mag sie gerne, weil sie nett ist." Aber mit Martha gäbe es schon einmal Streitereien und dann könne sie sehr gemein sein: „Sie zieht mich an den Haaren und kneift." Damit ist die Freundschaft zunächst einmal beendet. Das schließt aber nicht aus, daß sie nach einiger Zeit wieder auflebt, vor allem nach gegenseitiger Bekundung des Bedauerns.

Sechs- und Siebenjährige suchen sich jene Gleichaltrigen als Freunde aus, mit denen es „Spaß" macht und die ihnen helfen können, durch gemeinsames Tun der Langeweile zu entgehen. Wenn sie ihre Freundschaft begründen, verweisen sie auf Merkmale, die für jedermann sichtbar sind. Neun- oder Zehnjährige beginnen jedoch, sich Freunde auch nach anderen Gesichtspunkten auszusuchen, wie die folgende Äußerung zeigt: „Ich kann ihm Geheimnisse erzählen, und er wird sie niemandem weitererzählen." Bevor man einem Mitmenschen seine persönlichen Gedanken und Gefühle anvertrauen kann, muß man sich allerdings von seinen Eigenschaften ein Bild gemacht haben. Das Verständnis von Freundschaft bei vielen Neun- bis Dreizehnjährigen hat Robert Selman folgendermaßen zusammengefaßt: „Die Bedeutung einer Freundschaft hängt nicht mehr ausschließlich von der Tatsache ab, daß man gelangweilt oder allein ist. Freundschaften spielen eine grundlegende Rolle bei der Entwicklung gegenseitiger Vertraulichkeit und beiderseitigem Beistand. Freunde tragen ihre persönlichen Probleme gemeinsam. Das Auftreten von Konflikten zwischen Freunden hat nicht mehr die Beendigung der Beziehung zur Folge."

5.3.2.2 Gleiches und Unterschiedliches in Freundschaftsbeziehungen

Sucht das Kind unter den Gleichaltrigen jene als Freunde aus, die ihm bezüglich bedeutsamer Merkmale ähneln oder bevorzugt es solche, die sich von ihm unterscheiden? Der Volksmund beantwortet diese Frage widersprüchlich, denn einerseits heißt es „Gleich und gleich gesellt sich gern"; andererseits wird aber auch behauptet, „Gegensätze ziehen sich an". Wie verhalten sich Kinder nun tatsächlich? Nach zahlreichen Befragungen und Beobachtungen von Kindern verschiedenen Alters scheint es eine klare Antwort zu geben: Kinder neigen dazu, sich für Freunde zu entscheiden, die ihnen in Hinblick auf das Alter, das Geschlecht, nationale Herkunft, Interessen und Wertüberzeugungen usw. ähneln. Es gibt sogar eine klare Tendenz, daß gut aussehende Menschen ebensolche Freunde haben und umgekehrt. Wie lassen sich solche Zusammenhänge erklären? Eine Antwort hat bereits vor mehreren Jahrzehnten Leon Festinger gegeben.

In seiner *Theorie der sozialen Vergleichsprozesse* ging Festinger u.a. davon aus, daß für den Menschen bei der Einschätzung seiner eigenen Person, bei der Frage nach der Angemessenheit seiner Einstellungen und Urteile, Unsicherheiten entstehen, bei deren Überwindung andere helfen können. Woher soll man beispielsweise wissen, ob man selbst begabt ist, wie die eigene Geschicklichkeit in einem bestimmten Bereich zu beurteilen ist oder ob man mit seiner politischen Einstellung richtig liegt? Zur Beantwortung solcher Fragen ist es notwendig, sich mit anderen zu vergleichen. Allerdings wählt man sich dabei nicht irgendwelche Menschen aus, sondern solche, die einem ähnlich erscheinen. Der Vergleich führt im günstigsten Fall zu dem Ergebnis, daß das, was man meint oder tut, „richtig" ist, und das läßt die Vergleichspartner sympathisch werden.

Vor einer Klassenarbeit sind Kinder oft beunruhigt. Nach Festingers Theorie ist eine solche Situation deshalb mit Unsicherheit verbunden, weil nicht eindeutig feststeht, wie besorgt man sein sollte. Es wächst die Bereitschaft des Betroffenen, eine Klärung herbeizuführen. An wen wendet sich der Schüler aber am besten, damit seine Unsicherheit beseitigt oder wenigstens vermindert wird? Lehrer und Eltern erscheinen ihm in dieser Situation wohl kaum attraktiv, denn ihre Situation ist eine ganz andere; sie können die Sorgen des Ratsuchenden kaum nachvollziehen. Am meisten Aufschluß erwartet ein Kind von demjenigen Mitschüler, der ihm in seiner Leistungsfähigkeit am meisten ähnelt, denn er wird ja in gleicher Weise bedroht. Allerdings liegen einer Besorgtheit und ihren Anlässen stets sehr persönliche Gedanken zugrunde; der etwas ältere Schüler wird darüber nur mit einem Partner seines Vertrauens, also mit seinem Freund sprechen können.

5.3.2.3 *Bewahrung und Steigerung der Selbstbewertung*

Wenn man verstehen will, was Menschen bei der Auswahl ihrer Freunde bestimmt, muß man viele Faktoren und Bedingungen berücksichtigen. So gibt es beispielsweise Aussagen von Kindern, die auf die Rolle der Selbstbewertung hinweisen: „Mein Freund Peter ist der schnellste Läufer unserer Klasse", „Ich gehe häufig mit Karin nach Hause. Sie hat beim letzten Vorlesewettbewerb einen Preis gewonnen." Abraham Tasser und seine Mitarbeiter sehen hinter solchen Äußerungen den Wunsch, sich in den Leistungen anderer „mitzusonnen". Danach sind Menschen motiviert, sich selbst möglichst positiv zu bewerten; diese Selbstbewertung wird auch von den Kontakten mitbestimmt, die man zu Mitmenschen hat. Man kann am Ruhm eines Mitmenschen aber nur teilhaben, wenn man zu diesem eine Beziehung entwickeln konnte, und zwar um so mehr, je näher man ihm steht.

Muß aber die enge Beziehung zu einem anderen Menschen, der entweder besonders gut aussieht, hohe Leistungen erbringt oder sich durch ein anderes hoch bewertetes Merkmal auszeichnet, nicht ungünstig auf die Selbstbewertung wirken? Der Vergleich mit ihr oder mit ihm läßt doch die eigene Person in einem ungünstigeren Licht erscheinen. Wie kann man sich in Karins Ruhm sonnen, wenn diese Freundin gerade vorgeführt hat, daß sie im Lesen bessere Leistungen erbringt? Die Antwort, so fanden Tasser und Mitarbeiter heraus, liegt in unterschiedlichen „Bedeutungszuschreibungen". Bei Merkmalen, die einem selbst sehr wichtig sind, würde man sich bedroht fühlen, wenn Freunde darin überlegen sind. Wenn für einen Schüler gute Lesefertigkeit sehr wichtig ist, wird er sich demnach Karin nicht als Freundin aussuchen. Karins herausragende Leseleistungen hindern aber nicht, eine Freundschaft zu einem Gleichaltrigen zu entwickeln, für den Lesen weniger wichtig ist.

Mit Hilfe von Tassers Erklärungsansatz ließen sich auch die bereits erwähnten Beobachtungen erklären, wonach Freunde einander im Aussehen ähneln. Von der Antike bis zur Gegenwart wurde dieses körperliche Merkmal stets hoch bewertet. Offenbar berücksichtigen bereits Kinder im Schulalter, daß das Aussehen des Freundes (bzw. der Freundin) Einfluß auf die eigene Selbstbewertung nimmt. Wie verläuft der Auswahlprozeß aber bei einem Schüler, der von der

Natur weniger großzügig bedacht wurde? Er wird wahrscheinlich Erwartungen an das Aussehen eines Freundes entsprechend zurücknehmen müssen. Günstigere Chancen besitzt er allerdings, wenn er Fähigkeiten besitzt, die sich förderlich auf die Selbstbewertung eines gutaussehenden Gleichaltrigen auswirken.

5.4 Entwicklung der Moral

Menschen können sich gegenüber anderen umbarmherzig und grausam, ebenso aber auch hilfsbereit und aufopfernd verhalten. Was veranlaßte einige Menschen während des Dritten Reiches, ihre Dienste jenen anzubieten, die die rücksichtslose Ausrottung ganzer Völker betrieben, während andere unter erheblichem Risiko für das eigene Leben bereit waren, Verfolgten nationalsozialistischer Herrschaft bedingungslos zu helfen? Lange bevor eine wissenschaftliche Psychologie nach Erklärungen für solche Taten suchte, haben Theologen und Philosophen über das „wahre" Wesen des Menschen nachgedacht: Ist das Kind ursprünglich böse und nur durch strenge Zucht auf den Weg der Tugend zu bringen? Ist der Mensch von Natur aus gut, aber der Gefahr ausgesetzt, von der Gesellschaft verdorben zu werden? Oder wird man dem Menschen am besten gerecht, wenn man ihn zu Beginn seiner Entwicklung als ein unbeschriebenes Blatt charakterisiert, das erst durch die jeweiligen Erfahrungen mit guten oder mit bösen Absichten beschriftet wird?

Solche Fragen haben auch Diskussionen in der Psychologie mitbestimmt. So behauptet Sigmund Freud z.B. in seiner Psychoanalyse, der Mensch werde mit mächtigen sexuellen und aggressiven Trieben geboren (s.S. 17 f.). Diese nach bedingungsloser Befriedigung drängenden und somit „gefährlichen" *Es*-Impulse lassen sich nach seiner Meinung bis zu einem gewissen Grade unter Kontrolle bringen, wenn dem Kind etwa im Alter von fünf Jahren eine Identifikation mit dem gleichgeschlechtlichen Elternteil gelingt und es dessen Werte und Verhaltensstandards übernimmt.

Die Unbeschriebene-Blatt-Vorstellung (*tabula rasa*) wurde von John Watson aus der Philosophie John Lockes übernommen. Nach Auffassung der Behavioristen lernt das Kind „richtige" und „falsche" Verhaltensweisen, wenn es dafür belohnt bzw. bestraft wird oder Gelegenheit hat, entsprechende Konsequenzen bei anderen zu beobachten. Als eigentlicher Wegbereiter zur Erforschung moralischen Verhaltens gilt aber Jean Piaget, der im Jahre 1932 über einschlägige Beobachtungen berichtete.

5.4.1 Entwicklung des moralischen Urteils nach Jean Piaget

Wenn Jean Piaget in seiner Heimatstadt Genf Spaziergänge unternahm, weckten immer wieder Kinder sein Interesse, die sich mit dem Murmelspiel beschäftigten. Beim Beobachten der Spielenden stellten sich ihm viele Fragen: Beachten die kleinen Kinder bereits Regeln? Wie lernen sie diese? Erscheinen ihnen die Regeln als strikt vorgegeben oder sehen sie diese als veränderbar an? Immerhin, so überlegte sich Piaget, müssen die Spielteilnehmer doch eine gewisse Vorstellung von Fairneß entwickelt haben. So bedarf es z.B. unter den Gleichaltrigen einer Einigung, wer zuerst anfängt, sie müssen sich für eine Reihenfolge der Spieler entscheiden und ihre Vereinbarung anschließend einhalten, sie üben sich im Abwechseln usw. Piaget war davon überzeugt, daß das Studium der Frage, wie Kinder über Spielregeln denken, ihm Aufschlüsse über frühe Erscheinungsformen des moralischen Urteils geben würde. Er hoffte durch Beobachtung und Befragung von Kindern zu erfahren, wie sich der Sinn für soziale Gerechtigkeit und der Respekt vor Regeln entwickelt, ohne die ein soziales Miteinander nun einmal nicht möglich ist.

5.4.1.1 Von der äußeren zur inneren Moral

Bei Kindern, die fünf Jahre alt und jünger waren, ließ sich kein Interesse an Regeln feststellen. Sie spielten mit den Murmeln so, wie es ihnen Spaß machte. Das änderte sich allmählich nach Schulbeginn. „Woher kommen die Spielregeln?" fragte Piaget die Kinder, und er erfuhr von ihnen, daß sie von Gott oder vom Vater stammten. „Darf man diese Regeln einfach ändern?" Wenn Piaget sich das Spielverhalten der Kinder genau ansah, dann hielten sie sich nämlich keineswegs immer genau an die Regeln. Auf die ausdrückliche Frage Piagets beharrten sie aber darauf, daß man eine Spielregel nicht ändern dürfe. Wenn man es dennoch versucht, hätte man mit Bestrafung zu rechnen; der eigenmächtige Eingriff wäre im übrigen auch gar nicht gültig.

Solche Auffassungen, die noch stark vom Gehorsam des Kindes geprägt sind, schienen für Piaget eine „äußere" Moral zum Ausdruck zu bringen, d.h. die Überzeugung, daß es Regeln gibt, die von Autoritäten „verordnet" wurden. Wer sich entsprechend diesen Regeln verhält, ist „lieb", wer sie mißachtet, ist „böse". Erst im Alter von zehn oder elf Jahren stimmten Kinder zu, daß Regeln geändert werden können, sofern sämtliche Spielteilnehmer dem zustimmen. Damit setzt sich allmählich die *autonome* Überzeugung durch, daß Regeln das Ergebnis sozialer Vereinbarungen darstellen. Damit beginnt das Stadium „innerer" Moral.

5.4.1.2 Absichten und Folgen

Ein kleiner Junge wird von seiner Mutter zum Mittagessen gerufen. Er läuft ins Eßzimmer. Er weiß nicht, daß hinter der Tür auf einem Stuhl ein Tablett mit 15 Tassen steht. Beim Öffnen schlägt er die Tür gegen das Tablett und ... alle Tassen fallen herunter und zerbrechen.

Ein anderer Junge will heimlich etwas Marmelade naschen. Als seine Mutter gerade nicht da ist, steigt er auf einen Stuhl, um das Glas zu erreichen, das auf dem obersten Regal steht. Es ist zu hoch und deshalb kommt er nicht an die Marmelade heran. Bei seinen Versuchen schlägt er aber gegen eine Tasse, die daraufhin zu Boden und in Scherben fällt.

Jean Piaget erzählte diese Geschichten Kindern, um sie anschließend zu fragen, wie sie das Verhalten der beiden Jungen bewerten. Die meisten Kinder im Alter zwischen zehn und elf Jahren kommen zu dem Schluß, daß derjenige ungezogener war, der den größeren Schaden angerichtet hat. Wer 15 Tassen zerbricht, verdient mehr Strafe als der andere, der nur eine einzige Tasse zu Boden fallen läßt. Piaget zog daraus den Schluß, daß Kinder dieses Alters ihr Urteil mit den Folgen einer Handlung begründen. Im Unterschied dazu meinten Befragte vom zwölften Lebensjahr an, daß es auf die Absichten ankäme. Wer heimlich etwas naschen will, ist ungezogener. Der Junge, der der Aufforderung seiner Mutter folgt und dabei versehentlich einen Schaden anrichtet, verdient demgegenüber keinerlei Bestrafung.

Man muß allerdings kritisch fragen, ob die jungen Befragten tatsächlich alle wichtigen Informationen der beiden Geschichten berücksichtigt haben. Wäre es nicht möglich, daß Piaget die Aufmerksamkeit der Kinder durch die Darstellung seiner Geschichte vor allem auf die Tassen lenkte, die jeweils zu Boden fielen? Waren den Zuhörern die Absichten der Handelnden überhaupt noch bewußt, nachdem sie von den Folgen ihres Tuns, also von dem Unglück, gehört hatten? Sharon Nelson beschloß, solchen Fragen nachzugehen.

Ebenso wie Piaget erzählte Nelson Geschichten. So berichtete sie Dreijährigen von einem Jungen, der einem Spielgefährten einen Ball zuwirft. Das konnte entweder in freundlicher oder in böser Absicht geschehen. Wenn eine gute Motivation zum Ausdruck gebracht werden sollte, hieß es: „Dieser Junge spielte mit einem Ball. Da sein Freund nichts zu spielen hatte, wollte er den Ball seinem Freund zuwerfen, so daß beide Fangen spielen konnten." Die Fassung mit der unfreundlichen Absicht lautete dagegen folgendermaßen: „Dieser Junge spielte mit einem Ball. Da er an diesem Tag sehr böse auf seinem Freund war, warf er seinen Freund den Ball mit Absicht so zu, daß der ihn traf." Der Ballwurf konnte entweder eine gute („Der Freund fing den Ball und freute sich, daß er damit spielen durfte") oder eine schlechte Wirkung („Der Ball traf den Freund am Kopf und er fing an zu weinen") haben. Einigen ihrer jungen Versuchsteilnehmer zeigte Nelson in Ergänzung zur sprachlichen Darstellung der Geschichten Bilder, die helfen sollten, die jeweiligen Absichten und Folgen zu verdeutlichen (s. Abbildung 5.6). Abschließend sollten die Dreijährigen das Verhalten desjenigen Jungen beurteilen, der den Ball geworfen hatte.

In der Bewertung berücksichtigten die Kinder zunächst einmal, welche Folgen der Ballwurf hatte. Diese Feststellung ist mit den Beobachtungen Piagets zu vereinbaren. Darüber hinaus machten die Kinder ihre Antworten aber auch von der jeweiligen Motivation abhängig. Wenn der Junge den Ball seinem Freund in guter Absicht zugeworfen hat, wird er in jedem Fall günstiger beurteilt als im Falle einer unfreundlichen Absicht und zwar unabhängig von den Folgen, die sein Ballwurf für den Freund hat. Vorschulkinder sind demnach in der Lage, Absichten zu berücksichtigten; sie müssen ihnen nur hinreichend deutlich gemacht werden.

Abb. 5.6: Beispiele für Zeichnungen, die Sharon Nelson Dreijährigen zeigte, um ihnen Absicht, Handlung und Folgen in ihren Geschichten zu veranschaulichen.

5.4.1.3 Die Rolle der Gleichaltrigen

Junge Grundschulkinder geben andere moralische Urteile ab als Elf- oder Zwölfjährige. Was aber bewirkt diese Veränderung? Warum sind jüngere Kinder der Meinung, Spielregeln ließen sich nicht verändern, während sie dem fünf oder sechs Jahre später unter bestimmten Voraussetzungen zustimmen? Piaget führte Fortschritte in der Entwicklung des moralischen Urteils sowohl auf Reifungsprozesse wie auf soziale Erfahrungen zurück. Nach seiner Meinung werden dem Kind im Vorschulalter Grenzen gesetzt, weil es noch zu egozentrisch denkt (s.S. 158 f.); es kann sich noch nicht in andere hineinversetzen. Außerdem gelingt kleinen Kindern die Trennung zwischen den eigenen Gedanken und der wirklichen Welt noch sehr unzulänglich. Die starke Abhängigkeit und der Respekt vor den allmächtig erscheinenden Erwachsenen führen in einem frühen Stadium der Entwicklung des moralischen Urteils zu der Überzeugung, Anordnungen und Regelungen, die die „Großen" aussprechen, seien unveränderlich.

Die Veränderung moralischer Urteile während der Schulzeit erklärt Piaget nicht nur mit Fortschritten in der Reifung kognitiver Funktionen. Die häufige Beobachtung von Spielgruppen ließ ihn darauf aufmerksam werden, wieviel Zeit Gleichaltrige für Verhandlungen aufwenden, wer das Spiel eröffnet, was fair ist oder wie man unterschiedliche Regelkenntnisse mehrerer Spieler abstimmt. Kinder werden auf diese Weise wiederholt darauf aufmerksam, daß die Partner Wünsche und Ansichten haben, die sich von den eigenen unterscheiden. Sie lernen, daß man von anderen Zugeständnisse erhalten kann, wenn man ihnen etwas dafür bietet. Nach Piaget ist es nicht den mächtigen Erwachsenen, sondern den Gleichaltrigen zu verdanken, daß das Kind äußere Moralurteile allmählich aufgibt und in Richtung auf ein Stadium innerer Moral voranschreitet. Piaget hat damit großen Einfluß auf die weitere Forschung genommen. Aber er hat die Bedeutung der Eltern für die Moralentwicklung wohl unterschätzt.

5.4.1.4 Soziale Übereinkünfte und Moral

Piaget erkundigte sich wiederholt bei Schulkindern, ob man Spielregeln ändern dürfe. Die Mehrheit der Befragten verneinte diese Frage. Darf man Regeln auch nicht durch andere ersetzen, wenn alle Spielteilnehmer, Eltern usw. zustimmen? Wahrscheinlich hat Piaget nicht mit der Möglichkeit gerechnet, daß diese Zusatzfrage bei den Kindern zu ganz anderen Antworten führt.

„Wäre es in Ordnung", so wurden Kinder viele Jahrzehnte später gefragt, „wenn eine Schule es ihren jungen Besuchern freistellen würde, unbekleidet umherzulaufen?" Mehr als zwei Drittel der Befragten im Alter zwischen fünf und elf Jahren hatten keine Bedenken, wenn die Schule das Ablegen von Kleidung in das Belieben des Schülers stellte. Kann es Kindern unter bestimmten Bedingungen auch erlaubt sein, mit den Fingern zu essen, den Lehrer mit Vornamen anzureden, während des Unterrichts Kaugummi zu kauen oder zu sprechen, ohne sich vorher zu melden? Wenn alle Beteiligten damit einverstanden sind, so erklären viele Schulkinder, dann lassen sich solche Regelungen jederzeit einführen. Dürfte man sich auch schlagen, wenn es nicht verboten wäre? „Nein", lautete die keineswegs untypische Antwort eines fast vier Jahre alten Mädchens, „weil das den Kindern sehr weh tun könnte." Der interessierte Erwachsene gibt sich mit dieser Antwort aber noch nicht zufrieden: „Ich kenne ein Mädchen mit Namen Maria, die in einer anderen Stadt zur Schule geht. An ihrer Schule ist das Schlagen nicht verboten. Wäre es in Ordnung, wenn

Maria dort andere haut?" „Nein", erhärtet die Vierjährige ihren Standpunkt, „denn wenn man gehauen wird, tut es weh und dann weint man." Auf den ersten Blick erscheinen die Antworten der Kinder unvereinbar: Einerseits behaupten sie, man könne unter bestimmten Bedingungen neue Regelungen einführen, andererseits schließen sie solche Veränderungen strikt aus. Wie lassen sich solche scheinbaren Widersprüche erklären?

Es gibt offenbar zwei verschiedene Arten von Regeln: Sozial-konventionelle und moralische. Wenn Piaget Kindern beim Murmelspiel zuschaute, beachtete er Konventionen, d.h. Regeln, die letztlich auf Vereinbarungen beruhen und deren einvernehmliche Änderung niemand unmittelbar schaden. Konventionen kommen zustande, damit die Kontakte in einem sozialen Neben- und Miteinander aufeinander abgestimmt werden. Es ist z.B. eine Konvention, daß eine rot leuchtende Ampel den Verkehrsteilnehmern Anhalten und Warten signalisiert. Wenn alle Beteiligten davon Kenntnis erhalten und zustimmen, könnte man die Regelung ändern und z.B. die Bedeutung der Signale rot und grün austauschen; die Funktion der Ampel bliebe die gleiche. Konventionen bleiben also solange gültig, wie anerkannte Autoritäten oder die Gemeinschaft, zu der man gehört, an ihnen festhalten.

Moralische Regeln entziehen sich dagegen der Willkür. Man kann sie folglich auch nicht ändern, denn sie entspringen einem grundlegenden Verständnis von Gerechtigkeit. Auch Autoritäten wird üblicherweise nicht das Recht zugestanden, moralische Regeln zu verändern. Die Berechtigung, zwischen konventionellen und moralischen Regeln zu trennen, ergibt sich aus der Beobachtung, daß Kinder darauf schon ziemlich früh in ihrem Leben unterschiedlich reagieren.

Bereits Zweieinhalb- bis Fünfjährige verurteilen ein Kind ziemlich scharf, das einem Gleichaltrigen einen Apfel entwendet, jemand schubst oder andere moralische Verfehlungen begeht. Sehr viel milder beurteilen sie Verstöße gegen konventionelle Regeln, d.h. beispielsweise, daß Spielzeug nicht wieder an den richtigen Platz gelegt wird oder ein Kind sich nicht an einem Gemeinschaftsspiel beteiligt. Wenn Kinder im Schulalter Handlungen beobachten, die nach ihrer Auffassung moralische Regeln verletzen, können sie spontane Stellungnahmen abgeben, indem sie auf Verluste oder Verletzungen des Opfers hinweisen. Ihre feste Überzeugung, daß moralische Regeln nicht zu verändern sind, begründen sie zumeist mit Hinweisen auf das Wohl anderer, deren Anspruch auf Unverletzlichkeit und mit Prinzipien allgemeiner Gerechtigkeit. Auch Mißachtungen von Konventionen können Kommentare hervorrufen. Kinder betonen die Notwendigkeit, Anordnungen von Autoritäten zu folgen. Sie verweisen darauf, daß Sitten und Gebräuche nicht verletzt werden dürfen, und sie stellen die Bedeutung einer sozialen Ordnung für das Leben im Miteinander heraus. Wie ahnden Kinder Verstöße gegen Konventionen? Im allgemeinen beschränken sie sich darauf, den Übeltäter zu ermahnen („Man spuckt nicht einfach auf den Rasen.") oder ihn zu verhöhnen („Guck mal, die K-Ü-S-S-E-N sich!").

Diese Unterscheidung zwischen Moral und sozialer Konvention hat man zunächst bei Kindern westlicher Industrienationen festgestellt. Verhält sich der Nachwuchs in andersartigen Kulturen ebenso? Wie reagieren beispielsweise koreanische Kinder und Jugendliche, wenn man ihnen folgende Schilderung vorlegt: „Hwa wünschte sich eine Puppe, aber sie hatte kein Geld, um sich eine zu kaufen. Gestern hat sie eine Puppe im Kaufhaus gestohlen." „Kyongsook grüßt ihre Eltern nicht herzlich. Gestern traf sie einen alten Mann, es war ihr Nachbar und sie ging an ihm vorbei, ohne ihn zu grüßen." In

Korea wird es als sehr ernste Übertretung angesehen, seine Eltern nicht herzlich zu grüßen, denn es wurzelt tief in der Tradition dieser Kultur (die entscheidend von der konfuzianischen Ethik bestimmt wird), daß man Vater und Mutter respektiert und ihnen gegenüber Gehorsam zeigt. Höflichkeit ist eine selbstverständliche Pflicht in allen mitmenschlichen Kontakten. Persönlichen Rechte hat der einzelne seinen Verpflichtungen gegenüber der Gemeinschaft unterzuordnen. Obwohl sich die koreanische Gesellschaft vor westlichen Einflüssen keineswegs abschirmt, ist sie traditionellem Denken eng verhaftet, das gilt auch für die Anerkennung von Autoritäten. Trotz dieser kulturellen Besonderheiten unterscheiden koreanische Kinder im Alter zwischen 5 und 15 Jahren ebenso wie Gleichaltrige westlicher Industrienationen zwischen Moral und sozialen Konventionen. Sie sehen in moralischen Übertretungen ein schwereres Vergehen als in der Mißachtung von Konventionen. Die Unterscheidung tritt mit wachsendem Alter deutlicher hervor. Die Schädigung eines anderen durch Diebstahl ist unter allen Umständen ein schwerer Verstoß gegen die Moral. Das Unterlassen einer herzlichen Begrüßung ist allerdings ebenso unzulässig. Gegen die Konvention, nicht mit den Fin-

Abb. 5.7: Auch koreanische Kinder und Jugendliche unterscheiden zwischen Moral und Konvention. Persönliche Rechte hat der einzelne seinen Verpflichtungen gegenüber der Gemeinschaft unterzuordnen.

Info-Kästchen 5.5:
Was veranlaßte Menschen, Juden zu helfen, die während des Naziterrors verfolgt worden waren?

Die Grausamkeiten, die während des Eichmann-Prozesses in Jerusalem ans Tageslicht kamen, schockierten die Zuhörer aufs tiefste. Gelegentlich war aber auch von Rettern die Rede, die durch ihr tatkräftiges Einschreiten Juden vor der Verhaftung und damit vor der Abschiebung in das Konzentrationslager bewahrt hatten. Was waren das für Menschen, deren Taten einsam aus einem Meer von Schilderungen schlimmster Brutalität herausragten? Man beschloß, dieser Frage nachzugehen. Man setzte eine Untersuchung in Gang, die zwar über das Stadium von Vorklärungen niemals hinauskam, die aus Gründen mangelnder Finanzierung schließlich vorzeitig abgebrochen wurde, die aber dennoch Zusammenhänge ans Licht brachte, die man einer interessierten Öffentlichkeit nicht vorenthalten wollte.
Insgesamt wurden in dieser unvollendeten Studie 27 ehemalige Retter und 27 seinerzeit gerettete Juden – allesamt inzwischen außerhalb Europas lebend – intensiber befragt. Wie Perry London berichtet, begann man die Arbeit in der Erwartung, „stabile Persönlichkeitsmerkmale zu finden, die zu selbstlosem (altruistischem) Verhalten in Beziehung stehen konnten". Sehr bald zeigte sich aber, wie unterschiedlich das Verhalten der Retter gewesen war. Einige erhielten eine große Menge Geld, weil sie bei der Beschaffung falscher Papiere, beim Besorgen von Nahrung, bei der Erlangung von Waffen oder bei der Bestechung von Beamten geholfen hatten. Andere verloren durch ihren Rettungseinsatz ein Vermögen, so daß sie schließlich selbst mittellos dastanden. Es gab auch solche, die fast mit nichts angefangen hatten und bereit waren, das Wenige zu teilen, was sie besaßen. Die Motivationen der Retter waren nicht leicher zu klassifizieren. Einige wollten ausdrücklich helfen. Für andere war die Unterstützung verfolgter Juden mehr ein zufälliger Teil ihrer Arbeit; sie reagierten im wesentlichen auf sozialen Druck oder waren durch soziale Anreize motiviert. Manchmal war man in eine Rettungsaktion regelrecht „hineingestolpert".
Ein früherer deutscher Geschäftsmann, der in einem Zeitraum von fast vier Jahren etwa 200 Menschen das Leben gerettet hatte, erinnterte sich, daß ihn seine Sekretärin eines Tages um Hilfe bat. Sie fürchtete, ihr jüdischer Ehemann könne von den Nazis umgebracht werden. „So etwas tun Deutsche nicht", war die erste Reaktion des ehemaligen Retters. Dennoch gestattete er dem vermeintlich Bedrohten, sich an Wochenenden in seinem Büro aufzuhalten. Durch dieses scheinbar kleine Zugeständnis an seine Sekretärin fand sich der Geschäftsmann plötzlich im „Rettungsgeschäft". Sobald es für ihn offensichtlich wurde, daß die Befürchtungen der Juden gerechtfertigt waren, engagierte er sich mehr und mehr für Hilfsmaßnahmen. Eine Vorliebe für abenteuerliche Unternehmungen half ihm oft, schwierige Missionen zu meistern. So gelang ihm die Befreiung eines Gefängnisinsassen, weil er den Wärtern erzählte, er habe diesen abzuholen. Sein Befehl wäre zu geheim, um niedergeschrieben zu werden und die Anordnung käme von so hoher Stelle, daß sich jeder Zweifel erübrigen würde. Die Wärter übergaben ihm daraufhin den Gefangenen.
In der Regel waren es situative Bedingun-

gen, häufig auch Fehleinschätzungen, die zu den ersten Hilfsmaßnahmen führten. Fast alle befragten Retter wußten auf Grund ihrer eigenen Lebensgeschichte, was es bedeutete, in sozialer Hinsicht Zurückweisung zu erfahren. Außerdem kennzeichnete sie fast immer ein Hang für abenteuerliche Unternehmungen.
Diese Merkmale erklären aber sicherlich noch nicht ausreichend, warum sich Menschen über viele Jahre hinweg und unter teilweise schwersten persönlichen Opfern für die Rettung verfolgter Juden engagierten. Zusätzlich hatten sich fast alle Retter stark mit einem Elternteil identifiziert, der ihnen in moralischer Hinsicht feste Werthaltungen vermittelt hatte. Der deutsche Geschäftsmann erinnerte sich noch lebhaft, wie sich seine Mutter mahnend an ihn gewandt hatte: „Ganz gleich, was Du mit Deinem Leben tun wirst, bleib anständig. Wenn der Tag kommt, an dem Du eine Entscheidung treffen mußt, treffe die richtige. Es kann eine schwere Entscheidung sein; aber auch die schweren sollten die richtigen sein." Der befragte Deutsche gestand freimütig: „Ich verstand damals noch nicht, was sie meinte ..."

gern zu essen, könnte jedoch schon eher und mit weniger schweren Folgen verstoßen werden.

Piaget unterschied in seinen Studien nicht zwischen Moral und sozialer Konvention. Eine Trennung hält Elliot Turiel jedoch für wichtig, weil die Entwicklung in beiden Bereichen unterschiedliche Erfahrungen voraussetzt. Wenn es z.B. um das Verteilen von Gütern geht, wenn Schädigungen anderer – in Form von Diebstählen oder Verletzungen – erfolgen, gewinnt das Kind Erfahrungen, die für seine moralische Entwicklung von Bedeutung sind. Demgegenüber sammelt es z.B. beim Aushandeln und Einhalten von Spielregeln, bei der Beobachtung vorschriftswidriger Verhaltensweisen usw. Erfahrungen, die sein Verständnis für soziale Konventionen fördern.

5.4.2 Moralisches Verhalten

Klagen der älteren Generation über die vermeintliche moralische Verkommenheit der Jungen lassen sich über Jahrtausende zurückverfolgen. Entsprechende Sorgen führten zu Beginn der zwanziger Jahre auch in den Vereinigten Staaten von Amerika wieder einmal zu erregten Diskussionen. Die Beunruhigung erfaßte u.a. die Mitglieder der Gesellschaft für Religiöse Erziehung. Im Jahre 1922 faßte eine Versammlung dieser Organisation den Beschluß, die wahrgenommenen Entwicklungen einmal wissenschaftlich zu untersuchen. Man wollte vor allem wissen, wie wirkungsvoll der Religionsunterricht in den Schulen ist. Zwei Professoren, der eine aus dem Fachgebiet der Religionspädagogik, Hugh Hartshorne, der andere aus dem der Psychologie, Mark May, wurden mit der wissenschaftlichen Leitung der Studie beauftragt. Man stellte ihnen beträchtliche Forschungsmittel zur Verfügung.

Um Aufschlüsse über die „Natur des moralischen Charakters" zu erhalten, wurden 10.000 Kinder im Alter zwischen 8 und 16 Jahren als Versuchsteilnehmer ausgewählt. Hartshorne und May forderten diese jungen Menschen nicht nur auf, moralische Urteile abzugeben; sie beobachteten diese außerdem unauffällig in verschiedenen Situationen (in der Schule und auf dem Spielplatz), in denen grundsätzlich Gelegenheit zum Lügen, zum Täuschen oder zum Stehlen bestanden hätte. Fanden sich Kinder, die in allen Situationen ehrlich waren und andere, die häufiger durch unaufrichtiges Verhalten auffielen? – Nach Auswertung ihrer Ergebnisse mußten Hartshorne und May diese Frage verneinen. Es ist nicht möglich, stellten sie fest, die Welt in ehrliche und unehrliche Menschen einzuteilen. Wenn ein Kind moralische Verfehlungen in der einen Situation begeht, bedeutete dies keineswegs, daß es dies auch bei anderen Gelegenheiten tut. Es schien wesentlich von den äußeren Bedingungen abzuhängen, wie ein Kind reagiert. Das Verhalten der jungen Versuchsteilnehmer ließ sich auch dann nicht besser vorhersagen, wenn man sich nach ihrer Einstellung gegenüber Täuschungsversuchen erkundigte. Kinder können unredliches Verhalten grundsätzlich verurteilen und kurze Zeit später genau das tun, was sie zuvor abgelehnt haben.

Hartshorne und May schlossen aus ihren Untersuchungsergebnissen, daß es sich bei „Anständigkeit" nicht um ein stabiles Persönlichkeitsmerkmal handelt; nach ihrer Überzeugung hängt es von der besonderen Situation ab, ob sich ein Mensch „anständig" verhält oder nicht. Kann man diese Feststellungen auch noch heute als gültig anerkennen? Diese Frage hat wiederholt das Interesse in der Forschung erregt.

In einem Punkt stimmten die Ergebnisse vieler Nachuntersuchungen überein: Aus der Tatsache, daß ein Mensch in einer Situation moralisches Verhalten zeigt, ist nicht sicher abzuleiten, daß er dies auch in einer anderen tun wird. Unter einigen Bedingungen lastet auf einem Menschen ein stärkerer Druck, sein Ziel unter allen Umständen zu erreichen als unter anderen. Ein Kind, das niemals auf den Gedanken kommen würde, einen Ladendiebstahl zu begehen, könnte sehr wohl Täuschungen bei einer Klassenarbeit versuchen, weil es bei schlechten Leistungen Konflikte mit seinen Eltern befürchtet. Weiterhin ist die wahrgenommene Gefahr, bei einer Unredlichkeit entdeckt zu werden, nicht immer gleich groß. Zudem werden Kinder manchmal mehr, manchmal weniger von Gleichaltrigen zu Taten gedrängt, die moralischen Wertvorstellungen widersprechen. Nur so lassen sich auch offenkundige Widersprüche erklären, auf die man bei Befragungen aufmerksam wird. So erklärt ein Zehnjähriger beispielsweise, daß Stehlen ein schwereres Vergehen sei, als im Schlafanzug am Unterricht teilzunehmen. Gleichzeitig gesteht er aber zu, daß er eher bereit sei, einen kleinen Diebstahl zu begehen als in unangemessener Kleidung zur Schule zu gehen.

In einem wesentlichen Punkt unterscheiden sich die Ergebnisse der meisten Nachuntersuchungen allerdings von den Schlußfolgerungen, die Hartshorne und May gezogen haben: Moralisches Verhalten ist nicht ganz so situationsspezifisch, wie die beiden Autoren aus ihren Untersuchungsergebnissen gefolgert haben. Offenbar gibt es bei einigen Kindern Persönlichkeitsmerkmale, durch die das Auftreten moralischer Verhaltensweisen mehr oder weniger wahrscheinlich wird. Ein Kind, das in einer Situation durch besondere Hilfeleistungen aufgefallen ist, könnte sehr wohl auch unter ähnlichen Bedingungen eine erhöhte Bereitschaft zeigen, seine Dienste anzubieten. Wenn ein Kind in einer Situation der Verführung widersteht, etwas Unerlaubtes zu tun, ist die Wahrscheinlichkeit erhöht, daß es einer entsprechenden Versuchung auch in einer anderen Situation entgegentritt. Es muß also etwas im Menschen geben, was seine Bereitschaft zum moralischen Verhalten in verschiedenartigen Situationen erhöht. Die Suche nach diesen Persönlichkeitsmerkmalen erweist sich jedoch als außerordentlich schwierig. Was veranlaßte z.B. einige Menschen während des Dritten Reiches – zumeist unter hohem Risiko für das eigene Leben – verfolgte Juden vor dem sicheren Tode zu bewahren? Wie sich Info-Kästchen 5.5 entnehmen läßt, waren die Beweggründe außerordentlich vielfältig. Zumeist waren es Zufälle, die einen Menschen erstmalig veranlaßten, Bedrängten zu helfen.

Literatur zur Erweiterung des Wissens und zur Vertiefung:

Baacke, D. (1984): *Die 6- bis 12jährigen. Einführung in Probleme des Kindesalters.* Weinheim: Beltz

Zur Oeveste, H. Ü. (1984): Moralische Entwicklung. In: Wieczerkowski, W. & Zur Oeveste, H. Ü. (Hrg.): *Lehrbuch der Entwicklungspsychologie.* Düsseldorf: Schwann, S. 63-98

6. Kapitel

Adoleszenz

„Man muß sich zunächst im klaren darüber sein, ob man sich noch als ‚Kind' oder schon als ‚Erwachsener' fühlt. Ich bin 14, und ich muß sagen, daß ich mir selbst nicht im klaren darüber bin", sagt ein Mädchen, und ein fünfzehn Jahre alter Junge beklagt sich: „Nicht schön ist, daß uns Jugendlichen gesagt wird, wir seien jetzt Erwachsene, aber auch noch Kinder. Wer soll das noch verstehen?" Solche Äußerungen Jugendlicher verweisen auf die Schwierigkeit, die Lebensabschnitte Jugend- und Erwachsenenalter klar voneinander zu trennen. Es muß folglich zunächst geklärt werden, wann für einen Entwicklungspsychologen die Adoleszenz oder – wie er es auch nennt – das Jugendalter anfängt und wann sich das Erwachsenenalter daran anschließt.

Zu den bedeutsamsten Entwicklungen in der frühen Adoleszenz gehören die körperlichen Veränderungen und ihre Folgen. Der junge Mensch erlangt die Fähigkeit zur Fortpflanzung. Sehr viel stärker als während der Kindheit hat er sich mit der Tatsache auseinanderzusetzen, daß er ein sexuelles Wesen ist. Ihm eröffnet sich gleichzeitig eine Gefühlswelt, die er sowohl bezüglich der Intensität als auch in Hinblick auf ihre Vielfalt zuvor nicht kannte.

Die körperlichen und emotionalen Veränderungen werden begleitet von Entwicklungen des Denkens. Der Grundschüler ist noch sehr stark dem Konkreten, der unmittelbar beobachtbaren Wirklichkeit verhaftet. Jenseits des elften bis zwölften Lebensjahres entsteht allmählich die Fähigkeit, sich auch an nicht Konkretem, vielleicht nur Möglichem zu orientieren.

Wenn ein Mensch die Veränderungen des eigenen Körpers, des eigenen Denkens und Fühlens selbst erlebt, wenn sein Verhältnis zur Umwelt neu zu ordnen ist, dann ergeben sich viele neue Fragen: Was bedeuten diese Veränderungen für mich? Wer bin ich in dieser Welt? Was kann aus mir werden? Solche Fragen, auf die sich nicht ohne weiteres eine Antwort finden läßt, lösen bei vielen Jugendlichen eine Identitätskrise aus, die aber in der Mehrheit der Fälle nur vorübergehend ist und überwunden wird. Am Ende dieser Entwicklung steht in der Regel ein junger Mensch, der seine – vorläufige – Rolle in der Gesellschaft, in der er lebt, gefunden hat, und der Voraussetzungen erworben hat, den Lebensabschnitt des Erwachsenenalters zu beginnen.

6.1 Der Alterszeitraum der Adoleszenz

Die Beendigung der Kindheit kündigt sich an, wenn der Körper sich auffallend zu verändern beginnt; ein kräftiger Wachstumsschub ist ein bedeutsames Kennzeichen der

Pubertät. Unter Pubertät ist hier derjenige Alterszeitraum zu verstehen, in dem der Mensch seine Fähigkeit zur Fortpflanzung entwickelt. Wann beginnt nun aber das Erwachsenenalter? Mit der Beendigung der Pubertät? Nach Erreichen des 18. Lebensjahres? Nach Eingliederung in die Berufswelt? Nach der Eheschließung? Oder mit dem 35. Lebensjahr, von dem ab man z.B. nicht mehr Mitglied der Jugendorganisation einer politischen Partei sein kann?

Man kann einen Menschen von dem Zeitpunkt an als einen Erwachsenen betrachten, da er in der Lage ist, für sich selbst zu sorgen und soziale Verantwortung zu übernehmen. Der Eintritt in das Erwachsenenalter beginnt nach Bernhard Schäfers, „wenn ein Individuum in allen Teilbereichen selbständig handeln kann und als selbständiges Gesellschaftsmitglied voll anerkannt ist. Dazu gehören wirtschaftliche Selbständigkeit durch Berufsausübung und eigenes Einkommen und die soziale Verselbständigung, z.B. durch Gründung eines eigenen Haushaltes und/oder einer eigenen Familie." Wann diese Bedingungen erfüllt sind, läßt sich allerdings nicht unabhängig von der Gesellschaft beantworten, in der ein Mensch lebt.

Aus den gestiegenen Anforderungen an die Ausbildung im Vergleich zu Zeiten vor der Industrialisierung folgt, daß junge Menschen in wirtschaftlicher Hinsicht länger von ihren Eltern abhängig sind, obwohl sie körperlich und psychisch nicht mehr die typischen Kennzeichen der Kindheit aufweisen. Zwischen Kindheit und Erwachsensein schiebt sich die Phase der *Adoleszenz* oder des *Jugendalters*. In diesem Lebensabschnitt wird der körperlich bereits reife Mensch in seiner sozialen Verantwortung und/oder seiner wirtschaftlichen Unabhängigkeit noch eingeschränkt. Das ist der Erwachsene nicht mehr.

Während man für den Beginn der Adoleszenz biologische Merkmale (Einsetzen geschlechtlicher Reifungsprozesse) nennen kann, ist der Abschluß viel schwieriger zu bestimmen. Beispielsweise half der Sohn eines Handwerkers im 16. und 17. Jahrhundert typischerweise seit dem sechsten oder siebenten Geburtstag im Betrieb seines Vaters. Im Alter von elf oder zwölf Jahren verließ er das Elternhaus, um seine Lehrjahre bei verschiedenen Meistern zu verbringen, bei denen er sich jeweils selbständig bewarb. Konnte sich dieser junge Mensch während seiner Wanderjahre als ein Erwachsener verstehen? Er erhielt von seinem Meister Essen und Unterkunft. Seine Reisen organisierte er jedoch selbst, er handelte die Höhe seiner Entlohnung aus und wurde für seine Arbeit voll haftbar gemacht. Insgesamt trug er also die Verantwortung für seinen Lebensunterhalt selbst. Zeitgenössischen Dokumenten läßt sich entnehmen, daß er ermahnt wurde, während seiner Wanderjahre hart zu arbeiten und viel zu lernen. Die Heirat sollte er solange hinausschieben, bis er selbst Meister war. Man erwartete von ihm in sexueller Hinsicht keine völlige Enthaltsamkeit, denn – so hieß es – das würde ihm Kopfschmerzen und schlechte Stimmungen bereiten. Da ihm aber abgeraten wurde, vor der Erreichung des 25. Lebensjahres eine Ehe einzugehen, mußte er als ein sozial unabhängiger Mann ein geregeltes Geschlechtsleben und die Heirat solange hinausschieben, bis er ökonomisch für eine ganze Familie verantwortlich sein konnte. Erreichte der Wanderlehrling das Erwachsenenalter nun mit der wirtschaftlichen Unabhängigkeit oder erst mit der Gründung einer eigenen Familie?

Für die Gegenwart ist der Zeitpunkt für den endgültigen Eintritt in das Erwachsenenalters keineswegs leichter zu bestimmen. Der Entwicklungspsychologe David Elkind meint sogar, daß die „Markierungen" immer mehr verwischt werden, die noch vor wenigen Jahrzehnten die Grenze zwischen Jugend- und Erwachsenenalter angezeigt haben. Nach den Beobachtungen Elkinds ist der Teenager noch in den siebziger Jahren in den Medien so dargestellt worden, daß er sich eindeutig von einem Erwachsenen unterschied. Sie zeichneten Jugendliche, die zur Launenhaftigkeit neigten, impulsiv handelten und an Plänen schmiedeten, die ehrgeizig und vielfach gar nicht zu verwirklichen waren. In jüngerer Zeit beobachtet Elkind demgegenüber in zahlreichen Filmen eine Tendenz, den Teenager als empfindsamen, intelligenten, wissenden, reifen und welterfahrenen Menschen darzustellen, der von einem Erwachsenen kaum mehr zu unterscheiden ist. Möglicherweise trägt er die gleiche Kleidung wie seine Eltern. „Wenn diese Filme einfach Phantasie wären und die Leute anschließend nach Hause gingen und alles vergessen würden, dann wäre das eine Sache für sich", sagt Elkind und fährt fort: „Aber ich meine, daß sie Einfluß darauf nehmen, wie Kinder sich selbst sehen und wie andere Menschen sie sehen. Eltern treiben ihren Nachwuchs zur Eile an, erwarten zu viel und tragen dazu bei, daß sich der Eindruck bei den Kindern entwickelt, sie müßten alles wissen."

Hinzu kommt, daß die Autorität von Eltern und Lehrern, die sich auf deren Können, Wissen und Erfahrung stützen könnte, zunehmend verloren geht. Das technische Zeitalter mit seinen schnell wechselnden Anforderungen läßt Jugendliche in alltäglichen Situationen häufig sogar informierter und angemessener reagieren als die ältere Generation. Auch diese Entwicklung erschwert die Abgrenzung zwischen Jugend- und Erwachsenenalter.

Wenn sich die „Markierungen" zwischen dem Jugend- und Erwachsenenalter zunehmend verwischen, kann das zur Folge haben, daß dem Teenager der Schonraum, der ihm in der Vergangenheit über viele Jahrzehnte zugebilligt worden war, immer mehr verloren geht. Der junge Mensch wird möglicherweise zu früh in die Erwachsenenrolle gedrängt. So sieht Elkind beispielsweise in der gegenwärtigen Gesellschaft den Glauben an die kindliche Unschuld schwinden. Bereits Kinder sind über Fernsehen und andere Medien mit allen Erscheinungsformen menschlichen Lebens vertraut, einschließlich Sexualität, Aggressivität und Notlagen der verschiedensten Art. Könnte ihnen der Anblick von Menschen, die völlig außerhalb jeder Kontrolle handeln, nicht schaden? Da sich die Grenze zwischen Adoleszenz und Erwachsenenalter zunehmend verwischt hat, da der Jugendliche behandelt wird, als sei er bereits ein Erwachsener, beschäftigt man sich mit einer solchen Frage kaum noch.

Der Jugendliche unterscheidet sich am eindeutigsten vom Erwachsenen durch seine wirtschaftliche Abhängigkeit. Viele Studenten erreichen beispielsweise ihren akademischen Abschluß erst in der zweiten Hälfte des dritten Lebensjahrzehnts. Sie sind zwar finanziell von ihren Eltern abhängig; führen aber – womöglich gemeinsam mit einem Partner, der finanziell ebenfalls von seinen Eltern abhängig sein kann – einen eigenen Haushalt. Wäre es berechtigt, ihnen den Erwachsenenstatus erst zuzubilligen, wenn sie eine berufliche Tätigkeit beginnen und über ein eigenes Einkommen verfügen? Da es auf eine solche Frage keine eindeutige, von jedermann akzeptierte Antwort gibt, haben die meisten Entwicklungspsychologen willkürlich entschieden, daß der Alterszeitraum der Adoleszenz irgendwann zwischen dem 19. und 21. Lebensjahr in das Erwachsenenalter übergeht.

6.2 Einige Kennzeichen der körperlichen Entwicklung

Durch die körperlichen Veränderungen, die zu Beginn der Adoleszenz, also in der Pubertät, stattfinden, wird das Ende der Kindheit besonders markant zum Ausdruck gebracht. Zum ersten Mal in seinem Leben kann ein Mensch schnelle Veränderungen seines Körpers kritisch beobachten. „Wie werde ich einmal aussehen, wenn ich erwachsen bin?" ist eine Frage, die sich Jungen und Mädchen in der Pubertät häufiger als jemals zuvor in ihrer Entwicklung stellen.

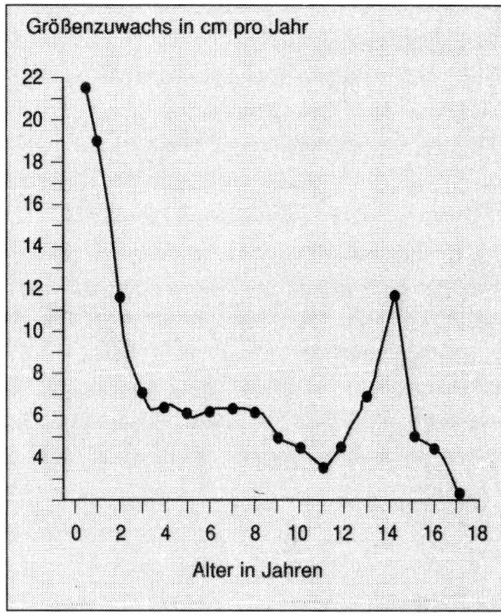

Abb. 6.1: Die Wachstumsveränderung des Sohnes von Guenau de Montbeillard während der ersten 18 Lebensjahre

6.2.1 Wachstum während der Pubertät

Wenn man die Werte, die der französische Edelmann Philibert Guenau de Montbeillard regelmäßig durch Messung der Körpergröße seines Sohnes gewonnen hat (s. S. 38), einmal so darstellt, daß der jährliche Zuwachs sichtbar wird, dann erkennt man deutlich eine Beschleunigung, die zwischen dem elften und zwölften Lebensjahr einsetzt und etwa zwei Jahre dauert.

Nur während der ersten beiden Lebensjahre (und übrigens auch vor der Geburt) ist de Montbeillards Sohn schneller als in der Pubertät gewachsen. Wenn sich der französische Edelmann bei den Messungen nicht nur auf seinen Sohn beschränkt hätte, sondern auch das Wachstum weiterer Jungen und Mädchen seiner Altersgruppe erfaßt und protokolliert hätte, könnte man die Werte mit denen nachfolgender Generationen bis heute vergleichen. Leider liegen erst seit Beginn dieses Jahrhunderts ausreichende Daten vor. Seit dieser Zeit hat sich das Alter des Pubertätbeginns allmählich vorverlagert. Mit dieser Entwicklungsbeschleunigung geht offenbar einher, daß im Verlauf mehrerer Jahrzehnte dieses Jahrhunderts auch die Durchschnittswerte für Gewicht und Körpergröße gestiegen sind. Weitere Einzelheiten über diese sog. „säkulare Akzeleration", also die Wachstumsbeschleunigung der Bevölkerung, und mögliche Erklärungsversuche enthält Info-Kästchen 6.1.

Der Wachstumsschub und damit der Eintritt in die Pubertät beginnt bei den meisten Mädchen im Alter zwischen $9\frac{1}{2}$ und $14\frac{1}{2}$ Jahren (vielfach im Alter von 10) und bei Jungen typischerweise später, d.h. zwischen $10\frac{1}{2}$ und 16 Jahren (bei den meisten zwischen 12 und 13 Jahren). Auch innerhalb der Geschlechter gibt es also erhebliche Unterschiede. Mädchen oder Jungen, die ziemlich früh in die Pubertät eintreten, können bereits voll ausgewachsen sein, wenn andere Mitglieder ihres Jahrgangs mit dem Wachstumsschub noch nicht einmal begonnen haben. Wie unterschiedlich die körperliche Entwicklung von Mädchen im 13. und von Jungen im 15. Lebensjahr sein kann, läßt

Info-Kästchen 6.1:
Wird die Menscheit allmählich immer größer und schwerer?

Seit Beginn dieses Jahrhunderts beobachtet man, daß Kinder immer größer werden. Diese Tendenz zeigte sich vor allem nach Beendigung des sog. Wachstumsschubs. Seit 1900 erhöhte sich die Körpergröße während der Adoleszenz jedes Jahrzehnt um 2 bis 3 cm. Das bedeutet, daß ein Jugendlicher im Jahre 1980 16 bis 24 cm größer war als ein Gleichaltriger des Jahres 1900. Auch die Beendigung des Wachstums erfolgte in der Vergangenheit immer früher. Vor etwa 100 Jahren war ein Mann mit 23 oder 24 Jahren ausgewachsen; heute hat er im Alter von 18 Jahren seine volle Körpergröße erreicht. Beim weiblichen Geschlecht haben sich die Vergleichswerte von 18 oder 19 auf gegenwärtig 16 Jahre vorverlagert. Schließlich zeigt sich die Beschleunigung der Entwicklung auch beim Auftreten der ersten Regelblutung (Menarche). Die Menarche trat im Jahre 1840 durchschnittlich im Alter von 17 Jahren auf; heute haben die meisten Mädchen ihre erste Regel bereits vor ihrem dreizehnten Geburtstag. Wie lassen sich Entwicklungs- und Wachstumsbeschleunigung erklären? Worauf ist es zurückzuführen, daß sich die durchschnittliche Körpergröße der Jugendlichen im Verlauf der Zeit zunehmend erhöht hat?

Es ist sehr wahrscheinlich, daß die Beschleunigung damit zu tun hat, daß sich im Verlauf der letzten hundert bis zweihundert Jahre vor allem die Ernährungsbedingungen, ebenso aber auch die medizinische Versorgung der Bevölkerung zunehmend verbesserte. In Kriegszeiten, die für die Mehrheit der Bevölkerung Lebensmittelverknappung mit sich brachten, verminderte sich stets die Körpergröße von Schulkindern. In ärmeren Ländern wie z.B. Neu-Guinea oder Zentral-Afrika tritt die Menarche nicht selten im Alter von 17 oder 18 Jahren auf, bei gut versorgten jungen Afrikanerinnen dagegen fast zum gleichen Zeitpunkt wie bei den europäischen Altersgenossinnen. Ob auch die mit der Industrialisierung und Verstädterung einhergehende Verstärkung von Reizanregungen und Stresseinwirkungen eine Rolle gespielt haben konnten, wird gegenwärtig noch geprüft.

Ist damit zu rechnen, daß sich die sekuläre Akzeleration auch zukünftig immer noch weiter fortsetzt? Werden die Menschen allmählich immer größer und verlagert sich der Eintritt in die Pubertät bei zukünfigen Generationen weiterhin in zunehmend jüngere Lebensalter? Eine sichere Antwort läßt sich nicht geben. Vieles spricht aber dafür, daß die Tendenz zur Entwicklungsbeschleunigung und zum größeren Körperwachstum während der siebziger Jahre zum Stillstand gekommen ist. Ob sich die Tendenzen unter dem Einfluß der Umweltverschmutzung und einer damit verbundenen Minderung körperlicher Abwehrkräfte womöglich sogar wieder umkehren werden, muß abgewartet werden.

sich der Abbildung 6.2 entnehmen. Die Entwicklung der dargestellten Kinder bzw. Jugendlichen ist als normal zu bezeichnen.

Wie läßt sich erklären, daß der Beginn der Pubertät viele Jahre auseinanderliegt? James Tanner meint dazu, es ginge nun einmal beim Wachstum ebenso wie in der Musik zu: Bei einigen Kindern verlaufe die körperliche Entwicklung nun einmal im *andante*, bei anderen im *allegro* und bei wenigen auch im *lentissimo*. „Es scheint, daß die Vererbung bei der Einstellung des Metronoms eine

Abb. 6.2: Beginn und Ende der Pubertät kann bei Jungen und Mädchen erheblich schwanken.

große Rolle spielt; aber den physiologischen Mechanismus kennen wir nicht." Es ist also noch unbekannt, weshalb bei dem einen früher, bei dem anderen später das Zwischenhirn (*Hypothalamus*) Nervenimpulse an die Hirnanhangdrüse (*Hypophyse*) sendet, die daraufhin ihrerseits Nachrichten an die weiblichen und männlichen Geschlechtsdrüsen übermittelt. Die Eierstöcke des Mädchens produzieren daraufhin erheblich mehr Östrogen, die Hoden des Jungen in gesteigertem Maße Androgen und Testosteron. Beide Hormone finden sich sowohl im männlichen wie im weiblichen Körper. Beim Mann überwiegt jedoch das Testosteron, bei der Frau das Östrogen. Die Pubertät endet einige Zeit nach der ersten Regelblutung beim Mädchen und nach der Produktion von Samenzellen beim Jungen. Zahlreiche Wirkungen der gesteigerten Hormonausschüttung durch die Hirnanhangdrüse bzw. Geschlechtsdrüsen zeigt die Abbildung 6.3.

Die Jungen beginnen mit dem Wachstumsschub zwar später; steigern ihre Körpergröße dann aber jährlich um durchschnittlich 10 cm, während die Mädchen nur durchschnittlich 9 cm in zwölf Monaten wachsen. Deshalb sind Männer im Durchschnitt etwas größer als Frauen. Die einzelnen Körperteile wachsen nicht gleichzeitig. Das Wachstum beginnt beim Kopf, Händen und Füßen und geht dann auf den Rumpf über. Schließlich weitet sich der Oberkörper. Das ist nach James Tanner der Grund, warum ein Junge zuerst nicht mehr aus seinen Hosen (was ihre Länge betrifft) und erst ein Jahr später nicht mehr aus seinem Jacket herauswächst.

6.2.2 Entwicklung der Fortpflanzungsfähigkeit

Der erste Samenerguß und die erste Regelblutung sind für Jungen und Mädchen stets ein dramatisches Ereignis, das ihnen vor allem dann Probleme bereitet, wenn sie darauf nicht angemessen vorbereitet wurden. Stanley Hall, der wesentliche Pionierarbeiten zur Erforschung der Adoleszenz leistete, erinnert sich, wie nächtliche Samenergüsse ihn selbst in erheblichem Maße beunruhigten. „Meine Furcht vor diesem natürlichen Ereignis war so groß, daß ich zu Beginn meiner Teenager-Jahre einen Apparat baute und Binden verwendete, um den Reizzustand während des Schlafs zu verhindern, was nur zur Verschlimmerung der mißlichen

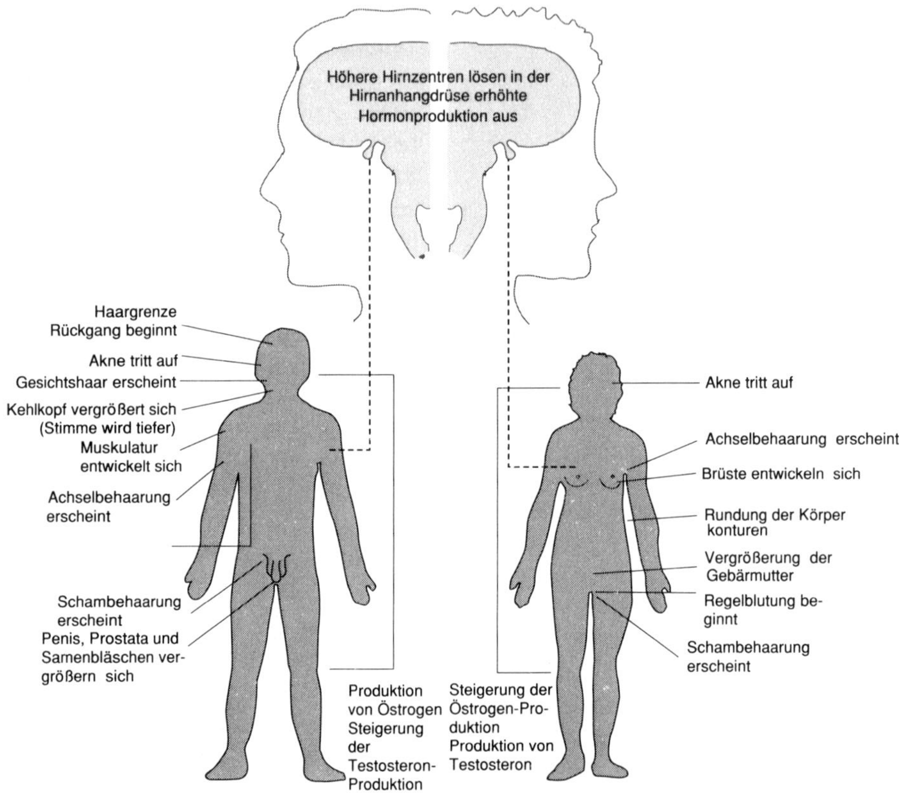

Abb. 6.3: Körperliche Veränderungen durch Hormonausschüttung während der Adoleszenz

Lage führte." Es ist nicht bekannt, ob der erste Samenerguß Geschlechtszellen enthält, die bereits Eizellen befruchten könnten. Bei den Mädchen vergehen nach der Menarche und dem ersten Eisprung in der Regel noch 12 bis 18 Monate, bis eine Befruchtung möglich ist, obwohl man mit Ausnahmen rechnen muß. Der Zeitpunkt für das Auftreten der ersten Regel setzt offenbar gewisse Fettvorräte des Körpers voraus, denn bei unterernährten Mädchen tritt die Menarche später auf. Auch bei intensiver sportlicher Betätigung setzt die erste Regel verspätet ein.

6.2.3 Bewertung des äußeren Erscheinungsbildes

John Collins und sein Mitarbeiter zeigten Jugendlichen verschiedenen Alters und Erwachsenen drei Sekunden lang vier auf dem Kopf stehende Gesichter (vom Kinn bis zum Haaransatz) nebeneinander für drei Sekunden. Unter den vier Gesichtern – die Dargestellten waren gleichaltrig – fand sich jeweils ein Foto des Betrachters. Gelang es den Versuchspersonen, ihr eigenes Gesicht in der kurzen Zeit zu entdecken? Man könnte vermuten, die Aufgabe wäre für einen Menschen, der sich in der frühen Adoleszenz befindet, besonders schwierig, denn während dieses Entwicklungsabschnitts verändert sich die Gesichtsform besonders stark. Tatsächlich erkannten die jüngeren Jugendlichen ihr Gesicht aber schneller als die älteren Versuchsteilnehmer. 92 Prozent der Dreizehn- bis Vierzehnjährigen, 71 Prozent der Achtzehn- bis Einundzwanzigjährigen und 76 Prozent der Fünfundzwanzig- bis Fünfunddreißigjährigen konnten ihr auf dem Kopf stehendes Gesicht während der kurzen Darbietungszeit erkennen. Warum konnten gerade junge Menschen in der Pubertät die Aufgabe in vergleichsweise kurzer Zeit lösen?

Die Antwort erhält man, wenn man Jugendliche in der frühen Adoleszenz einmal für einige Zeit beobachtet. Viele treten täglich häufiger vor den Spiegel, um sich längere Zeit kritisch zu betrachten. Fragt man Jugendliche, worüber sie sich am häufigsten Gedanken machen, dann nennt fast jeder zweite sein körperliches Aussehen. Jungen und Mädchen studieren besorgt ihren Körper, der während der Zeit des verstärkten Wachstums vorübergehend seine Harmonie verliert. Dem kritischen Jugendlichen fällt z.B. auf, daß seine Nase zu lang, sein Kinn zu klein und seine Füße zu groß sind. Hinzu kommen Hautprobleme als Folge der Hormonumstellung – kein Pickel und Mitesser entgeht seiner Aufmerksamkeit.

In keinem Entwicklungsabschnitt scheint das körperliche Aussehen so sehr im Mittelpunkt des Interesses zu stehen und gleichzeitig so viel Mißfallen zu erregen wie während der Adoleszenz. In den Worten von James Tanner: „Während des fötalen Lebens sowie ein oder zwei Jahre nach der Geburt verlief die Entwicklung eindeutig schneller und eine verständnisvolle Umgebung war vielleicht sogar noch wichtiger, aber das Individuum selbst war nicht der faszinierte, der entzückte oder entsetzte Zuschauer, der die Entwicklungen oder deren Stillstand ... beobachtete."

Die Unzufriedenheit mit dem eigenen Aussehen wird vor allem durch eine Kultur gefördert, die der körperliche Attraktivität einen hohen Stellenwert gibt. Der Mensch in der frühen Adoleszenz orientiert sich verstärkt an Idealbildern von Frau und Mann, die ihm in Filmen und Zeitschriften, vor allem auch in der Werbung vorgestellt werden. Jungen sind besorgt, wenn sie nicht das gleiche muskulöse Aussehen und ebenso breite Schultern haben wie die Helden, die ihnen als der Inbegriff der Männlichkeit vorgeführt werden. Mädchen stellen möglicherweise fest, daß sie körperlich nicht so zart sind, keine so enge Taille haben, wie die Modelle in der Werbung (s. Abbildung 6.4). Die Gruppe der Gleichaltrigen übt auf ihre

Abb. 6.4: Jugendliche in der frühen und mittleren Adoleszenz vergleichen ihr Aussehen häufig mit Schönheitsidealen, die u.a. die Werbung vermittelt.

Info-Kästchen 6.2:
Warum wird Fasten bei einigen Jugendlichen zur Sucht?

Als Gloria im Alter von 15 Jahren an einem Schwimmwettbewerb teilnahm, meinte eine Freundin zu ihr, sie sähe aus, als ob sie ein paar Pfunde zu viel auf dem Körper habe. Auf Gloria wirkte diese Bemerkung wie ein Schock. Sie verordnete sich sofort eine strenge Diät und beschäftigte sich fortan unentwegt nur noch mit der Frage, wie sie abnehmen könnte. Selbst nach Erreichung ihres Idealgewichts sah Gloria keinen Anlaß, ihr übertriebenes Fasten aufzugeben.

Gloria machte täglich gymnastische Übungen. Sie mied immer mehr Nahrungsmittel, bis sie täglich nur noch 600 Kalorien zu sich nahm (für ein Mädchen im Alter zwischen 15 und 18 Jahren werden 2100 Kalorien täglich empfohlen). Das Körpergewicht sank innerhalb von zwei Monaten von 45 auf 36 kg. Wenn man sein Idealgewicht aber nur um 10 bis 14 kg unterschreitet, ist mit nervösen Störungen, wie z.B. Schlaflosigkeit, depressiven Stimmungen und Konzentrationsmängeln zu rechnen. Außerdem beobachtet man bei einem Gewichtsverlust dieser Größenordnung zunehmende soziale Isolierung und Einschränkungen, die Wirklichkeit (vor allem auch in Hinblick auf den eigenen körperlichen Zustand) richtig wahrzunehmen. Das Fasten rückte allmählich in die Nähe einer Suchtkrankheit. Da Gloria weiter abnahm und die Familie keine Möglichkeit mehr sah, Einfluß auf das Mädchen zu gewinnen, wurde sie in ein Krankenhaus eingeliefert.

Die Ärzte erkannten sehr schnell, daß ihre Patientin an Magersucht (*Anorexia Nervosa*, d.h. „Appetitlosigkeit infolge nervöser Ursachen") litt. In 96 Prozent aller Fälle tritt diese Krankheit bei Mädchen im Alter zwischen 12 und 18 Jahren auf. Die Auftretenshäufigkeit von Magersucht, an der etwa einer von 200 Jugendlichen leidet, steigt übrigens seit etwa 30 Jahren sowohl in den Vereinigen Staaten von Amerika wie auch in den Ländern Westeuropas langsam, aber stetig an.

Welche Rolle die Magersucht in früheren Epochen gespielt hat, ist nur spärlich bekannt. Aus dem Altertum und dem frühen Mittelalter liegen darüber keine Überlieferungen vor. Ein englischer Geistlicher, Richard Morton, hat im Jahre 1691 erstmalig Symptome beschrieben, die der Magersucht entsprechen. In Ländern der dritten Welt kommt die Krankheit bis heute praktisch nicht vor.

Gloria entwickelte im Verlauf ihrer Fastenzeit ein ausgesprochenes Interesse für das Kochen. Sie sammelte Rezepte und bereitete selbst fast sämtliche Mahlzeiten für ihre Familie. Selbst aß sie davon allerdings nichts. Sie behauptete stets, keinen Hunger zu haben. Auf die Mahnung, sie müsse mehr essen, reagierte sie schroff mit der Feststellung, sie sei nicht dünn.

Was veranlaßte Gloria, ihre Nahrungsaufnahme von einem Tag auf den anderen in lebensgefährdender Weise zu verringern? Katherine Halmi, die über Glorias Fall berichtet, stellt fest, daß Magersucht bevorzugt bei Jugendlichen aus erfolgsorientierten Elternhäusern mittlerer und höherer Schichten auftritt, in denen Vater und Mutter sehr viel Wert auf ihr Aussehen legen. Eltern dieser Patienten kontrollieren das Verhalten ihrer Kinder übermäßig und erwarten höchste Leistungen.

Magersüchtige, so stellen auch Monika Gerlinghoff und ihre Mitarbeiter fest, „sind aufgewachsen in totaler Abhängigkeit von ihren Eltern, von Eltern, die immer wußten, was richtig und falsch ist, die jede Entscheidung für sie getroffen haben und Versuche in Richtung Eigenständigkeit nicht zulassen wollten." Ähnlich lagen die Verhältnisse bei Gloria, die seit dem achten Lebensjahr nach dem Tod ihrer Mutter bei ihrem Vater, einem Chirurgen, lebte, der u.a. als „ängstlich, kontrollierend, und impulsiv" geschildert wird. Häufig haben die Patienten Schwierigkeiten, sich emotional von ihren Eltern zu lösen. Ihre Tragik liegt darin, daß sie am Anfang ihrer Krankheit versuchen, Kontrolle über ihren Körper und ihre Umwelt zu gewinnen und dabei allmählich sämtliche Kontrolle verlieren.

Die Therapie von Magersucht ist schwierig, weil es keine physiologische Erklärung gibt. Außerdem stehen keine Medikamente zur Verfügung, die den Appetit steigern und das Körpergewicht der Patienten erhöhen könnten (im Falle lebensbedrohlicher Reaktionen ist künstliche Ernährung erforderlich). Die Patientin muß zunächst einmal zur Krankheitseinsicht gebracht werden. Sie hat zu lernen, wirklichkeitsnaher wahrzunehmen, vor allem ihren völlig abgemagerten Körper, den die Magersüchtige immer noch als „zu dick" ansieht, obwohl dieser wegen Auszehrung bereits vom Tode bedroht ist. Ein weiteres wesentliches Ziel der Therapie besteht für den Patienten darin, Eigenverantwortung zu übernehmen.

Die Schwierigkeit, therapeutisch erfolgreich zu sein, zeigte sich auch bei Gloria, denn die Bemühungen, ihr zu helfen, waren von mehreren Rückschlägen begleitet. Wegen Umzugs der Patientin wurde die über neun Monate dauernde Therapie beendet. Sie blieb aber offenbar nicht völlig erfolglos, denn Gloria, so heißt es zum Abschluß des Untersuchungsberichts, „hielt ihr Gewicht im unteren Grenzbereich" und „übernahm schließlich eine ziemlich verantwortungsvolle Tätigkeit in einem Geschäftsunternehmen". Nicht immer sind die Heilungsaussichten so günstig, denn die Sterblichkeitsziffer liegt zwischen 15 und 21 Prozent.

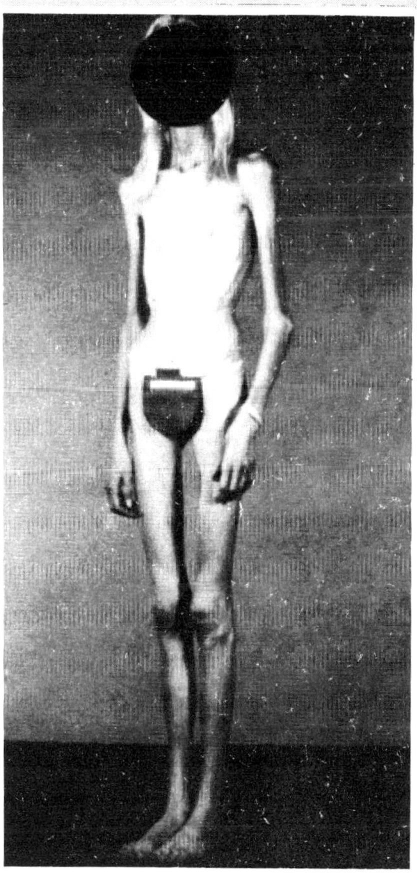

Abb. 6.5: Ein junges Mädchen, das sich in einem fortgeschrittenen Stadium von Magersucht befindet.

Mitglieder einen erheblichen Druck aus, sich Idealbildern anzunähern, die von den jeweiligen Jugendkulturen gerade verherrlicht werden. Wenn der junge Mensch diesem Erwartungsdruck nicht nachkommt, riskiert er soziale Zurückweisung. Wenn man ihn tatsächlich isoliert, bereitet man ihm ein Schicksal, das er wegen der verstärkten Hinorientierung zu den Gleichaltrigen besonders schwer ertragen kann.

Die meisten Erwachsenen haben gelernt, sich damit abzufinden, daß ihr eigenes Aussehen mehr oder weniger von Schönheitsidealen abweicht. Der Jugendliche, der sich zudem noch im Mittelpunkt der Aufmerksamkeit sieht (s.S. 249 f.), kann die Grenzen zwischen Schein und Wirklichkeit noch nicht so deutlich sehen. In ungünstigeren und seltenen Fällen werden unter dieser Bedingung Maßnahmen ergriffen, die sich verhängnisvoll auf die Gesundheit auswirken (s. Info-Kästchen 6.2).

Eltern verstehen zumeist nicht, daß Söhne und Töchter in der Adoleszenz dem eigenen Aussehen gesteigertes Interesse entgegenbringen. Dabei übersehen sie, daß der Jugendliche vorübergehend lediglich etwas übertreibt, was sich in der gesamten Gesellschaft nachweisen läßt: Dem Gutaussehenden werden viele günstige Persönlichkeitseigenschaften zugeschrieben und dadurch erhöhen sich auch seine sozialen Chancen.

6.3 Entwicklung kognitiver Funktionen in der Adoleszenz

Die körperlichen Veränderungen während der Pubertät zeigen der Umwelt besonders eindrucksvoll, daß aus dem Kind ein Erwachsener wird. Wie unterscheidet sich der Jugendliche aber in seinem Denken von einem Grundschüler? Natürlich kann ein Fünfzehnjähriger mehr Fragen eines typischen Intelligenztests richtig beantworten als ein Achtjähriger. Ein Mensch in der Adoleszenz ist in der Lage, Probleme zu lösen, vor denen er früher versagte. Worauf sind diese Unterschiede zurückzuführen? Leistet der Jugendliche nur deshalb mehr als das jüngere Schulkind, weil er mehr Erfahrungen sammeln konnte und entsprechend mehr weiß? Nach Meinung von Jean Piaget wäre das eine sehr einseitige Betrachtung, denn sie übersieht, daß sich das Denken des Menschen im Alterszeitraum zwischen 11 oder 12 und 15 Jahren noch einmal qualitativ ändert: In dieser Zeit erfolgt der Übergang zur Phase der „formalen Operationen".

6.3.1 Kennzeichen formaler Operationen

Nach Jean Piaget schließt die Denkentwicklung eines Menschen mit der Phase der formalen Operationen ab. In dieser letzten Phase der von ihm beschriebenen Denkentwicklung erwirbt der Jugendliche die geistigen Voraussetzungen zum logischen und abstrakten Denken. Der Unterschied zum jüngeren Kind zeigt sich z.B. bei folgender Aufgabe: Petra ist größer als Kirsten, und Kirsten ist größer als Katrin; wer ist von den dreien die Größte? Grundschüler in der Phase der konkreten Operationen geben in der Regel nur dann eine zutreffende Antwort, wenn die genannten Kinder vor ihnen stehen oder ihnen zumindest bekannt sind. Der formale Denker bewältigt diese Aufgabe auch dann, wenn sie ihm abstrakt-symbolisch (A>B>C) vorgelegt wird; er bedarf der Anschauungsgrundlage nicht mehr. Der Jugendliche wird durch Fortschritte seiner Denkentwicklung außerdem in die Lage versetzt, über das Hier und Jetzt hinauszugehen und sich gedanklich mit Möglichkeiten, also z.B. mit der Frage „was wäre, wenn ...?"

Info-Kästchen 6.3:
Weshalb ist es Sonntag, wenn dieses Belgien ist?

Zahlreiche international bekannte Lehrbücher der Entwicklungspsychologie zeigen anhand anschaulicher Beispiele, daß Kinder der konkret operationalen Phase anders reagieren als Jugendliche in der Phase formaler Operationen. Unreife Denkformen offenbaren sich vor allem bei der Verwendung von Aufgaben, die inhaltlich allgemeinen Erfahrungen widersprechen, in die Welt der Möglichkeiten führen oder zum Entdecken logischer Zusammenhänge herausfordern. Kindern wurde z.B. folgende Frage gestellt: „Wenn alle blauen Leute in roten Häusern leben, sind dann alle Leute, die in roten Häusern leben, blau?" Kinder im Stadium konkreter Operationen haben offenbar Schwierigkeiten sich damit abzufinden, daß es so etwas wie blaue Menschen gibt. In einer anderen Untersuchung gab man jungen Versuchspersonen die Gelegenheit, auf folgende Feststellung mit „ja" oder „nein" zu antworten: „Wenn Gras rosa ist, dann ist es offensichtlich rosa." Es ergaben sich folgende Zusammenhänge: „Die wahrscheinlichste Antwort eines formalen Denkers ist: ‚Ja, wenn es rosa ist, dann ist es offensichtlich rosa.' Der konkrete Denker, der die innere Logik dieser Feststellung übersieht, würde antworten ‚Nein, es ist grün'." Wie jüngere Kinder im Unterschied zu älteren denken, wird in einer „Einführung in die Entwicklung des Kindes" so veranschaulicht: „Man teilt einem Acht- und einem Dreizehnjährigen mit, daß die folgenden beiden Voraussetzungen richtig sind und dann bittet man sie, die Richtigkeit der Schlußfolgerungen zu überprüfen:

Voraussetzung 1:	Alle Elefanten sind Tiere.
Voraussetzung 2:	Alle Tiere sind grün.
Schlußfolgerung:	Alle Elefanten sind grün."

Die eingeschränkte Denkweise der konkret operationalen Phase ergibt: Die Schlußfolgerung ist falsch. Diese Kinder, so erläutern die Autoren dem Leser, sind „beschränkt auf das, was in dieser Welt aus der Erfahrung bekannt ist".
Wer die Logik aber nur auf seinen eingeschränkten Erfahrungsbereich anwendet, kann zwangsläufig auch nicht nachvollziehen, daß Sonnen schwarz sein müssen, wenn die Voraussetzung gilt, daß alle Sonnen Sterne und alle Sterne schwarz sind. Der konkrete Denker scheint sogar außerstande zu sein, der Annahme zu folgen, daß „Katzen fliegen können". Erst im Alter von etwa elf oder zwölf Jahren und nach mehreren Schuljahren kann er sich endlich auch die Antwort auf folgendes Problem logisch erschließen:

Wenn dieses Belgien ist, dann ist dies Sonntag.
Dies ist Belgien.
Ist dies Sonntag?

Es wäre verlorene Zeit, sich an jüngere Kinder mit dieser Aufgabe zu wenden. Erst Menschen im Jugendalter, so versichern die Lehrbuch-Autoren, können diese Frage zutreffend mit „ja" beantworten! Andere Verfasser eines einführenden Werkes pflichten ihnen bei. Ihrer folgenden Feststellung und dem daran anschließenden Beispiel ist eindrucksvoll zu entnehmen, welche Denkmöglichkeit sich dem Grundschulkind noch eröffnen werden, nachdem es in seiner Entwicklung noch etwas vorangeschritten ist: „Der Adoleszente kann Schlußfolgerungen aus Wenn … dann … Aussagen ziehen: Wenn der Mond aus grünem Käse gemacht wäre, dann würden die Mäuse ein Wettrennen zum nächsten Raumschiff veranstalten."

David Shaffer schildert in seinem Lehrbuch einen kleinen Versuch, der sich an Schüler der vierten und sechsten Schulklasse wandte. Diese erhielten folgende Aufgabe: „Stellt Euch vor, Euch würde ein drittes Auge gegeben und Ihr könntet Euch die Stelle aussuchen, wo Ihr dieses Auge an Eurem Körper unterbringen wollt." Ein Kind im Alter von neuneinhalb Jahren antwortete darauf: „Ich möchte mein Auge neben meinen beiden anderen Augen haben, damit ich weiterhin sehen könnte, wenn ich eines verlieren sollte." Ein gleichaltriges Mädchen meinte: „Ich möchte ein drittes Auge, damit ich besser sehen könnte." Diese Antworten – so scheint es – haben Shaffer aber nicht sonderlich beeindruckt. Wieviel „reifer" waren demgegenüber die Einfälle der formalen Denker: Sie dachten laut Shaffer über die Vorteile der hypothetischen Situation nach und gaben recht einfallsreiche Gründe für die Unterbringung des „Extra"-Auges an einzigartigen Stellen. Ein elfeinhalbjähriger Junge zeichnete z.B. ein Auge in die Mitte seiner linken Handfläche und erläuterte dazu: „Ich könnte um Ekken herumsehen und könnte sehen, was für ein Plätzchen aus der Keksdose ich kriegen werde." Ein anderer Elfjähriger fand für das dritte Auge noch einen Platz in seinem Mund. Da es sich bei ihm um einen formalen Denker handelte, war seine Entscheidung selbstverständlich nicht ohne angemessene Vorüberlegungen gefallen; seine Begründung spricht für sich selbst: „Ich möchte ein drittes Auge in meinen Mund, denn ich möchte sehen, was ich esse."

Den jüngeren Schülern ermangelte es nicht nur an kreativen Lösungen. Man kann es darüber hinaus nur ihrer kognitiven Unreife (und selbstverständlich nicht der Wirklichkeitsferne der akademischen entwicklungspsychologischen Forschung) zuschreiben, daß sie Shaffer offenbar auch noch unverblümt erklärten, daß sie die „Drei-Augen-Aufgabe" ziemlich albern und uninteressant fanden. Ein Neunjähriger zeigte mit seiner Äußerung deutlich, wie wenig er bereits formal operational dachte, denn er erklärte einfach: „Das ist blöd. Keiner hat drei Augen." Möglicherweise bedarf er aber nur noch weiterer zwei oder drei Jahre Schulerfahrungen, denn von den Elf- und Zwölfjährigen zeichnet Shaffer ein ganz anderes Bild. Ihnen machte die Aufgabe großen Spaß. Sie plagten für den Rest des Schuljahres immer wieder den Lehrer, er solle ihnen noch einmal so eine „Spaß"-Aufgabe wie die mit dem Auge geben.

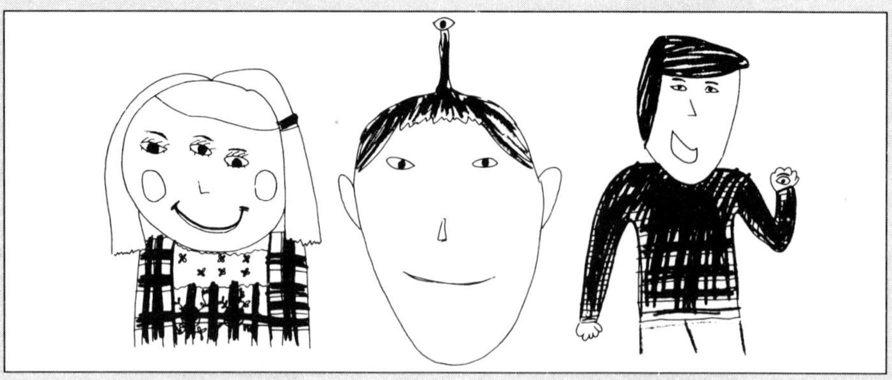

Abb. 6.6: Zeichnung eines Elfeinhalbjährigen zur „Drei-Augen-Aufgabe", die nach David Shaffer das logische Denkvermögen und den Einfallsreichtum formal operationaler Denker offenbart.

zu beschäftigen. Info-Kästchen 6.3 enthält eine Zusammenstellung von Fragen und Aufgaben, die Psychologen zur Untersuchung des Denkens in der Adoleszenz verwendet haben.

Die Fähigkeit, sich mögliche Entwicklungen vorzustellen, eröffnet auch neue Wege zur Auseinandersetzung mit Problemen. Zunächst werden Hypothesen (= noch nicht geprüfte Erklärungen) formuliert, um daraus abzuleiten (zu deduzieren), auf welche Weise sich die Hypothesen prüfen lassen. Diese wissenschaftliche Vorgehensweise läßt sich an einer typischen Piaget-Aufgabe erläutern.

6.3.1.1 Beobachtungen am Pendel-Experiment

Wovon hängt die Geschwindigkeit ab, mit der ein Pendel von der einen Seite zur anderen schwingt? Diese Frage richtete Piaget an Kinder, die sich in der Phase der konkreten Operationen der Denkentwicklung befanden. Wie sich der schematischen Darstellung von Abbildung 6.7 entnehmen läßt, gibt es vier verschiedene Möglichkeiten, Veränderungen an einem Pendel vorzunehmen.

Ein Mensch, der sich mit dem Pendel-Problem auseinandersetzen soll, hat grundsätzlich folgende Möglichkeiten beim Experimentieren: Er kann erstens den Faden verkürzen oder verlängern, an dem das Pendel hängt. Weiterhin ist das Gewicht zu verändern. Drittens läßt sich das Pendel aus unterschiedlichen Höhen starten und schließlich kann man es beim Start mehr oder weniger stark anstoßen. Wer sich mit der Pendel-Aufgabe auseinandersetzt, steht vor der Schwierigkeit, daß keine Einflußgröße losgelöst von den anderen betrachtet werden kann. Wird eine Einflußgröße näher untersucht, so haben die anderen drei Größen ebenfalls einen bestimmten Wert, der mitberücksichtigt werden muß. Das Kind ist jedoch nicht in der Lage, alle vier Einflußgrößen gleichzeitig zu bedenken. Wenn eine Versuchsperson eine Einflußgröße verändert, die verbleibenden drei jedoch nicht konstant hält, kommt es zu falschen Antworten, weil der Lösungsweg nicht von einem hypothesengeleiteten Untersuchungsplan bestimmt wurde. – Von welchem Alter an findet ein junger Mensch nun durch planmäßiges Experimentieren die richtige Lösung? Wann kann er frühestens entdecken, daß nur die Länge des Fadens die Geschwindigkeit der Pendelschwingungen bestimmt, während Gewicht, Starthöhe und Startschwung ohne Wirkung bleiben?

Nach Piagets Beobachtungen läßt die Vorgehensweise eines Kindes in der Phase der konkreten Operationen keinen klaren Plan erkennen. Vielmehr ändert es einmal die eine, dann wieder die andere Bedingung. So startet eine Versuchsperson die Bewegungen beispielsweise zunächst mit einem kleinen Gewicht an einen langen Faden. Kurze Zeit später hält sie das Pendel an, damit sie an einen kurzen Faden ein schwereres Gewicht knüpfen kann. Abermals setzt sie das Pendel

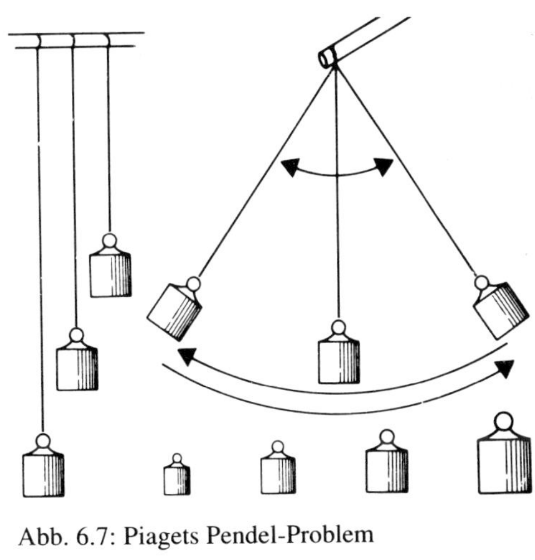

Abb. 6.7: Piagets Pendel-Problem

mit einem Stoß in Gang. Kurz darauf ändert sie die Bedingung nochmals: dieses Mal versucht sie den Faden ohne Gewicht ins Pendeln zu bringen usw.

Insgesamt gewann Piaget aus solchen Beobachtungen den Eindruck, daß ein typisches Grundschulkind bei seiner Lösungssuche völlig unsystematisch, zumindest aber nicht planmäßig vorgeht. Grundschüler verändern möglicherweise zwei Bedingungen gleichzeitig, beachten vor allem solche Ereignisse, die ihre Erwartungen bestätigen und mißachten solche, die ihre Vermutungen widerlegen. Piaget beobachtete „konkret-operationale" Kinder, die gar nicht verstanden, was sich tatsächlich ereignete. Jedenfalls teilte ein Kind z.B. die falsche Beobachtung mit, das Pendel hätte sich schneller bewegt, nachdem es einen kräftigen Stoß erhalten habe.

Im Alter von 11 oder 12 Lebensjahren mißlingt vielen Kindern immer noch die Bewältigung der Pendelaufgabe. Wiederholt beobachtete Piaget, wie seine Versuchspersonen zunächst die Länge des Fadens und das Gewicht *gleichzeitig* veränderten und dann vom Pendel (fälschlich) behaupteten: „Es geht langsamer, wenn das Gewicht schwerer und wenn der Faden länger ist."

Erst wenn ein Mensch 14 oder 15 Jahre alt ist, geht er nach Piagets Beobachtungen planmäßiger vor. Er überlegt sich zunächst, welche möglichen Antworten überhaupt in Frage kommen: Jeder einzelne der vier Faktoren kann alleine oder in Verbindung mit anderen die Geschwindigkeit des Pendels bestimmen. Ein Jugendlicher, der diese Stufe der kognitiven Entwicklung erreicht hat, fängt die Bearbeitung eines Problems beispielsweise an, indem er sich mögliche Lösungen vorstellt. Er beginnt mit der Hypothese, daß die Größe des Gewichts die Geschwindigkeit des Pendels bestimmen könnte. Sodann fragt er sich, wie sich die Bewegungen des Pendels verändern müßten, wenn statt des kleinen ein großes Gewicht an den Faden gehängt wird. Er nimmt z.B. an, daß die Geschwindigkeit der Pendelbewegung bei Erhöhung des Gewichts zunimmt. Wenn dieser Zusammenhang tatsächlich besteht, dann – so leitet er ab – muß er Gewichte unterschiedlicher Größe verwenden und die anderen drei Faktoren unverändert lassen. Wenn sich das Pendel nun im Einklang mit seinen Vermutungen bewegt, sieht er seine Hypothese bestätigt; anderenfalls formuliert er einen anderen Zusammenhang (z.B. das Pendel bewegt sich um so schneller, je länger der Faden wird), um auch diese Hypothese durch geeignete Maßnahmen zu überprüfen. Diese Vorgehensweise entspricht der eines experimentell arbeitenden Wissenschaftlers.

Setzt ein Jugendlicher, der Piagets Problem aus der Physikstunde gelöst hat, seine Denkfähigkeiten auch ein, wenn er vor alltäglichen Aufgaben steht? Erreichen alle Menschen die Stufe der formalen Operationen? Hierzu sind in der Entwicklungspsychologie zahlreiche Untersuchungen durchgeführt worden.

6.3.1.2 Über Voraussetzungen und Bedingungen formaler Operationen

Der Mathematiker und Philosoph Gottfried Wilhelm von Leibniz (1646-1716) beschäftigte sich u.a. mit der Frage, wie häufig man bei Verwendung von drei Würfeln mit einer Gesamtpunktzahl von drei, vier, fünf usw. zu rechnen hat. Leibniz gelangte schließlich zu der Antwort, daß die einzelnen Punktzahlen mit gleicher Häufigkeit auftreten. Wie läßt sich erklären, daß ein großer Mathematiker an einer Aufgabe scheiterte, die vielen heutigen Schülern und Studenten – zumindest nach einigen Überlegungen – gelingen dürfte (die Wahrscheinlichkeit, mit drei Würfeln drei Punkte [1,1,1] zu erzielen, ist

($\frac{1}{6}$ x $\frac{1}{6}$ x $\frac{1}{6}$ oder $\frac{1}{216}$; dagegen erzielt man vier Punkte [1,1,2][1,2,1][2,1,1] mit einer Wahrscheinlichkeit von $\frac{1}{216}$ + $\frac{1}{216}$ + $\frac{1}{216}$ oder $\frac{1}{72}$)? Die hervorragenden formalen Fähigkeiten, über die Leibniz zweifellos verfügte, reichten offenkundig nicht aus, um dieses Problem zu lösen. Es setzt nämlich zusätzliche Kenntnisse in der Wahrscheinlichkeitstheorie voraus, über die Leibniz ebenso wie seine Zeitgenossen noch verhältnismäßig wenig wußte. Auch die Pendelaufgabe wäre ohne bestimmte physikalische Kenntnisse nicht zu bewältigen. Da Piaget seine Probleme dem Physik-, Chemie- und Mathematikunterricht entnahm, überrascht es nicht, daß sie am besten von jenen Schülern beantwortet werden, die entsprechende Kurse in der Schule besuchten. Wer aber gute Leistungen in Physik erbringt, muß nicht unbedingt auch in Chemie oder Mathematik herausragen.

Piaget hat inzwischen zugestanden, daß die Entwicklung formaler Fähigkeiten stärker von der Schulbildung abhängt als er zunächst meinte. Ein Erwachsener denkt nicht stets formal, sondern nur in den Bereichen, die ihn besonders interessieren und in denen er über ein entsprechendes Wissen verfügt.

Außerdem lassen alltägliche Aufgabensituationen ein Experimentieren wie in den Piaget-Versuchen auch gar nicht immer sinnvoll oder vertretbar erscheinen. Wenn man z.B. einen Kuchen backt und feststellt, daß er mißlungen ist, wird man nach einer Erklärung suchen. Vielleicht hat man wegen fehlenden Zuckers Honig und an Stelle von Butter Margarine genommen. Es wäre durchaus möglich, daß man in einem weiteren Versuch mit Butter und Zucker backt und dabei erfolgreicher ist. Im Alltag würde man sich mit diesem Ergebnis wahrscheinlich zufrieden geben. Wenn man aber seine Schlußfolgerungen ebenso wie in der Pendelaufgabe absichern wollte, wäre planmäßig zu prüfen, ob der Honig, die Margarine oder beide Zutaten zusammen für den mißglückten Kuchen verantwortlich sind.

Können formale Operationen mit ihrer Systematik das Denken im Alltagsleben aufhellen oder verbessern? Nein, sagt Robert Hogan, der darin im übrigen eine kaltblütige und gleichgültige Art zu denken sieht. Ein solche Fähigkeit könne sich nur in einem besonderen kulturellen Rahmen entwickeln, in „einer Kultur, die durch Freizeit, durch hinreichende Grundlagen zum Überleben und soziale Sicherheit zu kennzeichnen ist und die diese gefühllose und ziemlich selbstgefällige Form des Denkens unterstützt und belohnt".

Piaget zog vor allem dadurch bittere Kritik auf sich, daß er formale Operationen nur durch Auswahl bestimmter Aufgaben prüfte. Hat er damit nicht aber das Denken anderer Menschen zu sehr abgewertet? Ist es keine anspruchsvolle kognitive Leistung, wenn ein Automechaniker einen Motor repariert? Auch er muß sich mögliche Fehlerquellen überlegen, Hypothesen formulieren, bestimmte Bedingungen konstant halten, während er andere systematisch verändert.

Viele Angehörige nicht-industrieller Gesellschaften sind nicht in der Lage, Aufgaben aus dem Mathematik- oder Physikunterricht zu lösen, denn sie verfügen über keine Schulbildung. Muß man ihnen deshalb aber formal-operationale Denkfähigkeiten absprechen? Wären Südsee-Insulaner ohne diese Voraussetzung in der Lage, ihr Schiff von Insel zu Insel zu steuern? Ihnen stehen keine technischen Instrumente zur Verfügung. Sie orientieren sich am Sternenhimmel unter Berücksichtigung jahreszeitlicher Veränderungen und erschließen sich daraus Entfernungen und Richtungen. Sie ziehen dabei u.a. Wasserströmungen, Windrichtung und -geschwindigkeit sowie geographische Gegebenheiten in Betracht. Abstraktes Denken, so stellt Thomas Gladwin fest, ist eine allgemein vorhandene Eigenschaft der Steuerleute in der Südsee. Entsprechendes gilt für Angehörige anderer weniger entwickelter Kulturen. So wies der Anthropologe Melvin Konner darauf hin, daß Mitglieder des Kung-Stammes im Süden Afrikas, die sich ausschließlich vom Sammeln und Jagen ernähren, hohe Leistungen erbringen: Sie erschließen aus Fährten, in welche Richtung die Tiere wanderten, wann die Spuren entstanden sind, ob sie von einem verwundeten Tier stammen. Sie können beurteilen, wie weit sich die Tiere inzwischen entfernt haben, in welche Richtung und wie schnell. Dabei müssen ständig Hypothesen aufgestellt werden, die mit neuen Beobachtungen verglichen und mit bereits Bekanntem über das Wanderverhalten abgestimmt werden. Einige unhaltbare Hypothesen müssen fallengelassen werden, bis sich schließlich ein Weg findet, „der den Kochtopf mit Fleisch füllen wird".

6.4 Egozentrismus in der Adoleszenz

Es hängt mit seinem System zur Aufnahme und Verarbeitung von Informationen zusammen, daß der Mensch sich niemals völlig von egozentrischen Denkweisen befreien kann. Hierzu stellt John Flavell fest: „Wir erfahren unseren eigenen Standpunkt mehr oder weniger direkt, während wir zu dem der anderen Person immer nur auf indirektem Wege gelangen. Darüber hinaus sind wir gewöhnlich nicht in der Lage, unseren eigenen Standpunkt völlig auszuschalten, wenn wir versuchen, den des anderen zu erschließen. ... Die Möglichkeit egozentrischer Verzerrung ist immer vorhanden."

Unter bestimmten Bedingungen wächst allerdings die Neigung zum Egozentrismus. Das ist beim Vorschulkind der Fall, das z.B. nicht berücksichtigt, daß die Wahrnehmungen anderer Menschen von den eigenen abweichen. Aufmerksame Beobachter wissen, daß die Neigung zum egozentrischen Denken auch in der Adoleszenz zunimmt. In einem Brief, den Johann Wolfgang von Goethe am 6. Dezember 1829 an Eckermann schrieb, findet sich folgende Feststellung: „Auch glaubt jeder in seiner Jugend, daß die Welt eigentlich erst mit ihm angefangen, und daß alles eigentlich um seinetwillen da sei." Jean Piaget sah einen Zusammenhang zwischen dem verstärkten Egozentrismus während der Adoleszenz und der Entwicklung formaler Operationen. Für den Menschen in der frühen Adoleszenz wird immer häufiger das eigene Denken zum Gegenstand seiner Betrachtung. Dabei geht er auch davon aus, daß andere sich Gedanken über ihn machen. Allerdings neigt er dazu, die Aufmerksamkeit ihm gegenüber zu überschätzen.

David Elkind beschäftigte sich viele Jahre mit der egozentrischen Denkweise des Jugendlichen. Dieser verhält sich nach seiner Auffassung vor allem im Altersabschnitt zwischen 12 und 15 Jahren so, als würde er ständig vor einem Publikum stehen und beobachtet werden. Weil der junge Mensch glaubt, für andere interessant zu sein, betrachtet er sich und seine Gefühlswelt als besonders und einzigartig. Er handelt nicht selten so, als gälten für ihn Ausnahmeregelungen. Das zeigt sich auch, wenn er „die Welt verbessern" will, sich selbst aber keineswegs immer nach den eigenen Empfehlungen richtet. Sein starkes Engagement ist nicht frei von Widersprüchen.

6.4.1 Das vermeintliche Publikum

David Elkind erinnert sich, wie er einmal im Restaurant eines Flughafens eine Mahlzeit eingenommen hat. Während des Essens fiel ihm versehentlich sein Messer vom Tisch und das verursachte ein lautes Klirren auf dem Fußboden. „Ich war sicher", so berichtet Elkind, „jedermann im Restaurant habe den Radau gehört, den Blick auf mich gerichtet und gedacht, ‚Was für ein Krach!'. In Wirklichkeit hatten natürlich nur wenige Menschen etwas gehört, und wer etwas mitbekommen hatte, kümmerte sich überhaupt nicht darum. In diesem Moment war ich von einem Publikum umgeben, das ich mir selbst geschaffen hatte, einem vermeintlichen Publikum." Jeder kennt solche Situationen aus eigener Erfahrung. Was aber dem Erwachsenen nur gelegentlich auffällt, ist grundlegendes Kennzeichen jugendlichen Denkens.

Man hat Schüler mehrerer Klassenstufen einmal gefragt, ob sie zu einer Party mit festlich gekleideten Gästen gehen würden, wenn sie unmittelbar vor der Ankunft feststellen, daß in ihrer Hose oder ihrem Hemd ein Fettfleck ist. Verzichten sie in dieser Situation aber auf ein attraktives soziales Ereignis? Würden sie ihre Teilnahme auch absagen, wenn sie eine Stunde Anfahrtzeit hinter sich hätten? – Wie verhalten sie sich, wenn der Friseur ihre Haare völlig verschnitten hat? Gehen sie trotzdem zur Hochzeitsfeier eines nahen Verwandten? Besuchen sie dennoch das wichtigste Sportereignis? Den Untersuchungsergebnissen läßt sich eine klare Antwort entnehmen: Mit Ausnahme der ersten Lebensjahre zögert ein Mensch in der Regel, sich anderen zu zeigen, wenn sein Äußeres vorübergehend beeinträchtigt ist. Während der frühen Adoleszenz werden solche Situationen jedoch als besonders peinlich empfunden. Im Vergleich zu Kindern und älteren Jugendlichen neigen Schüler zwischen 13 und 15 Jahren, Mädchen häufiger und früher als Jungen, verstärkt dazu, sich der Öffentlichkeit bei vermeintlichen Unzulänglichkeiten ihres Aussehens zu entziehen.

Der junge Mensch im Stadium der frühen Adoleszenz, so erläutert David Elkind, handelt häufig so, als stünde er auf einer Bühne und alle Aufmerksamkeit des Publikums sei nur auf ihn gerichtet. Dabei steht er offenbar unter dem Eindruck, daß alles, was ihm selbst wichtig ist, andere auch interessiert und was ihm mißfalle, anderen auch nicht gefalle. Wenn der Jugendliche sich häufig so verhält, daß er älteren Beobachtern als Flegel erscheint, wenn er auf Straßen und öffentlichen Plätzen in besonders auffälliger Weise auftritt, wenn er modisch aus dem allgemeinen Rahmen fällt, dann zeigt er nach Auffassung Elkinds unter anderem auch, daß er nicht ausreichend zwischen seinem eigenen Geschmack und dem anderer zu unterscheiden vermag (dahinter kann allerdings auch das Bemühen stecken, Unabhängigkeit von den Erwachsenen zu erlangen; extravagantes Aussehen wäre dann der Versuch, eigenständig, anders als die „Masse" zu sein). Es erscheint dem Jugendlichen vielfach auch unverständlich, wie Erwachsene sein Aussehen und Verhalten mißbilligen können. In den Worten Elkinds: „Die gleiche Art Egozentrismus findet sich häufig bei Verhaltensweisen gegenüber dem anderen Geschlecht. Der Junge, der zwei Stunden vor dem Spiegel steht, um sein Haar zu kämmen, erwartet vermutlich, auf Mädchen einen unwiderstehlichen Eindruck zu machen und das Mädchen, das sein Make-up aufträgt, wird sich vermutlich die bewundernden Blicke vorstellen, die es auf sich zieht. Wenn diese jungen Leute einander tatsächlich begegnen, ist für beide von größerem Belang, beobachtet zu werden als selbst Beobachter zu sein."

Der Eindruck eines vermeintlichen Publikums vermindert sich in späteren Jahren der Adoleszenz beträchtlich. Der Jugendliche mußte wiederholt erfahren, daß er für viele seiner Mitmenschen nicht so bedeutend ist, wie er einmal dachte. Ganz verschwindet diese Erscheinungsform des Egozentrismus aber wohl nie, wie das eingangs geschilderte Erlebnis Elkinds zeigt.

Abb. 6.8:
Egozentrismus in der frühen Adoleszenz führt zu häufiger Betrachtung im Spiegel, weil der Jugendliche annimmt, das äußere Erscheinungsbild sei für alle Mitmenschen ebenso interessant und wichtig wie für ihn selbst.

6.4.2 Der Glaube an Einzigartigkeit und Unverwundbarkeit

Warum lassen sich Jugendliche vermehrt zu harten Rauschdrogen verführen? Weshalb treten bei fünfzehn- bis neunzehnjährigen Mädchen immer wieder unerwünschte Schwangerschaften auf? – In europäischen Ländern sind die Statistiken übrigens günstiger als in den Vereinigten Staaten von Amerika. Wie ist es zu erklären, daß jugendliche Autofahrer einen vergleichsweise hohen Anteil von Verkehrsunfällen verursachen, nicht selten mit tödlichem Ausgang? David Elkind sieht in diesen Erscheinungen ebenfalls einen Ausdruck gesteigerten Egozentrismus während der Adoleszenz. Der Jugendliche überschätzt nämlich seine Einzigartigkeit und Besonderheit. Die Tochter kann sich beispielsweise gar nicht vorstellen, daß ihre Eltern jemals wie sie das Gefühl des Verliebtseins erfahren haben. Der Sohn ist davon überzeugt, daß ihm sehr bald Großtaten gelingen werden. Verhängnisvoll wirkt der jugendliche Egozentrismus, weil sich damit vielfach der Glaube verbindet, vor Schaden geschützt zu sein. „Ich dachte, das würde anderen passieren, aber mir nicht", sagt ein junges Mädchen, das von seiner Schwangerschaft überrascht ist, obwohl es keine empfängnisverhütenden Mittel benutzt hat. Diese Naivität findet sich häufig auch in Berichten Drogenabhängiger, die niemals damit gerechnet haben, daß die Sucht auch sie erfassen könnte. Ein Beispiel liefert schließlich auch der jugendliche Verkehrsteilnehmer, der so fährt, als ob physikalische Gesetze für ihn entweder nicht gültig oder von ihm sehr viel besser zu beherrschen sind als von „normalen" Menschen.

Nach David Elkinds Beobachtungen vermindert sich die Überzeugung der Einzigartigkeit und Besonderheit im Verlauf des späteren Jugendalters. Die Erfahrungen, die mit engen Freunden gewonnen werden, spielen dabei eine entscheidende Rolle, weil der junge Mensch viele seiner eigenen Merkmale auch bei anderen entdeckt. Aber diese Form des Egozentrismus ist auch noch bei Erwachsenen nachzuweisen. Ein treffliches Beispiel lieferte der Schriftsteller William Saroyan, der kurz vor seinem Tode meinte: „Ich habe stets gewußt, daß jedermann irgendwann sterben muß, aber ich habe immer angenommen, in meinem Fall würde eine Ausnahme gemacht".

6.4.3 Starkes Engagement mit Widersprüchen

Der Jugendliche steht der Welt kritischer gegenüber als das Schulkind. Ihn beschäftigt nicht nur, was er vorfindet, sondern auch, was sein könnte. Er erkennt, daß die Wirklichkeit hinter seinen Idealvorstellungen zurückbleibt. Er entdeckt Beispiele für Umweltverschmutzung, für soziale Ungerechtigkeiten in der Gesellschaft oder für Energieverschwendung. Der junge Mensch sieht sich herausgefordert, an der Beseitigung offenkundiger Mißstände tatkräftig mitzuwirken. Er kann zum „idealistischen Rebellen" werden, der bei der Verfolgung seiner Ziele dem Konflikt mit Eltern und anderen Erwachsenen nicht ausweicht.

Viele Jugendliche beteiligten sich vor einigen Jahren an einer Aktion „Wandern für sauberes Wasser". Das Vorhaben diente einem guten Zweck: Je länger der Wanderweg des einzelnen war, desto höher fiel der Geldbetrag aus, den die Veranstalter stifteten. Der Erlös sollte für die Reinigung eines Gewässers verwendet werden. Der Beobachter dieser Unternehmung, David Elkind, berichtet, wie sehr er sich über das Engagement der jungen Menschen freute. Offenbar waren die Jugendlichen doch nicht so desinteressiert und materialistisch, wie sie häufiger beschrieben wurden. Sein Urteil wurde jedoch am nächsten Tag ernstlich erschüttert: Die jungen Wanderer hatten unübersehbare „Spuren" hinterlassen. Um die weggeworfenen Hamburger-Verpackungen, die Blechdosen und Bierflaschen wegzuräumen, mußte ein Reinigungstrupp eingesetzt werden, dessen Kosten die Einnahmen des Vortags bei weitem überstiegen.

Das Engagement des Jugendlichen ist beeindruckend; man erkennt aber sofort die Widersprüchlichkeit: Dieselben Jugendlichen, die sich über die Verschmutzung durch andere beklagen, handeln gegen die eigenen Ziele. Der Jugendliche erkennt zwar z.B. die Notwendigkeit zur Reinhaltung der Umwelt, es fehlen aber noch hinreichende Erfahrungen, um die abstrakten Idealvorstellungen konsequent in Handlungen umzusetzen. Er „vergißt" zudem leicht, daß Forderungen nicht nur für andere, sondern ebenso für sie selbst gelten müssen. Elkinds Sohn beschwerte sich z.B. wiederholt bei seinem Vater ausführlich über seinen Bruder, der sich einfach etwas aus seinem Zimmer holte. Der Vater sollte unerlaubtes Eindringen in Räume anderer unbedingt bestrafen. Der Kläger hatte jedoch offenkundig keine Hemmungen, selbst in das Arbeitszimmer seines Vaters zu gehen, um ungefragt dessen Schreibmaschine oder dessen Stereoanlage zu benutzen.

6.5 Entwicklung sozialer Beziehungen

„Jugend heißt, in die Stadt zu gehen und sich mit Freunden die irrsten Klamotten zu kaufen, um darauf die Eltern in munteres Erstaunen zu versetzen" sagt eine vierzehnjährige Gymnasiastin. „Junge Menschen", so erläutert ein fünfzehnjähriger Mitschüler, „wollen ... ihren Lebensweg selbst bestimmen und sich nicht von den Eltern gängeln lassen" und eine vierzehnjährige Schülerin wünscht sich, einmal frei zu sein, „wie ein Vogel, dem keiner was zu sagen hat, weder Eltern noch Lehrer". Solche Aussagen sind typisch für Jugendliche, die ihr Verhältnis zu den Eltern und anderen Autoritätspersonen neu ordnen. Sie wollen größere Unabhängigkeit von denen erlangen, die sie während der Kindheit mehr oder weniger bevormundet haben. Sicherlich hängt es entscheidend von den Eltern ab, ob die Selbständigkeitsbemühungen ihrer Söhne und Töchter gefördert oder gehemmt werden. Ohne Unterstützung der Gleichaltrigen wäre das vermutlich nicht zu erreichen. Gleichaltrige können während der Adoleszenz Beziehungen zueinander entwickeln, die sich von denen früherer Jahre grundlegend unterscheiden. Wenn der

Jugendliche von einem Freund oder einer Freundin spricht, dann verbindet er damit andere Vorstellungen als das Grundschulkind.

Welche Urteile, Einstellungen oder Interessen der Mensch entwickelt, hängt während der Kindheit weitgehend von den Eltern, von Lehrern und anderen Erwachsenen ab, während der Adoleszenz zusätzlich von den Gleichaltrigen. Nicht selten wird behauptet, der Einfluß der Altersgruppe während des Jugendalters werde so groß, daß es unvermeidlich zu einem unüberbrückbaren Gegensatz zwischen den Generationen kommen muß. Gibt es den Generationskonflikt tatsächlich?

6.5.1 Vertraulichkeit und gegenseitiges Verständnis als Grundlage freundschaftlicher Beziehungen

Wenn man Grundschulkinder oder Jugendliche in der frühen Adoleszenz fragt, weshalb sie gerne mit Freunden zusammen sind, dann verweisen sie im allgemeinen darauf, daß man mit ihnen etwas gemeinsam tun kann. Kinder entwickeln also zu solchen Gleichaltrigen freundschaftliche Beziehungen, mit denen sie z.B. spielen können oder einfach ihre Freizeit verbringen. In der mittleren Adoleszenz ändert sich die Einstellung zur Freundschaft. Jetzt erklärt beispielsweise ein fünfzehnjähriges Mädchen, Freunde seien Menschen, die „kommen werden, wenn man sie wirklich braucht. Jemand, der zu einem hält und aufrichtig ist, ... ich muß mir keine Gedanken darüber machen, ob sie losgehen und anderen von meinen Angelegenheiten erzählen". Eine Siebzehnjährige stellt fest: „Ich mag Leute, die bereit sind, mir zuzuhören. ... Meine Freundin und ich, wir sprechen viel miteinander über unsere Probleme und wir helfen uns mit unseren Idealen und so."

Im Vordergrund solcher Äußerungen steht also das Bedürfnis, für persönliche Angelegenheiten einen Gesprächspartner zu haben, dem man vertrauen kann und der sich mit gleichen oder ähnlichen Problemen auseinandersetzt. Mit einem solchen Freund oder einer solchen Freundin kann man über seine Gefühle, seine privaten Gedanken und seine Sorgen sprechen. Die Befriedigung aus einem solchen Austausch wächst im Alter zwischen 14 und 18 Jahren mit der Fähigkeit, Gefühle und dahinterstehende Motive anderer zu erkennen.

Jungen und Mädchen der mittleren und späten Adoleszenz charakterisieren ihre gleichgeschlechtlichen Freundschaften dadurch, daß sie offen miteinander über private Angelegenheiten sprechen können. Beide erklären, sie wüßten von ihren engsten Freunden intimere Einzelheiten, also beispielsweise, worüber sie sich Sorgen machen, worauf sie stolz sind usw. Der Wunsch nach einer Freundschaft, in der man vertrauliche Gespräche führen kann, wird aber offenbar bewußter von Mädchen als von Jungen angestrebt. Das heißt nicht, daß die Vertraulichkeit in einer freundschaftlichen Beziehung für den männlichen Jugendlichen keine Rolle spielt. Jungen verwenden in ihren Unterhaltungen weniger Zeit als Mädchen darauf, über ihre Gefühle zu sprechen, aber sie können ein tieferes Verständnis füreinander gewinnen, wenn sie ihre Zeit miteinander verbringen.

Der Jugendliche benötigt bei freundschaftlichen Beziehungen den Gleichaltrigen, um besser auf seine eigenen Veränderungen reagieren zu können. Freunde helfen auch, zunehmende Selbständigkeit gegenüber dem Elternhaus zu gewinnen. Muß aber das Verhältnis zu den Eltern und anderen Erwachsenen belastet werden, wenn der Jugendliche eher bereit ist, Einstellungen von Gleichaltrigen zu übernehmen und Meinungen von Freunden und Freundinnen stark gewichtet?

6.5.2 Konflikte zwischen den Generationen

Kritische und mißbilligende Stellungnahmen zum Verhalten der Jugend gab es in der Vergangenheit wie in der Gegenwart. „Unsere Generation", so wurde beispielsweise gewarnt, „ist verloren, wenn das unerhörte Tun unserer jüngeren Generation so weitergeht." Ein trübes Bild zeichnet auch eine andere Stimme, denn von der Jugend heißt es: „sie verflacht: anstatt in wetteiferndem Streben etwas leisten zu wollen, gibt sie sich oberflächlichen Vergnügungen hin, wobei der Sexualtrieb eine bestimmende Rolle spielt; sie kennt keine Zurückhaltung mehr in der Öffentlichkeit, sei es auf der Straße, sei es in Gaststätten niedrigster Art; sie erkennt keine Autorität der Erwachsenen an; sie will sich durch Geistreicheleien interessant machen".

Die zuerst zitierte kritische Stellungnahme steht auf einer etwa 4000 Jahre alten Tafel, die bei Ausgrabungsarbeiten der biblischen Stadt Ur in Süd-Babylon zutage kam. Die zweite Klage geht auf den griechischen Redner Isokrates (436-338 v. Chr.) zurück; sie findet sich in seinem *Areopagitikos* und ist also etwa 2000 Jahre alt. – In seinem *Wintermärchen* läßt William Shakespeare im dritten Akt einen alten Schäfer ein Bild von der Jugend entwerfen, das diese Beobachtungen bestätigt: „Ich wollte, es gäbe gar kein Alter zwischen zehn und dreiundzwanzig oder die jungen Leute verschliefen die ganze Zeit: denn dazwischen ist nichts als den Dirnen Kinder schaffen, die Alten ärgern, Stehlen, Balgen." Klagen über die Jugend, die einen unüberbrückbaren Gegensatz zwischen den Generationen behaupten, haben also eine lange Tradition.

Läßt sich nun mit den Methoden der heutigen Entwicklungspsychologie tatsächlich eine Kluft zwischen der Jugend und den Erwachsenen belegen? In Untersuchungen dieser Frage interessierte man sich vor allem dafür, welche Beziehungen die Generationen innerhalb der Familie haben. Wie ist das Verhältnis der Eltern zu ihren heranwachsenden Töchtern und Söhnen?

Man hat im Jahre 1962 deutsche Jugendliche im Alter zwischen 16 und 18 Jahren danach gefragt, wie sie ihr Verhältnis zu den Eltern einschätzen. Zur Mutter erklärten 88 Prozent der Befragten entweder „Wir haben uns lieb und bedeuten uns alles" oder „Wir verstehen uns und kommen gut miteinander aus." Der Vater erhielt bei 76 Prozent der Fälle günstige Einschätzungen. Einige der damals befragten Personen haben inzwischen selbst Söhne und Töchter im Jugendalter. Wie reagieren Jugendliche im Jahre 1983 auf die gleichen Fragen? Der Anteil derer, die ihr Verhältnis zur Mutter positiv einschätzt, beträgt nunmehr 73 Prozent, während nur noch 58 Prozent der Befragten ihr Verhältnis zum Vater als günstig bezeichnen. Ob sich in diesem Zeitraum die Beziehungen zwischen den Generationen aber tatsächlich verschlechtert haben, ist daraus nicht notwendig abzuleiten. Denn es wäre ebenso möglich, daß infolge veränderter Erziehungsstile in den siebziger Jahren kritische Einstellungen zu den Eltern auch bei Befragungen eher zum Ausdruck kommen. Die Antworten führten die Autoren der Untersuchung zu der Feststellung: „Wir können sicher sein, daß entgegen allen Klagen die Beziehungen innerhalb der Familien in diesen beiden Jahrzehnten sich nicht wesentlich verschlechtert haben."

Untersuchungen, die in anderen Nationen, beispielsweise in den USA, Irland, Australien und Israel durchgeführt wurden, führten zu ähnlichen Ergebnissen. Die Mehrheit der Befragten (d.h. zwischen 70 und 80 Prozent) antwortete, daß sie sich auf ihre Eltern verlassen könne. Die Interviewten meinten außerdem, daß Vater und Mutter „meistens mit ihnen zufrieden waren".

Die Feststellung eines Jugendlichen, er habe seine Eltern lieb und verstünde sich gut mit ihnen, bedeutet sicherlich nicht, daß es bei ihm zu Hause keine Meinungsverschiedenheiten gibt, denn Konflikte finden sich in jeder sozialen Beziehung. Ziemlich übereinstimmend wird berichtet, daß die Anzahl der Auseinandersetzungen während der Pubertät ansteigt. Eltern und Jugendliche geraten während der mittleren Adoleszenz häufiger in Streit. Erst in den nachfolgenden Jahren werden die Kontakte wieder friedlicher; das hängt vermutlich damit zusammen, daß der junge Mensch, fast an der Schwelle zum Erwachsenenalter, nicht mehr ständig bei seinen Eltern wohnt.

Warum treten während der Adoleszenz gehäuft Konflikte in der Familie auf? Die ältere Jugendpsychologie suchte die Ursache ausschließlich beim Jugendlichen. Als Folge der körperlichen Veränderungen während der Pubertät, so wurde behauptet, komme es zu einer gesteigerten Aggressivität und diese äußere sich in rebellischem Verhalten. Andere Autoren sahen in der sexuellen Entwicklung oder in einem gesteigerten Unabhängigkeitsstreben während der Adoleszenz eine entscheidende Bedingung für Konflikte. In jüngerer Zeit werden die Eltern vermehrt für die gesteigerten Spannungen verantwortlich gemacht: Die Kinder erreichen das Jugendalter zu einem Zeitpunkt, da sich Vater und Mutter gerade in einem kritischen Abschnitt ihres Lebens finden (nicht selten fälschlich *„mid-life-Krise"* genannt) und dadurch reagieren sie eher aggressiv. Angebrachter ist es wahrscheinlich, von Wechselwirkungen auszugehen, d.h. davon, daß Eltern *und* Kinder ein neues Verhältnis zueinander suchen. Vater und Mutter waren bisher gewohnt, den Jugendlichen zu kontrollieren, dieser verlangt nun von seinen Eltern, ihm mehr und mehr Selbstbestimmung zu überlassen. Beide Generationen müssen lernen, ein Verhältnis zueinander zu finden, das partnerschaftlicher ist als während der Kindheit.

Angesichts der offenbar unvermeidlichen Konflikte vor allem während der Pubertät und in der mittleren Adoleszenz überrascht es, daß die Mehrheit der Eltern und Jugendlichen ihr Verhältnis zueinander vergleichsweise günstig beurteilt. Warum erklären nur 23,3 Prozent der 1983 befragten deutschen Jugendlichen, sie hätten „gelegentlich Meinungsverschiedenheiten" mit der Mutter (31,3 Prozent mit dem Vater)? Weshalb geben nur 1,2 Prozent der Befragten an, sie hätten „ein schlechtes Verhältnis" zueinander bzw. sie würden sich „nicht umeinander kümmern" (etwa 5 Prozent machen diese Aussage über ihren Vater)? Treten zwischen Jugendlichen und ihren Eltern zumeist nur Konflikte auf, die nicht „schwerwiegend" und folglich wenig belastend für die Beziehungen sind?

Aus den Ergebnissen mehrerer Befragungen ging hervor, daß die meisten Konflikte um vergleichsweise unerhebliche Angelegenheiten kreisen. Es handelt sich dabei um Entscheidungen, an denen Eltern zu Beginn der Adoleszenz noch stark beteiligt sind, die aber – wenngleich nicht immer reibungslos – allmählich in die persönliche Zuständigkeit des Jugendlichen übergehen. Jugendliche sind im Verlauf der Adoleszenz immer weniger bereit, die Zuständigkeit der Eltern z.B. in Fragen ihrer Freizeit, ihrer Freunde oder ihrer Kleidung anzuerkennen.

Konflikte können aber auch schwerwiegender sein. Das ist u.a. der Fall, wenn der Jugendliche Entscheidungen für seine persönliche Angelegenheit hält und damit – aus der Sicht der Eltern – Konventionen verletzt (s.S. 224), die nur nach Zustimmung aller Beteiligten geändert werden dürfen. Beispielsweise mag der Jugendliche die Unordnung in seinem Zimmer damit rechtfertigen, daß er in „seinem" Raum tun kann, was er will, während für die Mutter sein Zimmer ein

Teil des gemeinsamen Hauses ist. Eltern meinen vielleicht, der Jugendliche solle sich nur solche Freunde auswählen, die den Normvorstellungen der Familie entsprechen (im Sinne einer Konvention), während der Jugendliche davon ausgeht, daß Fragen seiner sozialen Kontakte seine persönliche Angelegenheit sind. Solange der Sohn oder die Tochter sich im Einklang mit aktuellen Modetrends kleiden, sind Eltern wohl noch eher bereit, die Entscheidung des Jugendlichen zu respektieren. Tritt der Jugendliche dagegen – in der Überzeugung, darüber habe er nur persönlich zu befinden – z.B. in auffälliger Punk-Kleidung auf, sehen die Eltern darin möglicherweise die Verletzung einer Konvention und fürchten um das Ansehen der ganzen Familie. Der Konflikt dürfte in einem solchen Fall vergleichsweise schwerer zu lösen sein.

Oft gibt es auch bestimmte „heiße" Themen, über die Eltern und Kinder ziemlich wenig streiten. In der jüngeren Vergangenheit gab es kaum Konflikte in Fragen der Sexualität, über Drogen oder Religion. Diese Beobachtung ist vor allem deshalb bemerkenswert, weil die Einstellungen der Generationen zu diesen Themen, wenigstens zum Zeitpunkt der Befragungen, besonders weit auseinander gingen. Offenbar gibt es einzelne Bereiche, in denen die Generationen nicht übereinstimmen, über die aber dennoch nicht gestritten wird. Wie läßt sich diese Beobachtung erklären? Vielleicht, so vermutet man, finden sich viele Familien damit ab, daß die Auffassungen der Generationen in bestimmten Themenbereichen weit auseinander liegen. Man vermeidet Konflikte, indem man der Diskussion aus dem Wege geht. Ein Jugendlicher mag z.B. in seinen Auffassungen zur Sexualität nicht völlig mit seinen Eltern übereinstimmen. Dennoch kommt es zu keinen Streitereien über Sexualität, weil man in vielen Familien darüber einfach nicht spricht.

Abb. 6.9: Häusliche Konflikte können durch das Erscheinungsbild des Jugendlichen ausgelöst werden. Sie sind schwerer zu beseitigen, wenn die Generationen darüber streiten, ob ein solches Auftreten nur persönliche oder auch familiäre Belange berührt.

Gehen aber die Auffassungen von Eltern und ihren Kindern bei einzelnen Themen, wie z.B. der Sexualität, tatsächlich so weit auseinander, daß sich die Generationen über sie nicht mehr verständigen können? Melvin Lerner und seine Mitarbeiter erkundigten sich bei Heranwachsenden und ihren Eltern, welche Einstellungen sie zu Drogenkonsum und Sexualität haben. Die Antworten stimmten zwar nicht überein, die Standpunkte waren aber auch keineswegs unvereinbar. Dies läßt sich mit einer Treppe verdeutlichen: Eltern und Kinder stehen in nicht allzu großer Entfernung auf verschiedenen Stufen. Stimmten Jugendliche z.B. der Feststellung zu: „Mittel zur Empfängnisverhütung und ausreichende Informationen darüber sollten allen zur Verfügung stehen, die sie brauchen", dann waren ihre Mütter in abgeschwächter Weise ebenfalls dieser Meinung. Wenn Söhne und Töchter bekundeten, man solle den Gebrauch von Marihuana gesetzlich gestatten, sprachen sich die Eltern für ein Verbot der Droge, aber für Straffreiheit bei Übertretungen, aus.

Die Ähnlichkeit in den Einstellungen beider Generationen zeigt sich auch in anderen Fragen. Beispielsweise erkundigte man sich bei Müttern und ihren Kindern, auf welche Weise man nach ihrer Meinung im Leben am besten vorankäme. Beide Generationen antworteten in hoher Einmütigkeit, daß es wichtig sei, „hart zu arbeiten", „höhere Bildungsabschlüsse" zu erlangen und über „besondere Begabungen" zu verfügen. Erhebliche Unterschiede ergaben sich dagegen, wenn man die Antworten von Müttern und Jugendlichen unterschiedlicher Nationen miteinander verglich. Amerikaner waren sich z.B. ziemlich einig, daß harte Arbeit und gute Leistungen das Fortkommen fördern. Dagegen stimmten dänische Mütter und ihre Kinder darin überein, daß der Erfolg im Leben vor allem davon abhängt, ob man liebenswerte Persönlichkeitseigenschaften besitzt und mit anderen Menschen gut auskommt.

Aufgrund der Antworten läßt sich also feststellen, daß die Generationen bezüglich ihrer Wertausrichtungen und ihrer grundlegenden Einstellungen durchaus ähnlich sind. Wenn Jugendliche allerdings nach den Einstellungen ihrer Eltern gefragt werden, dann neigen sie dazu, den Unterschied zur eigenen Position zu *über*schätzen. Eltern unterliegen der entgegengesetzten Täuschung: Sie *unter*schätzen eher den Unterschied, der zwischen ihren Auffassungen und denen ihrer Kinder besteht. Dennoch reichen die Unterschiede nicht aus, um von einer Kluft der Generationen zu sprechen. Diese besteht allenfalls in der Wahrnehmung der Jugendlichen und der Eltern. Allerdings können nach Meinung von Otto Ewert diese subjektiven Unterschiede zwischen den Generationen, „obwohl sie nur im Auge des Betrachters liegen, für das Verhältnis der Generationen wichtiger sein als die tatsächliche Breite an Gemeinsamkeit".

6.5.3 Entwicklung der Sexualität

Die Entwicklung des sozialen Verhaltens während der Adoleszenz ist ohne Berücksichtigung der erwachten Sexualität nicht zu erklären. Ist es aber nicht verspätet, Sexualität erst mit dem Beginn der Pubertät zu beachten? Weiß man nicht schon seit der Jahrhundertwende von Sigmund Freud, daß die sexuelle Entwicklung bereits im frühen Kindesalter beginnt? Dies ist vermutlich aber auch eine Frage der Definition. Zunächst ist zu klären, ob nach dem hier zugrundeliegenden Verständnis bereits von einer Sexualität im Kindesalter auszugehen ist. Was bewirkt die Entwicklung der Sexualität während der Pubertät, – sie ist ja nicht nur mit Veränderungen im Körperlichen, sondern ebenso mit kognitiven und emotionalen Entwicklungen verbunden? Diese Frage läßt sich nur beantworten, wenn man den kulturellen Rahmen berücksichtigt, in dem ein Mensch aufwächst und in dem er Leitvorstellungen entwickelt, die seine Einstellung zu sich selbst, zum gleichen und zum anderen Geschlecht bestimmen.

6.5.3.1 Die Entwicklung der Sexualität in verschiedenen Gesellschaften

Der Anthropologe Clellan Ford und der Psychologe Frank Beach haben eine außerordentlich umfangreiche vergleichende Darstellung darüber vorgelegt, wie Kinder sich in verschiedenen Kulturen mit der Sexualität auseinandersetzen. Jede Gesellschaft regelt auf irgendeine Weise, ob und wie ihre Mitglieder sexuelle Wünsche äußern. Ford und Beach haben Gesellschaften u.a. danach eingeteilt, ob sie auf sexuelles Verhalten „restriktiv" (also einschränkend) oder „permissiv" (gestattend, duldend) reagieren. Grundsätzlich sind solche groben Einteilun gen problematisch, denn in jeder Gesellschaft gibt es bestimmte Aspekte der Sexualität, die großzügiger und andere, die enger gesehen werden. Die von Ford und Beach berücksichtigten 191 Gesellschaften haben sich in der Zwischenzeit erheblich verändert. Die Beobachtungen behalten aber ihren Wert, weil sie in eindrucksvoller Weise darstellen, wie unterschiedlich zu einem bestimmten geschichtlichen Zeitpunkt verschiedene Kulturen reagieren, wenn Kinder und Jugendliche sich am eigenen Körper oder dem eines anderen sexuell betätigen.

Entsprechend der Zusammenstellung von Ford und Beach verbieten einige Gesellschaften ihren Kindern – häufig auch ihren Jugendlichen – viele Verhaltensweisen, die nach dem Eindruck der Erwachsenen eine Beziehung zur Sexualität aufweisen. Sie dürfen erst nach der Eheschließung offen gezeigt werden. In diesen Gesellschaften achtet man z.B. streng darauf, daß Jungen und Mädchen während der Kindheit und Adoleszenz nicht zusammen spielen. Ertappt man sie bei Selbstbefriedigung oder gemeinsamen sexuellen Spielen, müssen sie mit Bestrafungen rechnen. Einschlägige Informationen über Sexualität erhalten sie allenfalls kurz vor der Hochzeit. Ford und Beach stellen allerdings fest: „Die Drohung mit schlimmster Schande und schwerster Strafe scheint nie ganz erfolgreich zu sein, wenn es darum geht, die jungen Leute an der vorehelichen Sexualität zu hindern." Ein junger Mensch, der unter solchen Bedingungen aufwächst, wird als Erwachsener vor eine schwierige Aufgabe gestellt: „Der Mann und die Frau, die während der Kindheit und Adoleszenz gelernt haben, daß es ‚falsch' ist, seine oder ihre Geschlechtsorgane zu stimulieren, daß es ‚noch schlimmer' ist, mit denen anderer in Berührung zu kommen und vor allem, daß Beziehungen zwischen den Geschlechtern unmoralisch sind, sehen sich nun der Erwartung gegenüber, wenigstens einen Teil dieser Einstellungen in der Hochzeitsnacht oder kurz darauf völlig in das Gegenteil zu verwandeln. Diese Erwartung ist schwer zu erfüllen. Wenn der Mensch die ursprünglichen Lehren gründlich beherzigt, braucht er eine lange Zeit, sie wieder zu verlernen und mancher schafft das nie."

Aus Gesellschaften, die Ford und Beach als freizügig eingestuft haben, stammen folgende Beobachtungen: Kinder auf den Trobriand-Inseln und in Melanesien kennen eine Vielfalt sexueller Tätigkeiten. „Bei ihnen gehört es dort, wo die Erwachsenen nicht eingreifen, zu den typischen Belustigungen, daß Jungen und Mädchen ihre Geschlechtsorgane mit Händen und Mund reizen sowie den Geschlechtsverkehr nachahmen. ... Die meisten Gesellschaften, die den Kindern ungehindertes sexuelles Spielen gestatten, ... geben den Kindern auch Gelegenheit, Erwachsene bei sexuellen Tätigkeiten zu beobachten und an Gesprächen über sexuelle Dinge teilzunehmen. ... Die Leptscha in Indien glauben, daß Mädchen nicht reifen werden, wenn man ihnen nicht den Geschlechtsverkehr gestatten würde. Frühe sexuelle Spiele zwischen Jungen und Mädchen umfassen viele Formen gegenseitiger Selbstbefriedigung und sie enden gewöhnlich in Versuchen zum Geschlechtsverkehr. Vom elften oder zwölften Lebensjahr an haben die meisten Mädchen normalerweise regelmäßig Geschlechtsverkehr."

Sind solche Beobachtungen nur typisch für Gesellschaften, die auf einer sehr frühen Stufe der kulturellen Entwicklung stehen? Historischen Quellen läßt sich entnehmen, daß Kinder auch im mittelalterlichen Europa „freiere" Einstellungen vorfanden. Nach den Feststellungen des belgischen Historikers Jos van Ussel war das Nacktsein bis zum Beginn des 16. Jahrhunderts nicht tabuiert. „Man schlief nackt, man zog sich gemeinsam an und aus, man wusch sich nackt, entweder im Haus oder an einem öffentlichen Wasser. Das Badehaus war Treffpunkt für Geistliche, Bürger, Jungfrauen und junge Männer. ... Ganze Familien zogen bisweilen nackt oder teilweise bekleidet dorthin." Viele Bilder aus der Renaissance zeigen deutlich, daß der Mensch seinem Körper nicht ablehnend gegenüberstand, wie in der Antike bewunderte er vielmehr dessen Schönheit. Einem Erwachsenen der damaligen Zeit wäre es nicht in den Sinn gekommen, seine Sexualität vor anderen zu verbergen. Man sah auch keine Notwendigkeit, diese vor Kindern abzuschirmen.

Es gab bei Männern und Frauen keine Hemmungen, sexuelle Themen zu diskutieren oder sich in Gegenwart ihrer Kinder sexuell zu betätigen. Dazu zwangen schon allein die Wohnverhältnisse. So stellt der Sexualpsychologe John Gagnon fest: „Für den größten Teil menschlicher Geschichte ... haben die meisten Familien in demselben Raum geschlafen, in der Hütte, in der Höhle, im Zelt, und wenn Betten vorhanden waren, im selben Bett. Historisch erfuhr ein Kind in städtischen und ländlichen Gesellschaften Westeuropas etwas über den Geschlechtsverkehr, wenn es zusammen mit seinen Eltern im Bett war, wenn sie es taten."

Allmählich änderten sich jedoch die Einstellungen zum nackten Körper und zur Sexualität. Jos van Ussel sieht erste Anzeichen für solche Wandlungen sogar schon im 12. Jahrhundert mit der Entstehung der Städte. Dort, so erläutert er, hatte das Bürgertum lebhaftere Kontakte zu einem größeren Personenkreis, aber diese Kontakte waren ober-

Abb. 6.10: Schönheit des menschlichen Körpers kommt in vielen Kunstwerken, die während der Renaissance entstanden sind, zum Ausdruck (hier ein Gemälde von Paul Rubens aus dem 17. Jahrhundert).

flächlich. Nach den Feststellungen van Ussels treten die Folgen der veränderten Lebensweisen deutlicher aber erst seit dem 17. und vor allem seit dem 18. Jahrhundert auf: „Der Mensch wird auf sich selbst zurückgeworfen und erfährt die Einsamkeit. Die Qualität und die Quantität der Beziehungen änderte sich. Die Menschen, die diese Beziehungen herbeiführten, waren auch andere geworden. Sie mußten ihr Affektleben bewirtschaften mit Selbstzwängen und Selbstkontrolle. ... Der Körper wurde von einem Lustorgan zu einem Leistungsorgan umgeformt." Gegen Ende des 16. Jahrhunderts begann man auch, Kinder als Wesen zu sehen, die sich qualitativ von Erwachsenen unterschieden und die von den Geheimnissen der Älteren, wie z.B. Sexualität, Krankheiten, Tod, Gewalt, Geld usw. noch nichts wissen sollten. Der Pädagoge Jean Jacques Rousseau meinte beispielsweise in seinem Émile, das Ursprüngliche im Kind müsse erhalten bleiben. Deshalb dürfe man es nicht an der Welt der Erwachsenen teilnehmen lassen, denn dadurch würde es nur verdorben.

Der wachsende Wohlstand unterstützte den Veränderungsprozeß. So wurden beispielsweise die Schlafbereiche von Eltern und Kindern getrennt. Noch vor dem 17. Jahrhundert beklagte ein hoher Beamter am Hofe Ludwig XIV. (1643-1715), daß das französische Volk mehr als ein Bett in seinem Haus benötigte. Am Ende des 18. Jahrhunderts war es schon die Ausnahme, wenn Kinder des gehobenen Bürgertums im Bett eines Hausangestellten, gar des anderen Geschlechts, schliefen. Wie sich Sexualerziehung seit dem Mittelalter verändert hat, läßt sich eindrucksvoll am Beispiel der Selbstbefriedigung aufzeigen; Info-Kästchen 6.4 berichtet darüber.

Als der Mittelstand im Verlauf der Industrialisierung eine gewisse materielle Sicherheit gewonnen hat, werden bereits im 19. Jahrhundert Bewegungen erkennbar, die um sexuelle Freiheiten kämpfen. Aber es dauert außerordentlich lange, bis sich diese Veränderungen in den Auffassungen breiterer Bevölkerungsschichten durchsetzen können. Viele der Zeitgenossen Sigmund Freuds waren noch nicht in der Lage, sich mit seiner Lehre von der kindlichen Sexualität sachlich auseinanderzusetzen. Seine „Drei Abhandlungen zur Sexualtheorie" erschien erstmalig im Jahre 1905 und umfaßte nur etwa 100 Seiten. Obwohl die erste Auflage lediglich 1000 Exemplare betrug, dauerte es fünf Jahre, bis sie verkauft war.

Sicherlich hat Freud entscheidend dazu beigetragen, daß sich Auffassungen über Sexualität veränderten. Es dauerte aber noch mehr als ein halbes Jahrhundert, bis in den späten sechziger und siebziger Jahren die sog. sexuelle Revolution einsetzte. Ist es für einen Menschen heute leichter als für einen Gleichaltrigen um die Jahrhundertwende, eigene Auffassungen zur Sexualität zu entwickeln?

Aus dem Wandel der Auffassungen zur Selbstbefriedigung könnte man den Eindruck gewinnen, Probleme mit der Sexualität hatten junge Menschen nur in der Vergangenheit. Von dem Hamburger Sexualforscher Gunter Schmidt wurde aber klar herausgearbeitet, daß es sich dabei um einen Trugschluß handelt: Für einen bürgerlichen Jugendlichen, der vor 20, 30 oder 50 Jahren aufwuchs, war die Selbstbefriedigung verboten, denn die Lehrmeinungen einiger Ärzte des 18. und 19. Jahrhunderts wirkten immer noch nach. „Er hatte dieses Verbot verinnerlicht und ihm waren schreckliche Folgen der ‚heimlichen Sünde' bekannt, die Schwächung des Körpers durch die Vergeudung seiner Kräfte, die Verbiegung des Geistes durch Schwund von Rückenmark und Hirn. Wir lächeln heute über seine Besorgnis, für ihn aber war sie *real.* Er kämpfte tagelang gegen sein Verlangen, erlag schließlich der Versuchung und tat es in

Info-Kästchen 6.4:
Einstellungen zur Selbstbefriedigung im Wandel der Zeiten

Der dem westlichen Kulturkreis geläufige Begriff der Onanie leitet sich aus dem 1. Buch Moses (38;1-11) ab. Dort wird die Geschichte des Mannes Onan erzählt. Dieser erhielt von Juda den Auftrag, dem Weibe seines verstorbenen Bruders Nachkommen zu schaffen. Damit wurde Onan eine Verpflichtung auferlegt, der in damaliger Zeit jeder Mann nachzukommen hatte, dessen Bruder kinderlos verstorben war. Onan verhielt sich jedoch anders: „Da aber Onan wußte, daß die Kinder nicht als die seinen gelten sollten, ließ er es, wenn er zum Weibe seines Bruders ging, auf die Erde fallen und so verderben, um seinem Bruder nicht Nachkommen zu verschaffen. Aber dem Herrn mißfiel, was er tat, und er ließ ihn auch sterben." Was veranlaßte Gott nun, Onan mit dem Tode zu strafen? Eine im 18. Jahrhundert akzeptierte Antwort lautete, daß Onan für die „Vergeudung" seines Samens büßen mußte. Es liegt näher, das Schicksal Onans als die Folge seiner Weigerung zu sehen, die Witwe seines Bruders zu schwängern. Danach wäre er wegen seines Ungehorsams gestraft worden.
Im Mittelalter wurde die Selbstbefriedigung geduldet oder sogar gefördert. Wie Jan van Ussel berichtet, war es beispielsweise für den französischen Arzt Arnold von Villanova (1235-1312) ein Gebot der Reinlichkeit, den Samen nach Zeiten längerer Enthaltsamkeit zu entfernen, weil dieser den Körper sonst vergiften könne. Einige Jahrhunderte später griff in England ein Wunderheiler und früherer Pfarrer Bekker die biblische Geschichte von Onan auf. Er veröffentlichte im Jahre 1710 eine Schmähschrift unter dem Titel: „Onanie – oder die abscheuliche Sünde der Selbstbefleckung und all ihre schrecklichen Folgen für beide Geschlechter, betrachtet mit Ratschlägen für Körper und Geist." Die Schrift, die völlig unbegründete Zusammenhänge behauptet, wurde in verschiedene europäische Sprachen übersetzt und erschien in mehr als 80 Auflagen.
Es dauerte nur wenige Jahrzehnte, bis Mediziner sich die Gedanken Bekkers zu eigen machten und sie weiterentwickelten. Der Schweizer Arzt Samuel Auguste Tissot (1728-1797) veröffentlichte im Jahre 1760 sein Werk „Von der Onanie. Abhandlungen über die Krankheiten, die von der Selbstbefriedigung herrühren". Er griff die antike Theorie von den Körpersäften (Blut, Galle usw.) auf, die besagt, daß die Gesundheit empfindlich gestört wird, wenn das Mischverhältnis dieser Säfte aus dem Gleichgewicht gerät. Tissot schlußfolgerte, daß es sich auch beim Samen um eine wichtige Flüssigkeit des Körpers handele. Würde sie verschwendet, z.B. durch Selbstbefriedigung, durch Samenergüsse während des Schlafs oder auch durch zu häufigen Geschlechtsverkehr, müsse dies zwangsläufig zu „Schwindsucht, Abschwächung der Sehkraft, Schwierigkeiten bei der Verdauung, Impotenz ... und Wahnsinn" führen. Der Feldzug der Ärzte gegen die Selbstbefriedigung wurde sehr bald auch von Pädagogen unterstützt. In seinem Buch „Unterricht für Eltern, Erzieher und Kinderaufseher" erläutert der Arzt Samuel Gottlieb Vogel dem pädagogisch interessierten Leser, „wie das unglaubliche gemeine Laster der zerstörerischen Selbstbefleckung am sichersten zu entdecken, zu verhüten und zu heilen ist: Es gibt kaum noch eine Krankheit, die nicht aus der Unzucht und der Selbstbefleckung hervorgegangen sein könnte." Wer sich nur ein einziges Mal selbst befriedige, müsse

damit rechnen, ein paar Tage später tot zu sein. Im Vorwort zur holländischen Übersetzung seines Buchs riet Vogel, mit dem Schüler, der der „Untugend anheimgefallen" sei, zunächst vertrauensvoll zu sprechen, ihn aufzuklären und mit ihm über den Mißbrauch des Samens zu sprechen. „In diesem Augenblick sollte man plötzlich den Ton wechseln, dem Jungen einen Handspiegel vor das Antlitz halten, und dabei mit ‚eindringlicher und ernster Stimme' sagen: ‚Und alle diese Folgen hast du dir selbst zuzuschreiben; das ist das Bild des Todes – wie lange hast du diese Untugend bereits begangen?'"

Ärzte und Pädagogen empfahlen viele Maßnahmen zur Bekämpfung der Selbstbefriedigung. Als besonders gefährdet galten Kinder im Alter zwischen acht und sechzehn Jahren. Den Eltern empfahl man deshalb, sie niemals unbeaufsichtigt zu lassen. Vogel versprach sich zusätzlich Abhilfe von einer Hose, die durch ein Schloß zu sichern war. Wenn der Sohn zur Toilette mußte, hatte er seine Eltern um Herausgabe des Schlüssels zu bitten. Im übrigen solle man tagsüber und nachts immer ein Gefäß mit eiskaltem Wasser bereit haben, um das Feuer des gewaltigen Triebes zu löschen. Damit die Kontrolle auch nachts gesichert war, wurden die Erziehungsberechtigten angewiesen, die Hände ihrer Kinder am Bett festzubinden oder ihnen Fausthandschuhe mit eisernen Dornen anzuziehen. Man entwickelte auch einen „Erektionsdetektor", der im elterlichen Schlafzimmer eine Glocke läuten ließ, wenn sich das Geschlechtsorgan des Sohnes während des Schlafes versteifen sollte. Der Handel bot weiterhin eiserne Ringe an. Wie Abbildung 6.11 darstellt, wurden sie dem Jungen über sein Geschlechtsorgan gestreift, damit die spitzen Dornen bei einer Anschwellung schmerzhafte Empfindungen hervorriefen. Der schlafende Sünder wurde auf diese Weise sofort geweckt.

Abb. 6.11: „Erektionsdetektoren", die im 19. Jahrhundert im Kampf gegen Selbstbefriedigung verwendet wurden.

Wenn alle diese Maßnahmen nichts nutzen sollten, blieb nur noch die Entscheidung für operative Eingriffe. Am häufigsten nahm man die „Infibulation" vor. Dabei zog man die Vorhaut möglichst weit über die Eichel, durchbohrte sie an zwei Stellen, um schließlich einen Ring durch die beiden Löcher zu ziehen. Jede Versteifung mußte so starke Schmerzen auslösen. Im 19. Jahrhundert versuchte man auch bei Mädchen eine Art Infibulation vorzunehmen. Hierbei durchbohrte man die Schamlippen und zog durch die Löcher einen Ring. Aber es gab auch noch andere Eingriffe, von denen van Ussel berichtet: Man verletzte die Eichel mit einem glühenden Eisen oder brannte die Klitoris aus. Für die Patienten war jedenfalls dafür gesorgt, daß ihre „Krankheit" niemals in Vergessenheit geriet.

Alle die im 18. Jahrhundert verwendeten Mittel hatten schlimmere Wirkungen als die Folgen des vermeintlichen Übels, das man zu bekämpfen vorgab. In den Worten van Ussels: „Die zahlreichen Apparate, die man um den Körper band, lenkten die Aufmerksamkeit fortdauernd auf die Selbstbefriedigung. Das gleiche läßt sich von den zahllosen offenen oder versteckten Winken, Kontrollen und Ratschlägen

... sagen; kurzum, überall war dank der Pädagogen die Selbstbefriedigung gegenwärtig".
Erst im Verlauf der letzten hundert Jahre kehrte sich der Prozeß allmählich wieder um. Mediziner fragten zunächst kritisch, ob Selbstbefriedigung tatsächlich die Ursache für Geisteskrankheiten sein könne. Etwas später meinten sie, daß es sich nur um eine „schlechte Angewohnheit handelte". In einem 1986 in dritter Auflage erschienenen medizinischen Ratgeber empfehlen die Ärzte – Gerhard Döring und Theodor Hellbrügge – Eltern, „Onanie" nicht zuviel Aufmerksamkeit zu widmen. Selbstbefriedigung sei „als Verhaltensstörung, ebenso wie andere Störungen des Verhaltens" anzusehen. Sie wenden sich an Eltern von Kindern bis zum sechsten Lebensjahr. Wie werden die so „aufgeklärten" Väter und Mütter reagieren, wenn ihr Nachwuchs älter wird? Kann es sich bei der Selbstbefriedigung wirklich um eine „Verhaltensstörung" handeln, wenn im Alter von 17 Jahren 82 Prozent der Jungen und 42 Prozent der Mädchen angeben, sie hätten Erfahrungen mit der Selbstbefriedigung?

einem Affektsturm, in dem sich Begierde, Angst, Reue und Aufbegehren gegen Moral und Verbot mischten. Der Mittelschichtsjunge von heute verfügt dagegen scheinbar souverän über diese Lustmöglichkeit seines Körpers, er bedient sich ihrer, wenn er Lust dazu verspürt, sich langweilt, sich frustriert fühlt durch alles mögliche (nicht nur sexuell), vorausgesetzt, es ist ihm gerade nicht zu anstrengend, zu aufwendig, zu viel ‚Action'."

Der heutige Jugendliche, so führt Schmidt weiter aus, finde eine Welt vor, in der angesichts eines gewaltigen Produktüberschusses gar nicht genug konsumiert werden kann. „Unter dem Druck der Warenberge werden Einschränkungen und Verzicht unerwünscht". Warum – so fragt Schmidt – sollte dort, wo Waren-„Bedürftigkeit" fehlt, ein Bedürfnis, wie Sexualität, unterdrückt, mit ihm sparsam umgegangen werden? An der Stelle eines Jugendlichen, der vor 30 oder 40 Jahren vor der Frage stand, wie er seinen „Trieb" kontrollieren soll, steht heute ein Gleichaltriger, den eher beunruhigt, ob er ausreichend „Triebkraft" hat, um den Forderungen des Sexualkonsums entsprechen zu können. Die „sexuelle Revolution" hat zwar die Einstellung zur Sexualität verändert, aber aus ihr gingen nicht unbedingt Menschen hervor, die zwanglos mit ihrer Sexualität umgehen können.

Wenn junge Menschen aufgefordert werden, sich zur Sexualität zu äußern, hört man aus vielen Stellungnahmen, daß sie einen erheblichen Druck wahrnehmen, sich von der „Vergnügungsmoral" leiten zu lassen. Ein Partner hat zum gemeinsamen Sex zwar seine Einwilligung zu geben; den Beteiligten geht es aber nicht um den anderen, sondern um das „Dabeisein". Nicht wenige Jugendliche haben Angst, von Gleichaltrigen in eine Sonderrolle gedrängt zu werden, denn – so erklärt ein fünfzehnjähriges Mädchen – man gilt als abnorm, „wenn man noch nicht mit einem Jungen geschlafen hat".

Was ist aber im sexuellen Bereich abnorm und was ist normal? Das ist nur eine der Fragen, die sich ein Mensch nach Eintritt in die Adoleszenz wiederholt stellt und von der sein Verhalten entscheidend bestimmt wird.

6.5.3.2 Voraussetzungen reifer Sexualität

Die Zeitgenossen Sigmund Freuds reagierten mit Entrüstung auf seine Behauptung, daß das Kind bereits vom frühesten Lebensalter an von sexuellen Trieben beherrscht wird. Allerdings ist nochmals daran zu erinnern, daß Freud den Begriff der Sexualität in einem sehr weiten Sinne verwendete; er sah jede körperliche Reizung, die lustvoll erlebt wurde, als Ausdruck von Sexualität (s.S.17).

Einige sexuelle Reaktionen sind tatsächlich bereits unmittelbar nach der Geburt nachzuweisen. Jungen kommen nicht selten mit steifem Glied (Erektion) auf die Welt und Erektionen werden während der ersten Lebenswochen häufig beobachtet. Schon bei Neugeborenen findet offenbar eine Weiterleitung bei Reizung ihrer Geschlechtsorgane statt, denn sie reagieren auf zartes Berühren mit Beruhigung und Entspannung. Wie Alfred Kinsey berichtet, beobachtete man bei Jungen bereits vom fünften Lebensmonat an, bei Mädchen sogar noch etwas früher, Verhaltensweisen, die Ähnlichkeiten zum Orgasmus des Erwachsenen aufweisen. Nicht selten berühren Kinder im Alter zwischen dem 6. und 12. Lebensmonat ihre Geschlechtsorgane.

Im Vorschulalter begnügen sich viele Kinder nicht mehr damit, Erfahrungen mit ihrem eigenen Körper zu machen. Sie sind ebenso am Aussehen anderer interessiert. Dabei richtet sich die Neugier des Kindes vor allem auf solche Körperteile, die ihm normalerweise verborgen sind. Das „Doktor-" oder „Mutter- und-Kind-Spielen" wird von vielen Vorschulkindern als Gelegenheit gesehen, den Körper von Gleichaltrigen zu untersuchen und zu betasten. Auch bei Schulkindern nimmt das Interesse am Körper und den damit verbundenen Erfahrungen nicht ab. Das gilt insbesondere für Gesellschaften, die Erkundungen eigener und fremder Körper überwiegend mißbilligen und zu unterdrükken versuchen. Auf Befragen gibt mehr als die Hälfte der Erwachsenen, die unter solchen Bedingungen aufwuchsen, an, sie hätten bereits vor Eintritt in die Pubertät durch Spiele Erfahrungen mit dem Körper gleich- oder andersgeschlechtlicher Gleichaltriger gesammelt.

Vor allem Neugier veranlaßt Kinder, sich für ihren Körper und seine Reaktionen zu interessieren. Ein Jugendlicher erinnert sich beispielsweise, wie er als Sechsjähriger mit einem gleichaltrigen Mädchen „Doktor" spielte. Er legte sich auf den Rücken und ließ sich von der „Ärztin" eine Weile betrachten. „Sie machte so'n bißchen herum, bis ich

Abb. 6.12: Bereits vor Eintritt in die Pubertät sind Kinder am menschlichen Körper interessiert.

anfing, die erste Erektion zu bekommen, an die ich mich erinnern kann." Der weiteren Schilderung läßt sich allerdings entnehmen, daß die beiden Sechsjährigen diese Situation noch nicht wie ein Jugendlicher oder Erwachsener erlebten: „Sie fing an zu kichern. Ich konnte auch nichts anderes als kichern, und so lachten wir herzlich für einige Minuten, bis sie mich fast schreiend fragte: ‚Was ist das?! Was ist dies!' Auch aus mir platzte es heraus, ‚Ich weiß es nicht'."

Die Kinder sind offenbar vor allem belustigt, weil sie etwas entdeckten, das ihnen bislang fremd war. Vielleicht reagierte der Junge vornehmlich reflexhaft auf Berührungsreize an seinem Geschlechtsorgan und weniger auf das gleichaltrige Mädchen. Die Erektion ist ja nur eine *körperliche* Voraussetzung für „reife" Sexualität. Zwischen den beiden Kindern bestand vermutlich keine „erotische Spannung". Von reifer Sexualität spricht man in vielen Kulturen erst, wenn der soziale Bezug der Sexualität erfaßt wird. Eine erotische Qualität erlangt die Erregung nämlich nur durch Reize, die erstens tatsächlich oder in der Phantasie untrennbar mit einem Kontaktpartner in Verbindung gebracht werden und die zweitens eine körperliche Nähe und Vereinigung erahnen lassen. Jüngere Kinder verstehen diesen sozialen Bezug der Sexualität noch nicht. Die kognitive Voraussetzung entwickelt sich normalerweise erst im Verlauf der Adoleszenz. Erst dann ist der Mensch motiviert, der bestmögliche Partner des anderen zu werden. Das Wohlsein des anderen wird dann sogar noch bedeutsamer als das eigene. Diese Kennzeichnung verbindet sich für viele Menschen übrigens auch mit dem Begriff „Liebe": In den Worten von Keith Davis: „Liebende opfern, wenn der andere in Not ist, vieles, wenn nicht alles. Sie sind sogar zur Selbstaufgabe bereit. Für Liebende gilt weiterhin, „daß sie aktiv die Interessen des anderen verfechten und sich um den Erfolg des anderen bemühen." Die Besorgtheit um das Wohlsein des anderen setzt allerdings gegenseitiges Verständnis voraus, und das ist in der Regel nur zu gewinnen, indem die Partner sich – nicht selten in hitzigen Diskussionen und Auseinandersetzungen – über ihre Unterschiede klarwerden. Unreife Sexualität läßt dagegen Interessen des Partners unbeachtet; deshalb kann sie sogar mit Gewalt verbunden sein.

6.5.3.3 Unterschiedliche Motive bei sexuellen Kontakten der Geschlechter

Während der Pubertät, so lehrte Sigmund Freud, kommt es als Folge körperlicher Veränderungen zu einer erheblichen Verstärkung des Sexual-„Triebes". Es ist unstrittig, daß eine erhöhte Ausschüttung von Geschlechtshormonen die Adoleszenz einleitet (s.S. 237). Ohne sie würden die Geschlechtsorgane nicht ausreifen. Veränderungen in der Hormonproduktion wirken sich aber nicht *unmittelbar* auf das Verhalten aus. Die körperliche Reifung schafft zwar die Voraussetzung zur Sexualität; sie erklärt aber nicht ausreichend, wann ein Mensch was, wo, wie und mit wem tut. Vor allem während der Adoleszenz stellen sich dem jungen Menschen viele Fragen, die er nur in einem sozialen Lernprozeß beantworten kann. Woher „wissen" Männer und Frauen z.B., ob sie sich gleichgeschlechtlichen oder andersgeschlechtlichen, jüngeren oder älteren Partnern zuwenden sollen? Wovon ist die Entscheidung junger Leute abhängig, sexuell aktiv zu werden? Die Antwort muß berücksichtigen, daß Menschen mit ihrem sexuellen Verhalten auf *Leitbilder* und soziale Erwartungen reagieren. So meinen John Gagnon und William Simon, daß sexuelles Verhalten vorrangig von sozialen Gesichtspunkten bestimmt ist und sexuelle Befriedigung zumeist nur eine untergeordnete Rolle spielt. In vielen westlichen Kulturen nehmen Jugendliche nämlich wahr, daß man mit sexuellem Verhalten u.a. sein Erwachsensein und seine Unabhängigkeit vorführen kann. Es mag ebenso dazu dienen, sein Ansehen unter Gleichaltrigen zu erhöhen. Konflikte entstehen allerdings, wenn die Geschlechter sich bei ihren Verhaltensweisen von unterschiedlichen sozialen Zielvorstellungen leiten lassen.

Wenn man Jungen und Mädchen fragt, weshalb sie es bei Begegnungen mit dem anderen Geschlecht beim Austausch von Zärtlichkeiten belassen und sich von intimeren Beziehungen zurückhalten, zeigt sich in den Antworten ein bemerkenswerter Unterschied. Beide Geschlechter geben häufig an, daß ihnen bislang der richtige Partner fehle. Die meisten Mädchen erklären aber außerdem: „dafür bin ich noch zu jung" oder sie geben „mangelndes Interesse" an. Jungen nennen als Grund für ihre Zurückhaltung auch „Schüchternheit" und die „Angst, daß ich mich ungeschickt anstelle". Die Autoren der Befragung, Ingolf Schmid-Tannenwald und Andrejs Urdze, fassen die Befunde folgendermaßen zusammen: „Mädchen begründen unabhängig von ihrem bisherigen Erfahrungsstand ihre sexuelle Zurückhaltung u.a. mit mangelndem eigenen Interesse oder Wollen. Jungen dagegen mit ‚nicht können.'" Wie läßt sich dieses unterschiedliche Verhalten erklären? Es ist zu vermuten, daß Jungen und Mädchen offenbar ganz verschiedene Erwartungen an einen Partner des anderen Geschlechts herantragen.

Für viele Mädchen besteht ein enger Zusammenhang zwischen „Liebe" und „Sexualität". „‚Geistige' Liebe", so erklärt eine Zwanzigjährige, „ist bei mir die Voraussetzung für ‚körperliche' Liebe. Ohne ein starkes Gefühl, ohne Liebe kann und möchte ich mit niemandem in ‚sexuellen Kontakt' treten". Emotionale Verbundenheit wird als wichtigste Voraussetzung genannt, um dem Geschlechtsverkehr zuzustimmen. Studie über Studie führte nach Feststellung der Sexualpädagogen Sol Gordon und Jane Gilgun zu dem Ergebnis, daß junge Frauen, viel häufiger als junge Männer, aussagen, es müsse vor allem Liebe vorliegen, bevor sie sexuell aktiv würden. Die typisch weibliche Motivation wird von einer Sechzehnjährigen folgendermaßen zum Ausdruck gebracht: „Ich möchte einen Freund, dem ich total vertrauen kann. Ich möchte lernen, meine Gefühle offen zu zeigen und zu sagen, was mir gefällt und worüber ich mich ärgere." Jungen gehen auf diese weibliche Leitvorstellung ein, wenn sie einem Mädchen beispielsweise erklären: „Wenn Du mich wirklich liebst, dann würdest Du auch mit mir schlafen." Der Junge berücksichtigt also in seiner Aussage die Leitvorstellung seiner Partnerin. Damit ist aber noch nicht gesagt, daß diese Leitvorstellung wirklich auch seine eigene ist oder daß er die gleichen Ziele wie das Mädchen verfolgt.

In vielen Gesellschaften steht der Junge erheblich mehr als das Mädchen unter dem Druck der Gleichaltrigen, sexuelle Erfahrun-

Abb.6.13: Jungen und Mädchen richten ihr Verhalten nach unterschiedlichen Leitvorstellungen aus; dies kann zu sozialen Konflikten führen.

gen vorzuweisen, die als Ausdruck erfolgreicher „Männlichkeit" gelten. Aus diesen unterschiedlichen Leitvorstellungen kann ein sozialer Konflikt entstehen, den Gordon und Gilgun folgendermaßen beschreiben: „Mädchen wissen nicht unbedingt, daß Jungen aus anderen Gründen als aus Liebe Geschlechtsverkehr haben möchten. ... Die meisten verstehen nicht, daß Jungen unter erheblichem Druck stehen, sich als Männer zu beweisen. Wegen dieses Drucks haben mehr Jungen sexuelle Kontakte mit Partnern, für die sie keine oder wenig Gefühle haben, als Mädchen." In einer Gesellschaft, in der sich die Leitvorstellungen von Jungen und Mädchen in der geschilderten Weise unterscheiden, besteht für das weibliche Geschlecht eine erhöhte Gefahr, sexuell von männlicher Seite ausgebeutet und Opfer von Aggressionen zu werden. Es weist im Grunde auf ein Verständnis männlicher Motivation hin, wenn das Mädchen das Verlangen des Jungen nach sexuellen Handlungen mit dem Hinweis abwehrt, daß er sie nicht unter solchen Druck setzen würde, wenn er sie wirklich liebte. Allerdings kann eine Verweigerung sexueller Kontakte mit der Trennung von ihrem „Freund" verbunden sein. Das wäre aber dann ein Verlust, wenn es auch für das Mädchen eine Prestigefrage ist, einen Freund zu haben, z.B. als Beweis ihrer Attraktivität (bei Jungen kommt es seltener vor, daß sie sexuellen Kontakten nur deshalb zustimmen, weil sie eine Partnerin nicht verlieren wollen). Besteht die Verbindung aber fort, könnte der Junge von seiner Freundin lernen, daß sich soziale Kontakte bereichern lassen, indem man Gefühle anderer beachtet und eigene offen zum Ausdruck bringt. Nach Feststellung von Sharon Brehm benötigen Männer und Frauen die gleichen sozialen Kontakte, damit sie der Vereinsamung entgehen. Beide fühlen sich trotz zahlreicher sozialer Kontakte emotional isoliert, wenn sie keinen Partner haben, zu dem sie eine intensive Beziehung entwickeln können.

6.5.3.4 Homo- und heterosexuelle Kontakte

Wenn sexuelle Handlungen zwischen Menschen gleichen Geschlechts stattfinden, spricht man von homosexuellen Kontakten; zwischen Partnern unterschiedlichen Geschlechts können heterosexuelle Kontakte stattfinden. Auf die Frage an deutsche Jugendliche, ob sie schon einmal körperlichen Kontakt mit Angehörigen ihres eigenen Geschlechts gehabt haben, antworteten 8 Prozent der Mädchen und 11 Prozent der Jungen mit „ja". Die Autoren, Ingolf Schmid-Tannwald und Andrejs Urdze, weisen allerdings daraufhin, daß es den Befragten offenbar schwer gefallen sei, homosexuelle Kontakte zuzugeben. Deshalb folgern sie: „Das Vorkommen gleichgeschlechtlicher Kontakte wird daher wohl höher liegen, als ... angegeben." Wenngleich jüngere Menschen gegenüber homosexuellen Kontakten immer toleranter werden, ist nicht zu übersehen, daß fast alle westlichen Gesellschaften solche Beziehungen immer noch in hohem Maße mißbilligen.

Wenn ein Kind vor Beginn der Adoleszenz, der Pubertät, den Körper eines anderen Gleichgeschlechtlichen untersucht, Küsse austauscht oder dessen Geschlechtsorgane berührt, ist die Umwelt vielleicht noch bereit, solche Handlungen auf Neugier zurückzuführen. Spätestens nach Eintritt der Pubertät „weiß" der Jugendliche aber von Eltern, Lehrern und Gleichaltrigen, daß man sich ausschließlich in einen Angehörigen des anderen Geschlechts zu verlieben hat. Er lernt, daß man Menschen in „Heterosexuelle" und „Homosexuelle" einteilt und daß es sich bei den zuletzt Genannten um eine kleinere Gruppe Anomaler handelt, deren sexuelles Verhalten widernatürlich sei.

Der Glaube an die Möglichkeit einer klaren Trennung hat über mehrere Jahrzehnte hinweg auch Eingang in die Forschung gefunden. Folgerichtig wurde untersucht, unter welchen Bedingungen sich Homosexualität im Unterschied zur Heterosexualität entwickelt. Vor allem zwei Richtungen wurden verfolgt: Zum einen fragte man, ob biologische, hormonelle Einflüsse während der frühen Schwangerschaft oder im Erwachsenenalter eine Rolle spielen, zum anderen, ob sich bestimmte soziale Bedingungen innerhalb und außerhalb der Familie auf die Entwicklung der sexuellen Orientierung auswirken. Es gelang jedoch nicht, eindeutige Beziehungen aufzudecken. Man fand zwar Merkmale, die den ‚Homosexuellen' zu kennzeichnen scheinen. Gleichzeitig stellte sich jedoch heraus, daß eben diese Eigenschaften auch für viele ‚Heterosexuelle' gelten und umgekehrt. Menschen mit homosexuellen und heterosexuellen Kontakten unterscheiden sich nur danach, welche Sexualpartner sie bevorzugen; ansonsten weisen sie viele Gemeinsamkeiten auf. Damit verstärkten sich Zweifel an der Berechtigung, Menschen in Homosexuelle und Heterosexuelle einzuteilen.

Bereits in der Antike wußte man, daß ein Mensch sowohl männliche als auch weibliche Züge in sich vereinigt. Sexuelle Kontakte mit dem anderen Geschlecht waren für den griechischen Mann jedoch mit Problemen verbunden. Der Redner Demosthenes drückte dies einmal so aus: „Wir haben Frauen zum Gebären von Kindern, Hetären oder Freudenmädchen und Konkubinen für unsere täglichen Bedürfnisse." Die Ehefrau hatte nur einen geringen Bildungsgrad. Wenn ein Grieche aus gehobenem Stand ein anspruchsvolles Gespräch führen wollte, wandte er sich an eine Prostituierte, die er allerdings bezahlen mußte. Wenn er an einem intelligenten Sexualpartner interessiert war, der ihm keine Kosten verursachte, mußte er einen Angehörigen des eigenen Geschlechts suchen. „So wurde Homosexualität zwar nicht zur einzigen, aber zur einzig ‚intelligenten' Form des Geschlechtsverkehrs homosexueller Männer. Von einer Homosexualität im Sinne einer ausschließlichen, lebenslangen Fixierung auf Männer können wir nur bei wenigen Griechen sprechen", stellt der Sexualpsychologe Ernest Bornemann fest.

Auch aus dem von Clellan Ford und Frank Beach vorgelegten Material (s.S. 257 f.) läßt sich ablesen, daß die sexuell motivierte Partnerwahl eines Menschen von den jeweiligen Umweltbedingungen mitbestimmt wird. Von insgesamt 76 Gesellschaften mißbilligen 26 Prozent homosexuelle Kontakte. Die übrigen lassen gleichgeschlechtliche Kontakte zu, ohne daß man sich dadurch dem Verdacht aussetzt, zur Aufnahme von Beziehungen mit Angehörigen des anderen Geschlechts nicht bereit oder in der Lage zu sein.

Wenn man sich bei Menschen westlicher Industrienationen erkundigt, warum sie homosexuelle Kontakte aufgenommen haben, dann erhält man eine Vielzahl unterschiedlicher Antworten: Ihnen stand kein andersgeschlechtlicher Partner zur Verfügung, sie sahen keinen anderen Weg zur Überwindung von Einsamkeit und Langeweile, sie glaubten, nur dadurch sexuelle Befriedigung zu erfahren oder waren ganz einfach neugierig. Es erscheint deshalb sinnvoll, die Begriffe Homosexualität und Heterosexualität nur zur Charakterisierung sexueller Kontakte zu verwenden, die *zu einem bestimmten* Zeitpunkt stattfinden.

Auch Alfred Kinsey ging im Rahmen seiner klassischen Untersuchungen davon aus, daß es zum einen Menschen gibt, die sich *ausschließlich homosexuell* oder *ausschließlich heterosexuell* verhalten. Andere liegen zwischen diesen beiden Polen, d.h. sie haben *gelegentlich* oder *häufiger* homosexuelle oder heterosexuelle Kontakte, und

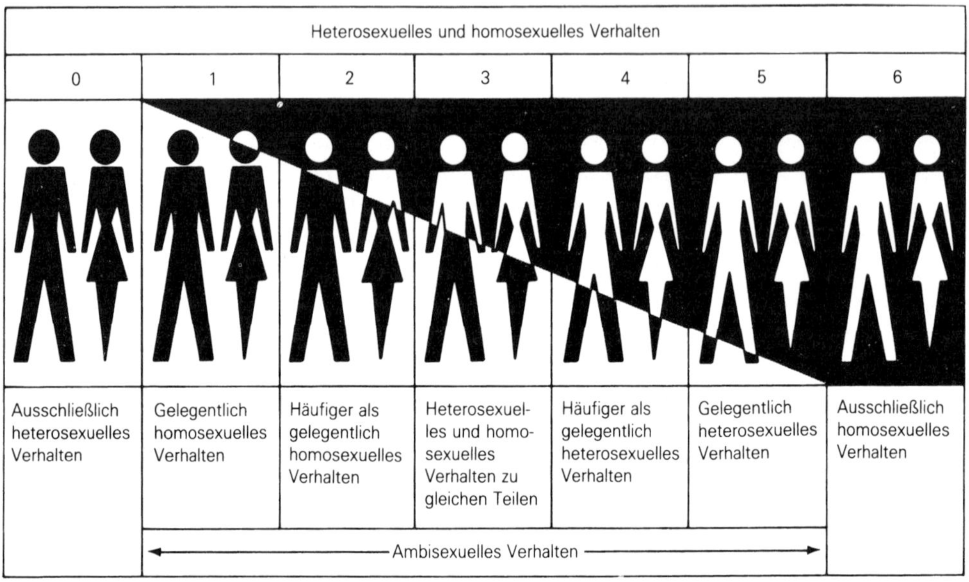

Abb.6.14: Alfred Kinseys Skala zur Klassifikation heterosexuellen und homosexuellen Verhaltens

schließlich gibt es eine Gruppe, die mit Männern und Frauen *gleich häufig* verkehren. Abbildung 6.14 zeigt die sieben Kategorien in einer Übersicht.

Vielleicht würde Alfred Kinsey bei einer Wiederholung seiner Befragung andere Ergebnisse erhalten. Deshalb finden sich in der Skala keine Angaben, wie häufig die verschiedenen Verhaltensweisen vorkommen. Immerhin ordneten sich aber bereits vor mehr als vierzig Jahren viele Befragte in der Abbildung unter den Ziffern 1 bis 5 zu.

Kinsey belegte zum ersten Mal, daß homosexuelles Verhalten auch in einer Gesellschaft keine Ausnahme darstellt, in der entsprechende Kontakte in hohem Maße mißbilligt werden. Welches Schicksal erfährt nun ein Jugendlicher, der im Verlauf der Adoleszenz merkt, daß ihn gleichgeschlechtliche Partner erheblich stärker anziehen als Angehörige des anderen Geschlechts? Wie reagiert ein junger Mensch, wenn er wiederholt feststellt, daß er nur in homosexuellen Kontakten Befriedigung findet?

Wenn das Interesse an Angehörigen des gleichen Geschlechts stark und unwiderstehlich wird, erlebt der junge Mensch schwere Konflikte. Belastend wirken aber nicht die mit Neugier erklärbaren gleichgeschlechtlichen körperlichen Erfahrungen, die Jungen und Mädchen vor und während der Pubertät sammeln, denn diesen liegt im allgemeinen keine homosexuelle Orientierung zugrunde. Wenn sich das erotische Interesse aber im weiteren Verlauf der Adoleszenz vornehmlich auf Angehörige des gleichen Geschlechts richtet, drängt sich unvermeidlich die Frage nach einer dauerhaften homosexuellen Orientierung auf. Angesichts der zu erwartenden Mißbilligung durch Eltern, Lehrer und Gleichaltrige versuchen viele Jugendliche, ihre homosexuelle Orientierung zunächst einmal vor sich selbst zu verleugnen; denn die negative Bewertung durch die Gesellschaft macht es dem einzelnen außerordentlich schwer, solche Neigungen zu akzeptieren. Gelingt die Selbstverleugnung nicht mehr, bleibt der Wunsch, die homosexuelle Ausrichtung vor anderen zu verbergen. Belastend wirkt auf einen solchen Jugendlichen vor allem das Gefühl der Isolation. Er findet in seinem unmittelbaren sozialen Umfeld häufig niemand, mit dem er über seine Probleme sprechen kann. In der letzten Zeit haben sich allerdings viele Homosexuelle zusammengeschlossen. Sie helfen einander, ihre Isolation zu überwinden und im gemeinsamen Gespräch herauszufinden, wer sie sind und wie sie sich selbst akzeptieren und in der Öffentlichkeit zeigen können.

6.6 Auf der Suche nach Identität

Gegen Ende des zweiten Lebensjahres erkennt sich der Mensch in einem Spiegel (s.S. 174). Während der nächsten Jahre wird er auf körperliche Unterschiede von Jungen und Mädchen aufmerksam, und erst im Verlauf der Grundschulzeit begreift er, daß sich sein Geschlecht nicht mehr wandeln wird (s.S. 175 f.). Das Vorschulkind weiß, daß es sich von anderen unterscheidet, weil es lockige Haare hat oder ein rotes Dreirad besitzt. In der Schulzeit lernt das Kind, eigene Leistungen mit denen anderer zu vergleichen. Es erfährt auf diese Weise etwas über seine Interessen und Fähigkeiten. Aber von ihm wird noch nicht verlangt, aufgrund dieser Persönlichkeitsmerkmale Entscheidungen für die Zukunft zu treffen. Ob das Kind im weiteren Verlauf seiner Entwicklung einmal vor einer solchen Aufgabe steht, hängt von der Gesellschaft ab, in der es aufwächst.

Vor zweihundert oder dreihundert Jahren konnte man im Vergleich zu heute sehr viel weniger Entscheidungen für die eigene Zukunft treffen. Kinder wuchsen in die Aufgaben ihrer Eltern hinein. Das Mädchen *wurde* früh vermählt und hatte sich fortan um Haushalt und Nachwuchs zu kümmern. Der Sohn verdiente den Unterhalt auf die gleiche Weise wie sein Vater. Da Medien noch nicht für den Austausch von Informationen sorgten und keine allgemeine Schulpflicht bestand, erfuhr der junge Mensch kaum etwas von unterschiedlichen Weltanschauungen, politischen Positionen, Werten usw. Demgegenüber bietet sich dem heutigen Jugendlichen angesichts der Informationsflut zu allen möglichen Themen ein breiter Freiraum für die eigene Meinungsbildung, aber damit auch die Möglichkeit zu Zweifeln und Ängsten. Vater und Mutter gelten nicht mehr generell als Vorbild im Prozeß der eigenen Meinungsbildung.

Junge Männer und Frauen stehen heute vor der Frage, ob sie ihr weiteres Leben allein, zu zweit in einer nicht-ehelichen Lebensgemeinschaft oder in einer Ehe gestalten wollen, ob sie Kinder haben möchten und wie sie Entscheidungen für eine Familie mit ihren beruflichen Vorstellungen vereinbaren. Je mehr Wahlmöglichkeiten gegeben sind, desto schwieriger werden Entscheidungen für die Zukunft. Während der mittleren und späteren Adoleszenz wird der Jugendliche immer mehr Entscheidungen über sein weiteres Leben selbständig treffen. Bevor er aber Festlegungen über seine eigene Berufslaufbahn, über seine Geschlechtspartner, über seine Rolle in der Gesellschaft usw. vornimmt, muß er wissen, wer er selbst ist. Man erwartet von ihm, daß er einen Weg findet, durch den er seine eigenen Wünsche und die der Gesellschaft in Einklang bringt.

Sicherlich ist die Suche nach der eigenen Identität eine außerordentlich wichtige Aufgabe während der Adoleszenz. Dieser Prozeß beginnt mit einer Identitätskrise. Dem jungen Menschen wird dabei bewußt, was ein von Erikson entdeckter Wandspruch sehr treffend beschreibt: „Ich bin nicht, was ich sein sollte, ich bin nicht, was ich sein werde, aber ich bin auch nicht mehr, was ich war." Aus der Identitätskrise können sich unterschiedliche „Identitätszustände" entwikkeln. Sind Identitätskrisen und ihre Überwindung nicht das Ergebnis einer Auseinandersetzung mit der jeweiligen Kultur? Der kanadische Psychologe James Marcia, der sich im Anschluß an Erikson besonders eingehend mit dem Prozeß der Identitätsbildung während der Adoleszenz beschäftigte, verweist darauf, daß Forschungen über Identitätszustände in so verschiedenen Kulturen wie Korea, Indien, Nigeria, Japan, Dänemark und den Niederlanden grundsätzlich gleiche Entwicklungen zeigen. „Ich meine", so stellt Marcia schlußfolgernd fest, „es ist wichtig seine Identität zu finden, wo immer man ist."

6.6.1 Die Identitätskrise und ihre Überwindung

Während seiner Studienzeit untersuchte James Marcia einen sechzehnjährigen Jungen, der psychisch krank zu sein schien. Alle Testergebnisse erweckten den Eindruck, daß der Jugendliche an Schizophrenie litt. Nach sechs Monaten konnte der Patient jedoch als gesund entlassen werden. Bei einer schizophrenen Störung wäre ein so baldiges Verschwinden der Symptome unwahrscheinlich. Was hatte das Verhalten des Jungen während der vermeintlichen Krankheitsphase bedingt? Marcia wandte sich in seiner Ratlosigkeit an seinen akademischen Lehrer. Dieser empfahl ihm eine Schrift von Erik Erikson. „Plötzlich", so erinnert Marcia sich, „ergab alles einen Sinn: Der Junge war durch eine Identitätskrise gegangen."

Das Kind, so ist bei Erikson nachzulesen, besitzt noch kein Bewußtsein seiner Identität. Es vollzieht vielmehr Identifikationen mit Personen seiner Umgebung, die ihm wichtig sind. In einigen Situationen verhält sich ein Kind beispielsweise gegenüber anderen Menschen ebenso zurückhaltend wie seine Mutter, in anderen imitiert es die soziale Aufgeschlossenheit seines Vaters. Möglicherweise ahmt es beim Sprechen den Tonfall seiner älteren Schwester und beim Gehen die Gangart seines Bruders nach. Durch Identifikation übernimmt das Kind zwar wichtige Merkmale von anderen. Die damit verbundene Identität ist aber eher mit einer Reihe einzelner Stoffstücke zu vergleichen, die noch nicht zusammengenäht wurden, vielleicht auch gar nicht zueinander passen, weil sie unterschiedliche Schnittkanten haben, über die sich das Kind allerdings noch keine Gedanken macht.

Erst während der mittleren bis späteren Adoleszenz, also nach Beendigung des dramatischen körperlichen Wachstums, nach Gewinnung einer gewissen Selbständigkeit gegenüber den Eltern und nach Neuordnung der Beziehungen zu den Gleichaltrigen, zu Jungen und Mädchen, beginnt der Jugendliche, sich seiner eigenen Person zuzuwenden. Jetzt wird die Entdeckung bzw. Schaffung einer Identität zur wichtigsten Aufgabe. Aus den „Teil-Identifikationen" soll ein einheitliches, ausgeglichenes Ganzes werden.

Eriksons Verständnis des Begriffs „Identität" läßt seine psychoanalytische Herkunft erkennen. Er macht es seinen Lesern nicht leicht, ihn zu verstehen, wie mit einigen Zitaten leicht zu zeigen ist: Er beschreibt Identität als „ein bewußtes Gefühl der individuellen Einmaligkeit", als „ein unbewußtes Streben nach einer Beständigkeit des Erlebens" und als „die Solidarität mit den

Info-Kästchen 6.5:
Welche Identitätskrisen haben Erik Erikson mitgeprägt?

Erik Erikson berichtet selbst wenig über seinen Lebenslauf. Einige Forscher haben jedoch Einzelheiten aus seiner Kindheit und Jugend in Erfahrung bringen können, die Erikson und sein späteres Werk wahrscheinlich entscheidend mitprägten.
Eriksons Eltern wurden in Dänemark geboren. Es ist nicht bekannt, ob sie jemals verheiratet waren. Allerdings weiß man, daß Vater und Mutter sich getrennt haben, bevor ihr Sohn Erik 1902 in Frankfurt zur Welt kam. Die Mutter heiratete drei Jahre später den Kinderarzt Theodor Homburger, der Erik adoptierte. Dem Sohn sah man nicht an, daß seine Mutter und sein Stiefvater Juden waren. Wegen seiner dänischen Herkunft und seines Aussehens (er hatte blaue Augen und blonde Haare) wurde er von den Mitgliedern der jüdischen Glaubensgemeinde als *goi* (der jiddische Ausdruck für einen Nicht-Juden) angesehen. Andererseits verspotteten ihn seine Schulkameraden als Juden. Unter diesen Umständen dürfte es dem jungen Erik nicht leicht gefallen sein, seine Zugehörigkeit zu einem Glauben zu bestimmen.
Ein entscheidender Konflikt ergab sich bei der Berufswahl. Der Vater hätte gerne gesehen, daß Erik Arzt geworden wäre. Den Jungen interessierten aber ebenso die Arbeiten der Künstler, die vor allem auf Einladung der Mutter häufiger bei den Homburgers zu Gast waren. Während der Gymnasialzeit konnte Erik sich noch nicht für einen Beruf entscheiden. Nach Beendigung der Schule reiste er für längere Zeit durch Europa, wobei er seine Talente als Porträt-Maler zu entwickeln suchte.
Im Alter von 25 Jahren kam Erikson nach Wien, um an einer Versuchsschule zu unterrichten. Dort nahm er auch an Kursen über Montessori-Pädagogik teil. In dieser Zeit lernte er eine (in Kanada geborene und ebenfalls an der Versuchsschule tätige) amerikanische Studentin kennen, die er im Jahre 1930 heiratete. Durch sie kam Erikson mit der Psychoanalyse in Kontakt. Er verzichtete schließlich auf eine künstlerische Laufbahn, gab seine Tätigkeit als Lehrer auf und unterzog sich bei Freuds Tochter Anna einer Lehranalyse.
Wegen seiner jüdischen Herkunft verließ er zu Beginn der dreißiger Jahre Wien, um sich dem wachsenden Einfluß des Nationalsozialismus zu entziehen. Er war gerade 30 Jahre alt, als er in die USA übersiedelte. Zunächst veröffentlichte er einige Aufsätze über Psychoanalyse unter dem Namen Erik Homburger. Nach Erwerb der amerikanischen Staatsbürgerschaft änderte er seinen Namen in Erik Homburger Erikson. Während dieser Zeit wuchs sein Interesse für das Christentum, das er bald zu seiner Religion machte. War seine Identitätskrise jetzt bewältigt? Jedenfalls hatte er eine andere Staatsbürgerschaft erhalten, sich für einen neuen Namen entschieden, seine Religion und auch seinen Beruf gewechselt.

Abb. 6.15: Erik Erikson (geb. 1902)

Idealen einer Gruppe". Sie ist „durch das tatsächlich erreichte, aber immer wieder zu überprüfende Gefühl der Wirklichkeit des Selbst innerhalb der sozialen Wirklichkeit gekennzeichnet". Ein „optimales Identitätsgefühl" wird „bloß als psychologisches Wohlsein erlebt. Seine deutlichsten Bestandteile sind ein Gefühl, im eigenen Körper zuhause zu sein, ein Gefühl, ‚zu wissen, wohin man geht', und eine innere Überzeugtheit von der vorweggenommenen Bestätigung durch die, auf die es ankommt." Erikson war nicht daran interessiert, seine Begriffe so zu formulieren, daß sie selbst zum Gegenstand von Untersuchungen werden konnten. Er entwickelte seine Theorie auf der Grundlage eigener klinischer Erfahrungen und nach eingehendem Literaturstudium. Vermutlich entsprangen seine Arbeiten auch dem Bedürfnis, Identitätskrisen der eigenen Vergangenheit aufzuarbeiten (siehe Info-Kästchen 6.5).

James Marcia waren Eriksons Begriffe zu ungenau definiert. Zur Messung der verschiedenen Identitätszustände entwickelte er deshalb einen Interview-Leitfaden. Andere Autoren versuchten, den „Identitätsstatus" mit Hilfe eines Persönlichkeitsfragebogens zu erfassen. Die folgenden Feststellungen sollen – als Beispiele genannt – Menschen kennzeichnen, die ihre Identitätskrise bewältigt haben und auf dem Weg der Identitätsbestimmung bereits ziemlich weit fortgeschritten sind:

- Ich habe eine klare Vorstellung von dem, was ich sein möchte.
- Die wichtigen Dinge im Leben sind mir klar.
- Ich weiß genau, was es bedeutet, Mann oder Frau zu sein.
- Ich bin mit mir zufrieden und stolz auf das, was ich darstelle.

Den folgenden Feststellungen stimmt dagegen ein Mensch zu, der seine Identität noch nicht gefunden hat:

- Ich ändere meine Meinung über mich sehr häufig.
- Ich kann mich nicht entscheiden, was ich mit meinem Leben anfangen soll.
- Ich weiß wirklich nicht, was mit mir eigentlich los ist.
- Ich finde, wenn ich mit anderen Menschen zusammen bin, muß ich unter allen Umständen versuchen, einen guten Eindruck zu machen.

Für Erikson befindet sich der Mensch im Zustand der „Identitätskrise", solange er noch keine verbindlichen Entscheidungen über seine berufliche Laufbahn, seine zukünftigen Partnerschaften, seine Weltanschauungen usw. getroffen hat. Es gibt mehrere Möglichkeiten, diesen Zustand zu überwinden. Einige Menschen können ihre Krise sehr schnell mit einer verbindlichen Entscheidung beenden, andere benötigen erheblich mehr Zeit, weil sie Irr- und Umwege gehen. Der bekannte Lernpsychologe Burrhus Skinner brauchte etwas länger als ein Jahr, um seine berufliche Identität zu finden.

Gegen Ende seiner Schulausbildung stellte sich für Skinner die Frage nach seiner beruflichen Zukunft. Er entschied sich, Schriftsteller zu werden. Aber schon sehr bald gelangte er zu der Einsicht, daß „die Ergebnisse verheerend waren". „Es gab überhaupt keinen Grund, irgendetwas zu schreiben. Ich hatte nichts zu sagen und es gab nichts in meinem Leben, was diese Bedingung ändern konnte." Inmitten seiner Identitätskrise schrieb er in sein Tagebuch: „Talent hat für mich seinen Zauber verloren. ... Es hat keinen Sinn, irgendetwas zu tun. ... Die Welt hält mich für faul, weil ich kein Brot verdiene. ... Ich sollte ein Mann sein. .... Ich sehe nun sehr deutlich, daß für mich im Leben nichts anderes übrig bleibt, als mein

Nichtstun zu rechtfertigen." Nach Ablauf seines – wie er es selbst nennt – „dunklen Jahres" als Schriftsteller stieß er zufällig u.a. auf Arbeiten von John Watson (s.S. 13). Kurz darauf wurde er Student der Harvard-Universität. Ein Jahr später schrieb er an seine Eltern: „Man sieht mich als Führer einer bestimmten Schule psychologischer Theorien an. ... Die Behavioristen, die ich vertrete, haben in diesem Jahr ein beachtliches Maß an Stärke gewonnen." Sehr bald war seine Identität als Behaviorist anerkannt. Seine Identitätskrise war – wenigstens für den Augenblick – bewältigt, nachdem er sich von ganzem Herzen dafür entschieden hatte, die Ideologie des radikalen Behaviorismus für sich zu übernehmen. Erikson brauchte offenkundig mehr Zeit als Skinner, bevor er verbindliche Entscheidungen treffen konnte.

Erikson und Marcia haben eingehender beschrieben, welche Wege ein Jugendlicher gehen kann, der auf der Suche nach seiner Identität ist.

Abb. 6.16: Jugendliche experimentieren häufig mit verschiedenen Formen ihres Aussehens und Verhaltens. Erikson sieht in diesem Ausprobieren einen wichtigen Schritt zur eigenen Identität.

6.6.1.1 Hinausschieben oder Unterlassung verbindlicher Entscheidungen

Da Erik Erikson einem wohlhabenden Elternhaus entstammte, konnte er es sich leisten, nach Beendigung seiner Schulausbildung mehrere Jahre durch Europa zu reisen (siehe Info-Kästchen 6.5). Damit hatte er die Möglichkeit, verbindliche Entscheidungen, vor allem über seine künftige berufliche Tätigkeit, mehrere Jahre hinauszuschieben. Auf diese Weise wurde seine Identitätskrise zwar verlängert; er hatte aber die Möglichkeit, sich in dieser Zeit zunächst einmal selbst zu erforschen. „Ein Moratorium", so stellt Erik Erikson fest, „ist eine Aufschubperiode, die jemandem zugebilligt wird, der noch nicht bereit ist, eine Verpflichtung zu übernehmen, oder die jemandem aufgezwungen wird, der sich selbst Zeit zubilligen sollte." Es ist ein Zeitraum, „während dessen der junge Erwachsene durch freies Experimentieren mit Rollen einen passenden Platz in irgendeinem Ausschnitt seiner Gesellschaft finden sollte, einen passenden Platz, der fest umrissen ist und doch ausschließlich für ihn gemacht zu sein scheint".

Während des Moratoriums stellt der junge Mensch vieles in Frage, was er in seiner Kindheit gelernt hat: seinen Glauben, politische Einstellungen seines Elternhaus usw., ohne allerdings bereits an ihre Stelle eigene Überzeugungen und Anschauungen zu setzen. Aber er sammelt Erfahrungen mit

Info-Kästchen 6.6:
Warum wirken Neureligionen auf einige Jugendliche anziehend?

Als Vegetarier verzichten Mitglieder der Hare-Krishna-Bewegung auf den Verzehr von Fisch, Fleisch oder Eiern. Sie trinken keinen Alkohol, Kaffee oder Tee. Sexuelle Beziehungen zwischen Unverheirateten sind ihnen streng untersagt. Nach der Eheschließung unterliegen körperliche Kontakte strikten Regelungen. Die männlichen Mitglieder dieser Organisation erkennt man an ihrem kahl geschorenen Kopf und einem schmalen Zopf am Hinterkopf. Zudem tragen sie stets ein indisches Gewand. In dieser Aufmachung treten sie in der Öffentlichkeit an Passanten heran, um ihnen z.B. Schallplatten oder Räucherstäbchen zu verkaufen und um Spenden zu bitten. Alle Bindungen zur eigenen Familie und zu Freunden sind nach dem Eintritt in die Bewegung abzubrechen. Den Krishna-Vers müssen sie täglich 1734 mal „singen".

Auf den Genuß von Alkohol, Nikotin und Drogen haben auch die Mitglieder der „Vereinigungskirche", vielen bekannt als die sog. Mun-Sekte, zu verzichten. Ebensowenig ist ihnen vorehelicher Geschlechtsverkehr gestattet. Persönlicher Besitz wird ihnen nicht zugestanden. Die tägliche Arbeitslast erscheint erdrückend. So erinnert sich ein Ehemaliger dieser Organisation: „Wir schliefen durchschnittlich vier Stunden und baten Gott noch vor dem Einschlafen, er möge uns durch diesen Schlaf Kraft geben, am nächsten Tag noch härter und gehorsamer zu arbeiten." Über das Werben neuer Mitglieder als Missionar berichtet ein anderer: „Jeder Missionar soll jeden Monat ... ein neues Mitglied zuführen. Hat er dieses Soll erfüllt, ist drei Jahre dabei und hat mindestens einmal sieben Tage gefastet, besteht die Möglichkeit, daß ihn der Meister zur Segnung (sprich Hochzeit) auswählt." Aber eine freie Partnerwahl gibt es nicht. „Die Ehepaare müssen jedoch noch mindestens vier Jahre getrennt leben." „Hare-Krishna" und „Vereinigungskirche" sind nur zwei Beispiele von Jugend- oder (weil

Abb. 6.17: Hare-Krishna-Anhänger

inzwischen auch Erwachsene Mitglieder sind) Neureligionen. Dabei handelt es sich um Gruppen, zu denen immer noch viele junge Menschen gehören, welche, so die vorherrschende Meinung, von den Organisationen ausgenützt und verführt werden. Um eine klare Trennung zwischen „anerkannten" bzw. traditionellen und Neureligionen hat man sich in zahlreichen Literaturbeiträgen bemüht, aber die Grenzziehung erscheint bis zur Gegenwart nicht eindeutig. Gerald Adams und Thomas Gulotta meinen, man habe es mit hoher Wahrscheinlichkeit mit einer Neureligion zu tun, wenn wenigstens „zwei oder drei" der folgenden Merkmale vorliegen:

1. Unabhängiges Denken wird zu verhindern versucht.
2. Es wird vollkommene Hingabe gefordert; Zeit und eigenes Vermögen sind uneingeschränkt der Organisation zur Verfügung zu stellen.
3. Es wird verlangt, daß eine Loslösung von den Familienmitgliedern erfolgt.
4. Es sind genau ausgearbeitete Rituale auszuüben, durch die „eine Bedingung der Verwirrung geschaffen wird, um die Hingabe ... zu erhöhen".
5. Es werden Täuschungsmaßnahmen angewandt: „Organisationen, die behaupten, sie müßten zur Ausführung von Gottes Auftrag ihre Identität verbergen, vertuschen in Wirklichkeit ihre Unredlichkeit vor der Öffentlichkeit."
6. Furcht wird als Kontrollmechanismus eingesetzt. Anzuerkennende Religionen versuchen ihre Mitglieder ausschließlich durch ihre Lehre an sich zu binden. Mitglieder können zu jeder Zeit frei wählen, ob sie eine mehr oder weniger enge Bindung mit der Kirche eingehen wollen.

Allgemein ist festzustellen, daß Jugendliche für religiöse Fragen besonders aufgeschlossen sind. Die Mehrzahl von ihnen wechselt aber nicht die Religionszugehörigkeit. Wie läßt sich erklären, daß Neureligionen auf Menschen zwischen 15 und 25 Jahren eine verstärkte Anziehungskraft ausüben? Vor allem folgende Ereignisse und Bedingungen scheinen den Anschluß an solche Organisationen zu fördern:

1. Identitätsverwirrung: Jugendreligionen beantworten ihren Mitgliedern Fragen nach dem Sinn des Lebens, denn der „Meister" oder „Guru" beansprucht stets vollkommenes Wissen. Die Organisationen ermuntern den Jugendlichen allerdings nicht dazu, ihre eigenen Denkmöglichkeiten zur Überwindung ihrer Identitätsverwirrung einzusetzen. Statt dessen vermitteln sie ihnen vorgefertigtes Wissen, das keiner Aufbereitung bedarf. Es ist, wie in der Kindheit, unkritisch zu übernehmen. Ein ehemaliges Mitglied einer Jugendreligion beschrieb dies folgendermaßen: „Sie haben praktisch zu jeder Frage Antworten. Diese scheinen so logisch zu sein, vor allem, wenn der Geist manipuliert wird. Sie erzählen dir, daß sie all deine Probleme lösen können." In den Neureligionen können die Anhänger folglich wieder Kinder sein. „Ich fühlte mich sehr unsicher", so erklärte ein junger Mann, „grundlegende Lebensentscheidungen zu treffen, und nicht genügend Erfahrungen zu haben, die mich hätten leiten können. Als Hare-Krishna-Anhänger so sehr freundlich und entgegenkommend waren und mich einluden, bei ihnen zu wohnen, mit ihnen zu leben, Vertrauen zu ihren Antworten zu haben, war es, als ob man in den Mutterleib zurückkroch – warm und sicher."
2. Idealismus: Jugendreligionen knüpfen an die gesteigerte Bereitschaft junger Menschen an, sozial tätig zu werden und an der Beseitigung erkannter Gefahren, Bedrohungen und Ungerechtigkeiten ihrer Gesellschaft mitzuwirken. Neureligionen versprechen ihren An-

hängern, alle Mißstände dieser Welt zu beseitigen.

3. Suche nach harmonischen Sozialbeziehungen: Chana Ullman untersuchte Personen, die entweder zu einer der traditionellen Religionen (z.B. Katholizismus) oder zu einer Neureligion (z.B. Hare-Krishna) übergetreten waren. Sie verglich diesen Personenkreis mit Nicht-Konvertiten, also mit solchen, die ihren Glauben nicht gewechselt hatten. Konvertiten berichteten häufiger als Nicht-Konvertiten von unglücklichen Kindheitserlebnissen, insbesondere von Schwierigkeiten mit dem Vater. Typisch für ein solches gestörtes Verhältnis waren Äußerungen wie: „Mein Vater erkannte mich niemals als Sohn an und, ich glaube, ich erkannte ihn niemals als meinen Vater an." „Mein Vater war pathologisch zurückgezogen. Es war schwierig, von ihm irgendwelche Ratschläge zu bekommen, wirklich, oder sein Interesse zu gewinnen." In allen Erinnerungen Ehemaliger wird herausgestellt, daß sie bei ihren ersten Kontakten mit Angehörigen einer Neureligion von deren „Menschlichkeit" und „Freundlichkeit" beeindruckt waren.
4. Einsamkeit: Junge Menschen, die sich wegen Berufsausbildung oder Studium von ihrer Familie und ihren Freunden erstmalig längere Zeit trennen müssen, leiden nicht selten unter Einsamkeit. Sie sind deshalb von Menschen beeindruckt, die sich ihnen lächelnd und freundlich nähern, großes Interesse an ihnen bekunden und etwas anwenden, was eine Neureligion „Bombardierung mit Liebe" nennt.

Wenn ein neues Mitglied sich endgültig für den Eintritt in eine der Neureligionen entschieden hat, wird von ihm stets gefordert, daß es Kontakte zur Familie, zu Freunden und Bekannten konsequent abbricht. Dadurch wird der einzelne vollkommen von der Organisation abhängig. Durch Kontrolle körperlicher Bedürfnisse (Nahrung, Schlaf) kann die Belastungsfähigkeit des Organismus entscheidend gesenkt werden. Ein straffer Tagesablauf sorgt dafür, daß niemals Pausen entstehen, in denen es Zeit zum Nachdenken gibt. Gehorsam ist in der autoritär gelenkten Organisation oberstes Gebot. Durch Gruppendruck und Strafandrohungen wird die Einhaltung der Regelungen erreicht.

verschiedenen Rollen. Er vertritt vielleicht Standpunkte, die dem erwachsenen Beobachter radikal erscheinen, um sich darin zu erproben. Viele Jugendliche, die sich ihrer Mitwelt während der Adoleszenz z.B. als „Punks" oder „Rocker" darstellen, die glauben, ungewöhnliche und einzigartige Maßnahmen zur Verbesserung dieser Welt zu kennen, fügen sich nach Abschluß ihres Moratoriums in eine berufliche und soziale Ordnung ein und führen als Erwachsene ein Leben, das eher die Kennzeichnung konservativ als revolutionär verdient.

Der Jugendliche im Moratorium versucht aktiv, Fragen nach seiner Identität zu klären. Wenn aber diese Suche zur Überwindung der Identitätskrise gar nicht aufgenommen oder vor einer verbindlichen Entscheidung abgebrochen wird, kommt es nach Erikson zu einer „Identitätsverwirrung". In einem solchen Fall läuft der Jugendliche, „verwirrt durch die Unfähigkeit, eine Rolle anzunehmen, ... in der einen oder anderen Form davon, verschwindet aus der Schule, verläßt seinen Job, bleibt die ganzen Nächte weg oder zieht sich in bizarre, unzugängliche

Launen zurück", sagt Erikson. Im Zustand der Identitätsverwirrung ist zudem nicht auszuschließen, daß sich der junge Mensch Neureligionen anschließt, die ihm keinerlei Entscheidungsfreiheit zubilligen und ihm eine Identität aufdrängen (s. Info-Kästchen 6.6).

Ein Jugendlicher, der trotz seines Bemühens bei jenen keine Anerkennung findet, die für ihn wichtig sind, kann versuchen, seine Identität dort zu finden, wo es die Gesellschaft von ihm am wenigstens erwartet. Er versucht, seine inneren Konflikte durch Entwicklung einer „negativen Identität" zu lösen, d.h., er wählt sich Rollen aus, die das Gegenteil von dem sind, was seine Eltern von ihm erwarten. Wenn sein Streben nach Anerkennung erfolglos bleibt, wird ein verzweifelter Jugendlicher – in den Worten Eriksons – es vorziehen, „jemand total Schlechtes oder tatsächlich tot ... als nicht-ganz-jemand zu sein". Mit einem solchen abweichenden Verhalten wird aber allzu leicht eine Kettenreaktion ausgelöst, weil Autoritäten z.B. auf Ladendiebstahl, auf Drogenhandel oder auf Prostitution reagieren müssen. Daraus erwächst eine Gefahr, die Erikson klar sieht: Wenn Lehrer, Richter oder Psychiater „einen jungen Menschen, der aus Gründen persönlicher oder sozialer Randständigkeit nahe daran ist, eine negative Identität zu wählen, als ... Schädling, als durch seine Erziehung schon zum Untergang verurteiltes Wrack oder auch als einen geistesgestörten Patienten diagnostizieren und behandeln, dann kann dieser junge Mensch durchaus seine Energie daran setzen, genau das zu werden, was die gleichgültige und angsterfüllte Gemeinschaft von ihm erwartet – und das gründlich und vollständig".

6.6.1.2 *Beendigung der Identitätskrise durch sozial anerkannte und verbindliche Entscheidungen*

Erik Erikson hätte sich vermutlich nicht dafür eingesetzt, in der mittleren bis späten Adoleszenz ein Moratorium einzulegen, wenn er in dieser Zeit überwiegend ungünstige Erfahrungen gesammelt hätte. Man wird allerdings Eriksons Vorstellungen vom Moratorium nicht gerecht, wenn man darin lediglich einen Zeitraum sieht, in dem der junge Mensch noch einmal die angenehmen Seiten des Lebens genießt, bevor die Verpflichtungen des Erwachsenen übernommen werden. Erikson betont vielmehr, daß der Jugendliche während dieser Phase mit Unsicherheiten belastet ist, weil er sich mögliche Wege für seine eigene Zukunft überlegt und erprobt, aber noch nicht weiß, welchen er endgültig gehen soll. Es gibt Jugendliche, die das Hinauszögern bedeutsamer Entscheidungen nicht ertragen können. Sie überspringen die Zeit des aktiven Erkundens und wählen eine Rolle für sich aus, die ihnen andere zugedacht haben. Sie übernehmen Auffassungen und Zielsetzungen, die ihnen von Eltern oder anderen wichtigen Personen nahegelegt werden. Bei „übernommener Identität" bleiben dem jungen Menschen die Erfahrungen einer Identitätskrise weitgehend erspart. Allerdings wird das Überspringen der Erkundungsphase damit erkauft, daß die Unabhängigkeit vermindert und das Selbstwertgefühl vergleichsweise gering ist. Da der junge Mensch sich selbst nicht ausreichend erforscht hat, ist zweifelhaft, ob er die volle Breite seiner Möglichkeiten jemals nutzen wird.

Wenn ein Jugendlicher dagegen seine Identitätskrise durchlebt, während eines Moratoriums verschiedene Rollen erprobt und schließlich auf diesem Erfahrungshintergrund Entscheidungen trifft, von denen nach Erikson letztlich auch die Gesellschaft profitiert, befindet er sich im Zustand „erarbeiteter Identität". Dabei ist weniger wichtig, für welche Rolle man sich entscheidet, sondern daß sie selbst ausgewählt wird. Ein Mensch mag sich für das Christentum, den Islam, für irgend eine andere Religion oder für den Atheismus entscheiden. Wenn er sich mit mehreren Glaubensrichtungen ernsthaft auseinandergesetzt hat und nicht einfach übernimmt, was er als Kind kennengelernt hat, liegt eine erarbeitete religiöse Identität vor.

Wenn ein Mensch seine Identität einmal gefunden und verbindliche Entscheidungen getroffen hat, bedeutet das keineswegs, daß er fortan vor jeder weiteren Krise geschützt bleibt. Es gibt auch während des Erwachsenenalters Lebensereignisse, wie z.B. Verlust eines nahen Angehörigen, Krankheit, Arbeitslosigkeit usw., die wiederum eine Krise auslösen und die Frage nach der eigenen Identität erneut stellen.

6.6.2 Identität und Intimität

Im Alltagsleben hört man nicht selten die Feststellung, man müsse sich zunächst selbst kennen, bevor man andere Menschen verstehen könne. Entsprechende Beziehungen behauptet auch Erik Erikson. „Erst wenn die Identitätsbildung weit vorangeschritten ist", so meint er, „wird echte Intimität ... möglich". ... Der Jugendliche, der seiner Identität nicht sicher ist, scheut vor der zwischenmenschlichen Intimität zurück." Er hat Angst, seine Identität wieder zu verlieren.

Anders sah der Psychiater Harry Stack Sullivan die Beziehungen zwischen Identität und Intimität. Sullivan wuchs als Einzelkind auf einer entlegenen Farm auf. Über einen langen Zeitraum erlebte er dort das Gefühl der Einsamkeit. Nur gelegentlich erhielt seine Familie Besuch von Verwandten. Seine „Freunde" waren die Tiere auf der Farm. Erst im Alter von $8\frac{1}{2}$ Jahren konnte er eine lang anhaltende Freundschaft mit einem älteren Jungen aufbauen. Diese Beziehung trug wahrscheinlich wesentlich dazu bei, daß Sullivan in seinen späteren Schriften die Bedeutung engerer Freundschaftsbeziehungen herausstellte. Für Sullivan ist bereits die Vor-Adoleszenz – das ist für ihn ein Entwicklungszeitraum, der grob den Zeitraum zwischen 8 bis 11 Jahren umfaßt – von entscheidender Bedeutung, weil Kinder anfangen, freundschaftliche Beziehungen nur noch zu wenigen Gleichaltrigen ihres eigenen Geschlechts aufzubauen. Sie sprechen miteinander über ihre privaten Gedanken und Vorstellungen sowie über ihre Sorgen und Wünsche. In dieser Vor-Adoleszenz beginnen Kinder, Feinfühligkeit für Angelegenheiten anderer zu entwickeln. Der einzelne fragt nicht mehr, was er zu tun hat, damit er bekommt, was er will. Vielmehr versucht er zu klären, was er tun muß, um die Zufriedenheit, das Ansehen und das Selbstwertgefühl des Freundes zu steigern. Während der Adoleszenz findet der Austausch vertraulicher Gedanken und Vorstellungen verstärkt mit einem Angehörigen des anderen Geschlechts statt.

Nach Sullivan ist die Bildung einer solchen intimen Freundschaft die Voraussetzung, um schließlich in der späten Adoleszenz seine Identität zu finden. Die Intimität, von der Sullivan spricht, hat also mehr mit der Selbstöffnung, mit dem vertrauten Austausch von Gedanken zu tun. Man spricht über seine Ziele, Sorgen und auch über Schwächen. Es entspricht den Vorstellungen Eriksons, daß die Entwicklung einer so verstandenen Intimität Hand in Hand mit dem Prozeß der Identitätsfindung geht.

Die Intimität, von der Erikson spricht, meint dagegen „die Fähigkeiten, sich echten Bindungen und Partnerschaften hinzugeben und die ethische Kraft zu entwickeln, seinen Verpflichtungen treu zu bleiben, selbst wenn sie gewichtige Opfer und Kompromisse fordern". Damit beinhaltet Intimität mehr als offene und vertrauliche emotionale Kontakte, die sich bei beiden Geschlechtern bereits vor und verstärkt während der mittleren und späten Adoleszenz entwickeln. Die Krise der Intimität ist nach Erikson gelöst, wenn der Mensch in seinem frühen Erwachsenenalter eine weit in die Zukunft reichende Entscheidung treffen kann, mit einem Partner den weiteren Lebensweg gemeinsam zu gehen. Wenn ein Paar sich entschieden hat, zusammenzubleiben, dann wird die Bindung für beide Partner ein wichtiger Teil ihrer jeweiligen Identität, aber keiner von beiden gibt die Identität auf, die er bereits vor Beginn dieser Partnerschaft entwickelt hat und die beide in ihrer Partnerschaft weiter entwickeln.

Ein bedeutsamer Aspekt der Intimität im Sinne von Erikson betrifft die Voraussetzungen, die zur Entwicklung einer stabilen und dauerhaften Partnerschaft vorhanden sein müssen. Hängt es tatsächlich vom erreichten Identitätszustand ab, wie ein Mensch während des Erwachsenenalters seine Beziehungen zu einem Lebenspartner gestaltet? Den Ergebnissen einer Längsschnittuntersuchung lassen sich aufschlußreiche Zusammenhänge entnehmen.

Im Jahre 1963 beantworteten 281 Kunststudenten mehrerer Universitäten einen Fragebogen zu ihrem Identitätsstatus. Aus der ursprünglichen Stichprobe konnten im Jahre 1981 88 weibliche und 71 männliche Teilnehmer nochmals befragt werden. Die Ergebnisse stützen Eriksons Behauptung: Viele der Teilnehmer, die als junge Erwachsene im Prozeß der Identitätsfindung weit vorangeschritten waren, konnten stabile Partnerschaften entwickeln. Gleichzeitig ergab sich ein Geschlechtsunterschied: Die meisten Männer, die im jungen Erwachsenenalter ihre Identitätskrise noch nicht überwunden hatten, waren bis in ihre vierziger Jahre unverheiratet geblieben. Für Frauen ergab sich ein etwas anderes Bild: Bei ihnen fand sich kein Zusammenhang zwischen dem Zeitpunkt ihrer Identitätsfindung und ihrer Entscheidung, eine Ehe einzugehen oder allein zu bleiben. Allerdings war von jenen Frauen, die als junge Erwachsene ihre Identitätskrise noch nicht überwunden und geheiratet hatten, ein größerer Teil im Jahre 1983 wieder geschieden.

Der Aufbau stabiler und befriedigender Partnerschaften hängt allerdings nicht nur von dem erreichten Identitätszustand bei Abschluß der Adoleszenz ab. Der Weg durch das Erwachsenenalter ist mit vielen weiteren Krisen verbunden. Um welche es sich dabei handelt und wie Menschen sich mit ihnen – mit mehr oder mit weniger Erfolg – auseinandersetzen, untersucht die Entwicklungspsychologie in ihren Studien des Erwachsenenalters.

Literatur zur Erweiterung des Wissens und zur Vertiefung:

de Wit & van der Veer (1982): *Psychologie des Jugendalters*. Donauwörth: Auer

Ewert, O. (1983): *Entwicklungspsychologie des Jugendalters*. Stuttgart: Kohlhammer

Olbrich, E. & Todt, E. (Hrg.)(1984): *Probleme des Jugendalters: Neuere Sichtweisen*. Berlin: Springer

Sachwortverzeichnis

Bildnachweis

S. 4, 44, 46, 125, 160, 170, 172: Prof. Dr. Gerd Mietzel, Duisburg.

S. 9, 74, 274: Bilderdienst Süddeutscher Verlag, München.

S. 23: Herrmann Kacher, Höflein/Österreich

S. 50: Claus Goecke (1983). Arbeitsbuch Geburtshilfe. München: Urban & Schwarzenberg, S. 33

S. 65, 80, 268: E. J. Haeberle (1983). Die Sexualität des Menschen. Berlin: de Gruyter, S. 83, 86, 237.

S. 135, 175, 180: Milupa AG (Hg.) (1986). Mein Kind von der Schwangerschaft bis ins Kleinkindalter. Friedrichsdorf/Taunus, S. 65, 121, 153.

S. 142, 195: Wilfried Zeller (1952). Konstitution und Entwicklung. Göttingen: Hogrefe, S. 161, 162.

S. 143: Japanische Fremdenverkehrszentrale, Frankfurt.

S. 148: (c) 1959 United Feature Syndicate, Inc.

S. 152: Heinz und Rut Bartels (1987). Physiologie. Lehrbuch und Atlas. München: Urban & Schwarzenberg, S. 275.

S. 227: Korean Overseas Information Service: Korea, S. 13

S. 239: Ferdinand Joesten, Ostrach.

Die restlichen Abbildungen wurden dem Verlagsarchiv entnommen

Quellenverzeichnis

Interessierten Lesern kann gegen Erstattung der Selbstkosten in Höhe von DM 4,00 (eventuell auch in Briefmarken, kleinere Werte) ein ausführliches Quellenverzeichnis zugeschickt werden, das 718 Quellen umfaßt und das über einen Schlüssel den Bezug zu den jeweiligen Textstellen herstellt. Für Interessenten, die außerhalb des deutschen Währungsgebietes leben, stehen in begrenztem Umfang kostenlose Exemplare zur Verfügung.

Das Verzeichnis wird auch im INTERNET zur Verfügung gestellt. Dazu muß eine Verbindung zum Gopher-Server der Gerhard-Mercator-Universität Duisburg aufgenommen werden (GOPHER.UNI-DUISBURG.DE). Nähere Informationen darüber sind auch vom Autor erhältlich (MIETZEL@UNIDUI.UNI-DUISBURG.DE).